LORENZ S. BECKHARDT
Der Jude mit dem Hakenkreuz

 aufbau

LORENZ S. BECKHARDT

Der Jude mit dem Hakenkreuz

Meine deutsche Familie

Mit 35 Abbildungen

Der Stammbaum von Lorenz S. Beckhardt
befindet sich auf der Schutzumschlagrückseite.

ISBN 978-3-351-03276-0

Aufbau ist eine Marke der Aufbau Verlag GmbH & Co. KG

1. Auflage 2014
© Aufbau Verlag GmbH & Co. KG, Berlin 2014
Einbandgestaltung hißmann, heilmann, Hamburg
Satz und Reproduktion LVD GmbH, Berlin
Druck und Binden CPI – Clausen & Bosse, Leck
Printed in Germany

www.aufbau-verlag.de

Für
Franziska und Abraham Beckhardt,
Johanna und Emil Neumann,
Paula und Rudolf Boldes
und die anderen

Mein Judenthum war mir gleichgiltig,
sagen wir: es lag unter der Schwelle meines Bewusstseins.
Aber wie der Antisemitismus
die flauen, feigen und streberischen Juden zum Christenthum hinüberdrückt,
so hat er aus mir mein Judenthum gewaltig hervorgepresst.

Theodor Herzl

Brit Mila

Es schmerzt, aber es fühlt sich gut an. Ein kleiner Raum, vier Menschen sehen mich an. Ich verharre bewegungslos auf einer Liege. Langsam hebt sich mein Kopf. Ich liege in einem weiß gekalkten Behandlungszimmer. Die ersten Minuten eines Neugeborenen. Die vier liegen sich in den Armen. Ihr Lachen und Weinen kreist um mich wie ein auf- und abschwellender Geräuschteppich. Mein Vater, klein, alt und noch immer nicht ergraut, strahlt wie ein beschenkter Lausbub und hält den Mohel, leicht untersetzt, Brille, dunkler Vollbart, an seine Brust gedrückt. Ulrike, meine Frau, schlank, schön und verheult, schlingt schwer atmend ihre Arme um die Frau des Mohel, und ihre Tränen hinterlassen Wasserflecken auf deren weißer Bluse.

Ich liege bewegungslos auf einem Operationstisch, hefte meinen Blick mal an die Decke, mal auf Ulrikes Gesicht, halte ihre Hand fest umklammert. Nervös warte ich auf den Schmerz, doch er kommt nicht. Eine Spritze sticht unter die Haut, dann tritt Stille ein, und ich höre, wie der Mohel mein Fleisch schneidet, ein Geräusch, wie wenn man schweren Filz mit einer Schere durchtrennt. Er zieht die Adern heraus, aus denen mein Blut sickert, bindet sie zu und vernäht die Wunde mit acht Fäden.

Mein Vater ist achtzig Jahre alt, und zum ersten Mal in meinem Leben sitzt er wie ein Jude vor mir. Er trägt eine blaue Kippa mit hellem gemusterten Rand, und von einem Holzstuhl an der Wand aus beobachtet er das Ritual mit wachen Augen. Der Stuhl neben ihm ist mit einer gehäkelten Decke verziert. Hier soll, wenn er denn kommt, als ein weiterer Zeuge der Prophet Eliyahu sitzen, der Vorbote des Messias. Der Mohel trägt eine Kippa aus blauem Samt, auf der goldene Sterne funkeln. Er beginnt die Zeremonie, indem er seine Hand auf mein Bein legt: »Baruch ata Adonai, Eloheinu, Melech ha Olam, ascher kidschanu be Mitzwotaw we ziwanu al ha Mila – Gelobt seiest Du Herr, unser Gott, König der Welt, der Du uns durch Deine Gebote geheiligt und uns die Beschneidung befohlen hast.«

Mein Vater erhebt sich und antwortet: »Baruch ata Adonai, Eloheinu, Melech ha Olam, ascher kidschanu be Mitzwotaw we ziwanu lehachnisso be Brito schel Awraham avinu – Gelobt seiest Du Herr, unser Gott, König der Welt, der Du uns durch Deine Gebote geheiligt hast und uns befohlen hast, ihn in den Bund unseres Vaters Abraham aufzunehmen.«

»So, wir sind fertig«, der Mohel reibt seine Handflächen gegeneinander. Mein Puls schlägt ruhiger. Das Blut strömt zurück in meine Glieder. Nachdem uns der Mohel vor der Zeremonie den Eingriff medizinisch erläutert hat, offenbart er mir beiläufig und ahnungslos ein Geheimnis, als er meinen Vater nach dessen jüdischem Vornamen fragt, den er in die Urkunde eintragen will, die die rituell korrekt durchgeführte Beschneidung dokumentiert. Einen jüdischen Vornamen braucht, wer in der Synagoge aufgerufen wird, aus der Tora zu lesen, aber Kurt, da bin ich mir sicher, hat nie in der Bibel gelesen. Kurt hat keinen jüdischen Namen.

Ihre jüdischen Vornamen hielten die Juden seit dem Mittelalter vor der christlichen Welt verborgen. In unserer Familie werden sie seit drei Generationen nicht mehr vergeben. Ich bin fünfundvierzig Jahre alt und kenne die Namen meines Vaters. Der Mohel hält den Füllfederhalter schwebend über dem Formular und sieht meinen Vater über den Brillenrand fragend an.

»Yehuda ben Joseph«, antwortet Kurt. Erstaunt sehe ich meinen Vater an. Yehuda, Sohn des Joseph. Wenn Kurt einen jüdischen Namen trägt, dann besaß auch Fritz einen solchen, den er sicher weder gemocht noch je benutzt hat. Mein Großvater, der »Jude mit dem Hakenkreuz«, hat demnach – wie es die rabbinische Tradition fordert – am achten Tag nach seiner Geburt den Namen »Joseph Ben Abraham« erhalten.

Ich selbst erhielt das Zeichen des Bundes, den der Ewige mit Abraham und seinen Nachkommen schloss, am 28. Aw des Jahres 5767, und mein Name ist Schlomo.

Schlomo ben Yehuda.

I

Die Rückkehr

Dass der Krieg längst vorbei war, konnte man in Sonnenberg riechen. Ein wunderbarer, die Nase erfüllender Kaffeeduft verbreitete sich, überdeckte die milde Herbstluft eines sonnigen Oktobertages und strömte durch alle Gassen, bis es schließlich das ganze Dorf roch: Fritz Beckhardt war wieder da. Mein Großvater hatte als Erstes den Kaffeeröster angeheizt, der unübersehbar seit 1926 das ganze rechte Schaufenster seines Ladens füllte. Da stand er in einem weißen Kittel und blickte konzentriert auf das runde Sichtfenster in der von einer Gasflamme erhitzten Trommel, in der die Kaffeebohnen durch eine Schaufel unablässig gerührt wurden. Er beobachtete die allmähliche Verfärbung der Kaffeebohnen und entnahm gegen Ende der Röstung in immer kürzeren Abständen kleine heiße Probemengen, um bloß nicht den Moment zu verpassen, in dem die Bohnen das richtige Braun und der Kaffee damit das gewünschte Aroma hatten. Kaffee rösten, das konnte nur er im Dorf, das war schon immer eine seiner großen Leidenschaften gewesen, die ihm zudem einen Vorsprung vor den Konkurrenten verschaffte.

Brasil Santos hieß die Kaffeesorte, die Fritz am häufigsten verwandte. Sie war das Rückgrat seiner Mischungen, der milden, der würzigen, der magenschonenden oder der preiswerten Haushaltsmischung. Der grüne Rohkaffee lagerte in großen Säcken im Zoll in Biebrich, in einem Wiesbadener Vorort direkt am Rhein. Von dort hatte Kurt, mein Vater, am Tag zuvor nur wenige Kilogramm geholt, denn Kaffee war 1950 ein Luxusgut, auf dem neben dem Einfuhrzoll auch noch hohe Steuern lagen und den sich folglich nur wenige Kunden leisten konnten.

Bis 1933 war das eigenhändige Mischen und Rösten von

Kaffee für Fritz noch ein gewinnbringendes Geschäft gewesen. Er verkaufte den Kaffee nicht nur im eigenen Laden, sondern belieferte auch zahlreiche Gaststätten in der Umgebung. Doch 16 Jahre später kauften die Sonnenberger das braune Luxuspulver nur fünfziggrammweise, wenn überhaupt.

An jenem Herbsttag des Jahres 1950 stand Fritz in seinem Schaufenster, röstete Kaffee und wartete auf Kundschaft, aber niemand kam. Es war der Tag der Wiedereröffnung des Geschäfts, das Fritz im Februar 1934 nach einem vernichtenden Boykott der örtlichen Bevölkerung hatte schließen müssen. Mit einem altmodischen Vervielfältigungsapparat hatten er und Kurt am Vortag stundenlang Flugblätter hergestellt. Die Preise der Waren hatten sie von Hand in eine Wachsmatrize gekratzt, diese in einen rechteckigen Kasten gelegt, in dessen Deckelklappe ein Tuch eingespannt war. Zwischen Matrize und Tuch wurde ein Blatt Papier gelegt, das Tuch wurde heruntergedrückt und mit schwarzer Farbe bestrichen. So hatten sie jedes Flugblatt einzeln gedruckt, und Kurt hatte sie danach bis zur hereinbrechenden Dunkelheit im Dorf verteilt. Mehr Werbung war nicht drin, zu mehr reichte das Geld nicht. Als Fritz am nächsten Morgen das Geschäft aufschloss, war er noch guter Dinge, und Kurt lief an seinem ersten Tag als Juniorchef eines, wie er vom Hörensagen wusste, einstmals erfolgreichen Unternehmens nervös hinter der Theke auf und ab.

Das Innere des Ladens hatte sich nicht verändert, seit Karl Pfeiffer das Geschäft übernommen hatte. Der Nazi hatte keinen Pfennig in eine neue Ausstattung investiert, als hätte er geahnt, dass der Jude überleben und zurückkommen werde. Den Kaffeeröster, den Pfeiffer nicht bedienen konnte, hatte er im Schaufenster verstauben lassen. Die Eingangstür aus Glas mit braunem Holzrahmen stammte noch von 1898. Das zweite Schaufenster links vom Eingang zeigte Stoffe und Textilien, denn die Firma existierte seit mehr als hundert Jahren als Gemischtwarenhandlung. An den Wänden des Verkaufsraums standen deckenhohe Regale voller Textilien und aufeinandergeschichteter Stoffballen.

An der Stirnseite befanden sich Schränke mit Schubladen für Lebensmittel. Weiße Emailschilder verrieten, ob sich Weizen- oder Roggenmehl, Zucker, Kaffee, Tee, Reis, Nudeln oder Hülsenfrüchte darin befanden. Ein Speiseölbehälter aus Zink, mit einem gläsernen Abfüllstutzen, der auf einen ganzen, einen halben und einen viertel Liter geeicht war, hing an der Wand. Ringsum lief eine schwere Eichentheke, vor der die Kunden üblicherweise auf Bedienung warteten. Die Luft im Raum war trocken, und wenn Fritz nicht gerade Kaffee röstete, roch es nach Staub und Mottenpulver. Pausenlos brannten ein paar Glühbirnen, denn es drang nur wenig Tageslicht durch die vollgestellten Fenster.

Fritz blickte hinaus auf die Straße. Pfeiffer hatte, als absehbar war, dass er das Haus und das Geschäft zurückgeben müsse, auf der gegenüberliegenden Straßenseite einen Schuppen angemietet und seine Waren hinübergetragen. Es war ein ebenerdiger Verschlag mit einer Fläche von etwa drei mal sechs Metern, dessen Außenwände zur Hälfte aus Backsteinen und darüber aus Holz waren.

Abends beleuchtete eine schummrige Gaslaterne die Straße, die kleinen Fenster mit den spärlichen Auslagen und die klapprige Holztür. Vor dem Verschlag war ein Gemüsegarten mit grünen Latten eingezäunt, hinter dem der Rambach vom Taunus herab Richtung Wiesbaden floss. Bis auf die Gaslaterne, die mittlerweile durch eine elektrische ersetzt war, sah ich diese Straßenszene während meiner Kindheit, wenn ich aus dem Fenster blickte.

Ein paar Kunden näherten sich Pfeiffers Schuppen, blieben auf dem Trottoir stehen und blickten herüber. »Alte Kameraden«, murmelte Fritz und zuckte mit den Schultern. Dann hob er die Thekenplatte hoch und verschwand im hinteren Lagerraum, in dem Fässer mit Essig, Speiseöl und Heringen standen, daneben Kisten mit Waschmitteln, Säcke mit Erbsen, Linsen und Graupen. In einem Innenhof zum Nachbarhaus, in dem bis 1934

Fritz' Schwiegereltern gewohnt hatten, stand ein Metallfass mit Handpumpe, in dem sich Petroleum für Lampen befand.

Kurt war jetzt allein und unbeobachtet im Verkaufsraum und begann an der Registrierkasse Marke »National« und der schweren »Toledo«-Waage zu hantieren, denn deren Benutzung war ihm fremd. Er hatte noch nie im Leben irgendetwas verkauft und fühlte sich unwohl in seinem gestärkten weißen Kittel. Gegen Mittag betrat meine Großmutter Rosa Emma den Laden und rief den Sohn zum Essen. Kauend und schweigend, erinnert Kurt, saßen die Eltern ihm gegenüber. »Für meinen Vater war es ein Schock, denn er hatte fest mit seiner alten Kundschaft gerechnet«, erzählt Kurt. »Er hat geglaubt, er sei hier willkommen.«

In den ersten 20 Jahren meines Lebens existiert er für mich nicht. Ich kenne nur ein einziges Foto von Fritz, das in einem Rahmen auf der eichenfurnierten Kommode in Rosa Emmas Wohnzimmer steht. Neben dem Bild stehen ein bunter Papagei aus Porzellan und ein hölzerner Storch, dessen Farbe stark abgeblättert ist. Der Storch hat eine hohle Brust, in der eine silberne Taschenuhr steckt. Storch, Papagei, Uhr – das sind die Überbleibsel von Rosa Emmas Eltern Emil und Hannchen Neumann.

Rosa Emma Beckhardt, geborene Neumann, ist eine Dulderin. Nur so hat sie neben Fritz überleben können. Hat sein unerschütterliches Selbstbewusstsein ertragen, seinen eisernen Willen, der keinen Widerspruch duldete, seinen bisweilen wolkenbruchartigen Zorn.

Werktags esse ich mit ihr das Abendbrot, während meine Eltern noch im Laden stehen. Rosa Emma spricht nicht viel, weder mit den Kunden, wenn sie an der Registrierkasse im Laden sitzt, noch mit uns. Nie erfahren wir, ob das Leben mit Fritz noch Teil ihrer Gedanken ist.

Ich ahne auch nicht, dass sich in der Kommode, vor der ich allabendlich mit Rosa Emma beim Fernsehen sitze, eine wertvolle Schatulle befindet, in der sich, auf blauen Samt gesteckt, die

Fritz

höchsten Orden des deutschen Kaiserreiches verbergen. 50 Jahre nach Fritz' Tod schreiben mir ältere Herren euphorische Briefe. Ich habe die Medaillen einer Handvoll Experten aus der Sammlerszene für Orden und Ehrenzeichen gezeigt. Fritz sei einer »der höchst dekorierten Mannschaftsdienstgrade im 1. Weltkrieg« gewesen, schreiben sie. Als Unteroffizier habe er die »höchste Tapferkeitsauszeichnung« erhalten, die dem »Pour le Mérite mit Eichenlaub« der Offiziere entspräche.

Was die Herren begeistert, ist ein Eisernes Kreuz mit einem Lorbeerkranz, goldenen Schwertern und einem Preußenadler, das die Inschrift »Vom Fels zum Meer« trägt. 1936 erscheint eine Liste der Träger des »Inhaberkreuzes«, auf der die Namen zweier Juden fehlen: Edmund Nathanael und Fritz Beckhardt. Die Nazis stuften den Orden damals als »höchste Kriegsauszeichnung« ein. Vor den Inhabern, die einen monatlichen Ehrensold von 20 Reichsmark erhalten sollten, hatte »jeder Posten der Wehrmacht durch Präsentieren des Gewehrs die Ehrenbezeugung zu erweisen«. Das Bild gefällt mir. Ich sehe Fritz, wie er im Morgengrauen durch das Konzentrationslager zum Stein-

»Kreuz der Inhaber des königlichen Hausordens der Hohenzollern mit Schwertern«, eine Auszeichnung, die im Ersten Weltkrieg nur 18-mal vergeben wurde.

bruch marschiert, die Brust vorgereckt, den Spaten über der Schulter. Am Wegrand steht die Postenreihe der SS und präsentiert das Gewehr.

War Fritz ein Nazi? Diese Frage hätte ich mir stellen müssen, hätte ich seine Schatulle früher gefunden, denn in ihr verbarg sich ein geheimnisvolles Medaillon, das ich den Herren nicht zeigte, ein silbernes Stück mit einem Durchmesser von kaum zwei Zentimetern. Als ich es Jahrzehnte später zwischen den Fingern drehe, fühle ich, dass ich den Schlüssel zu Fritz' Leben in der Hand halte.

Fritz hat das Medaillon ein einziges Mal erwähnt, als er im August 1933 für den *Schild*, die Zeitschrift des Reichsbundes jüdischer Frontsoldaten, einen Bericht über seine Kriegserlebnisse schrieb. Er nannte es: »dieser kleine Talisman«. Den Bericht kannte ich lange nicht, und so kam ich erst spät hinter das Geheimnis des verstörenden Medaillons.

Angelockt von einem Schaufenster voller Bücher mit deutschen Titeln, betrete ich in den 1980er Jahren das Antiquariat Pollak in der King George Straße in Tel Aviv. Es ist ein kleiner Laden mit übervollen Regalen. Auf dem Boden und auf Tischen haben sich aus Bücherstapeln Bücherberge und aus Bücherbergen Büchergebirge gebildet. Hinter einem eingestürzten Bücherberg sitzt ein Männlein, so klein, grau und verknittert, wie ich mir Rumpelstilzchen vorstelle. Rumpelstilzchen spricht ein akzentfreies Deutsch und erzählt mir, dass die Bücher in den 30er und 40er Jahren des 20. Jahrhunderts von deutschen Juden nach Palästina gebracht wurden. Nun brächten die der deutschen Sprache nicht mächtigen Enkel die Bücher zu Pollak und machten sie zu Geld.

Ich beginne mit Rumpelstilzchen über Israel und Deutschland zu plaudern, über die Geschichte unserer Familien, und ich berichte das wenige, das ich über Fritz weiß, bis er mich durch eine Armbewegung unterbricht und im hinteren Teil des Ladens in einer von Bücherbergen gesäumten Schlucht verschwindet. Zurück kehrt er mit einem Buch, auf dessen Titelbild Fritz in einem Kampfflugzeug aus dem Ersten Weltkrieg sitzt. Auf Seite 49 ist das rätselhafte Medaillon erwähnt. Der Autor nennt es »das Hakenkreuz des Juden Beckhardt«.

Über sich selbst sprach Rosa Emma nie. Nichts in ihrem Leben schien Bedeutung gehabt zu haben. Sie konnte einen Raum betreten und dabei unsichtbar bleiben, getarnt durch einen geblümten Kittel, den sie wie eine zweite Haut trug. Im Kittel saß sie hinter der Kasse des Ladens, schlich sie durchs Haus, kaute sie neben mir ihr Abendbrot. Ihre noch im hohen Alter schwarzen Haare trug sie in einem Netz verschnürt. Aus ihrem Gesicht stach zwischen großen braunen Augen und einem schmallippigen Mund eine mächtige knöcherne Nase hervor.

Eine Nase, an die ich mich stets erinnere, wenn ich antisemitische Zeichnungen sehe, denn sie hatte die Form, die karikierte Juden trugen, mit denen der *Stürmer* seine Geschichten illustrierte. Rosa Emma, so viel ahne ich, wird ihre Nase nicht gemocht haben, denn an ihr konnte jeder tumbe Judenhasser die Jüdin »erkennen«. Ich allerdings erkannte die Jüdin ebenso wenig wie ich einen Juden entdeckte, wenn ich in den Spiegel sah.

Wie sie selbst, so war auch Rosa Emmas Abendbrot von großer Schlichtheit. Dabei hätte sie sich großzügig in unserem Laden bedienen und Lachs, Roquefort und Gänseleberpastete auf-

Rosa Emma, 1980

tischen können, dazu Rheingauer Riesling und für mich Limonade. Doch auf dem Tisch stand ein Korb mit abgepacktem Graubrot, eine Dose Ölsardinen, Margarine, eine Kanne Tee und das »Wutzje«.

Ein »Wutzje« ist im hessischen Idiom ein Ferkel. Bei Rosa Emma jedoch war es das Teesieb, das stets neben der Teekanne in einer Plastikschale lag. Den Ursprung der Bezeichnung kenne ich nicht, aber das Wort trage ich seither mit mir herum. Sie hat es mir vererbt. Vermutlich stammt »Wutzje« aus dem sprachlichen Nachlass ihrer Eltern, vermutlich gehört es zu dem wenigen, was sie Rosa Emma hinterließen. Die Fotos der bescheidenen Alten hingen neben dem von Fritz an der Wand. Meine Urgroßmutter Johanna Neumann, genannt Hannchen, pausbäckig, die grauen Haare aus der Stirn gekämmt, dunkle Augen, eine fleischige Nase und ein sinnlicher Mund. Hannchen war mit sich und der Welt zufrieden, als das Foto Mitte der 1920er Jahre entstand. Ihr Mann Emil wirkte mit der hohen Stirn, der Nickelbrille und dem weißen Vollbart wie das Klischee des Rabbiners, der bei jeder Gelegenheit einen Witz zum Besten gibt. »Er war eine Seele von Mensch«, erinnert Kurt den Großvater, »voller Wärme und Zärtlichkeit«.

Johanna Neumann, genannt Hannchen

Emil Neumann

Von meinen Urgroßeltern kannte ich als Kind nicht einmal die Namen. Auch über sie fiel nie ein Wort. Dass sie lange tot waren, schien mir nicht ungewöhnlich. Hätte ich nach ihnen fragen sollen? Worte wie »Theresienstadt« und »Treblinka« hätte Rosa Emma ohnehin nie in den Mund genommen, da sie fürchtete, sie könne uns mit ihnen verletzen.

Auch Kurt sprach weder über die Großeltern noch über den Vater. Von Fritz kannte ich außer der einen Fotografie nur die Geschichte vom alten Mann, der mich weinend in den Armen hielt, als der Tod für ihn nur noch eine Frage von Tagen war. Obwohl ich der dritte männliche Enkel war, hatte er in mir den Stammhalter gesehen. Meine Cousins trugen nicht seinen Namen, und sie waren Engländer. Fritz achtete die Engländer, aber er mochte sie nicht. Mit welchem Gefühl ging er, als er kurz nach meiner Geburt starb? Wagte er sich einzugestehen, dass das Deutschland, von dem er ein Leben lang geträumt hatte, ein Albtraum war? Oder schämte er sich, weil er an der Heimat gescheitert war? Der Vater totgeschlagen, die Schwester, der Schwager, die Schwiegereltern verschleppt nach Auschwitz,

Treblinka und Theresienstadt. Mit Gewalt verdrängte er das, er, der den Ersten Weltkrieg und das KZ überstanden, Hitler, den dreckigen Melder aus dem Schützengraben, und Göring, den ehrgeizigen Geschwaderkameraden, überlebt hatte. Mit dem Selbstbild als Opfer konnte Fritz nicht leben. Selbst die Nazis hatten seine Kämpfernatur nicht gebrochen. Das vermochte erst die Wiedergutmachungsbürokratie der Bundesrepublik Deutschland.

Ein fortgesetzter Boykott

Am 27. August 1814 spazierte Johann Wolfgang von Goethe, der gerne und häufig in Wiesbaden weilte, durch den Kurpark am alten Wiesbadener Kurhaus vorbei und weiter nach Sonnenberg. Er wollte »in der Nähe eines alten Schlosses« den Vorabend seines 65. Geburtstages feiern. Es darf angenommen werden, dass Goethe Sonnenberg genauso erlebte, wie es ein Jahrhundert später der Wiesbadener Kur- und Verkehrsverein beschrieb: »Bei einem vorspringenden Bergrücken eröffnet sich überraschend der Ausblick auf einen Talkessel, aus dessen Mitte ein Fels mit der Ruine Sonnenberg aufragt. Drunten liegt das Örtchen mit seinen roten Dächern und seinen rauchenden Schornsteinen. Der Fremde ist erstaunt, in nächster Nähe der modernen Weltkurstadt ein so malerisches Stück Mittelalter zu finden.«

Das »alte Schloss« war die Burg Sonnenberg, zu deren Füßen sich just zu der Zeit, als Goethe den Ort besuchte, eine Handvoll Sonnenberger Juden eine Existenz aufbaute. Der erste von ihnen, der mir in den Archiven begegnet, war der Schreiner und Glaser Nathan, der Anfang des 16. Jahrhunderts beim Bau des Wiesbadener Schlosses mitgearbeitet hatte. In den folgenden 200 Jahren scheint es keine Juden in Sonnenberg gegeben zu haben, denn 1756 richtete die Gemeinde ein Gesuch an den Nassauer Herzog, den einst blühenden Jahrmarkt wieder einzuführen. Die Sonnenberger beklagten sich, dass »Juden und Viehhändler« den Ort »seither nicht besucht« hätten, weshalb sie der Obrigkeit vorschlugen, man möge die Juden vom Leibzoll befreien, einer Abgabe, die immer dann fällig wurde, wenn ein Jude oder ein Stück Vieh die Grenze einer Gemarkung passierte. Die Sonnenberger verfielen gar auf die Idee, die Obrigkeit solle den Juden den Besuch des Marktes befehlen. Im Jahre 1806 schließlich wurde der Leibzoll für Juden im Herzogtum Nassau abgeschafft.

Bald darauf ließ sich der verwitwete Eisen- und Ellenwarenhändler Moses Abraham, »Sohn des Abraham Moses, Handelsmann in Bierstadt, und der Salome Samuel« aus dem benachbarten Bierstadt, in Sonnenberg nieder und zog in das Haus seiner zweiten Frau, das der Burgmauer gegenüber lag. Bevor er umziehen konnte, musste er als sogenannter Schutzjude seinen Landesherrn um Erlaubnis bitten. Der neue Wohnort Sonnenberg wurde in seinen Schutzbrief eingetragen, ferner hatte er ein Schutzgeld zu zahlen, eine Sondersteuer nur für Juden, die ihm erlaubte, in Sonnenberg zu leben und zu arbeiten.

Am 24. September 1829 beantragte der 33-jährige Moses für sich und Jacob, seinen Sohn aus erster Ehe, den Umzug nach Sonnenberg und die Erlaubnis, die vier Jahre ältere Bräunle Samuel zu heiraten. Das Gesuch wurde öffentlich ausgestellt und rief bei den ortsansässigen jüdischen Konkurrenten Protest hervor. Die Händler Abraham und Marx Heyum machten im Oktober 1829 eine Eingabe, um Moses den Umzug zu verbieten, da er bereits »seine Haushaltung ohne erhaltene Erlaubniß nach Sonnenberg verleget und betreibt daselbst nun seinen frühern zu Bierstadt betriebenen Handel. Dieser Moses Abraham uns und namentlich den Marx Heyum beeinträchtiget.« Der Eingabe wurde nicht stattgegeben.

Bräunle Samuel war mit 38 Jahren eine »alte Jungfer«, aber sie hatte Geld. In der Sonnenberger Gemeinderechnung von 1829 wurde sie neben fünf jüdischen Familien als einzige ledige Frau und Judensteuerpflichtige verzeichnet. Die Eltern Gülla und Samuel waren bereits gestorben. Der Vater, ein alteingesessener Sonnenberger Schutzjude, hatte ihr ein Textilgeschäft und ein Vermögen von 400 Gulden hinterlassen.

Moses Abraham gehörte zu den wohlhabenderen Juden, denn wer einen herzoglichen Schutzbrief erhalten wollte, musste ein Vermögen von wenigstens 500 Gulden vorweisen, einer Summe, die dem mehrfachen Jahresgehalt eines einfachen Beamten entsprach. In der Mitgliederliste der jüdischen Gemeinde Sonnenbergs von 1843 ist Moses' Familie verzeichnet, die nebst ihm aus seiner Frau Bräunle und dem Sohn Jacob bestand. Die Liste wurde angelegt, um das Vermögen der Juden zu erfassen, weil die Behörden fürchteten, es könnten sich Juden im Ort ansiedeln, deren Kinder der Allgemeinheit zur Last fielen. Bei Moses war diese Sorge unbegründet: »Moses Neumann besitzt ungefähr 800 Gulden Vermögen, das Kind ist schon erwachsen und bedarf keiner Unterstützung mehr. Sonnenberg, den 31. August 1843, Bautz, Schultheiß«. Ein Jahr zuvor war ein Gesetz ergangen, das die Juden zwang, einen Familiennamen anzunehmen. Moses nannte sich fortan Neumann.

Die Abschaffung des Leibzolls hatte Moses den Franzosen zu verdanken, die Ende des 18. Jahrhunderts die deutschen Fürsten mit militärischer Gewalt zu »Freiheit, Gleichheit, Brüderlichkeit« gezwungen hatten. Napoleons Bruder Jérôme, der »König von Westfalen«, hatte 1807 eine auch für Nassau gültige Verfassung erlassen, die die rechtliche Gleichstellung der Juden mit ihren christlichen Nachbarn erzwang. Doch nach der Niederlage Napoleons in den »Befreiungskriegen« drehte der nassauische Großherzog das Rad der Geschichte zurück, und aus dem Staatsbürger Moses wurde wieder der Schutzjude.

Die Franzosen waren weg, aber ihre Gedanken ließen sich selbst aus dem erzkonservativen Nassau nicht mehr vertreiben. Während Moses seinen Geschäften nachging, wurde in der Wiesbadener Deputiertenkammer heftig darüber gestritten, ob man es riskieren könne, die Juden von den strengen Regeln der »Judenordnungen« des Mittelalters zu befreien.

Nach der Pestepidemie von 1348, die nach christlicher Lesart von jüdischen Brunnenvergiftern verursacht worden war, waren die meisten jüdischen Gemeinden in Deutschland buchstäblich ausgerottet worden, und die Überlebenden hatten ihren kaiserlichen Schutz verloren. Seither konnten die Fürsten und die Städte allein entscheiden, ob und wie viele Juden unter ihnen leben durften. Zeitlich befristete teure Schutzbriefe regelten, wo ein Jude leben, wohin er reisen und welcher Arbeit er nachgehen durfte. In den Judenordnungen war festgeschrieben, dass Juden am Sonntag das Haus nicht verlassen durften, dass sie auf Märkten nur kaufen durften, was die Christen verschmähten, und dass eines Juden Zeugnis vor Gericht weniger galt als das eines Christen.

Moses sprach wie seine Vorfahren neben Jiddisch auch Deutsch, aber er schrieb es in hebräischen Buchstaben, was immer wieder verboten wurde, weil es die leseunkundigen Christen für verschwörerisch hielten. Sex mit einer Christin hätte Moses' Großvater noch den Kopf kosten können, und schon im 16. Jahrhundert hatten die hessischen Juden einen gelben Ring gut sichtbar an der Kleidung zu tragen – die Nazis waren nicht die Erfinder antijüdischer Gesetze, sie perfektionierten sie.

Ziel der Judenordnungen war es, einen freien Markt zu unterbinden, da die christliche Mehrheit Angst vor der »kaufmännischen Geschicklichkeit« der Juden hatte, mit der sie, wie es in der Frankfurter Judenordnung von 1577 hieß, ihre christlichen Geschäftspartner »aussaugen und jämmerlich verderben« würden. Auch darf man aus den ausgeklügelten Regeln, mit denen die Juden an der freien Entfaltung gehindert wurden, herauslesen, dass die Fürsten ihre christlichen Untertanen für Trottel hielten, die sie glaubten vor den Juden schützen zu müssen.

Im Jahre 1848 erhielt Moses Neumann als Inhaber eines Schutzbriefes das Wahlrecht zur nassauischen Ständeversammlung. Wählen lassen konnte er sich allerdings nicht. Die Abgeordneten stritten monatelang darüber, ob man ihn und seinesgleichen »zu besseren Untertanen« erziehen könne und ob der

»raffende jüdische Charakter« durch größere Berufs- und Bildungschancen zu verbessern sei. Moses, so forderte die Mehrheit der Abgeordneten, solle sein kaufmännisches Gewerbe aufgeben und sein Sohn Jacob solle Landwirt oder Handwerker werden.

Welch eine historische Wendung! Durch Berufe, die den Juden jahrhundertelang verboten waren, wollte man ihnen nun das »Schachern« abgewöhnen. Allerdings ernährte die Landwirtschaft im 19. Jahrhundert schon die christlichen Bauern kaum, und das ehrbare Handwerk war durch die aufkommende Industrialisierung in eine Krise geraten. Daher entschied Moses in weiser Voraussicht, dass auch Jacob Kaufmann bleiben solle.

Als Moses Neumann 1861 starb, war Herzog Adolf von Nassau sein Landesherr. Dieser schlug sich fünf Jahre später im Preußisch-Österreichischen Krieg auf die österreichische Seite. Die siegreichen Preußen setzten ihn ab, annektierten Nassau, und Sonnenberg wurde preußisch.

Ein Jahr nach dem Tod des Vaters heiratete Jacob Neumann. Seine Frau Sahrle brachte drei Töchter zur Welt, von denen nur Jette überlebte, und 1867 schließlich einen Sohn. Emil war der erste männliche Spross der Familie, der einen bürgerlichen Vornamen bekam. Mitte des 19. Jahrhunderts waren die Neumanns bereits mit der Haskala, der jüdischen Aufklärung, in Berührung gekommen.

Der Wegbereiter der Haskala, der in Berlin ansässige Philosoph Moses Mendelssohn, hatte ein Jahrhundert zuvor die Juden aufgerufen, sich der Kultur der Mehrheitsgesellschaft zu öffnen: »Schicket Euch in die Sitten und die Verfassung des Landes, in welches Ihr versetzt seid; aber haltet Euch standhaft bei der Religion Eurer Väter!« In den Gemeinden entbrannte daraufhin ein heftiger Streit zwischen Orthodoxen und Liberalen. Die Maskilim (Aufklärer) forderten die Juden auf, nicht nur die Bibel und den Talmud zu studieren, sondern die moderne Wissenschaft. Die Juden hätten deutsch zu sprechen und auf Deutsch zu beten. Gebete, die von der Rückkehr des jüdischen Volkes nach Zion, ins Gelobte Land, sprachen, wurden aus den Gottesdiensten verbannt.

Einer der Pioniere des liberalen deutschen Reformjudentums war Abraham Geiger, der von 1832 bis 1838 als erster Gemeinderabbiner Wiesbadens amtierte. Er nannte die Beschneidung einen »barbarisch blutenden Akt« und führte in der Synagoge Orgelmusik ein. Nach seiner Wiesbadener Zeit ging er nach Breslau, wo seine Anstellung zur ersten Spaltung einer jüdischen Gemeinde in Liberale und Orthodoxe führte.

Emil Neumann war der Erste aus meiner Familie, der nicht mehr als Schutzjude, sondern als Staatsbürger aufwuchs, denn die Annexion Nassaus durch Preußen brachte den Juden 1869 die formelle Gleichberechtigung mit ihren christlichen Nachbarn. Der preußische Ministerpräsident Otto von Bismarck hatte das »Gesetz betreffend die Gleichberechtigung der Konfessionen« erlassen, in dem es hieß: »Alle noch bestehenden, aus der Verschiedenheit des religiösen Bekenntnisses hergeleiteten Beschränkungen der bürgerlichen und staatsbürgerlichen Rechte werden hierdurch aufgehoben.« Dennoch hätte Emil weder Universitätsprofessor noch Offizier werden können, denn eine Fülle von Einzelbestimmungen höhlte das Gesetz aus und verwehrte den Juden nach wie vor eine Beamtenkarriere im christlichen Staat.

Jacob war nicht lange nach Emils Geburt gestorben. In seiner Sterbeurkunde lese ich, dass er wie sein Vater »Handelsmann in Sonnenberg« war. Seither führte Sahrle die Geschäfte. Als Frau und Jüdin an der Spitze eines Unternehmens war sie in den Gründerjahren des deutschen Kaiserreichs eine Ausnahmeerscheinung.

Sarah Neumann besaß kaufmännisches Talent. Sie baute die von ihrem Schwiegervater 1829 ins Handelsregister eingetragene Kolonial- und Manufakturwarenhandlung zu einem blühenden Unternehmen aus, das ringsum in der preußischen Provinz Hessen-Nassau Geschäftsbeziehungen unterhielt. Um

1900 war sie in Sonnenberg eine der angesehensten und beliebtesten Persönlichkeiten; in den umliegenden Taunusdörfern nannte man sie respektvoll »Mutter Neumann«.

Im Taunus brachen die Bauern schon bei Sonnenaufgang auf und gingen zu Fuß nach Sonnenberg. Die Frauen trugen Eier, Butter und Hülsenfrüchte in Körben auf dem Kopf. Die Lebensmittel, die sie zu »Mutter Neumann« brachten, tauschten sie gegen Textilien und Gegenstände des täglichen Bedarfs, und bevor sie wieder aufbrachen, aßen sie frische Brötchen und tranken dazu »echten Bohnenkaffee«. Vor allem der Kaffee zog die Bauern magisch an.

Überliefert ist eine Fahrt meiner Ururgroßmutter ins 15 Kilometer entfernte Niederseelbach, wohin sie der Pferdekutscher Becker, dessen Kinder später den ersten Taxibetrieb Sonnenbergs aufbauten, in einem Zweispänner chauffierte. Dort soll sie »wie eine Majestät« empfangen worden sein und jedes Haus besucht haben. Ihre gesamte Aussteuer und alles, was die Menschen am Leib trugen, hatten sie bei Sahrle gekauft.

Ihren Wohlstand hatte »Mutter Neumann« auch der unter den Hohenzollern boomenden »Weltkurstadt« Wiesbaden mit ihren jährlich rund einhunderttausend Kurgästen zu verdanken – den Titel »Weltkurstadt« hatte sich die Stadt 1852 selbst verliehen. Jedes Jahr im Mai kam Kaiser Wilhelm II. zur Kur und bezog sein Schloss in der Innenstadt. Dem Kaiser folgten dessen reichste Untertanen, die ihre Altersruhesitze nach Wiesbaden verlegten, wo zur Jahrhundertwende die meisten Millionäre Deutschlands lebten. Als dem Magistrat der Titel »Weltkurstadt« zu gering erschien, nannte man sich um in »Kaiserstadt«.

Zu Sahrles Kunden zählten pensionierte Beamte und Mitglieder der preußischen Generalität, die sich in dem malerischen Tal zwischen Sonnenberg und Wiesbaden ihre Villen gebaut hatten. 1898 kaufte Sahrle das Nachbargrundstück an der Sonnenberger Burgmauer und erbaute das rote Backsteinhaus, in dem ich vier Generationen später mein Abendbrot verspeise. Noch im hohen Alter empfing sie, die durch Diabetes ein Bein verloren hatte, hier die Bauern. Dabei saß sie vor einem prachtvollen Ofen. Die angesehene Firma in der Wiesbadener Innenstadt hatte sich anfänglich geweigert, das wertvolle Stück, das eine großbürgerliche Villa zieren sollte, in das ländliche Sonnenberg zu liefern.

1912 starb Sarah Neumann. Der hoch aufragende Obelisk aus schwarzem Granit, der ihr Grab auf dem jüdischen Friedhof an der Platter Straße schmückt, hat die Verwüstungen durch die Nazis überstanden.

Fritz Beckhardt und Rosa Emma Neumann lernten sich wie viele Juden über einen Schadchen kennen, einen jüdischen Heiratsvermittler. Da ein Kind nach alten rabbinischen Regeln meist nur dann als Jude gilt, wenn die Mutter Jüdin ist, musste Fritz eine ebensolche finden. Seine Eltern Abraham und Franziska hatten ihn zwar mit einem ordentlichen deutschen Vornamen ausgestattet, waren aber innerlich nicht bereit, ihr Judentum über Bord zu werfen, wie es in den großen Städten üblich wurde. Abraham Beckhardt ging am Schabbes in die Synagoge von Wallertheim und war ein geachtetes Mitglied der Gemeinde. Die Idee der Assimilation, wonach die Juden ununterscheidbar in der Mehrheitsgesellschaft aufzugehen hätten, lehnte er ab.

Fritz fügte sich dem Vater. Dabei hätte er sich jederzeit mit einer Nichtjüdin verbinden können, denn er war eine legendenumwobene Erscheinung. Der gerade mal 1,60 Meter große Fritz trat in der ländlichen Enge seines rheinhessischen Heimatdorfes Wallertheim wie ein Mann von Welt auf. Er dachte immer nach vorn, niemals zurück. Was er geschäftlich anpackte, funktionierte, und wenn es irgendwo hakte, fand er einen neuen Weg, den er ohne Zögern in Angriff nahm. Angriff, das war vier Jahre lang im Weltkrieg seine tägliche Devise gewesen. Angreifen bereitete ihm Spaß. Selbstzweifel kannte er nicht. Er war impulsiv und laut, schätzte andere Meinungen nicht sonderlich, aber Siegertypen, wie er selbst einer war.

Franziska Beckhardt *Abraham Beckhardt*

Der Schadchen sollte ein Fräulein aus einem angesehenen Geschäftshaus suchen, denn die Welt der jüdischen Ärzte und Rechtsanwälte war für Fritz unerreichbar und die der ländlichen Handelsjuden zu schäbig. Der Schadchen fand Rosa Emma Neumann, 23 Jahre jung, intelligent, bescheiden und von ruhigem Wesen, vor allem aber Erbin eines aufstrebenden Handelsunternehmens am Rande einer mondänen Kurstadt.

Rosa Emma war eine gute Partie. Ihrem fünf Jahre älteren Bruder Friedrich war Sonnenberg zu eng geworden, nachdem er 1918 aus den Schützengräben zurückgekehrt war. 1923 bot sich ihm die Chance auszuwandern, als der Siemenskonzern den Auftrag erhielt, die Elektrifizierung Portugals voranzutreiben, und ihn als Mitarbeiter einstellte. Friedrich siedelte nach Lissabon über, Rosa Emma würde also die Firma vom Vater übernehmen. Unter Emil Neumanns Führung war das Geschäft in der Inflationszeit allerdings ins Schlingern geraten. So wird er es als glückliche Fügung empfunden haben, dass eines Tages der 37-jährige Kaufmann Fritz Beckhardt in einem stattlichen Wagen vorfuhr und um die Hand der Tochter anhielt.

Für Fritz war das in Not geratene Sonnenberger Traditionsunternehmen die Herausforderung, die er suchte. Am 30. Mai 1926 stand er mit seiner 14 Jahre jüngeren Braut vor Wiesbadens Bezirksrabbiner Paul Lazarus unter der Chuppa, steckte ihr den Ring an den Finger, sprach das »Sei mir durch diesen Ring heilig angetraut nach dem Gesetze Moses und Israels«, zertrat ein Glas und entführte Rosa Emma auf eine sündhaft teure Hochzeitsreise ins Schweizerische Montreux. Wenn Fritz auffällig spendabel wurde, ging es oft darum, Frauen zu verwöhnen.

Nach seiner Rückkehr blies Fritz zum Angriff auf die Sonnenberger Konkurrenz. Die Zahl der Arbeitslosen war auf zwei Millionen gestiegen, und manch einer suchte sein Heil in der Selbstständigkeit. Im selben Monat, in dem Fritz nach Sonnenberg gekommen war, eröffnete in unmittelbarer Nachbarschaft die Filiale eines großen Lebensmittelgeschäfts aus der Wiesbadener Innenstadt. Für Fritz war der Moment gekommen, dem Schwiegervater zu zeigen, was er draufhatte.

Jeden Donnerstag warb der Filialist mit dem Angebot preiswerter Bücklinge die Stammkundschaft der Neumanns ab. Also fuhr Fritz in das Hauptgeschäft des Konkurrenten, kaufte dessen Bücklinge und bot sie mit Verlust den eigenen Kunden um genau einen Pfennig billiger an. Nach weiteren ähnlichen Manövern gab die Konkurrenz schließlich auf.

Mit Fritz war ein neuer Stil in die kleine Sonnenberger Geschäftswelt eingekehrt. Wie ein aggressiver Preiskampf funktionierte, hatte er als Lehrling in großen Handelshäusern gelernt. Die Konkurrenten nannten das »jüdische Preispolitik«. Einige von ihnen sammelten sich in einer neuen Partei. Im März 1926 hatte die NSDAP ihre erste Wiesbadener Ortsgruppe gegründet.

Das alte Ladenschild hat Fritz im Oktober 1950 nicht wieder aufgehängt. Bis 1934 hatte das schwere, mehr als einen Quadratmeter große Eisenschild für jedermann gut sichtbar über der Ladentür gehangen und einen Hauch von Jugendstil verbreitet. Auf einer weißen Emailoberfläche, die von geschwungenen

Bögen umrahmt war, kündeten hochgewachsene schwarze Buchstaben stolz von der Tradition des Unternehmens: »Emil Neumann seit 1829« stand da. Jetzt rostete es im Innenhof zwischen den Häusern Langgasse 9 und Langgasse 11 vor sich hin.

Pfeiffer hatte auf den Tag genau ein Jahr nach der Ernennung Adolf Hitlers zum Reichskanzler in Sonnenberg das erste jüdische Unternehmen vom Markt verdrängt, wenn auch noch nicht vollständig »arisiert«, wie die Zwangsenteignung jüdischen Vermögens im Nazijargon genannt wurde. Nach einem Jahr Naziherrschaft war die »Arisierung« in Deutschland noch eine Randerscheinung im Wirtschaftsleben, erst in den späten 1930er Jahren wurde sie systematisch durchgeführt. Pfeiffer durfte sich insofern als Pionier betrachten, sein Kommando im renommierten Hause Neumann erhöhte ihn zweifelsohne in der Achtung seiner Parteigenossen. Hat ihm der Anblick des alten Schilds Freude gemacht? War er stolz, einen jüdischen Konkurrenten so früh zur Strecke gebracht zu haben? Oder hatte Pfeiffer im Laufe der vergangenen 16 Jahre das sperrige Ungetüm einfach hinter einem Stapel Holzkisten vergessen?

Kurt erzählt, dass nach und nach doch ein paar alte Kunden »zu den Neumanns« gekommen sind. Es waren vor allem »Sozialdemokraten und aufrechte Christen, die auch nach 1933 den Mut gehabt hatten, bei uns zu kaufen.« Für diese Minderheit war es eine Erleichterung, dass ein Teil der jüdischen Nachbarn zurückgekehrt war. Es war ihnen ein Zeichen, dass ein anderes Deutschland im Entstehen war. Kurt erinnert herzliche Begegnungen in dem engen Ladenlokal. Kunden reichten ihm und Fritz die Hand: »Schön, dass ihr wieder da seid!«

Die Mehrheit der Sonnenberger aber machte einen Bogen um Fritz' Laden, nicht weil sie allesamt verbohrte Antisemiten waren, vielmehr weil sie nicht wussten, wie sie den zurückgekehrten Juden begegnen sollten. Sie wechselten die Straßenseite, schauten in den Himmel, wenn sie Fritz und Rosa Emma trafen. »Wir hatten es auch nicht leicht«, stammelten sie. Gretel Hahn,

Rosa Emmas Schulkameradin, stand eines Sonntags vor der Tür. Die beiden waren beste Freundinnen gewesen, hatten als junge Frauen keine Geheimnisse voreinander gekannt. 1933 wurde Gretel Parteimitglied und brach den Kontakt ab. Zwanzig Jahre später saßen sie sich in Rosa Emmas Wohnzimmer gegenüber.

»Ei, Emma, wie geht's?«

»Ach, Gretel, unn wie?«

Mehr ging nicht. Scham schnürte Gretel den Hals zu; Schmerz überfiel Rosa Emma. Gretel stand auf und verließ das Haus, beide sprachen nie mehr miteinander. Rosa Emma schwieg danach noch lauter.

Der Boykott, den die »arischen« Nachbarn in den 1950er Jahren, sei es aus Befangenheit, sei es aus Überzeugung, fortführten, hatte am 1. April 1933 begonnen. Als Fritz die »alten Kameraden« in Pfeiffers Schuppen verschwinden sah, dachte er an diesen Tag zurück. In den letzten Märztagen des Jahres 1933 hatte die NSDAP wegen »jüdischer Gräuelpropaganda« in der ausländischen Presse die Deutschen zum Boykott gegen jüdische Geschäfte, Ärzte und Rechtsanwälte aufgerufen. Das »Weltjudentum« habe die US-amerikanische und englische Presse gegen Deutschland aufgewiegelt und vereinzelt seien Deutsche im Ausland sogar angegriffen worden, lautete die offizielle Begründung des »Zentralkomitees zur Abwehr der jüdischen Gräuelpropaganda und Boykotthetze«, das unter dem Vorsitz von Julius Streicher den Boykott organisierte. Für die NSDAP war die Kampagne ein erster Test, wie tief sich die antisemitische Propaganda bereits in den Köpfen der Deutschen eingegraben hatte und wie weit die Masse der Partei folgen würde.

Der 1. April 1933 war ein Samstag. Zahlreiche jüdische Geschäftsleute aus der Wiesbadener Innenstadt hielten mit Verweis auf den Schabbes ihr Geschäft geschlossen und entzogen sich so den antijüdischen Kampfmaßnahmen. Für Fritz wäre ein solcher Rückzug niemals in Frage gekommen. Er wollte »erst mal abwarten«, ob die Sonnenberger Nazis es wagen würden, dem höchstdekorierten Frontsoldaten des Ortes auf offener

Straße entgegenzutreten. Als er das Geschäft um 8 Uhr morgens öffnete, war von den Nazis nichts zu sehen. In der Innenstadt hatte die SA Flugblätter an den Schaufenstern der jüdischen Geschäfte angebracht, in Sonnenberg schien alles ruhig. Um 10 Uhr vernahm Fritz Lärm auf der Straße. Durch das Glas der Ladentür sah er eine Kundin, die eine Gruppe von Männern anschrie, die auf der gegenüberliegenden Straßenseite standen. Fritz trat vor die Tür und erkannte drei seiner Nachbarn in SA-Uniform sowie den Ortsgruppenleiter der NSDAP und dessen Sekretär in Zivil. Einer der SA-Männer trug ein handgemaltes Schild mit der Aufschrift »Kauft nicht bei Juden!«, ein anderer hatte soeben die wütende Kundin fotografiert. Die Frau hatte den Männern zugerufen, sie sollten »sich etwas schämen«. Andere Sonnenberger fragten die SA: »Was wollt ihr hier?«, und betraten kopfschüttelnd das Geschäft. Doch Fritz gewahrte auch Kunden, die, als sie die SA bemerkten, umkehrten.

Kurt war damals fünf Jahre alt, und der 1. April 1933 ist der früheste Tag seiner Kindheit, an den er bildhafte Erinnerungen hat. »Ich spielte im Hof, als mein Vater in einem weißen Kittel kam und mich an der Hand nahm. ›Komm mit!‹, sagte er und ging mit mir durch den Laden raus auf die Straße. Da standen Männer in Uniform und in Zivil. Mein Vater zeigte mit dem Finger auf sie und sagte zu mir so laut, dass jeder ringsum es hören musste: ›Schau sie dir an, Kurtsche! Die Hose vom Judd trache se unn könne se nit bezahle, unn solche Leut rufe gesche uns zum Boykott.‹«

Hände an die Hosennaht

Die Hosen der Nazis, die im April 1933 vor Fritz' Geschäft standen, hatte Peter Bittmann genäht. Bittmann stammte aus Wallertheim, dem Heimatdorf meines Großvaters in der Nähe der Kreisstadt Alzey. Peter und Fritz waren Freunde von Kindesbeinen an.

Die Bittmanns gehörten zu den ärmsten Familien des Dorfes. Sie waren Tagelöhner, sozialer Abschaum in den Augen der Bauern und Handwerker. Sie besaßen kein Land und lebten von der Hand in den Mund. Peters Eltern nähten Mehl- und Kartoffelsäcke. Sie mähten die Uferböschungen der Bäche und brachten das Grün als Ziegenfutter zu den Bauern, oder sie zogen mit einem Handkarren über Land und sammelten Pferdeäpfel, die sie als Brennmaterial zum Bäcker brachten, der mit Brötchen zahlte. Peter lernte früh, wie man Mehlsäcke nähte, war geschickt im Umgang mit Nadel und Faden. Er wollte raus aus dem ländlichen Proletariat, der Umgang mit Fritz, dem Alleskönner, spornte ihn an. Als Fritz in Emils Firma einstieg, konnte er dem Freund die Chance zum Aufstieg bieten. Peter brachte sich mit Büchern das Schneidern bei und nähte fortan Hosen. Alle zwei Wochen fuhr er mit dem Omnibus nach Sonnenberg, wo er an Fritz' Kunden Maß nahm.

Peter überragte Fritz um einen ganzen Kopf, er war schlank, blond und trug einen Schnurrbart. Kurt nannte ihn »Onkel Bittmann« und erinnert, dass er einen Klumpfuß hinter sich herzog, wenn er mit dem Schneiderkoffer die Stufen zum Geschäft emporstieg. »Na, Kurtsche, wie isses?«, fragte Onkel Bittmann und nahm den Jungen in den Arm. Kurt merkte sich das, denn Fritz tat so etwas nie.

Fritz nannte Bittmanns Hosen eine Mezzie, ein »gutes Geschäft«. Mezzie war eines der merkwürdigen Worte, die Fritz häufig benutzte, ein Überbleibsel aus dem »barocken Judendeutsch« des Spätmittelalters, wie Goethe das Jiddische nannte. Bald spazierte halb Sonnenberg in Hosen aus dem Hause Neumann umher, fast wie zu Mutter Neumanns Zeiten. Nur das Geld war knapper. Für eine Neumann-Hose leistete man eine Anzahlung, der Rest wurde abgestottert. So kam es, dass der Ortsgruppenleiter der NSDAP beim antijüdischen Boykott in noch unbezahlten Neumann-Hosen vor dem Geschäft stand.

Peter Bittmann war Sozialdemokrat. In Wallertheim hatte er den Ruf eines Spötters, dessen Witz sich nur wenigen erschloss.

Er lachte auch über sich selbst, und sein Humor half ihm, die Nazizeit zu überleben. Bei den letzten, schon nicht mehr freien Reichstagswahlen am 5. März 1933 postierte sich Bittmann als Beobachter im Wahllokal. Als die NSDAP verkündete, Wallertheim habe »zu 100 Prozent Hitler gewählt«, erklärte Peter, dass er selbst gegen die Nazis gestimmt habe und weitere Wallertheimer nennen könne, die das ebenfalls getan hätten.

Ich rüttele am Tor, aber es lässt sich nicht öffnen. Eigentlich dürfte ich auf dem jüdischen Friedhof von Wallertheim nichts Aufregendes mehr finden. Die Familienurkunden weisen für Wallertheim zwar Geburten aus, aber keine Todesdaten. Dennoch stehe ich an einem kalten Herbsttag vor dem Dorf auf einem Acker und starre die 20 Steine an. Ein unangenehmer Wind bläst, der von wenigen Pappeln gebrochen wird, die das Areal vor den Augen der auf der Landstraße vorbeirasenden Autofahrer verbergen. Ich kann mich den Gräbern nicht nähern, denn ein Maschendrahtzaun ist um das Gelände gespannt.

Ich friere. Es war eine Schnapsidee, hierherzufahren, ohne mich bei der Gemeinde anzumelden. Ich taste nach dem Mobiltelefon. Die Telefonauskunft findet die Nummer des Büros von Peter Bittmann. Hat er einen Nachfolger? Ein Mann hebt ab und nuschelt mit heiserer Stimme Unverständliches ins Telefon.

»Guten Tag. Ich bin Journalist und schreibe einen Artikel über Rheinhessen«, sage ich. »Ich würde gerne den jüdischen Friedhof besichtigen. Das Tor ist abgeschlossen. Können Sie mir vielleicht …?« Ich höre mir zu und schüttele den Kopf. Was rede ich? Warum darf der Mann nicht erfahren, was ich suche?

»Können Sie sich ausweisen?« Die Stimme klingt freundlich.

Der Wind ist schwächer geworden, es beginnt zu regnen.

»Lassen Sie das Tor offen. Ich schließe später wieder ab.« Der Herr im braunen Kordanzug schiebt einen Torflügel auf und fordert mich auf einzutreten. Der Boden ist weich wie ein frisch gepflügter Kartoffelacker, je eine Scheibe feuchter Erde klebt unter meinen Schuhen. Zwei Dutzend Grabsteine. Das Alltagshebräisch, das in Israel zum Bestellen eines Falafel-Sandwichs reicht, hilft mir nicht weiter. Die Buchstaben, die ich entziffern kann, kann ich nicht zu Worten zusammenfügen. Wenigstens die Namen sind lateinisch geschrieben.

Gleich vorn links liegt ein Verwandter. »Ludwig Beckhardt 1892«, mehr ist nicht zu erkennen. Ludwig ist Kurts erster Vorname, aber er hat ihn schon als junger Mann abgelegt, weil er ihn nicht leiden mochte. Fritz hat Kurt nach dem Urgroßvater benannt. In der Reihe dahinter liegt Kurts Urgroßmutter. Ich stehe in Gedanken versunken vor dem sandfarbenen Stein. Johannetta »Chanetta« Beckhardt, geborene Mann, 1823 in Wallertheim geboren, 1902 gestorben, ist eine meiner acht Ururgroßmütter. Eine Urugroßmutter ist schwer vorstellbar, aber als Oma von Fritz, der 13 Jahre alt war, als sie starb, kann ich sie begreifen. Die Oma vom Opa fühlt sich an wie eine nahe Verwandte.

Spätestens seit 1556 lebten Juden in Wallertheim. In den nahe gelegenen Städten Speyer, Worms und Mainz befanden sich im Mittelalter die bedeutendsten jüdischen Gemeinden Deutschlands, deren gemeinsames Symbol eine Knoblauchknolle war. Knoblauch heißt auf Hebräisch »Schum«, und die drei hebräischen Buchstaben Schin (SCH), Waw (U) und Mem (M) sind die Anfangsbuchstaben der drei Städte.

Fritz' Großvater Ludwig Beckhardt zog 1853 im Alter von 29 Jahren aus der Gegend um Bad Kreuznach nach Wallertheim, um die ein Jahr ältere Chanetta Mann zu heiraten. Die Hochzeitszeremonie unter der Chuppa, dem Baldachin, der den Himmel symbolisiert, unter dem einst Gott dem Abraham zahlreiche Nachkommen versprach, wurde im kleinen Betraum der Gemeinde von dem Alzeyer Rabbiner Samuel Adler vollzogen.

Chanettas Familie gehörte zu den ältesten jüdischen Familien des Dorfes. Die Manns hießen ursprünglich Mannelos und waren Sepharden. Sie waren um 1690 über Burgund und das Elsass nach Wallertheim eingewandert. Als sie in die Kurpfalz kamen, waren die Truppen des Sonnenkönigs Ludwig XIV., die im pfälzischen Erbfolgekrieg eingefallen waren, um Frankreich bis zum Rhein auszudehnen, bereits auf dem Rückzug. Das Gebiet, das die Franzosen räumen mussten, verwüsteten sie, sprengten die Burgen am Rhein, die Schlösser in Heidelberg und Alzey und ließen Städte und Dörfer in Flammen aufgehen. Um den Wiederaufbau des Landes zu finanzieren, erlegte die kurfürstliche Regierung den Juden eine Extrasteuer auf. Die gesamte kurpfälzische Judenheit hatte die gigantische Summe von 6000 Gulden an den Kurfürsten zu zahlen, eine frühe Form der speziell für Juden erdachten Steuern, wie sie später bei den Nazis üblich waren. Zudem durften die Manns wie alle Juden wegen des Mangels an Wohnraum nur vom Krieg zerstörte Häuser kaufen, um sie wieder aufzubauen. Unzerstörte Häuser waren Christen vorbehalten.

Als die Franzosen zum zweiten Mal in die Gegend kamen, war das für die Juden kein Fluch mehr, sondern ein Segen. Seit 1792 wurde die Kurpfalz mehrfach von französischen Revolutionstruppen besetzt, und als Napoleon 1797 seine Feinde in Oberitalien besiegte, nahm er im Frieden von Campo Formio das linke Rheinufer als Kriegsbeute. So wurde Fritz' Heimat zum »Département du Mont-Tonnerre« und damit Teil der Französischen Republik. Am 13. November 1791 erließ die französische Nationalversammlung ein Dekret, das den Juden die uneingeschränkten Bürgerrechte verlieh und sie so zu gleichberechtigten französischen Staatsbürgern machte. Allerdings verlangten die Franzosen einen politischen Preis, den der Abgeordnete Clermont-Tonnerre formulierte: »Il faut tout refuser aux juifs comme nation, il faut tout leur accorder comme individu« (»Als Nation soll man den Juden alles verweigern, als Menschen ihnen alles zugestehen«). Im Klartext hieß das, die nun mit Menschenrechten ausgestatteten Juden hätten sich der aufgeklärten bürgerlichen Rechtsordnung anzupassen.

Als Franzosen genossen die Juden nun Niederlassungs- und Gewerbefreiheit, konnten Wohnort und Beruf frei wählen. Auf die christliche Oberschicht wirkte das wie ein Schock. Im Elsass überhäuften die Bürger die französische Verwaltung so lange mit Klagen über »Judenwucher«, bis Napoleon 1808 durch eine Anordnung den Juden der östlichen Départements vorschrieb, sich einmal jährlich ein »Moralpatent« erteilen zu lassen, welches belegen sollte, dass sie sich im Wirtschaftsleben anständig verhielten. Die französischen Juden nannten diese Regelung, die die soeben gewonnene Freizügigkeit und Gewerbefreiheit wieder einschränkte, »décret infâme«, und es gehörte zu den Neuerungen, die die christliche Obrigkeit auch nach der Franzosenzeit gerne beibehielt.

Am 20. Juli 1808 erließ Napoleon ein Dekret, dass den Juden auferlegte, binnen dreier Monate einen Familiennamen zu wählen. Der Sohn des Simon Abraham und Enkel des Abraham Joseph aus Ippersheim entschied sich für den Namen »Beckard«, allerdings ohne zu hinterlassen, was er sich dabei gedacht hatte. Auch wie sich das h und später noch das t in den Namen eingeschlichen haben, ist nicht überliefert.

Die Beckards zahlten keine Schutzgelder mehr, sondern Steuern. Zu ihren Pflichten gehörte jetzt der Dienst in der Armee – wahrhaftig eine Revolution. Seit den Judenordnungen des Mittelalters durften Juden keine Waffen mehr tragen, nun marschierten sie mit Napoleons Grande Armée gen Moskau und ließen dort ihr Leben.

Pikanterweise durften Juden nach dem königlich-preußischen Edikt vom 11. März 1812 auch in eine deutsche Armee eintreten, denn an die französische Gesetzgebung anknüpfend, wurde in Preußen ebenfalls die »Judenemanzipation« verkündet. In der Armee dienen zu dürfen war ein großes Geschenk, das Juden fast schon zu vollwertigen Staatsbürgern machte, doch von »öffentlichen Bedienungen und Staatsämtern« blieben sie weiterhin ausgeschlossen.

So geschah es, dass 1813, als Napoleons Stern zu sinken begann, Juden auch gegen Frankreich ins Feld zogen. Mit dem preußischen Wehrgesetz vom 3. September 1814 wurde für Juden ab dem 20. Lebensjahr sogar die Wehrpflicht eingeführt, die sie allerdings nicht als Pflicht, sondern als »Wehrwürde« ansahen. Die Möglichkeit, Soldat zu werden, gab ihrem Selbstbewusstsein und der Hoffnung auf rechtliche Gleichstellung im Staat einen kräftigen Schub, zumal der preußische König Friedrich Wilhelm III. allen freiwilligen Kriegsteilnehmern etwas voreilig eine staatliche Anstellung versprochen hatte.

Loudwig Beckhardt war wie sein Vater Joseph »Metzger und Handelsmann«. Die Schreibweise seines Namens in der Geburtsurkunge verrät, dass sich Joseph nicht zwischen dem deutschen Ludwig und dem französischen Louis entscheiden konnte. Als Ludwig 1824 geboren wurde, war die segensreiche »Franzosenzeit« längst passé, doch Joseph empfand immer noch eine große Sympathie für alles Französische.

Die Familienurkunden von damals sind in französischer Sprache verfasst. Chanettas Vater Abraham Mann starb am »4. Frimaire im 8. Jahr der Franzosenrepublik«, und Fritz' Urgroßvater Abraham Berney war »marchand de détail« (Einzelhandelskaufmann), wie seine Frau Cosime bei seinem Tod berichtete, denn »elle a déclarer ne savoir écrier«, sie erklärte, nicht schreiben zu können.

Ludwigs Schwiegermutter Lisetta Mann war, wie in Chanettas Geburtsurkunde zu lesen ist, eine geborene Beckhard. Inzestuöse Verbindungen waren bei der geringen Zahl von Juden auf dem Land beinah unvermeidlich, aber unter den Franzosen verbesserten sich die sozialen Verhältnisse so sehr, dass die jüdische Bevölkerung im Département Donnersberg sprunghaft zunahm. Das lag zum einen an den neuen beruflichen Möglichkeiten, zum anderen an der illegalen Zuwanderung von Juden aus dem Rechtsrheinischen, wo noch die alten Judenordnungen galten. Die Zahl der rheinhessischen Juden wuchs stetig, obwohl die Franzosen illegale Einwanderer immer wieder über den Rhein abschoben.

Als in der Silvesternacht 1813 General Blücher mit den preußischen Truppen über den Rhein setzte, endete die wunderbare

Franzosenzeit. Nach dem Wiener Kongress fiel der südliche Teil der Kurpfalz an das Königreich Bayern und das Département Donnersberg an das Großherzogtum Hessen. Großherzog Ludewig hatte nicht viel Freude daran, denn nun regierte er ein Land mit zweierlei Recht. In seinem Stammland wurden alle französischen Spuren getilgt. In den ehemals französischen Gebieten wagte er das nicht. So ergab sich das Kuriosum, dass die linksrheinischen Beckhardts schon Bürger waren, während die Neumanns im rechtsrheinischen Sonnenberg noch als Schutzjuden lebten.

Das Großherzogtum Hessen wies um die Mitte des 19. Jahrhunderts unter allen Flächenstaaten Deutschlands den höchsten jüdischen Bevölkerungsanteil auf. In der Kleinstadt Alzey lebten 400 Juden, weit mehr als in der bedeutend größeren nassauischen Residenzstadt Wiesbaden. Die jüdische Gemeinde Alzeys war reich genug, eine Synagoge zu erbauen und eine Spitzenkraft als Rabbiner zu verpflichten. 1842 trat Samuel Adler das Amt an. Seine Anstellung, die der wohlhabende Gemeindevorsteher Simon Belmont eingefädelt hatte, machte klar, dass die Juden im Rabbinatsbezirk Alzey auch auf religiösem Gebiet das Ghetto des Mittelalters verlassen wollten.

In den Jahren 1844, 1845 und 1846 trafen sich Deutschlands liberale Rabbiner auf Konferenzen in Braunschweig, Frankfurt und Breslau, um über die Zukunft des Judentums in einer freiheitlichen Gesellschaft zu beraten. Auf diesen Zusammenkünften tat sich Adler mit voller Unterstützung seiner Heimatgemeinde mit radikalen Forderungen hervor: Familien sollten, wenn sie darauf angewiesen waren, am Schabbes arbeiten dürfen, und Frauen sollten gleichberechtigt am Gottesdienst teilnehmen, der nur noch zu einem kleinen Teil auf Hebräisch, ansonsten aber in Deutsch abzuhalten sei. 1856 erhielt Rabbi Adler einen Ruf aus den USA und wechselte zum Tempel Emanu-El, der bis heute größten Reformsynagoge New Yorks. In den USA gilt er als einer der Begründer des liberalen Judentums.

Auch in Wallertheim, das zum Rabbinatsbezirk Alzey gehörte, wuchs der Wohlstand der Juden. Die 70-köpfige Gemeinde richtete sich einen Betraum ein, und der Vorsitzende Ludwig Beckhardt gab 1864 in der Zeitschrift *Der Israelit* eine Anzeige auf, in der ein unverheirateter Religionslehrer gesucht wurde, dem ein Gehalt von 220 Gulden nebst gut beheizter Wohnung winkte sowie die Möglichkeit eines ordentlichen Zuverdienstes: »Bewerbern, die im Französischen unterrichten können, wird außerdem für ein Nebeneinkommen von 100 Gulden und solchen, welche zur Übernahme der Schächterfunktionen befähigt sind, für weitere 70 Gulden garantiert.« Bald darauf konnte eine Synagoge eingeweiht werden. Das Gebäude, das im November 1938 demoliert und angezündet wurde, wurde nach dem Krieg wieder aufgebaut und zum Rathaus umgewidmet, in dem Ortsbürgermeister Peter Bittmann residierte.

Eineinhalb Jahre nach der Heirat mit Ludwig brachte Chanetta Abraham zur Welt. Abraham wurde Metzger und Viehhändler wie Vater und Großvater. Um 1900 eröffnete er in Wallertheim einen Kolonialwarenladen. Wie viele ihrer christlichen Mitbürger folgten die Juden der Familientradition, nach der der Sohn den Beruf des Vaters ergriff. Zudem war es schwer, in einem neuen Beruf von der ländlichen Gesellschaft akzeptiert zu werden, und Landwirt konnte ein Jude ohnehin nur werden, wenn ihm ein christlicher Bauer Land verkaufte.

Erst hörte man ein fernes Dröhnen, dann vibrierten die Fenster, und plötzlich lag ein Höllenlärm über dem Dorf. Die Bauern legten die Köpfe in den Nacken. Ein fliegendes Ungetüm schaukelte zwischen den Kirchtürmen hindurch, drehte eine Runde über dem Dorf und verschwand hinter den Pappeln an der Landstraße. Es war ein kühler, feuchter Tag im August 1918, und von der Front kamen nur noch selten gute Nachrichten. In Wallertheim wie überall im Kaiserreich war man hungrig nach Helden, die Hoffnung und Aufbruch verkörperten. Einen solchen Helden erwartete das Dorf seit den frühen Morgenstunden auf einer frisch gemähten Wiese, doch bis zum Mittag blieb alles in dichten Nebel gehüllt. Dann endlich dröhnte es von Gau-Bickelheim herüber, und ein Flugzeug tauchte über den Pappeln auf. Bei der Landung standen die Wallertheimer mit offenen Mündern auf der Wiese und hielten sich die Ohren zu. Die dreijährige Anna war noch zu klein, um zu begreifen, wer oder was das unheimliche Geräusch verursachte. Als sie den Motorlärm hörte, lief sie in Panik davon.

Im September 2006 treffe ich Anna. Wir sitzen in ihrer bäuerlichen Stube in der Wallertheimer Bahnhofstraße, nicht weit von dem Haus, in dem Peter Bittmann gelebt hat. Der Bürgermeister hat mich angerufen, er habe eine Frau gefunden, die Fritz' Eltern gekannt habe und mir von ihnen berichten wolle. Anna hat ihre zarte Gestalt in eine braune Wolljacke gewickelt. Aus ihrem runden Gesicht strahlen mich große Augen an. »Ausgerechnet letzten Monat habe ich das Gemeindeblatt nicht gelesen«, sagt sie, »sonst hätte ich mich früher gemeldet. Zum Glück hat mein Enkel reingesehen und mich angerufen: Oma, die suchen jemand, der die Beckhardts gekannt hat. Du hast doch immer von denen gesprochen.«

Dass ich eine Zeitreise ins wilhelminische Deutschland antreten darf, habe ich also dem Enkel dieser lebhaften alten Dame zu verdanken.

Zu Beginn des 20. Jahrhunderts habe es in Wallertheim viele Juden gegeben, erzählt sie. Am Schabbes pilgerten sie aus Gau-Bickelheim und Armsheim zu Fuß zur Synagoge, und an den Feiertagen kam Rabbiner Dr. Julius Lewit aus Alzey, der in Wallertheim auch Religionsunterricht für die Kinder gab. Anna Zahn wandert in Gedanken die Straßen ihrer Kindheit entlang und zählt an den Fingern die jüdischen Familiennamen ab. »Isaac, Baum, Mann, Beckhardt ...«, am Ende sind es zehn Familien. Vier Prozent der Wallertheimer Bevölkerung war jüdisch, fünfmal mehr als der Durchschnitt im Kaiserreich.

»Ihre Urgroßeltern kannte ich gut. Sie waren mit uns befreundet. Man hat sich ja oft besucht. Der Abraham, der war sehr zugänglich, immer ausgeglichen und froh«, sagt sie. Ein kleiner, dürrer Mann sei er gewesen, den sie fast täglich traf, denn ihre Mutter kaufte bei ihm.

»Im Geschäft vom Abraham stand immer ein Glas Gutsjer auf der Theke. Der wusste, dass ich gern Himbeergutsjer esse und hat immer so lange drin gewühlt, bis er eins hatte.«

Sie nennt ihn nicht »Herr Beckhardt«, sondern »Abraham«. Das macht sie mir vertraut. Doch ihre Erinnerungen an meine Urgroßeltern scheinen durch die Himbeerbonbons versüßt worden zu sein, denn sie sagt Sätze wie: »Ich kann mir nicht vorstellen, dass die Beckhardts jemals mit irgendwem Streit hatten.«

Alle Geschäftsleute des Dorfes waren Juden, zwei Kolonialwarenhändler, ein Metzger und Viehhändler, die Betreiber des Textilladens und des Schuhgeschäfts. In Abrahams Metzgerei habe sie einmal Juddewörschtscher verlangt, sagt Anna. Rindswürste waren das. Die Mutter habe geschimpft deswegen, erinnert sie und lacht.

Dann wird sie ernst und hebt den knochigen Zeigefinger. »Das muss ich Ihnen noch erzählen. Ihre Urgroßmutter Franziska war eine feine und angesehene Frau. Sie hat sich immer sehr um die Nachbarn gekümmert, wenn mal jemand krank war. Ab und an, wenn die ein Schwein geschlachtet haben, schlich sie hin und ließ sich Wurst und Metzelsupp geben.«

»Aber sie waren doch Juden«, bemerke ich irritiert, weil ich gehofft hatte, dass wir wenigstens vor drei Generationen noch gute Juden waren.

»Stimmt«, lacht Anna, »aber das hat denen geschmeckt.«

Aus der Zeit des Weltkriegs erinnert sie, dass im Dorf eine Feldküche gestanden habe, vor der sie als Kinder gebettelt hätten. »Wir waren arm, aber ehrlich«, sagt sie. »Wir hatten etwas Landwirtschaft, aber da ist nix hängen geblieben.«

Dann habe es geheißen, der Fritz lande mit seinem Flugzeug vor dem Dorf. »Da war ganz Wallertheim auf den Beinen.«

Wie viele seiner Kameraden hatte Fritz mit dem Doppeldecker einen Ausflug in die Heimat gemacht, um Nachbarn und Freunde zu beeindrucken. »Damals wollte jeder mit ihm befreundet sein«, sagt Anna. »Die Beckhardts waren hundert Prozent integriert gewesen, bis der Hitler kam.«

Als Abraham und Franziska 1932 nach Alzey zogen, hat Anna sie aus den Augen verloren. Die Obergasse, in der Abraham sein Geschäft hatte, wurde in Adolf-Hitler-Straße umbenannt. Aber Abraham Mann, den Cousin meines Urgroßvaters und Rechner der jüdischen Gemeinde, traf sie noch oft. »Der ging jeden Tag vor die Tür, um die Post zu holen. Wenn er am Fenster von Bürgermeister Köhler vorbeikam, blickte er hoch. War Köhler nicht zu sehen, grüßte er uns. Einmal kam er auf mich zu und sagte: ›Kind, ich will dich nicht belasten‹.«

Als sie von der NS-Zeit erzählt, ballt sie die Fäuste, bis die Knöchel weiß hervortreten. »Fürchterlich war das. Ich verstehe nicht, wie man Menschen, die man kennt, so behandeln kann.« In der Kristallnacht habe sie Abraham Mann vor dem Haus sitzen sehen. Irgendjemand hatte dem 94-Jährigen ein Gemälde mit Rahmen und Glasscheibe über den Kopf geschlagen. »Der sah schlimm aus, wie er da saß und ihm das Blut runterlief. Niemand hat sich um ihn gekümmert.« Abraham starb noch in derselben Nacht.

Ihr Mann, sagt Anna, sei »neutral« gewesen. »Aber mein Schwager war ein Hund. Der hat in der Kristallnacht die Sachen der Juden auf die Straße geworfen.«

Nach einer Stunde schweigt sie und lacht. Ich drücke ihre Hand, verabschiede mich und stürze an die Luft. Während im Rückspiegel die Dächer von Wallertheim verschwinden, klingt ihr letzter Satz in mir nach, den sie noch sagte, als sie mir zum Abschied die Hand reichte: »Bei uns waren die Juden immer angesehene Leute, hochgeachtet und gebildet, immer einen Rang höher als wir.«

Meine erste Waffe kaufe ich mir heimlich. Da das Taschengeld nicht reicht, nehme ich während der Mittagspause Geld aus der Kasse des Ladens meiner Eltern und schleiche ein paar Häuser weiter zu einem Spielwarenladen, wo ich eine schwarze Blechpistole sowie ein paar Rollen Zündblättchen erstehe. Der Besitzer des Spielzeugladens ist ein kleiner Mann in graublauem Kittel. Jedes Mal, wenn ich vor der Theke stehe, starrt er gierig auf das Geld in meiner Hand. Es ist eine Beziehung zwischen einem Dealer und einem Süchtigen. Ich brauche immer wieder etwas, Cowboy- und Indianerfiguren aus Plastik, eine Steinschleuder, ein Messer, später sogar einen Revolver mit einer richtigen Trommel, die sich dreht, wenn man abdrückt. Von da ab muss ich mir bei meinem Dealer regelmäßig rote Ringmunition besorgen, die überzeugender knallt und mich in der Hierarchie der Waffenbesitzer aufsteigen lässt. Meine Sucht wird noch stärker, seit ich auf Platzpatronen umgestiegen bin. Den Mann, der mir das alles verkauft, mag ich nicht. Ein widerlicher Typ. Nur in diesem Punkt sind Kurt und ich einer Meinung. Denn Kurt hasst alles Militärische, sogar Spielzeugpistolen sind ihm zuwider. Ich kämpfe zäh und lange, bis ich zum ersten Mal in der Fastnacht als Cowboy gehen darf. Kurt wird wütend, wann immer ich die Spielzeugpistole auf einen Menschen richte. »Man zielt niemals auf Menschen«, sagt er.

Wenn an Silvester das ganze Dorf Kanonenschläge zündet und Raketen in den Himmel jagt, stehe ich traurig hinter der Gardine und betrachte die johlenden Nachbarskinder. Meine Eltern sehen fern und werfen um Mitternacht bestenfalls einen gelangweilten Blick auf die Straße. Runter auf die Straße zu den anderen gehen wir nie.

Kurt hat mir verboten, Böller zu kaufen. Also kaufe ich sie heimlich beim Dealer. Die billigsten heißen Lady-Kracher und bestehen aus roten Mini-Böllern, die wie ein automatisches Gewehrfeuer schnell hintereinander explodieren. Meine Freunde nennen sie Juddeförzscher, zu Deutsch: Judenfürze.

Eines Silvesterabends werde ich eines Schulfreundes gewahr, der die kleinen Kracher zündet. Von Neid erfüllt, rufe ich Kurt zu: »Schauma, Babba, de Volker hat Juddeförzscher!« Was folgt, ist eine unendlich lange Sekunde der Stille. Dann fliegt mir

Kurts zornige Antwort wie ein Kanonenschlag um die Ohren: »So etwas sagt man nicht! Wo hast du das her?«

Ich spüre, dass ich eine unsichtbare Linie überschritten habe, etwas Böses gesagt habe, aber ich verstehe es nicht. Kurt vernichtet mich mit einem Blick voll Abscheu und Entsetzen. Ich fliehe in mein Zimmer, knalle die Tür hinter mir zu und heule los. Kurt ist außer sich. Er tobt.

»Das hat der Junge von der Straße«, beschwichtigt meine Mutter Melitta. »Von der Straße« stammt alles, was Melitta anwidert, der Dreck, der an meinen Schuhen klebt, die schlechten Manieren und die hessischen Kraftausdrücke. Dennoch, »Scheiße, Fotze, Spasti« – das alles ist mir in Gegenwart der Eltern rausgerutscht. Warum ist Kurt ausgerechnet bei den Juddeförzscher so ausgerastet? Keiner meiner Freunde weiß, was das Wort »Jude« bedeutet. Es scheint ein Schimpfwort für unsympathische Menschen zu sein. In Sonnenberg, so viel ist sicher, gibt es jedenfalls keine.

Erst Jahre später erkenne ich hinter Kurts Erziehung ein Muster. Wenn er mir, was selten vorkam, etwas verboten hat und ich darauf bestehe, »dass das doch alle machen«, kam die Antwort: »Was alle machen, machen wir nicht!«

Mit Einzelpersonen kann Kurt umgehen, aber Menschenmassen erträgt er nicht. Wo Menschen in Gruppen auftauchen, beim Fußball, bei Volksfesten, bei militärischen Aufmärschen oder Demonstrationen, immer sieht Kurt braunen Dunst aufsteigen. Vereine erlebt er als die Tarnorganisationen, in denen sich die Nazis nach dem Krieg ungebremst ausleben. »Der Einzelne mag schlau sein, die Masse ist dumm« – so lautet die Botschaft, mit der er mich ins Leben schickt. Kurt hat das Bedürfnis, sich abzugrenzen, auch wenn er sich als Geschäftsmann nicht überall raushalten kann. Für die freiwillige Feuerwehr und den Fußballverein spendet er, aber in den Festschriften, die zu den Sonnenberger Vereinsjubiläen erschienen sind, finde ich unseren Namen nicht. Heute weiß ich: Wir gehörten nicht dazu.

Der 18. Januar 1871 war ein großer Tag für den 16-jährigen Abraham Beckhardt aus Wallertheim. An diesem Tag wurde der preußische König Wilhelm I. im Spiegelsaal von Versailles zum Deutschen Kaiser ausgerufen. Bei Gründung des Kaiserreichs schien den meisten Juden, sie hätten 1800 Jahre nach der Zerstörung des Tempels in Jerusalem endlich wieder eine Heimat gefunden. Für Abraham hatte der Messias einen Namen: Wilhelm I., Kaiser und »allzeit Mehrer des Deutschen Reichs«.

Im 19. Jahrhundert hatten Juden in allen deutschen Armeen und in allen Kriegen gekämpft. In den Befreiungskriegen gegen Napoleon waren sie »für König und Vaterland« gestorben. Der Wiener Kongress hatte 1815 die Entwicklung nicht mehr aufhalten können, als er die »französischen Zustände« auszumerzen suchte. Der neu gegründete Deutsche Bund hatte seinen Mitgliedsstaaten, deren Verfassungen in der Franzosenzeit entstanden waren, erlaubt, die Rechte der Juden außer Kraft zu setzen. Preußen stellte sich an die Spitze der Judengegner, doch die rheinhessischen Juden hatten Glück, denn das Großherzogtum Hessen folgte den Preußen nicht.

Als die deutsche Nationalbewegung in der Revolution von 1848 auf die Barrikaden ging, um sich eine Verfassung und ein Parlament zu erkämpfen, waren unter den 586 Abgeordneten immerhin neun Juden. Sie hatten dafür gekämpft, dass die erste deutsche Verfassung einen Paragraphen erhielt, in dem es hieß: »Durch das religiöse Bekenntnis wird der Genuss der bürgerlichen und staatsbürgerlichen Rechte weder bedingt noch eingeschränkt.«

Doch bis auf wenige Ausnahmen duldete die christliche Mehrheit nach wie vor keine Juden im Staatsdienst. Um Patriotismus zu beweisen, blieb nur der Dienst in der Armee. Im Preußisch-Österreichischen Krieg von 1866 hatten Juden in beiden Heeren gekämpft; auf Seiten Österreichs zählte man 200 jüdische Offiziere. Auch im Deutsch-Französischen Krieg 1870/71 kämpften zehntausende deutsche Juden, allerdings blieben jüdische Offiziere im Kaiserreich die Ausnahme, denn »ein Jude soll einem Christen keine Befehle erteilen«.

Unter Reichskanzler Otto von Bismarck erlebte Deutschland ein Wirtschaftswunder, und die erfolgshungrigen Juden trieben es mit voran. In den Städten gründeten sie Banken und Warenhäuser, bauten Fabriken, Schiffe und Flugzeuge. Auf dem Land fiel der Aufschwung der Gründerjahre zwar bescheidener aus, aber auch Abraham Beckhardt erweiterte seinen Viehhandel, eröffnete eine Metzgerei mit Lebensmittelladen, baute ein Haus und heiratete.

Für meine Urgroßeltern links wie rechts des Rheins waren die ersten Jahre des deutschen Kaiserreichs eine glückliche Zeit. Bismarcks preußisches »Gesetz betreffend die Gleichberechtigung der Konfessionen« galt nun in ganz Deutschland. Ein knappes Jahrhundert nachdem Moses Mendelssohn die Juden aus der Isolation ihrer religiösen Zwänge befreien wollte, waren sie zu vollwertigen deutschen Staatsbürgern aufgestiegen.

Die Religion war von nun an Privatsache, statt Talmudversen wurden Börsenkurse studiert, und des Kaisers Wort war Gottes Wille. Als im Jahr 1888 der Kaiser und dessen Sohn Friedrich starben, bestieg der 29-jährige Wilhelm II. den Thron. Bald darauf erblickte Joseph Ben Abraham, mit bürgerlichem Namen Friedrich Beckhardt, in Wallertheim das Licht der Welt.

Wes Geistes Kind die Beckhardts in der Kaiserzeit waren, zeigt die Auswahl der Vornamen. Kaum hatte Abraham seinem Sohn den Namen des verstorbenen Kaisers Friedrich III. gegeben, zog Abrahams Bruder Simon nach und nannte seinen zwei Monate jüngeren Sprössling Friedrich Wilhelm. Fritz, also mein Großvater, wurde mit preußischer Strenge erzogen. Abraham kannte die Anekdoten aus der Jugend des Preußenkönigs Friedrich II., des »Großen«, der eine Erziehung genossen hatte, die heute als Kindesmisshandlung unter Strafe stünde. Auch vom jungen Kaiser Wilhelm wusste man, dass er sich quälte, um seinem behinderten Körper die nötige Ausstrahlung abzugewinnen.

Fritz wurde im Alter von sechs Jahren Mitglied im örtlichen Turnverein. Er war trotz seines geringen Wuchses ein Kraftpaket. Das Turnen formte seinen Körper und vor allem sein Weltbild.

Turnen war in Fritz' Jugend der Massensport schlechthin und so populär wie heute Fußball, den man die »englische Krankheit« schimpfte. »Sport« war der Oberbegriff aller englischen Krankheiten. Sport diente dazu, den Einzelnen aus der Masse herauszuheben, während Turnen im Kollektiv stattfand. Sport war englisch, und Turnen war deutsch. Das galt so lange, bis sich auch die Turnvereine der Popularität des Fußballs nicht mehr entziehen konnten und eigene Fußballabteilungen aufmachten.

Die Turnvereine bekamen regen Zulauf, nachdem die Fürsten 1848 die politischen Vereine verboten hatten. Die Turnbewegung, die zu Beginn des 19. Jahrhunderts von »Turnvater« Friedrich Ludwig Jahn ins Leben gerufen wurde, hatte sich die Einheit der deutschen Nation zum Ziel erkoren und empfand sich als überparteiliche Trägerin des nationalen Gedankens. Neben Leibesübungen veranstalteten die Vereine politische Schulungsabende, in denen Fritz den älteren Turnfreunden lauschte, deren Thema die glorreiche deutsche Geschichte war.

Als Fritz Turner wurde, begann sich die Bewegung allerdings bereits in politische Flügel zu spalten. In Abgrenzung zu den sozialdemokratischen Arbeitersportvereinen gab sich die Deutsche Turnerschaft 1895 ein Grundgesetz, in dem es hieß: »Der Zweck der Turnvereine ist die Förderung des deutschen Turnens als eines Mittels zur körperlichen und sittlichen Kräftigung sowie der Pflege deutschen Volksbewusstseins und vaterländischer Gesinnung. Alle politischen Parteibestrebungen sind ausgeschlossen.«

Im darauffolgenden Jahr feierte das Kaiserreich sein 25-jähriges Bestehen. Ob Fritz bei der Feier des Turngaus zugegen war, ist nicht überliefert, aber Ansprachen wie die des Festredners der Turngemeinschaft Worms waren ihm geläufig. »Wo immer in der gegenwärtigen Epoche eine feierliche Veranstaltung getroffen wird, da versäumt man es nicht, der großen Zeit vor fünfundzwanzig Jahren zu gedenken, in der auf Frankreichs blutgetränkten Schlachtfeldern die deutsche Einheit erwuchs, die den Traum der ersten Generation unserer deutschen Turnerschaft so glänzend verwirklichte. Die heutige Jungmannschaft unter den deutschen Turnern darf sich der hohen Errungenschaften des nationalen Kampfes erfreuen. Sie hat die heilige Pflicht, der Väter Erbteil für alle Zeit treu zu hüten und zu wahren. Jenes Erbteil aber ist ein großes, einziges, herrliches Vaterland. Unter dem Gesichtspunkt dieser großen, erhabenen Idee betrachtet es die deutsche Turnsache als ihre patriotische Aufgabe, die Jugend zur Wehrhaftigkeit zu erziehen und den vaterländischen Sinn in ihr zu pflegen.«

Spitzenturner waren Prominente, deren Namen jeder Stammtisch kannte. 1895 und 1896 gewannen die Turnfreunde Wolf und Liebmann aus Alzey das rheinhessische Gauturnfest. Liebmann wurde bei seiner Rückkehr am Alzeyer Bahnhof von einer jubelnden Menschenmenge empfangen und im Triumphzug in die Innenstadt getragen. Wolf und Liebmann waren Juden. 1817 waren christliche Burschenschafter als Anhänger Turnvater Jahns auf die Wartburg bei Eisenach gezogen und hatten dort Bücher jüdischer Autoren verbrannt, was Heinrich Heine zu dem weitsichtigen Kommentar veranlasste: »Das war ein Vorspiel nur, dort wo man Bücher verbrennt, verbrennt man auch am Ende Menschen.«

Vermutlich kannte Fritz die Worte Heines nicht, und er schien auch keinen Anlass zur Beunruhigung zu haben, denn den »Arierparagraphen«, der in Österreich den Juden den Zutritt zu Vereinen verwehrte, gab es in seiner Heimat nicht. Als 1907 der Deutsche Turntag in Rheinhessen stattfand, begründete der Vorsitzende in der Eröffnungsrede die Abwesenheit »des größten Teils der österreichischen Turngenossen« damit, dass »deren antisemitische Forderungen mit unserem Standpunkt unverträglich waren«.

1912 feierte der Turngau Rheinhessen sein 50-jähriges Bestehen. Der Leitartikel der »Festnummer« blickt auf die Zeit zurück, in der die deutsche Turnerschaft aus der Erfahrung der Niederlage gegen Napoleon entstanden sei: »Man erkannte, dass die seither geübte, einseitig nur auf die Bildung des Geistes gerichtete Jugenderziehung mit die Schuld trug an dem herben Geschicke, das über die deutschen Gaue gekommen war. Wirkliche Vaterlandsfreunde strebten nach der körperlichen Erziehung des heranwachsenden Geschlechtes.« Nach den Befreiungskriegen hätten vor allem die Turner den Gedanken der nationalen Einheit hochgehalten, bis endlich im Krieg gegen Frankreich »Turner aus allen deutschen Gauen beweisen durften, dass sie beim friedlichen Ringen um den grünen Eichenkranz das Kämpfen um den blutigen Lorbeer gelernt hatten«.

Im gleichen Jahr fand das erste »Militärturnen« im Turngau Rheinhessen statt, und die Gauturnwarte veranstalteten »Wanderfahrten, verbunden mit Kriegsspielen«. Die Militarisierung sollte den Turnern den Zugang zum sogenannten »Einjährigen« ermöglichen, die Verkürzung des Militärdienstes auf ein Jahr, ein Privileg, das nur den Söhnen der Oberschicht und einigen wenigen herausragenden Gymnasiasten vorbehalten war.

In Alzey bereitete sich die jüdische Gemeinde auf das 50-jährige Jubiläum der Synagoge vor, als im Juli 1904 die Nachricht vom Tod Theodor Herzls eintraf. Die Zeitungen berichteten über seine eindrucksvolle Beerdigung, auf der mehrere tausend Menschen einen kilometerlangen Trauerzug durch die Wiener Innenstadt gebildet hatten. Fritz bemerkte die Anspannung seines Vaters, wenn der Name Herzl fiel. Abraham sah im Zionismus eine wachsende Bedrohung für die Juden im labilen Gefüge der deutschen Nation.

Theodor Herzl hatte 1894 in Paris sein zionistisches Erweckungserlebnis, wo er als Korrespondent der *Neuen Freien Presse,* der bedeutendsten deutschsprachigen Zeitung Österreichs, über den Hochverratsprozess gegen den jüdischen Offizier Alfred Dreyfus berichtete. Voll Vertrauen in die französische Justiz, erlebte Herzl, dass man Dreyfus, der ein ebensolcher französischer

Patriot wie Herzl ein österreichischer war, allein wegen seiner jüdischen Herkunft verurteilte. »Es lebe das Vaterland! Tod den Juden«, brüllte die Menge, als Dreyfus öffentlich degradiert wurde. Herzl erkannte, wie gefährdet die Emanzipation der Juden selbst in der aufgeklärtesten europäischen Nation war. In der programmatischen Schrift »Der Judenstaat« erklärte er die Juden zu einer staatenlosen Nation und forderte von der restlichen Welt »die Souveränität eines für unsere gerechten Volksbedürfnisse genügenden Stückes der Erdoberfläche«.

Die Mehrheit der deutschen Rabbiner lehnte Herzls Ideen ab: »Das Judentum verpflichtet seine Bekenner, dem Vaterlande, dem sie angehören, mit aller Hingebung zu dienen und dessen nationale Interessen mit ganzem Herzen und mit allen Kräften zu fördern«, lautete einer ihrer Leitsätze. Wohingegen der Kaiser 1898 bei einer Palästinareise Herzl gegenüber geäußert hatte, er könne dem Zionismus durchaus Positives abgewinnen: »Es gibt unter Ihren Landsleuten Elemente, die in Palästina unterzubringen recht gut wäre. Ich denke zum Beispiel an Hessen, wo es unter der Landbevölkerung Wucherer gibt. Wenn diese mit ihrer Habe in die Kolonien gingen, um sich anzusiedeln, könnten sie nützlicher sein.«

Die Zionisten entwarfen das Bild eines »neuen Juden«, der die mutige, stolze und sportliche jüdische Nation verkörpere. Dem neuen Juden gegenüber stand der verweichlichte, seine Identität verleugnende Jid, ein Zerrbild des Diasporajuden, wie manche Zionisten Juden, die nicht in Israel leben, heute noch nennen. War Fritz ein *Jid*? Hätte ihn eine Abordnung von Zionisten am Barren beobachtet, wäre er womöglich ihr Vorzeigeathlet geworden, die Inkarnation des zionistischen Ideals des »Muskeljuden«.

Doch im Alzeyer Rabbinatsbezirk gab es keine Zionisten. Die jüdischen Gemeinden Rheinhessens gehörten der liberalen Richtung an. Ihre politische Vertretung war der »Centralverein deutscher Staatsbürger jüdischen Glaubens«, der sich 1893 gegründet hatte, um »die deutschen Staatsbürger jüdischen Glaubens in der tatkräftigen Wahrnehmung ihrer staatsbürgerlichen und gesellschaftlichen Gleichstellung sowie in der unbeirrbaren Pflege deutscher Gesinnung zu bestärken«.

Waren die Juden eine Nation? Die Zionisten holten die Gebete von der Sehnsucht nach Zion wieder hervor, die die jüdische Aufklärung aus den Synagogen verbannt hatte. Sie schufen Lieder wie die Ha Tikva, die spätere Nationalhymne des Staates Israel. Ein grauenvolles Lied, befand Abraham. Er bevorzugte religiöse Gesänge wie das »Schma Israel« in der Version, die beim Alzeyer Synagogenjubiläum zur Aufführung gelangte. Nach einem schmissigen Militärkonzert erhob sich die Gemeinde von den Stühlen und schmetterte das jüdische Glaubensbekenntnis zur Melodie des beliebten nationalen Liedes »Die Wacht am Rhein«. »Natürlich gehören wir Juden zu einer Nation«, erklärte Abraham dem Sohn, »zur deutschen.«

Fritz sollte Ingenieur werden. Den Lehrern war sein mathematisches Talent aufgefallen. Abraham wollte mit der Familientradition brechen und dem Sohn das Kaufmannsdasein ersparen, aber dann geschah ein Unglück. Ein Vetter in Berlin, für den er eine Bürgschaft übernommen, ging pleite. Abraham verlor das Geld, das er brauchte, um Fritz auf die höhere Schule zu schicken. Also erlernte Fritz nach der Volksschule in Hadamar das Kaufmännische, in Bremen das Rösten von Kaffee und in einem Hamburger Herrenkonfektionshaus den Beruf des Textilkaufmanns.

An seinem 20. Geburtstag wurde Fritz wie alle Männer im Kaiserreich militärpflichtig. Er meldete sich bei der Kommunalverwaltung, wurde in eine Rekrutierungsstammrolle eingetragen und per Losentscheid eingezogen. Da der Andrang auf die Armee größer war als der Bedarf, entschied das Los, wem die Ehre des Rekruten zuteil wurde. Fritz wurde Infanterist, da ihm auf Grund seiner Körpergröße die Garde und die Artillerie versperrt waren. Am 18. Oktober 1910 trat er als einer von 1,3 Millionen Wehrpflichtigen in das 4. Unterelsässische In-

Geburtstagskarte für Schwester Martha. War sechs Jahre später außer Fritz (hintere Reihe ganz rechts) noch einer der Schützen am Leben?

fanterie-Regiment 143 in Straßburg ein und wurde in der elsässischen Festung Mützig stationiert.

Am 13. Januar 1912 schickte er seiner Schwester Martha zum Geburtstag eine Fotografie. Acht feldgraue Schützen mit Pickelhauben und Tornister halten die Gewehre im Anschlag. Selbstsichere junge Männer sind das, ernst, mit einem feinen Lächeln um den Mund.

Mindestens einer auf dem Bild ist Jude. Wer? Nichts unterscheidet Fritz von den Kameraden. Die entschlossenen Mienen verheißen, dass jeder in der Truppe für den anderen durchs Feuer gehen würde. Fast auf den Tag 100 Jahre nach dem Erlass des preußischen Emanzipationsedikts, das den Juden das Tor zur Armee öffnete, präsentiert sich mein Großvater auf einem elsässischen Bauernhof als gelungenes Beispiel der Integration.

Als Jude konnte Fritz kein Offizier werden. Für die Offizierslaufbahn hätte er sich wie manch anderer taufen lassen können, aber da ihm alle Religionen gleichermaßen zuwider waren, hätte er sich dafür mehr verbiegen müssen als ihm lieb war. Nach dem Ende der Militärzeit ging er nach Marseille und arbeitete in der Textilmanufaktur eines Onkels, um seine Fertigkeiten im

Fritz in Paradeuniform. Die Schützenschnur mit Rosette und zwei Eicheln weist ihn als sehr guten Schützen aus.

Umgang mit Stoffen und seine kaufmännischen Kenntnisse zu vervollkommen. Seine herausragende mathematische Begabung befähigte ihn, blitzschnell im Kopf zu kalkulieren. Noch während er mit einem Händler über den Preis einer Ware verhandelte, rechnete er alle denkbaren Angebote durch.

Zudem besaß er ein außergewöhnliches Fingerspitzengefühl. Wenn er die Qualität eines Stoffes beurteilte, hielt er ihn so dicht vor die Augen, dass er die einzelnen Fasern betrachten konnte. Dann sog er den Geruch des Stoffes ein. Schließlich nahm er das Tuch zwischen Daumen, Zeigefinger und Mittelfinger und rieb es bei geschlossenen Augen. Nach einer Weile nannte er die Zusammensetzung des Materials, wusste, wie und wo es gewebt worden war und was es kostete. Kurt hat er später immer wieder beeindruckt, wenn er ein Textilgeschäft betrat, eine Hose in die Hand nahm, sie befühlte und dann den Preis, den der Händler verlangen würde, vorhersagte.

Fritz gehörte jetzt zu jener »Schar hosenverkaufender Jünglinge«, vor denen der Historiker Heinrich von Treitschke 1879 in einem Aufsatz für die *Preußischen Jahrbücher* gewarnt hatte, da sie »dereinst Deutschlands Börsen und Zeitungen beherrschen« würden. Vordergründig schien Treitschkes Angriff den sogenannten »Ostjuden« zu gelten, die vor antijüdischen Pogromen aus Russland und Polen nach Deutschland geflohen waren und in ihrer schwarzen Kluft erkennbar anders aussahen als die Mehrheit der Deutschen. Aber er warnte auch vor dem »Übergewicht des Judentums in der Tagespresse« und schloss den Text mit dem Ausruf: »Die Juden sind unser Unglück!«

Mit Treitschke hatte sich ein geachteter Universitätsprofessor gefunden, der einer bis dato eher belächelten kleinen Gruppe von Fanatikern die nötige Achtung in der Öffentlichkeit verschaffte. Ein Jahr zuvor hatte der Journalist Wilhelm Marr einen Bestseller mit dem Titel *Der Sieg des Judenthums über das Germanenthum* geschrieben, der es schon im ersten Jahr auf zwölf Auflagen brachte. Marr nannte seine rückwärtsgewandten Ideen »Antisemitismus«.

Zu einer politischen Bewegung wurde der Antisemitismus, als Adolf Stoecker, der protestantische Hofprediger des Kaisers, mit der Christlich-Sozialen Partei zur Reichstagswahl antrat. Stoecker war ein begnadeter Redner. Nach der ersten Wirtschaftskrise im Kaiserreich scheiterte er anfangs bei dem Versuch, unter den Arbeitern seine Anhänger zu finden, hatte dafür aber im Kleinbürgertum und bei der Landbevölkerung umso mehr Erfolg, indem er den Judenhass mit der »sozialen Frage« verband und Judentum und Kapitalismus in eins setzte. In einem Wahlaufruf zog er gegen »Judenliberalismus« und »internationales Ausbeutertum« zu Felde: »Katholiken und Protestanten! Vereinigt Euch in brüderlicher Liebe gegen den Todfeind des Deutschtums, den Judenkapitalismus und die asiatische Geldmoral! Zeigt den Mut des stolzen Germanen, in dem Ihr alle, die Ihr unter der skrupellosen Konkurrenz des Judentums und der furchtbaren Geißel des Großcapitals leidet, für diejenige Partei eintretet, von welcher das fremde Parasitenvolk mit Entschlossenheit und nach Gebühr bekämpft wird.«

Aus der bislang religiös begründeten Judenfeindschaft war Rassismus geworden, aus dem Volk der Christusmörder und Hostienschänder »ein heimatloses Volk, eine physisch wie psychisch degenerierte Rasse«, die »bloß durch List und Schlauheit, durch Wucher und Schacher über den Erdkreis gebietet«, wie die *Gartenlaube*, eine Familienzeitschrift mit zwei Millionen Lesern, schrieb. Die Antisemiten brachten ein paar Abgeordnete ins Parlament, scheiterten aber mit ihrer Forderung, die jüdischen Lehrer und Beamten zu entlassen. Schnell sank ihr Stern, als sich die wirtschaftliche Lage wieder besserte. Kronprinz Friedrich nannte den Antisemitismus »die Schmach des Jahrhunderts«.

Weder Abraham noch Fritz sahen Anlass, sich vor den »Wirrköpfen« zu fürchten. Die Antisemiten blieben im französisch geprägten Rheinhessen eine weitgehend einflusslose Minderheit. Der Mainzer Bankierssohn Ludwig Bamberger, ein Jude und führendes Mitglied der nationalliberalen Partei, hatte unter Bismarck die Reichsbank aufgebaut und im Reich eine einheitliche Währung eingeführt. Er verteidigte im Wahlkreis Alzey-Bingen ab 1874 zwei Jahrzehnte lang sein Mandat als Reichstagsabgeordneter gegen immer neue antisemitische Kandidaten.

Die Juden waren nicht mehr aus der Mitte der Gesellschaft zu verdrängen. Aber die Antisemiten hielten dennoch ein gewichtiges Instrument in der Hand, um den Zutritt von Juden zu höheren Ämtern in Staat und Gesellschaft zu kontrollieren: die vom christlichen Adel beherrschte Armee.

Wer in der Gesellschaft des Kaiserreichs eine Position von Rang erreichen wollte, musste es in der Militärdienstzeit zum Reserveoffizier gebracht haben. Nur »die persönliche Tüchtigkeit« und keinesfalls »die religiöse Überzeugung« dürfe bei der Beförderung zum Offizier eine Rolle spielen, so lautete ein Beschluss des Reichstags. Doch die Zulassung zur Offiziersprüfung oblag allein den direkten Vorgesetzten, und die blieben hart. Selbst Juden aus den allerhöchsten Kreisen wie dem Bankierssohn Max Warburg oder dem späteren Reichsaußenminister Walther Rathenau verweigerten sie die Offizierslaufbahn.

Auch wenn im Reichstag wiederholt über den Antisemitismus in der Armee debattiert wurde und sich der Kriegsminister wie auch der Kaiser für die Zulassung von Juden zum Offizierskorps aussprachen, blieb die Taufe die Voraussetzung für eine Militärkarriere. Ab 1885 wurde in Preußen kein Jude mehr zum Offizier befördert.

Ein paar jüdische Offiziere gab es kurz vor dem Ersten Weltkrieg nur im Königreich Bayern, das nach Ansicht der Antisemiten »in der Verjudung seines Offizierskorps unmittelbar nach Frankreich und Österreich-Ungarn« rangierte. In der Armee Italiens dienten 500 jüdische Offiziere, in Frankreich mehr als 700, und in Österreich-Ungarn war jeder fünfte Offizier ein Jude. In Deutschland waren es gerade einmal 88. Das war die Armee, mit der Fritz im August 1914 in den Krieg zog.

Juden an die Front!

»Sag das nochmal! Was willst du?« Kurt stellt die Bananenkiste ab und starrt mich an. Die Neonröhren spiegeln sich in seiner Brille. Mein Vater trägt die gleiche Brille wie Helmut Kohl, der Kanzlerkandidat der CDU, zwei rechteckige Windschutzscheiben und ein schwarzer dicker Rand.

»Ich gehe zur Bundeswehr«, wiederhole ich, » ist das … ein Problem?«

Mir sind die ersten politischen Gedanken gekommen. Seitdem trage ich in der Schule einen Plastikanstecker mit dem Konterfei des CDU-Vorsitzenden. Ich gehe davon aus, dass Kurt meine Ideen teilt. Über Politik hat er nie mit mir gesprochen, aber er trägt Kohls Brille, was ich für eine subtile Geste halte.

»Das kommt überhaupt nicht in Frage!« Kurt nimmt die Bananen und geht an mir vorbei zum Aufzug. Durch einen gläsernen Spalt in der Tür sehe ich, wie er himmelwärts entschwindet. Was war das denn? Er will nicht, dass ich Soldat werde? Langsam steige ich die Kellertreppe hoch. Er steht am Obst- und Gemüsestand, hängt die Bananen auf, sieht mich an. »Nicht hier, Lorenz«, flüstert er, »nicht vor den Kunden.«

Ich bin Mitglied der Jungen Union, der Jugendorganisation der CDU. Ein älterer Mitschüler hat mich geworben. Sein Vater ist Vorsitzender der »Landsmannschaft Schlesien«, eines Verbandes der Heimatvertriebenen. Doch der Auslöser ist die Schleyer-Entführung. Linke Terroristen – bald sollte ich sie »Genossen« nennen – haben den Arbeitgeberpräsidenten entführt, um andere wegen Mordes inhaftierte Terroristen freizupressen. Sie halten Schleyer wochenlang gefangen, und als sie merken, dass sie keinen Erfolg haben, ermorden sie ihn.

»Gegen diese Gottlosen musst du was tun!«, sage ich mir. Ich bin mir sicher, dass Kurt das genauso sieht. Aber Pustekuchen. Und von den Zuständen in dem Internat, das er für mich ausgesucht hat, hat er auch keinen Schimmer.

Seit fünf Jahren bin ich Schüler eines Internats der Franziskaner-Minoriten. Die drohende Schulaufgabenbetreuung eines Gymnasiasten hat meine Eltern in Panik versetzt. Meine Mutter hat mit viel Fleiß die Realschule überstanden. Mein Vater ist von der Schule geflogen – warum, weiß ich nicht. Grundkenntnisse in Latein oder Physik sind bei beiden nicht vorhanden. Wie gut, dass es die selbstlosen Franziskaner gibt. Dass sie mit dem Internat in erster Linie Nachwuchs rekrutieren wollen, erkennen meine Eltern nicht. Kurt halte ich zugute, dass er mich da sonst nicht hingeschickt hätte. Sein Sohn, ein katholischer Priester oder ein Soldat? Das wäre die Wahl zwischen Pest und Cholera gewesen.

»Hart wie Kruppstahl, zäh wie Leder, schnell wie ein Windhund« sollen wir werden. Das trichtert uns der Priester ein, der das Internat leitet. Er verkauft seine Erziehungsideale als Spielart des katholischen Humanismus. Dass er den Leitspruch woanders entliehen hat, wissen wir nicht.

Was uns ekelt, ist seine feuchte Aussprache. Wenn er mich anschreit, besprüht er mein Gesicht mit Speichel. Und er schreit oft, weshalb wir ihn »Sabbel« nennen. Wenn Sabbel das Knabengeschrei beim Mittagessen zu laut wird, ordnet er Silentium an, und wir kauen schweigend weiter, während er uns aus den Augenwinkeln fixiert und darauf lauert, dass einem von uns ein Worthauch entfährt. Dann brüllt Sabbel durch den Speisesaal: »Lorenz, komm her!«

Ich erhebe mich langsam, gehe zu ihm, stelle mich neben ihn. Er dreht sich mir zu und starrt mich an. Graue Strähnen hängen ihm in die Stirn. Aus nächster Nähe betrachte ich sein unrasiertes, gerötetes Gesicht. Schützend hebe ich die Arme vors Gesicht.

»Hände runter!«, brüllt Sabbel.

Er schlägt so schnell zu, dass ich die Hand kaum sehe. Tränen schießen mir in die Augen. Jetzt bloß nicht heulen! Ich schlucke mehrmals, schleiche zu meinem Platz zurück und schäme mich vor den anderen.

Sabbel liebt es, uns zu demütigen. Auf schwache Schüler macht er besonders gerne Jagd. Wer schlechte Lateinnoten schreibt, wird im Studiersaal, wo wir nachmittags an Pulten sitzen, angebrüllt und bespuckt. Sabbel liebt es, uns zu quälen. Wenn ich bei einem Waldlauf atemlos werde, riskiere ich, als »Memme« bespeichelt zu werden. Manchmal fährt Sabbel auch nachts mit uns in den Wald. Wir wandern einen Hohlweg entlang, und er lässt alle 300 Meter einen von uns mutterseelenallein zurück. Stundenlang stehe ich in der Dunkelheit, wage kaum zu atmen und starre in die Richtung, in der die Kameraden verschwunden sind. Jeder knackende Ast, jede Maus, die durchs Unterholz huscht, erschreckt mich zu Tode. Eine gefühlte Ewigkeit später kommt Sabbel mit den anderen zurück. »Mutprobe« nennt er das. Wer sich nicht vor Angst bepisst hat, hat sie bestanden.

Zugegeben, Sabbel mag mich, denn ich bin ein guter Schüler und halte beim Sport gerade so mit. Und wen er mag, den belohnt er. Er befiehlt mich auf sein Zimmer, wo ein halbes Dutzend meiner Klassenkameraden in Unterhosen warten. Auch Sabbel trägt nur Feinripp. Den Rest des Nachmittages ringen wir mit ihm auf seinem Bett, während er stöhnt und schwitzt. So stelle ich mir heute Gruppensex in der Hitlerjugend vor. Der Höhepunkt aber ist Sabbels Privataudienz. Nur ein einziges Mal darf ich sie erleben. Wieder hat er mich auf sein Zimmer befohlen, aber dieses Mal bin ich allein. In einem kurzärmligen karierten Sommerhemd sitzt er am Schreibtisch. Am liebsten hat er es, wenn wir ganz nah vor ihm stehen, während er uns auf Augenhöhe anstarrt und dabei schnauft wie ein Stier. Ich bin zwölf Jahre alt.

»Liebst du mich?«, fragt er überfallartig.

Ich wage es nicht, den Speichel aus dem Gesicht zu reiben, und starre, seinem Blick ausweichend, auf die Schweißflecken unter seinen Achseln. Sein Gesicht taucht vor mir auf, so nah, dass ich es unscharf sehe, dafür umso intensiver Sabbels säuerlichen Atem rieche.

»Liebst du mich?«, donnert er wieder.

Was will er von mir? Das Wort »Liebe« ist mir bisher nur bei zwei Gelegenheiten begegnet, im Fernsehen, wenn Mann und Frau sich küssen, und in der heiligen Messe, wenn Sabbel und seine Mitbrüder von Gottes Liebe erzählen.

»Liebst du mich?«

Wenn ich schweige, wird er mich bestrafen. Besser, er schlägt mich, als dass ich eine halbe Nacht frierend auf dem Flur vor dem Schlafsaal stehen muss. Ich nicke.

Sabbel schnauft zufrieden. Dann nimmt er meinen Kopf zwischen seine Hände und küsst mich auf den Mund, während ich meine Lippen, so fest es geht, zusammenpresse.

Bei den Franziskanern lerne ich zwischen Gut und Böse zu unterscheiden. Anders als Kurt spricht Sabbel gerne über Politik.

Er quäle uns nicht zum Vergnügen, sagt er, sondern er will aus uns eine Truppe junger Männer formen, die hinaus in die Welt geht, um es den Langhaarigen zu zeigen. Die Botschaft überzeugt mich: Deutschland steht vor dem Untergang, aber wir können es retten. Konrad Adenauer und Helmut Kohl sind Sabbels Helden; Willy Brandt und Helmut Schmidt nennt er »Verbrecher«. Den von Terroristen entführten ehemaligen SS-Mann Hanns-Martin Schleyer schließen wir in unsere Gebete ein.

Doch irgendwann muss die Führungsebene der Franziskaner Wind von Sabbels Pädagogik bekommen haben. Eltern von Mitschülern hätten Briefe an den Ordenschef geschrieben, heißt es. Sabbel wird abberufen und durch einen hageren verklemmten Pater ersetzt. Mit der katholischen Wehrsportgruppe ist jetzt Schluss. Wir bekommen junge Frauen als Erzieherinnen, von denen einige ungewöhnlich lange im Chefzimmer verschwinden. Auch an Ringkämpfen in Feinripp hat der Neue kein Interesse.

Stattdessen mache ich in seinem Windschatten die ersten erotischen Erfahrungen, denn ich verliebe mich in Angie Zielinski, eine englische Praktikantin mit glänzend schwarzem Haar und langen Wimpern. Sie hat eine Wespentaille und große spitze Brüste. Heimlich schleiche ich auf ihr Zimmer, und wir trinken Tee. Sie trägt ein durchgehend geknöpftes schwarzes Kleid mit weißen Punkten. Die Knöpfe hat sie so weit gelöst, dass ich die Rundungen ihrer Brüste sehen kann. »Darf ich sie anfassen?«, frage ich Angie, aber sie lässt mich nicht. Nur einen Kuss auf die Wange erlaubt sie. Ich drücke Lippen und Nase auf ihr Gesicht. »O Angie, du riechst so unfassbar gut!«

Die Zielinskis, sagt Angie, stammten aus Polen. Die Eltern seien aus wirtschaftlichen Gründen vor ihrer Geburt nach England ausgewandert. Sie sei gerne katholisch, sagt Angie, und ich gebe der katholischen Sexualmoral die Schuld dafür, dass ich ihre Brüste nicht berühren darf. Erste Zweifel, ob ich je ein guter Katholik werde, steigen in mir hoch.

Nachdem Sabbel verschwunden ist, lassen wir uns die Haare

wachsen. In dem Gruppenraum, in dem wir mit Sabbel Lieder aus der »Mundorgel« gesungen haben, steht ein Plattenspieler, auf dem wir Platten von den Rolling Stones, Genesis, Jethro Tull, Frank Zappa und Patti Smith abnudeln. Die aus der Oberstufe tragen jetzt orange Buttons mit drei weißen Buchstaben: SPD.

Ich gehe noch eine Weile zu den Treffen der Jungen Union, bis mir ein Mitschüler eine Biografie von Che Guevara in die Hand drückt. Innerhalb weniger Tage dreht sich mein Weltbild um 180 Grad. In Che Guevara, einem argentinischen Arzt, der in Lateinamerika bewaffnete Aufstände gegen die kapitalistische Ausbeutung anzettelte, bis er hingerichtet wurde, erkenne ich Jesus. Che hat sein Leben für die Erlösung der Menschheit hingegeben. Seine Lebensgeschichte rüttelt mich auf. Würde Jesus heute leben, wäre er Kommunist.

Folgerichtig trete ich aus der Jungen Union und aus der Kirche aus und schließe mich einer Organisation von Kriegsdienstgegnern an, die von Kommunisten geführt wird. Von nun ab ist der US-Imperialismus mein Hauptfeind, gefolgt von der NATO, der Bourgeoisie der BRD, den Militärdiktaturen Lateinamerikas, dem südafrikanischen Apartheidregime und Israel, weil meine neuen Genossen mir eintrichtern, dass der Zionismus eine Spielart des US-Imperialismus sei und die Juden die Palästinenser ebenso unterdrücken, wie sie selbst von den Nazis unterdrückt wurden. Deshalb seien nicht die Juden, sondern die Palästinenser die eigentlichen Naziopfer. Logisch.

Ich bin jetzt ein »Anti«. Ich bin Antikapitalist, Anti-Apartheid-Kämpfer, Antizionist und Antimilitarist, wobei Letzteres nicht mit Pazifismus verwechselt werden darf. Die Unterscheidung ist wichtig, denn Pazifisten gelten meinen Genossen als Weicheier, während wir Antimilitaristen uns nicht pauschal gegen Gewalt stellen, sondern den imperialistischen Krieg bekämpfen, während wir gleichzeitig für die bewaffnete Weltrevolution eintreten. Ein Höhepunkt jener Zeit ist die Kampagne »Waffen für El Salvador«, bei der wir öffentlich Geld für eine Guerilla sammeln.

Die älteren Genossen organisieren Schulungsabende, an denen sie uns die Welt erklären. Ich arbeite mich derweil durch die Werke von Karl Marx, Friedrich Engels, Rosa Luxemburg und Lenin. Der preußische Militarismus, lese ich, wurde von den Nazis auf die Spitze getrieben und wird in der Bundeswehr weitergepflegt. Konsequenterweise reisen wir zu öffentlichen Vereidigungen junger Rekruten, die wir mit einem Pfeifkonzert stören. Mit dem Berufswunsch, Soldat zu werden, ist es jedenfalls vorbei.

Am Tag der Mobilmachung erschien die Turnzeitung mit einer Sonderausgabe. »An die rheinhessischen Turnvereine! Unserem Vaterlande scheinen ernste Zeiten bevorzustehen! Da ist es die Pflicht unsrer Turnvereine unter Bewahrung größter Selbstzucht und Ruhe im vollsten Vertrauen auf Kaiser und Heer und bereit zu jeder Opferwilligkeit sich in den Dienst der Allgemeinheit zu stellen.«

Auch der Kreis Mittelrhein der Deutschen Turnerschaft, dem Fritz angehörte, rief die Mitglieder auf. »Turner! Krieg! Das furchtbare Wort ist Wirklichkeit geworden. Seitdem wir ein machtvolles Volk sind, das sich seinen Platz an der Sonne erkämpft hat, verfolgen uns Hass und Neid. Das Volk im Westen, das sich immer aufbläht mit den Phrasen von Freiheit und Menschenrechten, hat sich mit dem russischen Despoten verbündet. Uns Deutschen ist in diesen Tagen von der Weltgeschichte die große Aufgabe zugewiesen, die Kultur Europas gegen gewissenlose Romanen und asiatische Barbaren zu verteidigen. Turner, lasst keinen Feind über die Grenze, denkt an Weib und Kind, an Bräute und Schwestern. Sie wollen Schutz von Euch. Lieber Tod als Schande und Knechtschaft. Drauf! Dem Mutigen gehört der Sieg. Turner drauf! Alle drauf wie ein Mann! Heil dem Vaterland! Heil seinem Kaiser!«

Fritz weilte im Juli 1914 noch unter dem »Volk im Westen«, als längst klar war, dass es Krieg geben würde. Ende Juli verabschiedete er sich von seinem Onkel und schlug sich bis ins französische Jura durch. Ein Zeitungsartikel des New Yorker *Aufbaus* schildert seine Flucht nach Deutschland, auf der er sich »drei Tage lang auf einem Baum versteckte und sich nur von Schokolade ernährte. Dabei beobachtete er französische Truppenbewegungen, die er der deutschen Armeeführung meldete.«

Als Fritz über die Grenze kam, erlebte er Deutschland im Ausnahmezustand. Das ganze Land feierte ein Volksfest. Soldaten zogen singend durch die Straßen, während die Zivilisten »Hurra!« riefen und Blumen warfen. Deutschland hatte am 1. August 1914 Russland den Krieg erklärt, und der Kaiser hatte auf dem Berliner Schlossplatz zehntausenden Kriegsbegeisterten zugerufen, er »kenne keine Parteien und auch keine Konfessionen mehr«, sondern »nur noch Deutsche«. Zwei Tage später folgte die Kriegserklärung an Frankreich.

Fritz fuhr mit dem Zug nach Hamburg, wo er zuletzt gearbeitet hatte, und meldete sich am 3. August als Kriegsfreiwilliger bei dem in Altona stationierten »1. Thüringischen Infanterie-Regiment 31 Graf Bose«. Am selben Tag schrieb der gleichaltrige Österreicher Adolf Hitler ein Gesuch an den bayerischen König und bat, obwohl er nicht die deutsche Staatsangehörigkeit habe, in ein bayerisches Regiment aufgenommen zu werden. Er möge sich beim 16. Bayerischen Reserve-Infanterie-Regiment melden, erhielt er zur Antwort.

Am 4. August überschritten deutsche Truppen die Grenze des neutralen Belgien und marschierten auf die Festung Lüttich zu. Die drei Bataillone des Infanterie-Regiments 31 aus Altona rückten, wie der Chronist im Regimentsbericht vermerkte, mit »85 Offizieren, 3287 Mannschaften und 234 Pferden unter Klängen des alten Soldatenliedes ›Muss i denn‹ aus der Kaserne aus, mit ungeheurem Jubel begrüßt von einer unzähligen Menschenmenge, die sie bis zum Güterbahnhof begleitete. Immer wieder brausten die Klänge des Deutschlandliedes und der Wacht am Rhein über die nachtdunkle Stadt dahin.«

Fritz gehörte zur 12. Kompanie, die am Morgen des 7. August um 8.21 Uhr mit dem Zug Richtung Aachen aufbrach. Gleich

*Vizefeldwebel
Fritz Beckhardt, 1916*

ihm zogen in den ersten Augusttagen zehntausend Juden als Freiwillige in den Krieg. Sogar die bislang nicht vom Nationalismus infizierte zionistische *Jüdische Rundschau* brachte am Tag, als Fritz im Zug nach Belgien saß, einen Aufruf der Jüdischen Turnerschaft: »Deutsche Juden! In dieser Stunde gilt es für uns aufs neue zu zeigen, dass wir stammesstolzen Juden zu den besten des Vaterlandes gehören. Der Adel unserer viertausendjährigen Geschichte verpflichtet. Wir erwarten, dass unsere Jugend freudigen Herzens freiwillig zu den Waffen eilt. Deutsche Juden! Wir rufen Euch auf, im Sinne des alten jüdischen Pflichtgebots mit ganzem Herzen, ganzer Seele und ganzem Vermögen Euch dem Dienst des Vaterlandes hinzugeben.« Der letzte Satz enthielt eine Anspielung, denn »mit ganzem Herzen, ganzer Seele und ganzem Vermögen« ist ein Zitat aus dem »Schma Israel«, dem wichtigsten Gebet des Judentums.

Nachdem Fritz' Bataillon drei Tage im rheinischen Würselen gelegen hatte, begann der Vormarsch auf Lüttich, das mit seinen mächtigen Forts als uneinnehmbar galt. Doch die deutsche Artillerie zertrümmerte die Mauern mit einer neuen, furchterregenden Waffe, der sogenannten »dicken Berta«, einem Mörser der Firma Krupp, mit der man Granaten mit einem Durchmesser von 42 cm abschießen konnte. Am 13. August wurde Fritz' Kompanie »zur Bedeckung für die Kurze Kanonen Batterie Nr. 3 (42 cm-Mörser)« abkommandiert. Für den 25. August 1914 notiert der Regimentsbericht: »Um 11.20 Uhr vormittags betrat das Regiment bei Curgies französischen Boden. Hurra! Wir waren im Lande des Erbfeindes.«

In den ersten Wochen war die Stimmung in der Truppe trotz der anstrengenden Fußmärsche »durch eine landschaftlich herrliche Gegend« und trotz der täglichen Verluste offenbar hervorragend. Vor allem für die jüdischen Soldaten war das Erlebnis des Krieges ein großer Moment, war es doch der Beweis, dass sie in der deutschen Nation angekommen waren. Wegen der großen Zahl jüdischer Kriegsfreiwilliger hatte das preußische Kriegsministerium erstmals Feldrabbiner in Uniform zugelassen. Martin Salomonski, der Rabbiner der 1. Armee, sprach die Hoffnungen aus, die auch Fritz bewegten: »Wir sind jetzt drei Wochen im Kriege. Möchten wir sie missen diese Wochen? Möchten wir sie missen, diese Tage der Begeisterung, da die Welle des einen großen Wollens unser ganzes deutsches Volk erfasste, diese Tage frohen, mutigen Glaubens an den Sieg unserer guten Sache? Und ist endlich einer unter uns, der nicht fühlte, dass diese drei Wochen Krieg ihn innerlich ein Stück weiter gebracht, der nicht fühlte, dass er reifer und besser geworden? Ja, es ist, als ob das Kaiserwort: ›Ich kenne nur noch Deutsche‹ wie ein Funke geflogen wäre in jedes deutsche Haus, in jedes deutsche Herz und dort ausgebrannt hätte all das Kleinliche, Vorurteilsvolle, Bittere, was die Kinder eines Volkes, die Söhne eines Vaterlandes voneinander schied! Ja, es ist wahr das Wort, das wir in diesen Tagen so oft hören, so oft lesen: Wir müssen siegen. Aber nicht nur, weil wir sonst verlustig gingen unserer staatlichen Existenz, unserer Habe, unseres Lebens, das wäre ein armseliges Muss. Wir müssen siegen in einem höheren Sinne, weil mit unseren Bataillonen marschieren der Glaube und das Recht. Mögen einzelne, mögen Tausende fallen, Deutschland wird leben, Deutschland muss leben! Amen!«

Fritz war davon überzeugt, dass er am Jahresende wieder zu Hause sein würde. Anfang September hatten die deutschen Truppen die Marne überschritten und befanden sich im Vormarsch auf Paris, während die französische Regierung nach Bordeaux geflüchtet war. Doch die Verteidiger von Paris hatten Glück, denn die in Luxemburg sitzende deutsche Oberste Heeresleitung war nur unzureichend über die Kräfteverhältnisse informiert. Fritz' Regiment stand am 9. September nur noch 35 km vor Paris, als der Befehl zum Rückzug eintraf. General Helmuth von Moltke wähnte sich einer feindlichen Übermacht gegenüber und befahl den deutschen Truppen, sich zum Flüsschen Aisne zurückzuziehen. Am 14. September, nach seiner Entlassung als Chef des Generalstabs, hatten die englischen und französischen Truppen bereits die Verteidigungslinien geschlossen. Der deutsche Vorstoß auf Paris war gescheitert.

Am 27. September wurde Fritz bei der Belagerung von Antwerpen durch einen Granatsplitter am Unterarm verletzt und noch am gleichen Tag ins Lazarett nach Brüssel gebracht. Die Verletzung verhinderte seine Teilnahme an einer ungewöhnlichen Feier, die an allen Frontabschnitten stattfand. Ein Armeebefehl vom 30. September 1914, der auf Anordnung des Kaisers mit besonderer Genauigkeit ausgeführt werden sollte, befahl den jüdischen Soldaten, sofern sie nicht im Gefecht lagen, sich hinter der Front einzufinden. Von dort sollten sie unter der Führung ihrer Vorgesetzten zur nächstgelegenen Synagoge, notfalls auch zu einer Kirche marschieren, um mit Gebeten und Fasten den Versöhnungstag Jom Kippur zu feiern.

Fritz' Wunde heilte nicht, so dass er ins heimatliche Alzey verlegt wurde. Dort trainierten die Turnbrüder mittlerweile den »Handgranatenweitwurf« als neue Disziplin. Als er im November an die Front zurückkehrte, wurde er zum 86. königlich-preußischen Reserve-Infanterie-Regiment versetzt.

Nachdem der deutsche Vormarsch ins Stocken geraten war, hatten sich die Soldaten in den Stellungen eingegraben. Vor den Schützengräben legten sie Drahtverhaue an, und in die Grabenwände gruben sie Unterstände, aus denen mit der Zeit geräumige Behausungen mit Schlafräumen, Vorratskammern und Munitionsdepots wurden.

Fritz' Bataillon lag vor Lassigny in Stellung, einem Kurort nordöstlich von Paris. Die Einwohner von Lassigny waren im Dezember 1914 von den Deutschen zwangsevakuiert worden, angeblich weil »sich der Franzose nicht scheute, immer wieder hineinzuschießen, was manches Opfer seitens der Bevölkerung forderte. Der Auszug der zum Teil alten und gebrechlichen Leute war trostlos. Unsere Soldaten halfen nach Möglichkeit.« Der Regimentsbericht strickt hier an einer nach dem Krieg verbreiteten Legende, wonach die Franzosen ihre Dörfer überwiegend selbst zerstört hätten, während die deutsche Besatzung ein Segen gewesen sei.

Die mehrheitlich aus Norddeutschland stammenden Kameraden nannten die Unterstände Südsee, Sylt, Walhalla oder Flohkiste und die Schützengräben Alsterdamm, Westerland, Friesland, Helgoland, Norderney und Borkum. Die feindlichen Gräben waren nur 200 Meter von der vordersten Linie entfernt, so dass Fritz die Franzosen tagsüber beim Schanzen sehen konnte, wenn sie kleine Erdbrocken aus den Gräben warfen. Nach vier Tagen kam er »in Ruhe«, rückte für weitere vier Tage wieder in die zweite oder dritte Linie vor, bis er erneut nach vorn musste. Bald zeigte sich, dass Fritz kein gewöhnlicher Soldat war.

Das *American Jewish Year Book* listet 27 Juden auf, denen 1915 das Eiserne Kreuz I. Klasse verliehen wurde. In alphabetischer Reihenfolge beginnt die Namensliste mit Albert Ballin und Fritz Beckhardt. Ballin, der »Reeder des Kaisers«, leitete die Hamburg-Amerika-Paketfahrt-Aktiengesellschaft, kurz, HAPAG, die im Sommer Auswanderer in die USA brachte und im Winter Kreuzfahrten ins Mittelmeer unternahm. Seit

Kriegsbeginn organisierte Ballin gemeinsam mit Walther Rathenau den Nachschub von Rohstoffen und anderen kriegswichtigen Importen. Der Kaiser, so erzählte man sich, soll Ballin das Amt des Reichskanzlers angeboten haben, wenn er sich taufen ließe, was jener abgelehnt habe. Als Wilhelm II. im November 1918 abdankte, nahm sich Albert Ballin mit Gift das Leben.

Nach den Maßstäben seiner Zeit war mein Großvater ein außergewöhnlich tapferer Soldat. Am 27. Januar 1915 wurde er zum Gefreiten befördert. Seitdem führte er Nacht für Nacht Patrouillen an die feindlichen Gräben heran, um Informationen über bevorstehende Angriffe zu beschaffen. Am 16. Februar erhielt er das Eiserne Kreuz II. Klasse, einen Monat später die Hessische Tapferkeitsmedaille, und am 6. Juli wurde er zum Unteroffizier befördert. Den Einsatz, der zu seiner Beförderung zum Vizefeldwebel führte, hält der Regimentsbericht fest: »Am 25. August gruben sich der Gefreite Beckhardt, der Reservist Schütt und der Reservist Eichler von der 9. Kompanie nachts 50 Meter vorm Feinde ein, dort blieben sie den Tag über und beobachteten, vom hohen Grase bedeckt, die feindliche Stellung. Mit wichtigen Meldungen kehrten sie in der folgenden Nacht zurück. Besonders der Gefreite Beckhardt war ein ausgezeichneter Patrouillengänger.«

Die deutschen Juden lasen Fritz' Namen zum ersten Mal im Oktober 1915 in der Monatszeitschrift des Centralvereins *Im Deutschen Reich*: »Wie uns aus Gau-Bickelheim gemeldet wurde, ist dem Sohn des Herrn Abraham Beckhardt in Wallertheim, Fritz Beckhardt, der dem Infanterie-Regiment 86 zugeteilt war, im Verlaufe des Krieges zum Feldwebel aufrückte und das Eiserne Kreuz II. Klasse erwarb, nach weiteren Leistungen als Patrouillengänger das Eiserne Kreuz I. Klasse verliehen worden.« Die schnelle Abfolge von Beförderungen und Ehrungen, die Fritz 1915 erfuhr, war so ungewöhnlich, dass sie noch zwei Jahrzehnte später die Nazis beeindruckte.

Pozières ist ein ödes Nest. Autos rasen mit hoher Geschwindigkeit durch den Ort, niemand hält an. Das Dorf zieht sich zwei Kilometer längs der gut ausgebauten D 929 von Albert nach Bapaume durch eine baumlose Landschaft. Es ist kalt, es regnet, und kein Mensch ist auf der Straße. Der Dezemberwind bläst aus Westen ungebremst über die abgeräumten Rübenfelder und rüttelt an hölzernen Fensterläden, die gegen rote Backsteinmauern schlagen.

In Pozières suche ich nach einer Mauer oder einer Bodenwelle, die auch Fritz gesehen haben könnte. Ich taste die Felder mit den Augen ab, bücke mich und greife in die feuchte schwarze Erde voll heller Kreidebrocken. Hier hat er sich eingegraben mit seinen Kameraden.

Ich werde sentimental und muss die Tränen unterdrücken. Neben mir in diesem Niemandsland steht meine Frau Ulrike. Hätte ich nicht den von Heldenmut und Heldenblut triefenden Bericht über den Juli 1916 gelesen, wäre ich nie auf die Idee gekommen, in den trostlosesten Teil Nordfrankreichs zu fahren, irgendwo auf halber Strecke zwischen Lille und Paris.

Das auffälligste Gebäude in Pozières ist ein neoklassizistischer Tempel aus weißem Sandstein, eingefasst von mehreren Säulenreihen mit umlaufendem Fries. Das steinerne Eingangsportal wird von einem schmiedeeisernen Tor verschlossen. Hier liegen die Gefallenen der australischen Divisionen, die in den Kämpfen um Pozières die höchsten Verluste des gesamten Krieges erlitten. Viele der Grabsteine tragen keine Namen, sondern nur die Inschrift »An australian soldier of the great war – known unto God«. Ein paar Meter weiter am Ortseingang steht das mannshohe Abbild eines Soldaten in australischer Uniform. Vor dem Bild blühen rote Rosen. Für die Australier ist Pozières ein Teil des Gründungsmythos ihrer Nation.

Die Schlacht an der Somme war das größte Gemetzel des Ersten Weltkriegs. Über eine Million Soldaten starben von Juli bis November 1916: 204 000 Franzosen, 420 000 Briten, Iren, Australier, Neuseeländer, Kanadier, Südafrikaner und Inder,

465 000 Deutsche. Die Alliierten versuchten die deutsche Front zu durchbrechen, um endlich den Krieg zu beenden. In viereinhalb Monaten erzielten sie einen Geländegewinn von zwölf Kilometern. Auf der Straße von Albert nach Bapaume, der am härtesten umkämpften Straße des Weltkriegs, kamen sie ganze neun Kilometer voran.

Ein Dutzend Soldatenfriedhöfe liegen in den Feldern rechts und links der Straße. Britische mit Grabsteinen aus hellem Sandstein, die eng beieinander in dichten Reihen stehen und in der Sonne leuchten. Düstere deutsche Friedhöfe mit weit auseinanderstehenden schwarzen Eisenkreuzen, unter denen je vier Gefallene liegen. Bis in die 1960er Jahre lagen auch die jüdischen Soldaten unter Kreuzen, dann stellte der Volksbund Deutsche Kriegsgräberfürsorge für sie Grabsteine aus grauem Granit auf.

Ich gehe an den Gräbern entlang, berühre die Davidsterne, lese die Todesdaten, spreche die Namen leise vor mich hin. Im Judentum, sagt Kurt, sei ein Mensch erst dann aus der Welt, wenn man seinen Namen nicht mehr kenne, weshalb er die Namen seiner Großeltern auf dem jüdischen Friedhof in Wiesbaden auf einen Obelisken habe gravieren lassen.

Am 24. Juni 1916 begannen die alliierten Truppen an der Somme mit dem Trommelfeuer. Sie schossen sieben Tage und Nächte ohne Pause 1,5 Millionen Granaten auf die deutschen Stellungen. Am 1. Juli um 7.30 Uhr morgens kletterten 80 000 britische Infanteristen aus den Gräben und stürmten auf die feindlichen Linien zu. Sie rechneten nicht mit starker Gegenwehr, doch die Deutschen hatten sich wie Maulwürfe eingegraben und eine Woche lang in der Erde überlebt. Als der Artilleriebeschuss aufhörte, brachten sie ihre Maschinengewehre ans Tageslicht und begannen die Angreifer niederzumähen. Der 1. Juli 1916 gilt bis heute als der blutigste Tag der britischen Militärgeschichte. Am Abend waren die Angreifer kaum mehr als einen Kilometer vorangekommen. 20 000 britische Soldaten verloren an diesem einzigen Tag ihr Leben.

Fritz zog am 19. Juli mit seinem Regiment in die Schlacht. Pozières war bereits von den Alliierten erobert worden. Am 23. Juli rückten dort zwei australische Divisionen in die Stellungen ein. Am selben Tag marschierte Fritz' Bataillon nach Le Sars, heute eine triste Ansammlung einstöckiger Backsteinhäuser, die drei Kilometer hinter Pozières längs der D 929 vor uns auftaucht. Alle Häuser des Dorfes sind gleich alt, denn hier stand nichts mehr, als die Bewohner im Herbst 1918 zurückkehrten.

Das, was Fritz in Pozières erlebte, umschrieben Zeitgenossen als »Hölle an der Somme«, ein Ausdruck der Hilflosigkeit. Der Begriff »Hölle« löst bei mir keine Gefühle aus. Ich war 16 Jahre zwangsweise katholisch, und vier Jahre lang versuchte Sabbel, aus mir einen modernen Hitlerjungen zu machen. Im Judentum gibt es keine Hölle. Es gibt Ge-Hinnom, ein Tal im Süden der Altstadt von Jerusalem. Im dritten Buche Mose heißt es, dass man seine Kinder nicht dorthin bringen dürfe. Gott verbietet den Israeliten, einem Kult der Kaaniter zu folgen, die in diesem Tal ihre Kinder dem Götzen Moloch opferten. Im Hebräischen ist Ge-Hinnom eine mögliche Übersetzung für »Hölle«, aber einen Ort im Jenseits, an dem die Seelen der Verdammten im Feuer brennen, kennen die Juden nicht.

Bevor ich nach Pozières fuhr, habe ich Akten durchwühlt, Kriegsberichte gelesen und mir in Bildbänden Fotos von zerfetzten Leibern angesehen, um zu begreifen, was dort vor sich ging. Ich habe *In Stahlgewittern* von Ernst Jünger gelesen, einem Autor, der bei uns Antimilitaristen einst auf dem Index stand. Jünger glorifiziert den unerschrockenen Somme-Kämpfer, der stoisch durch das Sperrfeuer der Maschinengewehre marschiert, die toten Leiber von Freund und Feind mit den Stiefeln in den blutig-warmen Schlamm tretend, bis er die gegnerischen Linien erreicht und dem Feind eine Handgranate in den Graben wirft. Er lässt einen mythischen Helden erstehen, der zum Idealtypus des späteren SS-Mannes wurde.

War Fritz auch so einer? Die Orden und Ehrenzeichen aus

vier Jahren Fronteinsatz lassen vermuten, dass er Jüngers Heldenepos näherstand als meiner ersten Kriegslektüre, dem Antikriegsroman *Im Westen nichts Neues* von Erich Maria Remarque.

Der Regimentsbericht schildert den Angriff auf Pozières. Am 25. Juli um vier Uhr morgens kam Fritz' Bataillon am Nordrand des Dorfes an. Zuerst warfen die Deutschen Handgranaten in die feindlichen Gräben, bis die Australier heraussprangen. Dann kletterte Fritz mit seinen Kameraden über die Brüstung des Schützengrabens, und sie stürmten im Kugelhagel nach vorn. Zwei Leutnants führten die Gruppe mit gezogenem Säbel, einer von ihnen wurde sofort erschossen. Während Fritz rannte, schlugen rechts und links Minen auf und zerfetzten die Männer neben ihm. Er sprang in den nächsten Graben und befand sich jetzt mit den Australiern im Nahkampf, als neben ihm der zweite Leutnant erschossen wurde. Zwei Stunden nach Beginn des Angriffs gingen den Deutschen die Handgranaten aus, also rannten sie wieder zurück. Schließlich wurde Hauptmann Schweers, der Kompanieführer, »halb auf der Brustwehr sitzend und wild um sich schießend«, durch einen Granatsplitter getötet.

Nun antwortete die australische Artillerie mit Trommelfeuer. Fritz' Kompanie suchte Deckung, die Soldaten pressten ihre Körper in die umliegenden Granattrichter. Sieben Stunden lag Fritz im Granathagel, bevor die deutsche Artillerie zurückzuschießen begann. Viele Kameraden starben »durch ein flankierendes Maschinengewehr, das das Gelände regelmäßig abstreute«.

Um vier Uhr nachmittags, nach zwölfstündigem Gefecht, lebten von den 900 Mann aus Fritz' Bataillon nur noch sechs Offiziere und 90 Soldaten. Der Heeresbericht bemerkte zu diesem Tag: »Großes Hauptquartier, westlicher Kriegsschauplatz: Nördlich der Somme halten sich nach heftigem Kampf die Engländer in Pozières.«

Anfang Oktober kam Fritz zum zweiten Mal an die Somme. Mittlerweile hatten die Briten bei Pozières zum ersten Mal im Krieg Panzer eingesetzt, und die vordersten englischen Linien lagen bei Le Sars. Fritz' Bataillon besetzte die Schützengräben wenige Kilometer östlich bei Sailly. Als Erstes wurde der Kirchturm des Nachbardorfes Roquigny gesprengt, um der englischen Artillerie einen Zielpunkt zu nehmen. Am 6. Oktober um vier Uhr nachmittags griffen die Engländer nach schwerem Granatbeschuss »auf breiter Front« an. Zwei Stunden später, so hält der Regimentsbericht fest, sei der Angriff durch Maschinengewehrfeuer abgeschlagen, welches »wie eine große Sichel in die herandrängenden Menschenmassen hereinschlug«. »Vortreffliche Granatwerfer« ließen die noch Unverwundeten »auseinanderspritzen«, der letzte Rest brach im »Gepolter unserer Handgranaten« zusammen. »Aber schon in der Frühe des 7. Oktober beginnt der Engländer mit ungeheurer Wut seine Eisen und Gastöpfe auf unsere Stellungen zu werfen.« Während dieses Angriffs wurde Adolf Hitler bei Le Sars am Bein schwer verletzt und verschwand ein halbes Jahr im Lazarett von Beelitz.

Hitler und mein Großvater sind sich im Krieg vermutlich nie begegnet, auch wenn es durchaus vorkam, dass Einheiten verschiedener Regimenter unter einem Kommando zusammengelegt wurden. Beschrieben wurde der asoziale ehemalige Obdachlose Hitler als ein in sich gekehrter Eigenbrötler, während Fritz schon damals sehr selbstbewusst auftrat. Er hätte den unauffälligen Gefreiten, der den ganzen Krieg über als Meldegänger Nachrichten zwischen den Stabsstellen und den Schützengräben hin- und hertrug, sicher übersehen. Doch allein die Vorstellung, wie Hitler, mit einem Befehl des Regimentsstabs in der Tasche, durch die Laufgräben nach vorn hetzt, sich unter den Soldaten des Zugs, den Fritz kommandierte, zum Unterstand des Vizefeldwebels durchfragt, wie er schließlich vor Fritz Haltung annimmt, die Hand zur Mütze hebt und grüßt, bevor er Meldung macht, diese Vorstellung hat einen tragikomischen Charme.

Fritz hatte Glück, dass es nicht so kam, denn Hitler verfolgte den Vorgesetzten, der ihm nach langem Betteln kurz vor Kriegsende noch das Eiserne Kreuz I. Klasse verschafft hatte, später mit besonderem Hass. Was der jüdische Regimentsadjutant Leutnant Hugo Gutmann anrichtete, als er Hitler auszeichnete, beschreibt der Hitlerbiograf Joachim Fest: »Die Kriegsdekorationen erwiesen sich für Hitlers Zukunft von unschätzbarem Wert. Sie gaben ihm, dem Österreicher, eine Art höheres Heimatrecht in Deutschland und schufen dadurch überhaupt erst die Voraussetzung für den aussichtsreichen Beginn seiner Karriere: Sie sicherten und legitimierten seinen Anspruch auf politische Mitsprache sowie auf politische Gefolgschaft.«

Seit Kriegsbeginn konnten Juden in der preußischen Armee wieder Offiziere werden. Man brauchte sie. Im zweiten Kriegsjahr blutete das Offizierskorps aus, denn die Angriffstaktik, bei der die Kompanie- und Zugführer voranstürmten, riss Lücken in die niederen Offiziersränge. Hätte Fritz sich taufen lassen, wäre er zum Leutnant befördert worden, doch er hatte andere Pläne.

Sein Regiment wurde nach Ypern in Flandern versetzt, wo die deutsche Armee im Frühjahr 1915 zum ersten Mal Giftgas eingesetzt hatte. Der getaufte Jude und spätere Chemie-Nobelpreisträger Fritz Haber, ein Freund Albert Einsteins, hatte die Verwendung des industriellen Abfallprodukts Chlorgas angeregt und die Gaseinsätze an der Front persönlich überwacht. Habers Frau beging daraufhin Selbstmord; für sie war der Gatte ein Massenmörder.

Kurz bevor Fritz zum letzten Mal in einen Schützengraben einrücken musste, in »eine Stellung, die von Läusen und Ratten beherrscht« wurde, nahm sein Regiment am 20. Oktober 1916 gewaschen und gebügelt im Schlosspark von Ardoye Aufstellung. Der Kaiser nahm eine Parade ab, und Fritz wurde ihm bei der Gelegenheit persönlich vorgestellt. Insgesamt zweimal habe ihm der Kaiser im Krieg die Hand geschüttelt, hat er erzählt. Doch die Freude hielt nicht lange. Am 1. November wurde er zu seinem Kompanieführer gerufen, der ihm ein Formular vor die Nase hielt. Das preußische Kriegsministerium hatte eine »Judenzählung« angeordnet.

Der viel beschworene »Geist von 1914«, der die sozialen und politischen Gräben zugeschüttet zu haben schien, war längst verflogen. Mit den wirtschaftlichen Schwierigkeiten, der Lebensmittelknappheit und der steigenden Existenzangst im Mittelstand mehrten sich die Stimmen, die den Juden die Schuld am Elend des Krieges und an den Versorgungsengpässen an der »Heimatfront« gaben. Vereinigungen wie der Alldeutsche Verband, der Reichshammerbund oder der Bund der Landwirte denunzierten die Juden öffentlich als »Drückeberger« und »Kriegsgewinnler«.

Im Oktober 1916 verschickte das preußische Kriegsministerium Formulare an alle Dienststellen der Armee, in denen erfasst werden sollte, wie viele Juden sich freiwillig gemeldet hatten, wie viele an der Front kämpften, wie viele gefallen und wie viele ausgezeichnet worden waren. Die »Judenzählung« war eine Ohrfeige für die deutschen Juden. Ihr Ergebnis allerdings wurde geheim gehalten. Erst nach dem Krieg sickerte durch, dass der Anteil der jüdischen Frontsoldaten dem Anteil der Juden an der Gesamtbevölkerung exakt entsprochen hatte.

Unter den jüdischen Soldaten löste die »Judenzählung« tiefe Frustration aus. Nachdem Fritz dem Kompaniechef die nötigen Angaben zur Person gegeben hatte, stürmte er vor Wut schäumend aus dem Gebäude. Er hatte nur einen Gedanken: Bloß weg hier!

An der Somme hatte er erlebt, wie die deutschen Flieger nach und nach die Luftüberlegenheit der Alliierten gebrochen hatten. Über Fritz' Stellung war die legendäre Jagdstaffel 2 unter dem Kommando von Hauptmann Oswald Boelcke im Einsatz gewesen. Boelcke hatte allein während der Somme-Schlacht 20 feindliche Flugzeuge abgeschossen. Fritz verehrte Boelcke. Die Infanteristen, die tief unten im Dreck und Granathagel saßen, waren Namenlose, während die Zeitungen über Boelcke und seinesgleichen Heldengeschichten schrieben. Am 28. Oktober wurde Boelcke bei Bapaume von einem Flugzeug der eigenen Staffel gestreift und stürzte ab. Fritz bewarb sich um eine Ausbildung bei der Fliegertruppe. Den Kompaniechef bat er um eine günstige Beurteilung.

Im Zugabteil roch es nach Schweiß und kaltem Rauch. Draußen rauschte das vom Mondlicht beleuchtete Weserbergland schemenhaft vorbei. Fritz saß auf einer Holzbank, eingeklemmt zwischen schnarchenden Soldaten, in einem Abteil dritter Klasse. Er selbst konnte vor Aufregung nicht schlafen. Die meisten Mitreisenden waren auf dem Weg in die Heimat, den Urlaubsschein in der Tasche. Fritz zog seinen Ausweis heraus und las mit zufriedenem Lächeln: »Vizefeldwebel Fritz Beckhardt als vorgemerkter Flugschüler zur Flieger-Ersatz-Abteilung 5 Hannover abkommandiert.« Es war der 2. Januar 1917.

In den ersten drei Wochen schob Fritz Innendienst. Nach dem morgendlichen Exerzieren hatte er die Listen über die Übungsflüge der Piloten und die Bruchtafel zu führen, auf der der Zustand der beschädigten Flugzeuge farblich festgehalten wurde. Rot bedeutete Totalschaden.

Da in Hannover nur Flugschüler mit bestandener zweiter Prüfung ausgebildet wurden, kommandierte man Fritz zur Flugschule Hamburg-Fuhlsbüttel, wo er am 24. Januar zum ersten Mal einen Doppeldecker bestieg, einen Zweisitzer vom Typ Albatros. Fritz saß vorn und führte den Steuerknüppel sowie das Höhen-, Tiefen- und Seitenruder vorsichtig mit, während der hinten sitzende Fluglehrer das Flugzeug steuerte. Fritz bekam schnell ein Gefühl für die Maschine, und nach zwei Wochen wechselten er und der Lehrer die Sitzplätze. Schließlich hob der Fluglehrer die Hände zum Zeichen, dass Fritz das Fluggerät nun allein kontrolliere.

Am 2. März 1917 absolvierte er den ersten Alleinflug.

Fritz übte pausenlos Starts und Landungen, bis er Ende

März die erste Prüfung hinter sich brachte. Auf einer Höhe von 100 Metern, »als Flugzeugführer hinten sitzend«, wie es in seinem Flugbuch steht, hatte er mehrmals eine Acht um zwei am Boden befestigte Signale zu fliegen: »Die Übung hat nur Gültigkeit, wenn kein Bruch gemacht wird.«

In den folgenden Wochen absolvierte er sogenannte Ziellandungen, bei denen er aus 1000 Metern Höhe im Gleitflug ein Ziel am Boden ansteuern musste, und Leuchtpistolenlandungen, bei denen ihm während des Fluges mit einer Leuchtkugel das Signal zur Landung gegeben wurde, woraufhin er den Motor abzustellen und im spiralförmigen Gleitflug zu landen hatte. Bei der zweiten Prüfung im April musste Fritz, »als Flugzeugführer hinten sitzend, eine Höhe von 2000 m erreichen, daran anschließend ein ½ Stundenflug, Gleitflug aus 1000 m Höhe mit glatter Landung. Ballast 75 kg«.

Im Mai 1917 kehrte Fritz nach Hannover zurück und begann mit der mehrmonatigen Vorbereitung auf die letzte Prüfung, bestehend aus Ziellandungen, Leuchtpistolenlandungen sowie Gleitflügen »mit abgestellter Zündung«. Im Juli nahm er erstmals einen Beobachter an Bord. Das waren Offiziere, die die Aufgabe hatten, feindliche Stellungen zu fotografieren und der eigenen Artillerie mit Funksignalen beim Zielen, dem sogenannten »Einschießen«, zu helfen. Die Piloten der Artillerieflieger nannte man im Fliegerjargon »Emil«, die Beobachter »Franz«. Fritz flog noch einige Luftgefechtsflüge, bei denen er sich mit anderen Piloten Scheingefechte lieferte, und einen Langstreckenflug in 3000 Metern Höhe von Hannover nach Bremen und zurück. Dann wurde es ernst, denn der letzte Prüfungsteil bestand aus »Flügen über den Feind«.

Fritz wurde ins belgische Gent versetzt. Er war jetzt fast am Ziel seiner Träume. Bald würde er einer jener Helden der Lüfte sein, die er stets angebetet hatte. Da er zum bisherigen Sold von 63 Mark 150 Mark Fliegerzulage bekam, verdiente er mehr als ein Leutnant der Infanterie. Auch äußerlich machte er etwas her. In seinem Soldbuch ist vermerkt, dass er »Schutzbrille, Ersatzbrille, Sturzhelm, Fliegeranzug, Pelzmantel, Pelzhandschuhe, Pelzstiefel Länge 26½ cm, Weite 5; Wollschal, Kopfschützer aus Leder, Sportjacke, Gepäcksack, Stiefelhose, 1 Paar Beinbinden« ausgehändigt bekam. Der Pelzmantel war das wichtigste Kleidungsstück, denn er kennzeichnete den Flieger. Es kam vor, dass Fritz von Soldaten, die die Bedeutung des Pelzes nicht kannten, mit »Herr Leutnant« gegrüßt wurde.

Fritz flog täglich von Gent mit einem »Franz« 50 Kilometer zur Front, um die englischen Stellungen zu beobachten. Den Flug, bei dem er dem »neuen Franz Leutnant Weil« die Front zeigte, beschrieb er 16 Jahre später in einem Zeitungsartikel, um die »arische« Mehrheit von seiner Hingabe für Deutschland zu überzeugen. »Nachdem wir eine halbe Stunde über der Front gekreuzt waren, rüttelte Weil mich plötzlich heftig an den Schultern und deutete auf fünf in der Sonne etwa 500 Meter über uns befindliche Flugzeuge. Zunächst konnten wir nicht erkennen, ob es Freund oder Feind war. Doch nicht lange blieben wir im Zweifel, denn die fünf stellten sich plötzlich auf den Kopf – mit der Sonne im Rücken – und im nächsten Augenblick prasselten die Garben auf unsere Kiste los. Vollgas, die Maschine auf den Kopf und ausrücken war die einzige Möglichkeit, aus dem Feuer herauszukommen. Es gelang. Die leichten Einsitzer konnten im Sturzflug meiner schweren Maschine nicht so schnell folgen. In Gent beim Armee-Flugpark IV landete ich und besah mir den Schaden. Wir beide hatten keine Verwundungen abbekommen, dafür aber unser Albatros ca. 30 Treffer. So leichtsinnig bin ich danach nicht wieder gewesen, dass ich das Beobachten nur meinem Franz überließ.«

Im September forderte eine bayerische Staffel beim Flugpark IV einen Artillerieflieger an, und Fritz meldete sich. Nun pendelte er über den englischen Schützengräben und der bayerischen Geschützbatterie hin und her, während der Beobachter per Funk die Treffergenauigkeit der Einschläge korrigierte: »Zu weit links, zu kurz, weiter rechts.« Fritz sah, wie die Granaten die Unterstände der Engländer zerfetzten.

Es folgte ein Spezialeinsatz. Der Kommandeur der Königlich Bayerischen Fliegerabteilung 45 befahl den Einsatz von Brandmunition: »Die Besatzung hat den Auftrag, feindliche Fesselballons anzugreifen.« An einem einzigen Tag schoss Fritz drei Ballons ab und bekam dafür das Bayerische Militärverdienstkreuz verliehen.

Zurück in Gent, wurde er zur Schutzstaffel 11 abkommandiert, die die Aufgabe hatte, deutsche Artillerieflieger vor Angriffen feindlicher Jagdflieger zu schützen. Fritz' Flugbuch listet 27 »Feindflüge« als abschließenden Teil der Pilotenausbildung auf, darunter Aufklärungsflüge, Bombenabwürfe, Nachtflüge und Luftkämpfe, am 22. Dezember »Nachtflug, Bomben 45 kg, Bruchlandung«, am 28. Dezember »3 mal Luftkampf, Flugzeug schwer beschädigt«, und am 4. Januar 1918 »Bomben auf Boesinghe«. Endlich wurde ihm das Flugzeugführerabzeichen verliehen.

Ich weiß nicht, wann ich begonnen habe, mich im Internet mit Amerikanern über Fritz zu streiten. Mit US-Amerikanern, sollte ich besser schreiben, denn meine einstigen Genossen aus Lateinamerika haben mir eingeschärft, dass auch sie Amerikaner seien. Sie waren Chilenen, die vor dem Folterer Augusto Pinochet geflohen waren, und Nicaraguaner, die gegen den blutrünstigen Anastasio Somoza kämpften. In den linken Bewegungen der 1980er Jahre war es verpönt, den Begriff »Amerika« als Synonym für die USA zu verwenden.

Doch im Onlineforum *Aerodrome* gelten andere Regeln. Hier tummeln sich vor allem US-Amerikaner, deren Hobby es ist, über Flieger aus dem Ersten Weltkrieg alle nur erdenklichen Daten zu sammeln. Am liebsten debattieren sie über biographische Details der »Aces«, der Fliegerasse. Mich dagegen irritiert es, wenn sich Amerikaner, die kein Wort Deutsch sprechen und Deutschland nur vom Hörensagen kennen, darüber streiten, ob der »rote Baron« Manfred von Richthofen an einem bestimmten Tag über einem bestimmten Frontabschnitt in einen bestimmten Luftkampf verwickelt gewesen sein könnte oder nicht.

Schließlich wage ich, die Frage zu stellen, ob man im *Aero-*

drome Fritz Beckhardt kennt, denn das Einzige, was ich bis dato in Händen halte, ist das Buch aus Tel Aviv, auf dem er abgebildet ist. Die Reaktion ist überwältigend. Jeder kennt den »Juden mit dem Hakenkreuz«. Jeder weiß, wann er wo und wie lange im Einsatz war. Acht lange Monate diskutiere ich mit Amerikanern, Engländern, Franzosen, Schweden und Deutschen im *Aerodrome* über Fritz. In dieser Zeit durchforste ich Archive im In- und Ausland, finde seine Militärausweise in den Akten meines Vaters und seine Orden in einem Londoner Bankschließfach.

Dann kocht Ärger in mir hoch. Die Amerikaner akzeptieren Fritz nicht als Fliegerass, weil er angeblich nur einen Luftsieg zuerkannt bekam. Der Familie hat Fritz von »21 oder 22 Abschüssen« erzählt. In Zeitungsartikeln lese ich von »17 anerkannten Abschüssen«. Selbst die SS hielt in Fritz' Häftlingsakte »17 Abschüsse als Jagdflieger« fest, und in einer amerikanischen Publikation wird er mit »10 victories« geführt.

Victory – das klingt wie der Sieg in einem Kunstflugwettbewerb, nicht wie der Abschuss eines Flugzeugs und der damit verbundene Tod eines Menschen. Muss ich mir peinlich sein? Fritz hat Menschen getötet, viele Menschen – und ich errege mich, weil er von Hobbyhistorikern nicht als Fliegerass anerkannt wird?

Ja, ich bin stolz auf ihn. Nicht weil er mein Großvater ist, sondern weil er bewiesen hat, dass Juden mutig sind, dass sie verbissen für eine Sache kämpfen können. Er hat das mit seinen Taten bewiesen, lange bevor sich die Zionisten in Palästina mit den Briten und Arabern anlegten. Kurt hingegen sieht das anders. Für ihn ist der Vater ein tragischer Held. Ein Irregeleiteter, der für Deutsche kämpfte, die ihn später verfolgten, und auf Engländer schoss, die ihm später das Leben retteten. Aber Fritz war kein Hellseher.

Am 17. Februar 1918 teilte man ihn der königlich-preußischen Jagdstaffel »Jasta 26« zu. Zur Begrüßung gab es ein festliches Diner auf Schloss Markebeke nahe der belgischen Stadt

Letztes Gruppenbild der Jasta 26; in der Mitte der neue Kommandant Fritz Lörzer, der Bruder des Geschwaderkommandanten, ganz rechts steht Fritz in der beliebten Pose des Kaisers. Neben dem Eisernen Kreuz und dem Flugzeugführerabzeichen trägt er die Ernst-Ludwig-Medaille, die höchste Auszeichnung des Großherzogtums Hessen, die auch »blutiger Ludwig« genannt wurde.

Kortrijk. Zu holländischen Austern wurde ein 1915er Deidesheimer Riesling gereicht, zum Spanferkel ein 1882er Chambertin und zur Königin-Pastete ein 1899er Romanée-Conti. Zum Nachtisch speiste man »warmes Kriegsgebäck«. Allein die Weinauswahl versetzt mich in Euphorie. Doch die Feier galt nicht Fritz, sondern dem Staffelkommandanten Bruno Lörzer, der den »Pour le Mérite«, den höchsten Orden des Kaiserreichs, verliehen bekommen hatte.

Kurz nach der Versetzung zur Jasta 26 wurde unter dem Kommando Lörzers das Jagdgeschwader III gebildet, dem neben der Jasta 26 auch die Jasta 27 angehörte, die von Oberleutnant Hermann Göring geführt wurde. Drei Monate lang flogen Fritz und Göring im gleichen Geschwader. Mein Großvater schilderte Göring später als selbstsüchtigen und eitlen Narziss, der sich selbst gerne reden hörte. Für einen Antisemiten hielt er ihn nicht. Vielmehr hasste Göring die Engländer und sprach schon im Ersten Weltkrieg davon, dass man London in Schutt und Asche legen müsse.

Fritz' Staffel trug im Geschwader den Beinamen »Die Wilden«, was sich wohl nicht nur auf waghalsige Flugmanöver, sondern auch auf Trinkfestigkeit im Kasino bezog. Ob Fritz selbst zu den Kampftrinkern gehörte, ist nicht überliefert.

Ansonsten galt in der Fliegertruppe ein strenger Ehrenkodex. Man tötete den Gegner, aber man hasste ihn nicht. Gefangene Piloten behandelte man mit Respekt und bewirtete sie bisweilen als Gäste im Kasino der Staffel. Ritterlichkeit und Fairness waren Werte, die hochgehalten wurden. Nach einem Luftkampf konnte es vorkommen, dass Sieger und Besiegte beisammensaßen und tranken. Gab ein englischer Offizier sein Ehrenwort, dass er nicht fliehen werde, verzichtete man darauf, ihn zu bewachen.

Am 21. März 1918 begann unter dem Codenamen »Michael« die letzte deutsche Offensive an der Westfront. Nach der russischen Oktoberrevolution war der Krieg im Osten durch den Frieden von Brest-Litowsk beendet worden, so dass Deutschland die Truppenstärke in Frankreich erhöhen konnte. Fritz' Jagdgeschwader wurde nach Erchin verlegt, auf ein Flugfeld südöstlich der französischen Kleinstadt Douai.

In den ersten Tagen herrschte dichter Nebel, erst am 23. März war das Jagdgeschwader in der Luft. An diesem Tag schoss Fritz über Chérisy einen englischen Jagdeinsitzer des Typs »S.E.5a« ab. Die Kriegsberichte hielten damals Details wie die abgeschossenen Flugzeugtypen fest und wenn möglich auch die Namen der getöteten Flieger.

Am 11. April schoss Fritz über Béthune einen englischen Zweisitzer ab. Diesen Luftkampf hat er später beschrieben. »Wir suchten auf unseren Fokker-Dreideckern die Front bei Péronne unter Führung unseres Staffelführers Fritz Lörzer ab. 5 km hinter der feindlichen Linie in etwa 4000 m Höhe kreuzten drei englische Doppeldecker, die wir angriffen. Aus kürzester Entfernung – ich konnte dem Beobachter genau ins Gesicht sehen – gab ich einige gut gezielte Schüsse aus beiden M.G.s ab, die den Beobachter trafen, so dass er in seiner Kiste ver-

Bruno Lörzer (vordere Reihe, Erster von links) und Manfred von Richthofen (rechts neben Lörzer) im Kreis der Elite deutscher Jagdflieger, Fritz steht als Neuankömmling schüchtern in der letzten Reihe (ganz links)

schwand. Vorher hatte er mir auch einige blaue Bohnen zugedacht. Gerade war ich dabei, auch den Emil zu erledigen, als ich seitlich von unten her von einem zweiten Engländer eine Geschossgarbe erhielt, die mich einen Augenblick von meinem ersten Gegner abbrachte. Mein Kamerad und Freund Eßwein erkannte die Gefahr und kam mir zu Hilfe, so dass ich mit einigen gut sitzenden Schüssen meinen Feind erledigen konnte. Wir waren mittlerweile auf ca. 500 Meter heruntergekurvt, so dass ich auf meinem Rückflug von der feindlichen Linie tüchtig beschossen wurde. Mein Benzintank war einige Male durchschossen, so dass mir, wenn ich meine Maschine ziehen wollte, der Betriebsstoff ins Gesicht spritzte. Wohl oder übel musste ich im Geradeausflug nach Hause. Nach einer Eierlandung wurden meine Maschine und auch ich bestaunt. Hatte ich doch riesigen Dusel gehabt. Mein Motor war mehrmals durchschossen und ich selbst von einigen Explosivgeschossen an Bein und Rippen getroffen.«

Kurt wirkt verstört, nachdem er den Text gelesen hat. »Ich kann nicht glauben, dass mein Vater in diesem Stil geschrieben hat«, stammelt er, »so etwas habe ich nie von ihm gehört.«

Doch Fritz hatte sich seinen Vorbildern angepasst. Manfred von Richthofen, das berühmteste deutsche Fliegerass, zeigte eine kindliche Freude beim Kriegsspiel. »Ich flog quietschvergnügt eines Tages wieder mal auf Jagd und beobachtete drei Engländer, die scheinbar auch nichts anderes vorhatten, als zu jagen. Ich merkte, wie sie mit mir liebäugelten, und da ich gerade viel Lust zum Kampfe hatte, ließ ich mich darauf ein.« Es folgt die fröhliche Schilderung einer Jagdszene, der Kampf zweier Männer, die aufeinander schießen, sich dabei vergnügt zuwinken, bis Richthofen genug gespielt hat und die Trophäe haben will: »Mit Kopfschuß stürzte der Gegner ab. Sein Maschinengewehr rannte in die Erde und ziert jetzt den Eingang über meiner Haustür.«

Einer der beiden Engländer, die Fritz abgeschossen hatte, kam ums Leben. Es war Leutnant K. Hall von der 53. Squadron der Royal Air Force. Für diese Heldentat erhielt Fritz den begehrten »Ehrenbecher für den Sieger im Luftkampf«.

Während eines Gefechts in Flandern wurde er getroffen und rettete sich mit dem Fallschirm aus der brennenden Maschine. Später erzählte er, eine feindliche Kugel sei an der Brusttasche abgeprallt, in der er den Talisman getragen habe, den ihm seine Schwester geschenkt habe. Das silberne Hakenkreuz habe ihm das Leben gerettet.

Nach einem Erholungsurlaub wurde er zur Kampfeinsitzerstaffel 5 (Kest 5) versetzt. Die Kampfeinsitzerstaffeln gehörten zum sogenannten Heimatschutz und sollten die alliierten Geschwader abfangen, die in den letzten Kriegsmonaten Bomben auf deutsche Städte warfen. Fritz flog das modernste Flugzeug des Krieges, eine Siemens-Schuckert D. III, die in weniger als 15 Minuten auf 6000 Meter klettern konnte. Da die Flieger ihre

Angriffe bevorzugt von oben flogen, war die Steigfähigkeit einer Maschine entscheidend. In einem englischen Buch über »Deutsche Fliegerasse im 1. Weltkrieg« wird das Flugzeug beschrieben: »Die Siemens-Schuckert D. III wurde wegen ihrer ausgezeichneten Steigfähigkeit von der Kest 5 eingesetzt. Fritz Beckhardt schoss damit zwei Breguet B 14 auf einer Höhe von 7000 Metern ab.« Fritz flog in einem offenen Cockpit ohne Heizung und künstliche Sauerstoffzufuhr, obwohl in dieser Höhe Temperaturen von minus 40 Grad herrschen und die Luft extrem dünn ist.

Da im Herbst 1918 das Flugbenzin knapp wurde, tankte Fritz Benzol. Immer häufiger sah er die feindlichen Flieger über sich hinwegfliegen, während er wegen Spritmangels am Boden blieb. In dieser Zeit entstand das Bild, das ihn berühmt machen sollte.

Auf dem letzten Bild, das ihn in Uniform zeigt, macht Fritz nicht den Eindruck, als hätte er soeben einen Krieg verloren. Nichts ist zu sehen von dem Schrecken, der ihm und den Kameraden in die Knochen fuhr, nachdem der Staffelführer verkündet hatte, dass der Krieg verloren war. Was, bitte, sollte das heißen: »Wir« haben den Krieg verloren? Eine feige und ehrlose Behauptung war das. »Wir« haben vier Jahre lang an allen europäischen Fronten gegen eine Übermacht im Felde gestanden, und in dieser Zeit hat kein feindlicher Soldat seinen Fuß auf Deutschlands heilige Erde gesetzt. Fritz stand unter Schock.

Er hatte gewusst, dass ein Waffenstillstand näher rückte und dass das Reich mit dem französischen Erbfeind und dessen Verbündeten einen Frieden aushandeln musste. Der Krieg musste beendet werden, nachdem im letzten Jahr noch einmal eineinhalb Millionen Deutsche gefallen waren. Bald aber ging die Nachricht um, dass Deutschland sich den »14 Punkten« des amerikanischen Präsidenten Wilson beugen müsse. Elsass-Lothringen und Ost-Belgien mussten abgetreten werden, der Friede mit den Russen galt nicht mehr, die Monarchie war vermutlich zum Teufel und das Schlimmste: Deutschlands Ehre war unwiederbringlich dahin.

Fritz in seinem Doppeldecker. Auf dem Rumpf der Maschine glänzt sein persönliches Glückssymbol: ein großes weißes Hakenkreuz.

Nichts hatte auf die Katastrophe hingedeutet. Eben noch hatte das Offizierskorps Siegesgewissheit ausgestrahlt, plötzlich saßen die Sozialdemokraten in der Regierung und holten für die Oberste Heeresleitung die Kastanien aus dem Feuer, indem sie dem amerikanischen Präsidenten ein Friedensangebot unterbreiteten. Dann schwiegen die Waffen, das war im Oktober. Im November dankte der Kaiser ab, und aus Deutschland wurde eine Republik.

Als der Waffenstillstand verkündet wurde, war Fritz mit der Kampfeinsitzerstaffel im badischen Örtchen Lahr stationiert. Zu den Waffenstillstandsbedingungen, die Deutschland akzeptieren musste, gehörte, das schwere Kriegsmaterial abzuliefern. Dazu zählten auch die Flugzeuge, aber das kam für Fritz nicht in Frage. Den Franzosen sein Flugzeug ausliefern? Niemals!

Zwei Tage nach Verkündung des Waffenstillstands flog die Kest 5 in die Schweiz. Fritz landete auf einer Wiese bei Rapperswil im Kanton Zürich. Laut einem Schreiben des Schweizer Generalstabs gab er an, sich verflogen zu haben. Ein Teil der Staffel wollte in der Schweiz bleiben, ein anderer nach

Das letzte Foto des Krieges. Rapperswil (Schweiz), November 1918. Neben Fritz (Zweiter von rechts) in einem pelzgefütterten Fliegermantel stehen drei Kameraden und zwei Schweizer.

Deutschland zurückkehren. Der Schweizer Generalstabschef war »d'accord«, sofern »es sich nicht um Leute handelt, von denen eine Tätigkeit im bolschewistischen Sinne zu befürchten ist«. Fritz wurde zur Grenze gebracht und abgeschoben.

Von den politischen Unruhen, die die junge deutsche Republik erschütterten, bekam er wenig mit. Der vagabundierende Fliegerheld fiel einem badischen Baron auf, der ihn auf seinen Herrensitz einlud. Während ringsum Barrikadenkämpfe tobten, spazierte Fritz mit einem Fräulein Tochter durch einen herrschaftlichen Park. Er schlief in seidener Bettwäsche, speiste von Porzellan geschmorten Rehbraten mit Klößen und trank überreifen Grauburgunder vom Kaiserstuhl. Als Gegenleistung für die Bewirtung gab er zur Erbauung seines Gastgebers allabendlich Anekdoten aus dem Krieg zum Besten. Der adlige Herr bot Fritz schließlich gar die Hand der Tochter an, aber als er gewahr wurde, dass der künftige Schwiegersohn ein Beschnittener war, endete die Freundschaft so unmittelbar, wie sie begonnen hatte.

II

Da geht noch was

Kurt kannte die Nachricht schon, denn er war am Nachmittag in Charly Pestels Bäckerei gewesen. Charly hatte ein Radiogerät. Die BBC hatte gemeldet, dass Deutschland eine Regierung habe. Charly nannte den Namen eines Politikers, den er aufgeschnappt hatte, aber Kurt hatte ihn nur kopfschüttelnd angeschaut. Charly war schwer von Begriff. Mehr als einmal hatte ihm Kurt erklärt, er möge ihn mit den Nachrichten aus Deutschland in Ruhe lassen. In Deutschland war Kurt Jude gewesen, in England wollte er nicht länger »the german« sein.

Auf der Abendschule im Londoner Stadtteil Hendon, wo er eine Klasse für »motor engineering« besuchte, war er an einen Deutschenhasser geraten. Obwohl Kurts Englisch akzentfrei war, zwang ihn der Lehrer, vor der Klasse die Herkunft seines Namens zu erläutern. »Kört«, das klang wie »Curd«, also Quark. Die Mitschüler hatten gelacht, und der Lehrer hatte einen Vortrag über den animalischen Charakter der Deutschen gehalten.

Als Kurt auf die Straße trat, hatte er den Namen des deutschen Premierministers, den Charly genannt hatte, schon wieder vergessen. Es war laut draußen. Der Verkehr auf der sieben Kilometer langen Finchley Road hatte seit Kriegsende beachtlich zugenommen. Im Haus mit der Nr. 1095 stieg Kurt die Stufen hoch. Auf dem Küchentisch lag der *Evening Standard*, den Rosa Emma wie immer nebenan bei Scott's Newsagency geholt hatte. Der *Standard* war eine Abendzeitung, kam aber nachmittags mit einer »early edition« raus, deren Erscheinen die Londoner Straßenverkäufer mit Inbrunst ausriefen. Kurt ignorierte die Zeitung, denn gleich würde Fritz von der Arbeit kommen, die Jacke an die Garderobe hängen, die Tasche abstellen und wortlos mit dem *Standard* im Sessel versinken.

Aber an diesem Tag, es war der 15. September 1949, saß Fritz nicht lange. Fluchend warf er die Zeitung auf den Esstisch: »Eine Katastrophe für Deutschland. Der Adenauer ist doch Separatist.« Kurt sah zu Rosa Emma hinüber, die Brot schnitt, ohne aufzusehen. Adenauer war der Name, den Charly Pestel genannt hatte. Wer war der Mann?

Fritz kehrte im Sommer 1919 nach Wallertheim zurück und fand eine Arbeit in Bingen. Jeden Morgen fuhr er mit der Eisenbahn und musste einmal schon in Gau-Bickelheim aussteigen und zu Fuß weitergehen, weil ihm ein einziger Pfennig zur Fahrkarte nach Wallertheim fehlte. Mit dieser Anekdote lehrte er Kurt den besonderen Wert des Geldes.

Das Geld war knapp in den ersten Jahren nach dem Krieg. Abraham und Franziska trugen Eheringe aus Eisen, denn sie hatten dem Kaiser wie viele Deutsche »Gold für Eisen« gegeben in der Hoffnung, Fritz werde siegreich heimkehren. Das an Devisen arme Reich hatte seine Importe mit dem Schmuck der Bürger finanziert – und Abraham hatte ein Vermögen verloren.

Rheinhessen war durch den Friedensvertrag von Versailles, in dem die Alliierten dem Kaiserreich die alleinige Kriegsschuld zugewiesen hatten, Teil einer das linksrheinische Deutschland umfassenden Besatzungszone geworden, die die Sieger als Pfand für die Reparationen genommen hatten, die sie von Deutschland forderten. Wallertheim gehörte zur rund um Mainz gelegenen dritten Zone, in der die Besatzung 15 Jahre dauern sollte.

Wieder waren die Franzosen da, aber diesmal profitierten nicht die Juden, sondern die Katholiken. Konrad Adenauer, Mitglied der katholischen Zentrumspartei und seit 1917 Oberbürgermeister von Köln, betrachtete die seit 1815 bestehende Zugehörigkeit des Rheinlands zu Preußen als »protestantische Fremdherrschaft«. Durch den verlorenen Krieg sah er das »vom Militarismus beherrschte Preußen« geschwächt und nutzte die

Gunst der Stunde. Im Februar 1919 lud er rheinische Kommunalpolitiker und Abgeordnete der in Weimar tagenden deutschen Nationalversammlung nach Köln, um über die Gründung einer »Rheinischen Republik« zu beraten. Adenauer schwebte kein souveräner Staat vor, sondern ein aus der preußischen Rheinprovinz bestehendes Bundesland als Teil des Deutschen Reiches. Doch seine Initiative wirkte wie ein Fanal.

Am 1. Juni 1919 rief der ehemalige Staatsanwalt Hans Adam Dorten in Wiesbaden die aus der Rheinprovinz, aus Rheinhessen und der Pfalz bestehende »selbstständige Rheinische Republik« aus. Der dilettantische Staatsstreich scheiterte, aber in den Folgejahren flackerten längs des Rheins immer wieder blutige Aufstände auf, und im Oktober 1923 putschten die Separatisten erneut in Wiesbaden. Sie besetzten das Landeshaus, den Sitz der Zivilverwaltung, und hissten ihre grün-weiß-rote Fahne. Die französische Besatzungsmacht hatte zuvor den Bürgern das Waffentragen verboten und der deutschen Polizei das Verlassen der Dienstgebäude untersagt, doch 300 schwer bewaffnete Separatisten ließ sie unbehelligt durch die Straßen ziehen. Drei Monate hausten die Separatisten im Landeshaus, verfeuerten Akten, zechten, feierten und wurden vom französischen Militär mit dem Nötigsten versorgt. Erst allmählich dämmerte der Besatzungsmacht, dass die Separatisten keine Sympathien unter der Bevölkerung fanden. Im Januar 1924 brachen sie den Putschversuch ab, und die Separatisten flüchteten ins französische Exil.

Als Fritz zwei Jahre später nach Wiesbaden kam, um sich zu verloben, waren die Separatisten noch immer ein Thema. Gerüchte machten die Runde, wer unter den Geschäftsleuten die Separatisten unterstützt habe. Fritz verachtete die »Verräter«, die kampflos deutsche Erde dem Feind übergeben wollten. Einer von ihnen hieß Konrad Adenauer.

Über die Behauptung, Fritz trage eine Mitschuld an der Niederlage, hätte ganz Wallerheim gelacht. Die Heimat empfing ihn wie einen Helden. Jeder erinnerte den Doppeldecker mit dem Hakenkreuz. Wieder und wieder erzählte er die gleichen Anekdoten.

In den Städten war die Stimmung eine andere. Im von Barrikadenkämpfen zerrissenen Berlin kursierten in den letzten Kriegswochen antisemitische Flugblätter: »Spartakus ist der Judaskuss. Bolschewismus ist die neue Fabrikmarke für Judaismus.« Der militärischen Führung, die die Regierung zur Annahme der Waffenstillstandsbedingungen gedrängt hatte, gelang es, die Verantwortung für die Niederlage den Juden und den Sozialisten zuzuschieben. Zum Zerrbild des Kriegsgewinnlers und des Drückebergers kam das Bild vom jüdischen Revolutionär hinzu, der mit den Ideen von Demokratie und Sozialismus der »im Felde unbesiegten« Armee in den Rücken gefallen sei, ihr den »Dolchstoß« versetzt habe. Hinter der »Dolchstoßlegende« versammelten sich die Feinde der Demokratie, die die »Judenrepublik« ablehnten.

Anfang 1919 gründete sich der Deutsche Schutz- und Trutzbund, eine Vorläuferorganisation der späteren NSDAP, der »die sittliche Wiedergeburt des deutschen Volkes durch die Erweckung und Förderung seiner gesunden Eigenart« anstrebte. Der binnen Kurzem 200 000 Mitglieder umfassende Trutzbund verbreitete auf 20 Millionen Flugblättern, er erblicke »in dem unterdrückenden und zersetzenden Einfluss des Judentums die Hauptursache des Zusammenbruchs« und »in der Beseitigung dieses Einflusses die Vorbedingung des staatlichen und wirtschaftlichen Wiederaufbaus und der Rettung der deutschen Kultur«.

Für die jüdischen Soldaten war das ein Schock. Als Antwort gründeten sie im Februar 1919 den Reichsbund jüdischer Frontsoldaten, kurz RjF. Den Gründungsaufruf unterschrieben 51 jüdische Kriegsteilnehmer.

»Kameraden! Als wir jüdischen Frontsoldaten in Reih und Glied mit unseren Kameraden ins Feld zogen, um das Vaterland zu schützen, da wähnten wir, aller Klassen- und Glaubenshass, alle religiösen Vorurteile seien getilgt. Wir haben uns getäuscht. Gewissenlose Verleumder begrüßen uns bei der

Rückkehr von den Schlachtfeldern als ›feige Drückeberger‹, Schandbuben schmähen unsere Gefallenen. Kameraden! Das Maß ist voll. Zwar sind wir sicher, dass der beste Teil des deutschen Volkes von diesem verruchten Treiben nichts wissen will, aber wir sind zu stolz, untätig zuzusehen, wenn unsere Ehre als Deutsche und Juden besudelt wird.«

In Deutschland lebten damals 600 000 Juden, weniger als ein Prozent der Bevölkerung. Die meisten hatten sich in den Städten angesiedelt, allein ein Drittel in Berlin. Die größte jüdische Organisation war der Centralverein deutscher Staatsbürger jüdischen Glaubens (C.V.), dessen Arbeit auf drei Säulen ruhte, der »Abwehrarbeit« gegen den Antisemitismus, der Aufklärung der Öffentlichkeit über das Wesen des Judentums und der »inneren Mission«, womit die Erziehung der Juden zum Deutschtum gemeint war.

In den ersten Jahren der Weimarer Republik stand die Mehrheit der Juden den bürgerlich-liberalen Parteien nahe, der linksliberalen Deutschen Demokratischen Partei (DDP) oder der konservativen Deutschen Volkspartei (DVP). In beiden Parteien waren führende Köpfe des C.V. aktiv. Die SPD galt einerseits als Partei, »die stets gegen jeden Rassenhaß aufgetreten sei«, wie der C.V. das gute Wahlergebnis der Sozialdemokraten im Januar 1919 kommentierte, andererseits klebte ihr das Etikett der »vaterlandslosen Gesellen« aus der Vorkriegszeit an, was sie für viele deutschtümelnde Juden unwählbar machte.

Fritz unterstützte anfangs die DDP, die mit dem Juden Hugo Preuß, dem Vater der Weimarer Verfassung, den ersten Innenminister der Republik stellte. Zu den jüdischen Gründern der DDP gehörte neben Preuß auch Walther Rathenau. Rathenau hatte im Krieg die Rohstoffabteilung im preußischen Kriegsministerium geleitet und führte nun die von seinem Vater gegründete Allgemeine Elektricitäts-Gesellschaft (AEG). Im Mai 1921 wurde er Wiederaufbauminister, später Außenminister in einem Kabinett aus DDP, SPD und der katholischen Zentrumspartei. Wegen seiner Politik der Verständigung mit den Siegermächten wurde er zu einer Hassfigur der Rechten. »Schlagt tot den Walter Rathenau, die gottverdammte Judensau!«, pinselten sie auf Berliner Häuserwände. Rathenau wusste, dass man ihm nach dem Leben trachtete, doch er lehnte einen Personenschutz ab. Am Morgen des 24. Juni 1922 fuhr er im offenen Automobil ins Außenministerium, als er von rechten Terroristen erschossen wurde.

Der Mord an Rathenau machte Fritz bewusst, dass die Anerkennung, die er genoss, der berufliche Erfolg und der wachsende Wohlstand auf schwankendem Boden standen. Er wurde Mitglied im RjF.

Der RjF war der bewaffnete Arm der deutschen Juden. Zu den hohen Feiertagen im Herbst 1919, dem Neujahrsfest Rosch Haschana und dem Versöhnungsfest Jom Kippur, stellte er Schutztrupps vor Synagogen und Bethäuser in Berlin und im Rheinland, die die Besucher vor Übergriffen schützen sollten. Während des Kapp-Putschs im März 1920, als rechte Militärs die Republik beseitigen wollten, wurden Juden in Berlin auf offener Straße angegriffen, woraufhin der RjF in dem von Ostjuden bewohnten Scheunenviertel patrouillierte. Als es im Herbst 1923 am Kurfürstendamm und im Scheunenviertel zu Angriffen auf jüdische Passanten kam und jüdische Geschäfte geplündert wurden, stellte der RjF einen »Abwehrdienst« aus jüdischen Studenten auf.

In der rheinhessischen Provinz aber blieb es ruhig. Fritz las von den antisemitischen Angriffen im *Schild*, der 1921 gegründeten Zeitung des RjF. *Magen David*, Schild Davids, heißt auf Hebräisch der Davidstern, und der RjF sah sich als Schutzschild der deutschen Juden.

Anfangs versuchte der RjF sogar, die national Gesinnten und die Zionisten unter seinem Dach zu vereinen. So forderte er 1923 beim Einmarsch der Franzosen ins Ruhrgebiet die Mitglieder zum Boykott französischer Waren auf: »Kameraden! Der Franzose ist in das Ruhrgebiet eingebrochen. Not und Entbehrung für zahlreiche Deutsche sind die Folge.« Gleichzeitig berichtete der *Schild* von einer »eindrucksvollen Kundgebung des Keren Hajessod«, des neu gegründeten Palästinaaufbaufonds, an der Rabbiner Leo

Baeck und Albert Einstein teilgenommen hatten, um Geld für das jüdische Siedlungsprojekt in Palästina zu sammeln.

Der RjF verstand sich als überparteiliche Organisation, in der Konservative, Liberale und Sozialdemokraten Platz hatten. Die Kommunisten hingegen sahen in ihm einen »jüdischen Stahlhelm«, der »auf einer Stufe mit den Faschisten« stehe. Als 1923 weite Teile der Bevölkerung durch eine galoppierende Inflation verarmten, verbreitete der RjF einen Aufruf der SPD zur Verteidigung der Republik: »Ein neuer Rechtsputsch ist ganz offenbar von den Monarchisten zur Beseitigung der Republik in Vorbereitung. Um die eigene Schuld am Elend des Volkes zu vertuschen, möchte man am liebsten Judenpogrome entfesseln. Den Kommunisten hilft diese hinterlistige Mordpolitik bei ihren unheilvollen Bestrebungen. Auch sie wollen die große Not des Volkes zur Beseitigung der demokratischen deutschen Republik ausnutzen. Ein Kampffonds ist deshalb von der geeinten Sozialdemokratischen Partei geschaffen worden, um den schweren Kampf nach rechts und links energisch und erfolgreich führen zu können.«

Der Putsch fand am 9. November statt. Adolf Hitler, der Vorsitzende der noch weitgehend unbekannten Nationalsozialistischen Deutschen Arbeiterpartei (NSDAP), marschierte mit General Erich Ludendorff, Fritz' Fliegerkameraden Hermann Göring und ein paar tausend Anhängern durch München, um in Bayern die Macht an sich zu reißen und anschließend »die Regierung der Novemberverbrecher in Berlin« abzusetzen. Doch der rechte Aufruhr brach im Kugelhagel der Polizei zusammen. Ein paar Nazis wurden erschossen, Göring wurde verwundet, und Hitler ergriff die Flucht.

Mit Ludendorff, der mit Feldmarschall Paul von Hindenburg die Oberste Heeresleitung gebildet hatte, befasste sich der *Schild* bald darauf erneut, als in der Öffentlichkeit ein Aufruf auftauchte, den der General im Oktober 1914 beim Vormarsch nach Osten an die polnischen Juden gerichtet hatte. »An meine lieben Jidden in Polen«, hatte Ludendorff geschrieben, um sie »über die Freundlichkeit unserer Gesinnung aufzuklären«.

Mittlerweile war Ludendorff Nazi, und der Text war ihm peinlich, weshalb er vorgab, ein Feldrabbiner habe die Idee dazu gehabt. »Im Kriege kommt man in die Lage, den Teufel mit dem Beelzebub auszutreiben«, schrieb Ludendorff und ergänzte: »Deutsche Juden gibt es nicht, nur Juden deutscher Staatsangehörigkeit.« Damals wurde der Begriff der »jüdischen Nationalität« bei Antisemiten wie Zionisten gleichermaßen populär.

Im März 1925 druckte der *Schild* auf der Titelseite den Text eines Telegramms, das der RjF an die Witwe des verstorbenen Reichspräsidenten Friedrich Ebert (SPD) geschickt hatte. »In ehrfürchtiger Trauer um den geliebten Führer des deutschen Volkes« gab der RjF der Hoffnung Ausdruck, Eberts Nachfolger möge Deutschland von »Klassenhass und Rassenhass reinigen« und »alle zu einer Volksgemeinschaft einigen«.

Zum neuen Reichspräsidenten wurde Paul von Hindenburg gewählt, der im zweiten Wahlgang von der bürgerlichen Rechten und den Nazis unterstützt worden war. Ludendorff, der ursprüngliche Kandidat der Nazis, war im ersten Wahlgang mit einem Prozent der Stimmen untergegangen. Die NSDAP war zu der Zeit noch eine Splitterpartei.

Fritz hatte den Sozialdemokraten Otto Braun gewählt. Nachdem Braun seine Kandidatur zurückgezogen hatte, gab er im zweiten Wahlgang dem Katholiken Wilhelm Marx die Stimme. Marx war der Kandidat der »Weimarer Koalition« aus Zentrum, DDP und SPD und galt als Gegner des Antisemitismus, da dieser sich »fast immer auch gegen das Christentum, speziell gegen die katholische Konfession entwickelt«.

Der RjF gratulierte Hindenburg zur Wahl und überreichte ihm das im Schild-Verlag erschienene Buch *Jüdische Flieger im Weltkrieg*. Hindenburg habe daraufhin »in höchst sympathischer Weise über die jüdischen Soldaten gesprochen«.

Ein Exemplar des Buches habe ich 70 Jahre später in Tel Aviv aufgestöbert. »Der Jude Fritz Beckhardt aus Wallertheim im Hessischen«, schreibt der Autor, »hatte mit dem Hakenkreuz-

Flugzeug seine Siege und Erfolge erflogen. Er ahnte allerdings nicht, daß sein populäres Zeichen, mit dem er das Eiserne Kreuz 1. Klasse, den Hohenzollern mit Schwertern, die Hessische Tapferkeitsmedaille, den hessischen Ernst Ludwigsorden, das Flugzeugführer- und das Verwundetenabzeichen sowie einen für Tapferkeit im Luftkampf gestifteten silbernen Ehrenbecher sich erwarb, das Symbol kindischer Demonstranten wurde, die auch ihm Mut und Ehre absprechen.«

»*Jüdische Flieger im Weltkrieg* – Jede Familie muss es haben!« – mit diesem Spruch warb der RjF in fast jeder Ausgabe des *Schild* für »unser Fliegerbuch«, welches »ein sehr segensreich wirkendes Aufklärungsmittel in nichtjüdischen Kreisen« sei. »Da bekanntlich unsere jüdische Jugend unter judenfeindlichen Kränkungen in den Schulen immer noch zu leiden hat, und diese Kränkungen sehr häufig mit den Kriegsereignissen in Verbindung gebracht werden, so ist gerade das Fliegerbuch ein Mittel, den Stolz und die Sicherheit unserer Knaben zu heben und sie den Angriffen gegenüber zu wappnen.« Der Maler Max Liebermann dankte dem RjF in einem offenen Brief für die Herausgabe des Buches, während der völkische Offiziersbund sich beschwerte, das Buch sei »in Zehntausenden von Stücken an alle Schul- und Kirchenbehörden, Büchereien und dergleichen« verschickt worden.

Fritz hatte es in jüdischen Kreisen bereits zu einer gewissen Bekanntheit gebracht, als er 1926 seinen Wohnsitz nach Sonnenberg verlegte, das im gleichen Jahr von der »Weltkurstadt« Wiesbaden eingemeindet wurde. 3200 Juden lebten in Wiesbaden, 30 von ihnen in Sonnenberg, das im Kern noch immer wie das mittelalterliche Nest wirkte, das Goethe einst angelockt hatte.

Durch den Ortskern floss der Rambach unkanalisiert an Mutter Neumanns rotem Backsteinhaus vorbei, in das Fritz mit seiner jungen Frau einzog. Auf dem von Bauernhöfen, Wirtshäusern und kleinen Geschäften umgebenen Dorfplatz blühte im Frühjahr der Löwenzahn und tobte im August drei Tage die *Kerb*, wie die Kirchweih im hessischen Idiom genannt wird.

Meine Großeltern und Urgroßeltern führten einen gemeinsamen Haushalt. Fritz und Rosa Emma quartierten sich über dem Laden ein, Emil und Hannchen wohnten nebenan in einem Fachwerkhaus, das erst nach meiner Geburt abgerissen wurde. Dort befand sich die Küche und der gemeinsame Wohnraum, im Hof stand eine Schlegelpumpe, in die man Wasser einfüllen musste, damit sie zog.

Mit Fritz kam auch die »Einkaufsgenossenschaft der Kolonialwarenhändler« (Edeka) nach Sonnenberg. Noch in Wallertheim hatte er sie mit rheinhessischen Kaufleuten gegründet. Die Edeka kaufte Markenprodukte wie Persil oder Maggi billiger ein, organisierte Werbekampagnen und verschaffte den Kaufleuten Zugang zu Krediten der Volks- und Raiffeisenbanken. Das stärkte die Verhandlungsmacht gegenüber der Lebensmittelindustrie und entschärfte den Konkurrenzdruck, der durch die Konsumgenossenschaften der Arbeiterbewegung und die großen Warenhäuser entstanden war.

Fritz und Emil arbeiteten gemeinsam im Geschäft, Emil meist hinter der Theke, Fritz plante den Einkauf und kalkulierte die Preise. Die Fenster wurden zu Schaufenstern vergrößert, Konserven, Kaffeebohnen und Stoffe zierten die Auslage. Jede Woche fuhr ein Lastwagen der Edeka vor und lieferte Lebensmittel, jede zweite Woche fuhr Fritz zu einer Genossenschaftsversammlung nach Mainz. Im März 1927 wurde Kurt geboren.

Der Umzug an den Rand der Großstadt riss Fritz aus der Rolle des politischen Zuschauers heraus. In Wallertheim hatte er Sympathien für die SPD entwickelt, was für einen Kaufmann ungewöhnlich und der Freundschaft zu Peter Bittmann geschuldet war. Aber mehr als der wöchentliche Arbeiterstammtisch, den er mit Bittmann regelmäßig besucht hatte, war zeitlich nicht drin gewesen. Jetzt gehörte er zur Wiesbadener Ortsgruppe des RjF, die mit ihren 300 Mitgliedern durchaus in der Lage war, die Propaganda der Antisemiten zu stören.

Der erste Nazi, der Fritz in die Quere kam, war Gregor Strasser, der am 13. Januar 1927 auf einer Versammlung in Wiesba-

Fritz und Kurt, 1928

den sprach, zu der die NSDAP mit dem Hinweis »Juden ist der Zutritt verboten« geworben hatte. Strasser war ein bulliger bayerischer Apotheker mit einigem rhetorischen Talent. Er galt in der NSDAP als »alter Kämpfer«, da er schon am Putschversuch in München teilgenommen hatte. Strasser führte den sozialistischen Flügel der Nazipartei, dem auch Joseph Goebbels angehört hatte, bis ihn Hitler zum Gauleiter von Berlin ernannte. Strasser wetterte gegen »Schieberkapitalisten«, lehnte jegliche Zusammenarbeit der NSDAP mit den bürgerlichen Parteien ab und befürwortete illegale Aktionen, was ihn in einen Gegensatz zu Hitler brachte, der sich seit dem gescheiterten Putschversuch zunehmend geläutert gab und hervorhob, dass er die Diktatur auf legalem Weg errichten wolle. Im Sommer 1934, als Strasser innerparteilich kaltgestellt war, ließ ihn Hitler ermorden.

Im Winter 1927 aber hatte die NSDAP in Wiesbaden noch zu wenig Anhänger, um Strasser ein angemessenes Auditorium zu bieten, weshalb ein Teil der Zuhörerschaft mit Lastwagen aus Frankfurt und der weiteren Umgebung herangekarrt wurde. Der RjF hatte seine Mitglieder gerade wegen des Zutrittsverbots mobilisiert, um »dem Redner auf die zu erwartenden Angriffe Antwort zu stehen«. Eine Gruppe RjF-Mitglieder überwand die SA-Ordner und begann die Rede Strassers mit Fragen und Zwischenrufen zu stören. Der Abend endete in einer »wüsten Prügelei, bei der unsere Kameraden gegen eine vielfache Übermacht sich wacker hielten, obschon sie 15 Verwundete hatten, bis die Polizei erschien und die Ordnung herstellte«.

Wie darf ich mir Fritz im Alter von fast 40 Jahren vorstellen? Prügelte er sich mit SA-Männern?

Auf Bildern sehe ich einen erfolgreichen Geschäftsmann mit gewinnendem Lächeln. Er war ein Frauneroberer, kein Frauenversteher, trug die dunklen Locken modisch kurz mit grauen Strähnen an den Schläfen, die Brust war leicht behaart, die Erscheinung muskulös und ohne Bauch. Kurt jedenfalls hat keine Zweifel, dass der Vater mittendrin war, wenn die jüdischen Frontsoldaten loszogen, deren heimliche Treffs er im elterlichen Ladenlokal belauschte.

Nichts beschreibt die kulturellen Milieus der Wiesbadener Juden und der Wiesbadener Nazis jener Zeit besser als die Wahl der Versammlungsorte. Die Ortsgruppe des RjF traf sich immer donnerstags im Mokkastübchen des Maldaner, eines Wiener Kaffeehauses, wo man auf braunen Ledermöbeln Zeitung las, in gedämpftem Ton Geschäftliches und Politisches besprach oder Schach spielte. Über den Treffpunkt der Nazis lese ich im *Nassauer Beobachter*, dem regionalen Naziblatt: »Der Bierstall ist das Stammlokal der Wiesbadener Nationalsozialisten!«

Im Maldaner lernte Fritz Berthold Guthmann kennen, den Vorsitzenden der Ortsgruppe des RjF, einen Rechtsanwalt, der mit großer Detailkenntnis Vorträge hielt über den »Stand der völkischen Bewegung in Wiesbaden und im Rheingau« und die »gegenwärtige Lage unserer Abwehrtätigkeit«. Fritz und Berthold wurden Freunde. Beide stammten aus Rheinhessen, und sie teilten ähnliche Kriegserlebnisse, denn Berthold hatte als Beobachter bei der Fliegertruppe gekämpft.

1927 war die Stimmung unter den jüdischen Frontsoldaten optimistisch. Zufrieden schrieb Berthold Guthmann an die Mitglieder: »Die völkischen Vorgänge in Wiesbaden endeten dank der intensiven Arbeit sämtlicher Kameraden mit einer völligen Niederlage der Nationalsozialisten, die bei den Stadtverordnetenwahlen keinen Sitz erhielten«, so dass die Vertreter des Centralvereins und der Zionisten erklärt hätten, »sich weiterhin an der Abwehrarbeit gegen die Völkischen zu beteiligen«.

Dass die Chemie zwischen den national gesinnten Juden und den Zionisten noch stimmte, sah man, als Chaim Weizmann zum zehnten Jahrestag der »Balfour-Erklärung« die jüdische Gemeinde in Frankfurt besuchte. Weizmann, der später der erste Präsident Israels wurde, war der Kopf der zionistischen Weltbewegung. Er hatte 1917 den britischen Außenminister Lord Arthur Balfour mit großem Verhandlungsgeschick zu der Erklärung gedrängt, Großbritannien werde die Juden bei der Errichtung einer »rechtlich gesicherten Heimstätte in Palästina« unterstützen. Zum Empfang Weizmanns war auch eine Wiesbadener Delegation angereist, die begeistert von der Begegnung berichtete. Die Mehrheit der deutschen Juden war gerne bereit, den Aufbau in Palästina zu unterstützen, solange man dort polnische und russische Juden ansiedelte und ihnen selbst die deutsche Nationalität nicht bestritt.

Anneliese ging in die Hocke, presste das Gesicht gegen die Oberschenkel und hielt sich die Ohren zu. Um sie herum schrien Männer, krachten Biergläser auf die Tische, brachen Stuhlbeine und Knochen. »Danach war unsere Küche das reinste Lazarett«, erzählt sie 80 Jahre später. »Meine Mutter hat sie alle verbunden, am Kopf, am Arm. Das waren ganz junge Männer.«

Am Nachmittag des 7. Mai 1928 war die SA durch die Rambacher Straße am Haus der Baums vorbei stadtauswärts marschiert. Die sechsjährige Anneliese hatte sie singen gehört. Dann war der Vater in die Stube getreten. »Sag Mama, dass ich später komme.« Rudolf Baum nahm die Jacke vom Haken. Anneliese hörte, wie die Tür ins Schloss fiel.

»Immer, wenn draußen die SA marschiert ist, hat meine Mutter den Mantel übergeworfen und ist losgegangen, um den Vater zu suchen«, erinnert Anneliese. Doch an jenem Tag war die Mutter nicht zu Hause. Anneliese wartete eine Weile auf die Rückkehr des Vaters, dann rannte sie ihm hinterher.

Rudolf Baum war der SPD-Vorsitzende und Reichsbannerführer von Sonnenberg. Anneliese wusste, wo sie ihn suchen musste. In der Gastwirtschaft »Waldlust« im Nachbarort Rambach hielt die SPD eine Wahlkampfveranstaltung ab. Anneliese blieb am Eingang stehen. Sie hörte den Vater reden, als ein Trupp SA-Männer den Saal betrat. Anneliese erschrak und duckte sich neben die Tür. Ringsum flogen die Fetzen, bis ein Mann sie am Arm packte und auf die Straße zog.

Als Annelieses Mutter Anna Baum die Männer vom Reichsbanner verarztet hatte, zogen sie noch einmal los, um Jagd auf die SA zu machen – erfolgreich, wie der *Nassauer Beobachter* am nächsten Morgen schrieb: Zwölf SA-Männer seien beim Plakatkleben von einer »vierfachen Übermacht, ausgerüstet mit Stöcken und Messern, empfangen worden. Längst zu feige, in Wiesbaden auch nur den Versuch zu machen, eine unserer Versammlungen zu stören, glauben sie ihre hoffnungslose Situation jetzt noch durch Terrorakte auf dem Land retten zu können. Und immer wieder das gleiche Bild: der feiste Jude als Führer, der alles inszeniert.«

Mit dem »feisten Juden« war der Kaufmann Kurt Wolff gemeint, der frühere Vorsitzende des RjF und jetzige Führer einer Motorradstaffel des Reichsbanners. In den Wochen vor der Reichstagswahl marschierte der RjF immer öfter gemeinsam mit dem »Reichsbanner Schwarz-Rot-Gold«, einer 1924 von Anhängern des Zentrums, der DDP und der SPD gegründeten Kampforganisation, in der sich republikanisch gesinnte Kriegsveteranen zusammentaten. Die meisten waren Sozialdemokraten.

Anneliese erinnert, wie Wolff bei einem »Einsatz gegen die

SA mit seiner Reichsbanner-Motorradstaffel durch die Stadt raste«. Solche Einsätze waren gefährlich. Zwei Wiesbadener Reichsbannerleute waren bereits erschossen worden, als sie nachts auf die SA trafen.

Die in Rambach verprügelten Plakatkleber der SA hatten für eine Wahlkampfveranstaltung der NSDAP in der Gaststätte »Taunus« geworben. Auch dort war Rudolf Baum mit den Männern vom Reichsbanner im überfüllten Saal. Ein Nazifunktionär aus Karlsruhe sprach zum Thema »Vom Sowjetstern zum Hakenkreuz«. »Natürlich setzte an den peinlichsten Stellen immer wieder das organisierte Gebrüll der Marxisten ein«, schrieb der *Nassauer Beobachter*, »aber dabei fiel auf, dass die Schreier fast ausnahmslos Lausbuben im ›Mannesalter‹ von 16 – 18 Jahren waren, während die älteren Arbeiter offensichtlich immer nachdenklicher gestimmt wurden. In der Diskussion sprach der Leiter des Brüllaffenchors, ein Arbeitersekretär Arndt.« Die sozialdemokratische *Volksstimme* hielt dagegen: »Der Referent erzählte, wie er als langjähriger Sozialdemokrat zu den Kommunisten und dann zu den Hakenkreuzlern kam. Seine ganze Rede war gespickt mit den unflätigsten Beschimpfungen unserer Partei und der Republik, die von der Mehrheit der Versammlung mit starkem Protest entgegengenommen wurden. In der Diskussion sprach Genosse Arndt. Einen Zwischenrufer, der ihm das Schimpfwort ›Judenlümmel‹ zurief, deckte er so mit Worten zu, dass die ganze Versammlung vor Beifall tobte.« Bei dem »Genossen Arndt« handelte es sich um den 1940 von den Nazis ermordeten Wiesbadener Gewerkschaftsführer Konrad Arndt, dessen Sohn Rudi in den 1970er Jahren Oberbürgermeister von Frankfurt am Main wurde.

Fritz war nie Mitglied der SPD. Eine seiner Lebensregeln, die später auch Kurt beherzigte, besagte, dass ein Kaufmann keiner Partei angehören dürfe. Zudem war Sonnenberg nicht gerade eine Hochburg der Arbeiterbewegung. Doch Fritz mochte Rudolfs schnörkellose Art. Die Baums und die Beckhardts waren Nachbarn, und Anna war mehr als eine gute Kundin. Sie kam auch als

Näherin regelmäßig ins Haus. Die Freundschaft zwischen den Familien hielt härtesten Zeiten stand – bis zum bitteren Ende.

Bei den Reichstagswahlen im Mai 1928 hatten die liberalen Parteien etwa ein Drittel ihrer Wähler verloren, und in der DVP kamen antisemitische Töne auf, weshalb sich ein stetig wachsender Teil der jüdischen Bevölkerung der SPD zuwandte. Für die jüdischen Frontsoldaten wurde es rein zahlenmäßig immer schwieriger, Naziveranstaltungen zu stören – ohne das Reichsbanner ging es eigentlich nicht mehr –, und es gab viel zu tun.

Zuerst kam Julius Streicher, der Schriftleiter des *Stürmers*, eines antisemitischen Hetzblattes. Wenn Fritz aus dem Schaufenster blickte, sah er die Plakate, die die SA auf die Litfaßsäule neben dem Sonnenberger Rathaus geklebt hatte. »Julius Streicher, *der Stürmer von Nürnberg*, spricht im Paulinenschlösschen über das Thema ›Der Kerkermeister des Deutschen Volkes‹. Volksgenossen! Erscheint in Massen! Hört diesen fanatischen Kämpfer der Wahrheit! Als Nächstes lud die NSDAP zu einem »Deutschen Abend mit Hitler-Geburtstagsfeier« mit dem Kölner Gauleiter Robert Ley ein. Drei Tage später hing schon das nächste Plakat vor Fritz' Geschäft. »Dr. Goebbels, der *Oberbandit von Berlin*, wie ihn die Juden- und Marxistenpresse in ihrem ›vornehmen‹ Ton nennt, spricht im Paulinenschlösschen über das Thema ›Der Fememord am Deutschen Volke‹.«

Fritz hielt sich im Frühjahr 1928 weitgehend aus allem raus. Der Laden nahm seine ganze Zeit in Anspruch, zumal Rosa Emma sich um den kleinen Kurt kümmern musste und im Geschäft ausfiel. Ohnehin hatte er keine Lust, sich mit dem RjF im Wiesbadener Wahlkampf blicken zu lassen. Mit Peter Bittmann stritt er über die SPD, die die Antisemiten verharmlose, da sie sich propagandistisch allein auf den in Berlin regierenden konservativen »Bürgerblock« eingeschossen hatte. Ein Woche vor der Wahl hatte Fritz den SPD-Reichstagsabgeordneten Otto Witte bei einer gut besuchten Veranstaltung auf dem Elsässer Platz erlebt. Für die Nazis hatte Witte nur einen Satz übrig: »Die Nationalsozialisten, die Partei der politischen Kinder, muss man austoben lassen.«

Am Abend des 20. Mai schallten Gesänge aus dem »Burggraf« herüber. Die Gaststätte neben Emils Fachwerkhaus war die Sonnenberger Wahlkampfzentrale der SPD. Unter der Woche sang hier der Volkschor »Vorwärts« mit Klavierbegleitung Arbeiterlieder, aber diesmal klang es nach alkoholisiertem Gegröle. Fritz deutete das als gutes Zeichen. Er ging vor die Tür und hörte von einem vorüberwankenden Genossen, dass die SPD in Sonnenberg »die Wahl gewonnen« hätte.

»Volksurteil gegen den Bürgerblock. Der Ruck nach links ist da!«, titelte die *Volksstimme* am nächsten Tag. Die SPD hatte mit 30 Prozent der Stimmen ihr bestes Ergebnis seit 1919 erzielt. Rechnete man die Kommunisten hinzu, dann hatten 40 Prozent der Wähler für die Arbeiterparteien gestimmt, während die Nazis bei 2,6 Prozent gelandet waren.

Doch die Stimmung trübte sich, als bekannt wurde, dass die SPD trotz des guten Ergebnisses in Wiesbaden über tausend Wähler verloren hatte, während die Nazis von 336 auf 6971 Stimmen gewachsen waren. In Sonnenberg, wo ein Jahr zuvor nur fünf Menschen die NSDAP gewählt hatten, gab es jetzt 109 Naziwähler, die fast alle von den liberalen Parteien kamen.

Wie wurde einer zum Antisemiten? Mein Urgroßvater Emil erzählte dazu eine Geschichte, die ihm lange vor Hitler widerfahren war. Emil ging sonntags ins Gasthaus Köhler zu einem Stammtisch der Sonnenberger Kaufleute, keine Nazis, erst recht keine Kommunisten, auch keine Sozialdemokraten hielten sich da an einem sauer gespritzten Apfelwein fest. Die Protestanten am Tisch wählten »Stresemann«, also DVP, die Katholiken das Zentrum und Emil die »Judenpartei« DDP. Alle waren sie in Sonnenberg geboren, Emil war mit ihnen aufgewachsen. Auch ein Metzger namens Jekel saß dort, der mit Emil zur Schule gegangen war.

Eines Sonntags also, die Runde trank und tauschte Anekdoten aus, unterbrach Jekel seinen Redeschwall und schlug Emil jovial auf die Schulter, wobei er in hessischer Mundart flötete: »Emil, weißte was, es gibt wieder einen Antisemiten mehr.« Dann gab er die Geschichte vom jüdischen Gewürzhändler Kohn zum Besten, der ihn bislang beliefert habe. Der Kohn, eigentlich nur Mitarbeiter einer Wiesbadener Gewürzhandlung, habe das Geld, das er von Jekel für die letzte Lieferung erhalten, nicht an seine Firma abgeliefert. Der Jude Kohn habe Geld unterschlagen, weshalb er, Jekel, von Stund an die Nazis wählen werde.

»So wird einer Antisemit«, pflegte Emil die Erzählung zu beenden.

Aber das eigentliche Ende der Geschichte erlebte Emil nicht mehr, weshalb ich es anfügen muss. Der evangelische Metzger Jekel und der jüdische Kaufmann Neumann trafen sich noch oft im Gasthaus, und da Emil nicht nachtragend war, tauschten sie noch manches »Prosit«, bis Emil eines Tages aus der Stammtischrunde verschwand. Keiner am Tisch wusste wohin, und keiner fragte danach, bis die zwölf Jahre vorbei waren, in der Menschen verschwanden und man nicht nach ihnen fragte. Fortan erzählte der Metzger Jekel statt der Geschichte vom Gewürzhändler Kohn die Geschichte vom Kaufmann Neumann, die er immer mit dem Satz beendete: »Einer meiner besten Freunde war Jude.«

Die 109 Naziwähler in Sonnenberg beunruhigten Fritz nicht. »Sollen sie woanders kaufen«, sagte er, »außerdem ist nicht jeder, der Hitler wählt, Antisemit.«

Die Wiesbadener NSDAP sah das natürlich anders. Die Partei führte seit Monaten einen »Aufklärungsfeldzug gegen jüdische Warenhäuser und Einheitspreisgeschäfte«, und der *Nassauer Beobachter* legte nach:

»An die Wiesbadener Geschäftswelt! Das Wahlergebnis vom 20. Mai spricht es klar und deutlich aus: In Wiesbaden gibt es 7000 Nationalsozialisten. Dazu kommen weitere 3000 aus dem Nassauer Hinterland. Rechnen Sie dazu noch die noch nicht wahlberechtigten, aber kauffähigen Familienmitglieder beiderlei Geschlechts, so kommen Sie auf eine Zahl von wenigstens 20000.

20 000 bewusste Antisemiten in Wiesbaden und Umgebung, die nicht beim Juden kaufen wollen, verlangen zu wissen, welches die deutschen Geschäfte sind. Seit Monaten schon laufen täglich Anfragen bei uns ein nach den Adressen deutscher Geschäfte und Unternehmen. Wir geben Auskunft, soweit wir können, aber wir können so oft nicht. 20 000 Antisemiten suchen Sie! Haben Sie Angst vor 3000 Juden? Inserieren Sie sofort im Nassauer Beobachter!«

Der Kampf gegen jüdische Kaufleute kam gut an bei den Bürgern. Schon 1920 hatte Hitler im 25-Punkte-Programm der NSDAP die »sofortige Kommunalisierung der Groß-Warenhäuser und ihre Vermietung zu billigen Preisen an kleine Gewerbetreibende« zur »Schaffung eines gesunden Mittelstandes« gefordert. 80 Prozent der Warenhäuser waren damals im Besitz jüdischer Geschäftsleute wie Hermann und Leonhard Tietz, Georg Wertheim und Salman Schocken. Fünf Jahre nach der Anti-Warenhaus-Kampagne der Nazipresse wurden daraus die »arisierten« Konzerne Hertie, Kaufhof, AWAG und Horten.

Die Wiesbadener Kaufhäuser Blumenthal und Lindemann gehörten zu Leonhard Tietz und zum Karstadt-Konzern, den die Nazis irrtümlich für ein jüdisches Unternehmen hielten. Von dem Umsatz der Kaufhäuser, argumentierte der *Nassauer Beobachter,* könnten »200 Spezialgeschäfte« leben, das bedeute eine »Existenz für 2000 Menschen. 2 Warenhäuser, das bedeutet Reichtum für 2 Juden. An die Stelle von 200 wohlhabenden deutschen Bürgerfamilien, die als Steuerzahler dem Staat eine starke Stütze waren, sind 2 Juden getreten, die der Steuerbehörde gegenüber garantiert jedes Jahr vorgeben, Geld zusetzen zu müssen.«

Besonders im umsatzträchtigen Weihnachtsgeschäft warnte der *Nassauer Beobachter* vor dem Arsenal jüdischer Geschäftspraktiken, als da wären Ausverkäufe, Sonderangebote und »gemachte Preise«: »Eine irrsinnige Reklame trommelt auf die Bevölkerung nieder, gigantische Schilder schreien es von den Fronten der Warenhäuser und jüdischen Konfektionsgeschäfte den Passanten ins Gesicht: Saison-Ausverkauf! Wie die Motten ums Licht streifen die Massen um die Läden und fallen schließlich hinein. – Vor der Tür seines Ladens steht der deutsche Kaufmann und berechnet die Stunde seines Untergangs. Wer zur Feier des christlichen und deutschen Weihnachtsfestes seine Geschenke in jüdischen Warenhäusern und Ramschbasaren kauft, der zieht damit deutschen Geschäftsleuten die Existenzgrundlage unter den Füßen weg. Wer beim Juden kauft, legt dem deutschen Geschäftsmann als Christgeschenk den Strick auf den Weihnachtstisch.«

1929 stieg die Zahl der Arbeitslosen auf fast drei Millionen, und die Reallöhne fielen. Immer mehr Deutsche sahen hinter der Krise »den Juden«, der die weltweiten Finanz- und Warenströme kontrolliere. Um den Argwohn der Leser vom Bankier und Warenhausbesitzer auf Geschäftsleute wie Fritz, den »Juden von nebenan«, zu lenken, erschien der *Nassauer Beobachter* mit Geschichten wie der vom »galizischen Juden« Hofstetter.

Noah Hofstetter war einer der ersten Ostjuden, die sich in Wiesbaden angesiedelt hatten. Er war 1903 als Getreidehändler aus Galizien eingewandert, einer Provinz der Habsburger Donaumonarchie. Nach dem Weltkrieg wurde Galizien polnisch, und aus dem Österreicher Hofstetter wurde ein Pole. Ein Jahr nach der Ansiedlung in Wiesbaden betrieb Noah ein kleines »Geschäft für Arbeiterbekleidung und Bettwäsche« in der Bleichstraße, das er »Kaufhaus am Boseplatz« nannte und in das der Sohn einstieg, während die Tochter nebenan ein »Geschäft für Textil- und Wollwaren« eröffnete. Die Familie mit fünf Kindern, die erfolgreich im Textilhandel tätig waren und deren Geschäfte die Inflation überlebt hatten, war den Nazis Beweis für »ausbeuterischen, jüdischen Geschäftsgeist«: »Vater Hofstetter tat, was er tun konnte, er durchstreifte die Stadt, baldowerte aus, d. h. er schaute die Preise der Konkurrenz, schrieb sie in sein Notizbuch hinein und setzte demgemäß seine Preise fest – und er war stets, wenn auch nicht viel, immer etwas billiger. Das nennt man Preise machen.« Doch allein durch das »Preisemachen« habe Hofstetter seinen »Silberschatz« nicht erworben«, schrieb der

Nassauer Beobachter. »Müssen wir daran erinnern, dass zu der Zeit, da der galizische Jude in Deutschland Edelmetalle zusammenraffte, der deutsche Arbeiter und Bürger im Felde stand? Das war seine Tüchtigkeit. Die des Juden aber war größer.«

»Bloß keinen Risches machen!«, so beschreibt Kurt das Lebensmotto seiner Großmutter Hannchen. »Das Wort hat mich ein Leben lang begleitet«, sagt er. Unsichtbar bleiben, das war die Richtschnur der Neumanns. Hannchen benutzte das Wort Risches besonders oft, wenn sie über das Erscheinungsbild der Ostjuden sprach, die »sich nicht zu benehmen« wüssten und deren Frauen sich »geschmacklos herausputzten«.

»Die Ostjuden zeigten ihren Wohlstand, wenn sie welchen hatten«, sagt Kurt. Hannchen fand, dass sie damit Ärger in der nichtjüdischen Bevölkerung erregten, womit sie die Haltung der Mehrheit der Wiesbadener Juden beschrieb, die sich durch die Ostjuden so sehr provoziert fühlten, dass sie »ein gewisses Verständnis« für die Antisemiten aufbrachten. »Wir nannten sie Polacken«, erinnert Kurt. »Wir hatten keinen Kontakt zu denen. In der Blücherstraße in einem Hinterhof hatten sie ihre Schul. Die Frauen trugen den Schejtl, eine Perücke, wie die Mutter von Paul Nathan, der später eine Etage über uns wohnte. Aber die Nathans waren keine Ostjuden, sondern Orthodoxe. Der Paul betete in der Friedrichstraße und ich auf dem Michelsberg.«

An Rosch Haschana 5688, dem jüdischen Neujahrsfest im September 1927, war die erste Ausgabe der *Jüdischen Wochenzeitung für Wiesbaden und Umgebung* erschienen. Sie listete zwei Gemeinden auf: die liberale Israelitische Kultusgemeinde mit der Hauptsynagoge am Michelsberg und die orthodoxe Alt-Israelitische Kultusgemeinde mit einer Synagoge in der Friedrichstraße. Die 100 Orthodoxen waren 1879 aus der liberalen Gemeinde ausgetreten, weil sie die Anpassung an christliche Riten im Gottesdienst ablehnten, während die Bethäuser der Ostjuden unter dem Dach der liberalen Gemeinde blieben.

Im Frühjahr 1929 gab es Risches unter den Wiesbadener Juden. Anlass war »ein konzentrischer Angriff gegen die hier lebenden Ostjuden«, wie der Bilderhändler Isaak Oesterreicher, ein Mitglied des »Gesamtausschusses der ostjüdischen Vereine Wiesbadens« in der *Jüdischen Wochenzeitung* schrieb. Ziel des Angriffs waren die Kaufleute Juda Bornstein und Juda Grünspan, die vor dem Krieg mit einem Haushaltswarenladen begonnen und später weitere Lebensmittelgeschäfte sowie das Hotel »Zum Bären« gegenüber der Nazikneipe »Bierstall« gekauft hatten. Die Geschäfte waren teilweise mit ungedeckten Wechseln finanziert worden, weshalb sich Juda Grünspan ins Ausland abgesetzt hatte.

»Dass unter den Ostjuden ein paar Gerissene waren, die wegen unsauberer Geschäfte abgehauen waren, das war bei uns Tischgespräch«, erinnert Kurt. Allerdings galt Juda Bornstein unter den Ostjuden als »lauterer Mensch und feuriger Zionist«, wie ein Nachruf verrät. Nach der Affäre entzweite sich die Familie Bornstein, und Juda nahm sich mit 42 Jahren das Leben.

Die Bornstein-Affäre alarmierte die Wiesbadener Juden, denn nicht nur der *Nassauer Beobachter* brachte die Geschichte vom »galizischen Juden«, der im Krieg seinen Reibach gemacht und gutgläubige Geschäftsleute über den Tisch gezogen habe, während die »ehrlichen Deutschen« im Felde gestanden hätten. Auch bürgerliche Blätter wie die katholische *Rheinische Volkszeitung* schlugen in die gleiche Kerbe, und was das kaufmännische Gebaren der Ostjuden betraf, gab Fritz den Kritikern recht.

Eine »Ostjudenpsychose« habe die »westjüdische Seele« befallen, diagnostizierte Isaak Oesterreicher. »Sie vergessen, dass die Ostjuden nur ein Vorwand sind, um die Juden in ihrer Gesamtheit zu treffen.« Eine einseitige Anpassung an die deutschjüdische Leitkultur sei für die Ostjuden nicht akzeptabel. »Für den Ostjuden, der sich der wertvollen Kultur seiner Ahnen bewusst ist, gibt es Assimilierung an westjüdische Art nicht, gibt es allein die Aufgabe, das Wertvolle beider Kulturen zu vereinen«, schrieb Oesterreicher und appellierte an die Mehrheit:

»Lasst Euch nicht von Gedankengängen einfangen, die dem Irrsinn jener entstammen, die in erster Linie eure Feinde sind!«

Die Replik des Centralvereins entsprach dem Zustand von Fritz' westjüdischer Seele: »Es existieren unter den Ostjuden zu viele Luftmenschen. Nicht nur die Generation, die eingewandert ist, hat noch keine Wurzeln im Wirtschaftsleben gefasst, auch die Generation, die hier geboren und hier erzogen worden ist, ist eine von Wäschehändlern, Bilderhändlern, Päckelmachern ohne Verwachsensein im ökonomischen Dasein des Volkes.«

Erst die Nazis beendeten den innerjüdischen Streit. »Wir möchten keine Irrtümer aufkommen lassen«, schrieb der *Nassauer Beobachter*, »und bestätigen gern die Vermutung des Verfassers von der ›Ostjüdischen Vereinigung‹ (Ehrenmitglied Herr Juda Grünspan). Der Angriff richtet sich gegen Alljuda, denn wir unterscheiden nicht zwischen Ost- und Westjuden, sondern zwischen Juden und Deutschen.«

Manche Artikel lese ich wieder und wieder, ich kann nicht genug davon bekommen. Einige Wochen verbringe ich im Lesesaal der Hessischen Landesbibliothek, deren Mitarbeiter die gebundenen Jahrgänge der *Wiesbadener Wochenschrift für Wahrheit und Recht* herbeischleppen. Besser bekannt war die Zeitung unter dem Titel *Nassauer Beobachter*, Organ der Wiesbadener NSDAP.

Gespannt starre ich die verblichenen Seiten an. Rechts über dem Titel prangt der muskulöse Oberkörper eines SA-Mannes, das Hemd halb aufgeknöpft, die linke Faust vor der Brust geballt, die rechte Hand Schatten spendend über den in die Ferne schweifenden Augen. »Unser die Zukunft!« steht unter der Zeichnung Wie konnten sie sich nur so sicher sein? Nie habe ich die Faszination des Nationalsozialismus besser verstanden als beim Lesen des Naziblattes aus der hessischen Provinz. Da griff eine freche, respektlose, antikonformistische Jugendbewegung das Establishment an und bekämpfte das »System« mit offenem Visier.

»Weg mit dem Scheiß-System«, habe ich in den 1980er Jahren auf linken Demonstrationen gerufen und mich für einen aufrechten Antifaschisten gehalten, nicht ahnend, wie nah mein Lebensgefühl und meine »Systemkritik« der Überzeugung eines militanten SA-Knaben kam. Längst frage ich mich, mit wie vielen Antisemiten ich damals Arm in Arm durch die Straßen gerannt bin.

Wie nah sich die Kapitalismuskritik der Nazis und der linken Arbeiterparteien in Weimar kamen, zeigt ein Zitat aus einem SPD-Flugblatt, das der *Nassauer Beobachter* kommentierte. Die SPD erklärte: »Den wirksamsten Kampf gegen den Antisemitismus führt die Sozialdemokratie! Der Antisemitismus ist der Sozialismus der dummen Kerle, er kann nur durch den Sozialismus der Verständigen überwunden werden. Aus dem Sumpfboden kapitalistischer Ausbeutung erwächst immer wieder die Giftpflanze des Judenhasses.« So weit der Originaltext der SPD. Der Kommentar des Naziredakteurs: »Abgesehen von der ›Giftpflanze‹ stimmt das!«

Überrascht hat mich die Offenheit, mit der die Nationalsozialisten ihre Vision für Deutschland beschrieben, hatte ich doch bis dato gebetsmühlenartig vernommen, dass die Deutschen nicht wissen konnten, was mit Hitler auf sie zukommen würde. »Vorboten der Diktatur« heißt ein glänzend geschriebener Zweispalter, der kurz nach der Wahlschlappe von 1928 erschien – fünf Jahre bevor Hitler an die Macht kam. »Unsere Stunde reift heran. Wir wissen es.« So beginnt der Text, der die Jahre des beharrlichen Kampfes gegen das System beschreibt, die Rückschläge und Niederlagen preist, die die Kämpfer nur noch härter gemacht hätten. In geschliffenen Formulierungen wird skizziert, wie marode »das System« sei, wie korrupt seine Repräsentanten, die man zu gegebener Zeit zur Rechenschaft ziehen werde, denn »der Parlamentarismus hat verspielt. Ein feiges und rückgratloses, raff- und gewinngieriges System tritt ab und wird ersetzt durch eines von eiserner Strenge. Die Nationalsozialistische Diktatur. Die Stunde reift heran.«

Die Leser des *Nassauer Beobachters* hatten ihren Spaß, denn die

Artikel waren polemisch, böse, witzig, unsachlich, angereichert mit rhetorisch brillanten Formulierungen. Man spürt die Lust, das Alte zu zerfetzen. Ich kenne diese Lust. Sie hetzten gegen die Demokratie und gegen uns Juden. Sie machten das richtig gut. Seit ich weiß, welche Sprengkraft der Spaß am Widerstand gegen die Demokratie entfalten kann, gehört der Paragraph 130 im Strafgesetzbuch der zweiten deutschen Republik zu meinen Lieblingsgesetzen, denn er stellt die Herausgabe eines massenwirksamen Blattes wie des *Nassauer Beobachters* als »volksverhetzend« unter Strafe.

Die Verteidiger der Weimarer Republik dagegen waren Langweiler. Ihr Urteil war abwägend, ihre Zeitungsartikel waren gut recherchiert, hatten aber kaum Unterhaltungswert. Viel zu selten lese ich in den demokratischen Blättern Autoren, die die Faxen dick haben, weil ein »31 Jahre alter Volkstribun, mal Asket, dann wieder Lebenskünstler im Luxusauto«, nun schon zum dritten Mal in nur einem Jahr nach Wiesbaden kam, um »Verleumdung und Verleumdung auf Andersdenkende zu häufen unter dem Schutze seines Reichstagsmandats, das den verleumderischen Wirrkopf von Hakenkreuzler vor Strafverfolgung« schützte. Der Autor der *Volksstimme* verstand es, anlässlich einer Goebbels-Rede mit der passenden Munition zurückzuschießen: »Göbbels ist eine komische Figur. Er redet vom deutschen Helden und kann selbst keinen Parademarsch mitmachen, vom kommenden Kriege und kann noch kein Gewehr mit Platzpatronen laden. Heute spricht Goebbels über den Antisemitismus, und warum er Judenfeind ist. Betrachtet Euch diesen Typ, dieses Gesicht von Goebbels! Betrachtet Euch die Physiognomie dieses ›Angreifers‹ und bildet Euch ein Urteil! Betrachtet dann nebenbei die Köpfe von noch zwei Vollblutgermanen, den Kopf von Hitler und den von Ludendorff, stellt dann den drei Köpfen die von Ludwig Frank, Albert Ballin und Walther Rathenau – dreier Juden – dagegen, und wenn Ihr urteilsfähig seid, werdet Ihr schnellstens davonlaufen und die ganze Hitlerei in dem Sumpfe lassen, wo sie unrettbar versinken muss, schon wegen dieser Physiognomien.«

»Warum sind wir Judengegner?« Goebbels' Rede ließ das Paulinenschlösschen aus allen Nähten platzen. Doch noch immer glaubten die Juden, dass die Nazis eine vorübergehende Erscheinung seien. Auch Fritz war sich sicher: »Das geht vorbei.« Nur Kurt Wolff warnte schon 1929 im *Schild*: »Es gibt keinen Zweifel, dass die nationalsozialistische Verleumdungs- und Lügenmethode großen Erfolg gehabt hat. Aber ehrlich gesagt, Kameraden, haben wir uns genügend dagegen gewehrt? Zu viele von uns waren Optimisten und haben den Glauben gehabt: Eine solche Bewegung wird von jedem anständigen Menschen abgelehnt. Ich halte diese Auffassung für gefährlich, für einschläfernd und diesen Leichtsinn für sträflich.«

Kurz vor Goebbels Auftritt hatte der RjF in einem offenen Brief an die Stadt gefordert, sie müsse den Antisemiten die Nutzung des Paulinenschlösschens untersagen. Das brachte die Nazis in Rage. »3000 rassefremde Juden wagen es, an den deutschen Oberbürgermeister einer von 147 000 Deutschen bewohnten Großstadt das Ansinnen zu stellen, er solle Deutschen die Abhaltung von Versammlungen unmöglich machen, weil diese Deutschen es wagen, dem Judentum auf dem Wege zur Endherrschaft in den Weg zu treten.« Die Stadt erklärte, da die NSDAP im Stadtparlament säße, habe sie das Recht, städtische Einrichtungen zu nutzen. Das war die Weimarer Demokratie in ihrer jammervollen Wehrlosigkeit.

Im März 1929 hätte Fritz einen alten Kameraden treffen können. Hermann Göring sprach im Paulinenschlösschen über die Fliegerei im Krieg, er wärmte die Dolchstoßlegende auf und beschwor Deutschlands bevorstehenden Wiederaufstieg zur Großmacht. Göring, der auf einer »Werberundreise für die SA« durch die Republik tourte, hielt Abend für Abend den gleichen Vortrag mit dem Titel »Der Gott, der Eisen wachsen ließ, der wollte keine Knechte«. Weder Reichsbanner noch RjF hatten aufgerufen, die Veranstaltung zu stören. Juden waren wie immer »unerwünscht«. Der Gedanke an Görings Irritation hatte Fritz gereizt, sollte der ihn im Publikum erkennen. Schließlich aber siegte in ihm der Widerwillen, sich die aufpolierten Heldentaten anzuhören, hielt er doch Göring in Wahrheit für »einen Feigling«.

Rosa Emma trug ein dunkelblaues langes Kleid, das ihre schmale Figur etwas überbetonte. Fritz hatte an die Jacke seines schwarzen Dreiteilers eine Ziernadel mit den Miniaturen der Orden gesteckt. Meine Großmutter war 26 Jahre alt und hungrig nach Unterhaltung. Wenn sie tanzten, wippte Fritz etwas zu sehr mit den Zehen, um den Größenunterschied zu kaschieren. Rosa Emma überragte ihn um einen halben Kopf. Der RjF hatte das Paulinenschlösschen angemietet und feierte im Sommer 1929 unter dem Motto »Ein Fest am Rhein« sein zehnjähriges Bestehen. Es war die größte Jubiläumsfeier im Westen der Republik, zu der die RjF-Aktivisten nebst Gattinnen aus allen Städten längs des Rheins angereist waren. Der »Kamerad Gustav Friedmann, Veteran des Krieges 1870/71«, wurde zum Ehrenmitglied ernannt, Reden wurden gehalten, es gab karnevalistische Einlagen, Balletttänze und Kabarett, Opernarien wurden geschmettert, und das Orchester Wohlgemuth spielte zum Tanz.

Es war ein rauschendes Fest in »Purimstimmung«, schrieb die *Jüdische Wochenzeitung für Wiesbaden und Umgebung* in Anspielung auf den sogenannten jüdischen Karneval. »Bis zum Morgengrauen war man vergnügt zusammen.« Der *Schild*-Reporter hoffte, »dass die hiesige Ortsgruppe auch die gleichen Erfolge bei der nun einsetzenden, ernsten Tätigkeit des Abwehrkampfes haben wird«. Als Fritz am Sonntagmorgen erschöpft ins Bett fiel, ahnte er nicht, dass es ein Abend auf der Titanic gewesen war.

In einem schwarzen Anzug sähe ich aus wie einer von ihnen, deshalb entscheide ich mich für einen hellen, ein dunkles Hemd und eine Fliege. Wenn ich mich im Spiegel betrachte, sehe ich keine Spur mehr von der alten Revoluzzer-Attitüde. Aufgeregt reibe ich die Handflächen aneinander.

Ich gehe zu einem festlichen Diner in der Kölner Synagoge.

Die Orthodoxe Rabbinerkonferenz trifft sich mit der Präsidentin des Zentralrats der Juden, und ich soll für eine jüdische Zeitung darüber berichten. Der Anruf des Chefredakteurs hat mir geschmeichelt. Er brauche einen Reporter, »der sich auskennt in religiösen Fragen«. Kein Irrtum, ich war gemeint.

An einem mit Tafelsilber, Porzellan und Kerzen gedeckten Tisch in der Kölner Synagoge sitzen 22 schwarz gekleidete Männer und eine Frau im braunen Kostüm. Ich nehme unauffällig Platz und studiere die Speisekarte. In den kommenden Stunden wird das Menü meine Vorurteile gegen koscheres Essen beseitigen. Aufgetragen werden mit Obst gefüllte Hähnchenbrust an süßen koreanischen Möhrchen, ein Arrangement aus Kürbis- und Erbsensuppe, Entenbrust à l'Orange an Rotkohl, Brokkoliauflauf nebst frittierten Kartoffeln und zum Dessert Schokoladenparfait, Kokossoufflé und Orangenmousse an exotischem Obst. Dazu wird ein nach dunkelroten Beeren duftender, nach Vanille, Muskat, Tabak und Bitterschokolade schmeckender Rotwein aus dem Karmel serviert.

Wie alle großen Synagogen in Deutschland wurde auch die kölnische liberal geführt, bis sie nach Hitler der Orthodoxie zufiel. Vor Jahren war ich schon einmal hier gewesen. Mein Freund Erich hatte mir angeboten, mit ihm den Gottesdienst zu Rosch Haschana zu besuchen. Als wir am Morgen vor der Synagoge warten, stöckeln sie aufgetakelt wie zum Wiener Opernball an uns vorbei.

»Sie gehen alle zu Fuß?«, frage ich Erich.

»Orthodoxe Juden dürfen am Schabbes und an Feiertagen kein Auto fahren«, antwortet er, »also parken sie die Wagen in den Seitenstraßen und laufen die letzten Meter.« Erich lacht.

Drinnen reicht er mir ein deutsch-hebräisches Gebetbuch, und ich versuche im deutschen Teil der Zeremonie zu folgen, was aussichtslos ist, denn gebetet wird auf Hebräisch. Erich bemerkt meine Hilflosigkeit und deutet mit dem Finger auf die Stelle im Text, bei der wir uns gerade befinden. Ich versuche im Rhythmus der anderen Beter mitzuschwingen, aber ich komme aus dem Takt. Schließlich konzentriere ich mich darauf, die gleiche Seite wie Erich aufgeschlagen zu halten und beim Umblättern den Anschluss nicht zu verlieren. Die Lage verschärft sich, als die Beter auch noch beginnen, sich bei bestimmten Textstellen kollektiv nach vorn zu beugen. Da ich das Ritual nicht entschlüsseln kann, überrascht mich die plötzliche Massenbewegung ein ums andere Mal, bis ich inmitten der Welle wogender Oberkörper aufrecht stehen bleibe und die höhnischen Blicke der auf der Empore weggesperrten Damen spüre: »Sieh da, ein Anfänger.«

Nach dem Gottesdienst versammelt sich die Gemeinde in einem Saal, man schüttelt Hände, trinkt und feiert sich, während ich verloren und unbeschnitten zwischen dunklen Anzügen und festlichen Kleidern stehe.

Die Sonntage sind ein Geschenk, das der Ewige den Juden der Diaspora macht. Am Sonntag beginnt die jüdische Woche. Ein Jude, der den Schabbes hält, darf demnach den letzten und den ersten Tag der Woche beten und faulenzen. Als Fritz in Emils Geschäft einstieg, erlaubte er dem Schwiegervater, das Gottesgeschenk anzunehmen. Emil hatte jetzt samstags frei.

Fritz hatte seit der Hochzeit keine Synagoge mehr betreten, während Kurt und Emil jeden Samstag Hand in Hand zum Gottesdienst spazierten. Womöglich wäre Kurt ein frommer Mensch geworden. Ohne Hitler hätte Emil eine reelle Chance gehabt, dem Enkel das Judentum schmackhaft zu machen, nachdem Kurt die koschere Küche der Großmutter längst lieben gelernt hatte. Nach Hitler blieb Kurt nur das Glaubensbekenntnis des Vaters.

»Ich brauche weder Synagoge noch Kirche«, predigte Fritz, »denn Gott ist überall. Ich muss nicht zur Synagoge gehen, um ihn zu treffen.« Zwar gehen die meisten Juden nicht Gottes wegen zur Synagoge, sondern um andere Juden zu treffen, doch Fritz genügten die Frontsoldaten. Mehr Bedarf an jüdischer Gesellschaft hatte er nicht.

»Ich kann mir nicht vorstellen, wie die deutschen Juden vor Hitler gefühlt haben, wie sie ihre deutsche Identität gelebt haben, dass sie sich als Deutsche fühlten, während das Judentum nur eine Religion für sie war«, sagt der junge Mann mit dem kurz geschorenen Bart, der in der Kölner Synagoge zu meiner Linken Platz genommen hat. Er ist Rabbiner einer rheinischen Großstadtgemeinde. Ich habe ihm Stichworte zu unserer Familiengeschichte zugeworfen. Eine areligiöse deutsch-jüdische Identität, wie Fritz sie gelebt hat, ist ihm unheimlich. Heute gibt es das nicht mehr. Hitler hat die deutschen Juden wieder fromm gemacht.

Nach dem Hors-d'œuvre spricht der Vorsitzende der Rabbinerkonferenz. Er lobt das Bekenntnis der Präsidentin zur Orthodoxie, sie sei »der einzige Weg, auch in zwei oder drei Generationen noch ein Judentum in Deutschland zu haben«. Das liberale Judentum hingegen sei eine Form der jüdischen Selbstvernichtung. Während ich den Worten des eifernden Rabbiners lausche, beschließe ich, meinem Tischnachbarn von Emil zu berichten. Zuvor falte ich die Speisekarte und stecke sie in die Jackentasche. Ich werde den Zeitungsbericht mit der Beschreibung des Menüs beginnen.

Emil liebte Spaziergänge. Im Frühjahr, wenn der Kaiser zur Kur kam, stellte er sich an der Wilhelmstraße auf, schwenkte den Hut und rief »Hurra!«. Der Weg zum Kurhaus, vor dem Wilhelm II. eine Parade der preußischen Armee abnahm, war ihm vertraut, denn er spazierte seit seiner Bar Mizwa jeden Schabbes von Sonnenberg aus durch den Kurpark zur Synagoge am Michelsberg. Der im maurischen Stil errichtete Prachtbau war kurz nach Emils Geburt errichtet worden. Er trug eine mit goldenen Sternen verzierte Kuppel und vier Zwiebeltürme an den Ecken, dazwischen Rosetten und orientalische Verzierungen.

»Wir saßen links in der Mitte. Der Opa hatte einen festen Sitzplatz, für den er bezahlte«, erinnert Kurt. Die Säulen, die Arabesken und die Kuppel mit den goldenen Ornamenten faszinierten ihn. »Vorn stand der Toraschrein unter einem roten

Vorhang mit goldenen Buchstaben. Hinten bei der Orgel sang der Chor mit der Opernsängerin Herta Hirsch-Bramßen.«

Zur Einweihung der Synagoge im Jahre 1869 war Abraham Geiger, inzwischen Rabbiner in Frankfurt am Main, an den Ort seines frühen Wirkens zurückgekehrt. Die Anschaffung einer Orgel veranlasste 40 Familien, aus der Hauptgemeinde auszutreten und eine orthodoxe Gemeinde zu gründen, die anfangs von der liberalen Mehrheit abgelehnt wurde. Der Synagogengesangsverein nahm keine Orthodoxen auf, die Abspaltung sei ein »beklagenswerther Rückschritt, den die freiheitliche Bewegung in Deutschland zu verzeichnen hat. Ein kleiner Bruchtheil unserer hiesigen Glaubensgenossen hat sich unter Verlassung der Ziele, welche nach Mendelssohn die Edelsten in Israel angestrebt haben, von der Muttergemeinde losgesagt, um wiederum jene starre Hyperorthodoxie ins Leben zu rufen. Die Undankbaren verschließen sich gegen die Thatsache, daß sie selbst ihre heutige bürgerliche und sociale Stellung jener freieren Geis-

Emil, Abraham und Kurt auf dem Wiesbadener Neroberg, 1929

tesrichtung unter den Juden verdanken. Der Ast wird verdorren, der vom Lebensbaume des Judenthums abgefallen ist.«

Der Synagogengesangsverein war das Aushängeschild der Gemeinde, er sang samstags im Gottesdienst, sonntags zu einer »musikalischen Feierstunde«, gab auswärts Konzerte vor nichtjüdischem Publikum und trat vor der kaiserlichen Familie auf. Auch Emil und Hannchen spazierten sonntags zu den Konzerten in die Stadt. Die Neumanns waren traditionsbewusste Juden. Emil legte beim Beten T'fillin an, das heißt, er band lederne Gebetsriemen, an denen Kapseln mit Worten der Tora befestigt waren, um den linken Arm und den Kopf. Am Schabbes zündete Hannchen zwei Kerzen in silbernen Leuchtern an, und Emil segnete Brot und Wein. Bis zur Deportation lebten sie koscher mit zweierlei Geschirr für Milchiges und Fleischiges.

»Vor Pessach wurde das Haus geputzt, besonders die Küche, und dann holte die Oma ein besonderes Geschirr vom Dachboden, das nur zu Pessach benutzt wurde«, erinnert Kurt. Er schwärmt von Hannchens »Matzekuchen, Matzebrei und Matzebrocken in süßem Milchkaffee«. Als Tante Jette starb, saß Emil Schiwe im Haus der verstorbenen Schwester, sieben Tage betete er, in zerrissenem Hemd auf einem Schemel sitzend.

Nach dem Festmahl löst sich die rabbinische Tafelrunde in debattierende Grüppchen auf. Da ich Stoff für den Zeitungsbericht brauche, gehe ich zu dem Vorsitzenden, der nachdenklich vor einem Glas Rotwein sitzt. So stellt man sich einen Rabbiner vor: schwarzer Anzug, Hut, Brille und schlohweißer Vollbart. Ich kenne sein Konterfei aus der Zeitung. Auf Fotos, auf denen er Staatsmännern und religiösen Würdenträgern die Hand schüttelt, wirkt er streng und unnahbar. Auch jetzt hält mich die Uniform auf Distanz.

»Was möchten Sie wissen?« Der Vorsitzende faltet die Hände über dem weißen Tischtuch und wendet sich mir zu.

»Wenn Sie den Zustand der orthodoxen Gemeinden in Deutschland betrachten«, frage ich, »was macht Ihnen Sorgen?«

»Unsere Kinder bekommen zu wenig jüdische Identität. Nur noch die Hälfte macht eine Bar oder Bat Mizwa. Wir brauchen mehr jüdische Symbole im Alltag. Außerdem sollten alle Veranstaltungen der jüdischen Gemeinden koscher begangen werden. Schreiben Sie das bitte!«

Schade, denke ich, ich hätte ihn gerne mit Emil und Hannchen bekannt gemacht.

Rodeln auf dem »Kroneplätzje« ist für uns Sonnenberger Kinder die Attraktion des Winters. Eines Tages ist das Gasthaus »Krone« verschwunden und hinterlässt mitten im Dorf einen Hang. Gott hat uns eine Rodelbahn geschenkt. Den Abriss erinnere ich nicht. Als ich 1968 meinen Schulweg am »Kroneplätzje« vorbei zur hinter der Burg gelegenen Konrad-Duden-Schule einschlage, ist das Nazilokal bereits Geschichte, ein Fachwerkhaus mit hellgrünem Putz, grauen Dachschindeln und hölzernen Fensterkreuzen. Oben wohnte der Wirt namens Helfrich – nur einen Steinwurf von unserem Haus entfernt.

»Der hat seinen Vater zu Tode gequält«, sagt Rosa Emma.

»Ein schlimmer Kerl«, sagt Anneliese.

»Ein Erznazi, bei dem alle ihr Bier tranken – bis auf mich«, sagt Kurt.

Keiner im Dorf weiß mehr ganz genau, wann vor der »Krone« zum ersten Mal die Hakenkreuzfahne flatterte. Im Sommer 1929 hatten die Sonnenberger Nazis das Lokal zu ihrem Hauptquartier erkoren. Im Wiesbadener Kommunalwahlkampf hielten sie »Sprechabende« ab, bei denen die Parteigenossen Zimpelmann, Staebe, Kramer oder Habicht auftraten. »Gewerblicher Mittelstand und nationaler Sozialismus« hieß ein Thema von Staebe, Habicht sprach über »Kommunalpolitik«.

Der 31-jährige Theodor Habicht war ein frommer evangelischer Christ und der Kopf der Wiesbadener NSDAP. Er saß seit Mai 1928 zusammen mit drei Parteigenossen im Stadtparlament. Habicht hatte die Wiesbadener Ortsgruppe aufgebaut und fungierte als Schriftleiter des *Nassauer Beobachters*, der erstmals im Juni 1927 mit der Verlagsadresse »Schulberg 5 neben der Synagoge« erschienen war. Die Hetzartikel gegen die jüdischen Kaufleute stammten aus seiner Feder, ebenso Wahlkampfbroschüren »Wider den Unstaat«. Der rhetorisch begabte Nazi geriet immer mal wieder wegen »Verunglimpfung von Staatsorganen« in die Mühlen der Justiz, weshalb ihn Hitler zwischenzeitlich als Landesinspekteur zum Aufbau der NSDAP nach Österreich schickte, bis er schließlich durch die Übernahme eines Reichstagsmandats Immunität erlangte.

Mit dem Verweis auf die Immunität von Abgeordneten machte die NSDAP-Führung der parlamentsfeindlichen Parteibasis die Teilnahme an Wahlen schmackhaft. Reichstagsabgeordnete konnten gefahrlos als Chefredakteure der Naziblätter eingesetzt werden, da sie juristisch unantastbar waren. »Ich bin kein Mitglied des Reichstags«, schrieb Goebbels. »Ich bin ein IdI. Ein IdF. Ein Inhaber der Immunität, ein Inhaber der Freifahrkarte. Was geht uns der Reichstag an? Wir sind gegen den Reichstag gewählt worden.«

Wenn Theodor Habicht in der »Krone« sprach, war der Laden voll, aber draußen sah und hörte man die Nazis kaum. Fritz ignorierte die Versammlungen der »lächerlichen Acht-Prozent-Partei«, da er ohnehin von Emil erfuhr, was geredet wurde. Irgendeiner aus dem Stammtisch des »gewerblichen Mittelstands« kannte immer einen, der in der »Krone« gewesen war.

Nach dem Schwarzen Freitag, dem Zusammenbruch der New Yorker Börse im Oktober 1929, breiteten sich Existenzängste im Bürgertum aus, obwohl die Weltwirtschaftskrise Deutschland vorerst nur gestreift hatte. Bei den Wiesbadener Kommunalwahlen im November erzielten die Nazis einen ersten Durchbruch. Zwar verteidigte die »Bürgerliste«, ein Zusammenschluss der liberalen Parteien, ihre führende Position, und die SPD blieb trotz Verlusten die stärkste Partei in der Stadt, aber mit 13 000 Stimmen hatte die NSDAP binnen einem Jahr die Zahl der Wähler mehr als verdoppelt und rückte auf Platz zwei vor. Dabei war die Angst der Bürger vor dem sozialen Absturz nicht der einzige Grund für den Erfolg.

»Steckt Ihre Synagogen und Schulen an! Zerstört Ihre Häuser! Auf dass sie wissen, sie sind nicht die Herren in unserem Land«, so hatte Martin Luther 1543 »Von den Juden und ihren Lügen« geschrieben. Die wenigsten Protestanten vermochten 400 Jahre später Luther zu zitieren, aber das Denken vieler Pfarrer blieb von dessen Antisemitismus geprägt. Anneliese erinnert, dass in den 1930er Jahren das ganze Dorf davon sprach, »dass der Sonnenberger Pfarrer auf dem Motorrad in SA-Uniform durchs Dorf fuhr«. Und Pfarrer Ernst Ludwig Dietrich, der in der Wiesbadener Marktkirche predigte, setzte nach Hitlers Ernennung zum Reichskanzler den jüdischen Organisten Dr. Hirsch vor die Tür.

In Sonnenberg waren 80 Prozent der Bevölkerung evangelisch. Während die wenigen Katholiken, die erst 1890 eine Pfarrei mit eigener Kirche bekamen, noch 1933 das Zentrum wählten, liefen die Protestanten allmählich zu den Nazis über. Der Rhein war zu einer Weltanschauungsgrenze geworden. Im katholischen Mainz erklärte der Bischof, dass die gleichzeitige Mitgliedschaft in der Kirche und der NSDAP unvereinbar sei, während in Wiesbadens größter evangelischer Gemeinde ein fanatischer Nationalsozialist predigte. Bürgerliche Existenzangst und protestantischer Antisemitismus, das war die Erfolgsmischung der Wiesbadener Nazis.

Sehr geehrter Herr Doktor Meier,
man hat mir erzählt, Sie seien am Abend meines Wiesbadener Vortrages mit mir verwechselt, von nationalsozialistischen Rüpeln angefallen und verletzt worden. Ich weiß nicht, ob diese Geschichte wahr ist – hoffentlich ist sie es nicht.

Sollte sie jedoch zutreffen, so erlauben Sie mir, dem eigentlich Schuldigen, Sie um Verzeihung zu bitten und Ihnen die Hand zu drücken. Mir ist dieser Vorfall deshalb so unangenehm, weil ich gern meine Taten allein ausbade – ich hatte im

Künstlerzimmer noch zu tun, und als ich herauskam, stand die ganze Straße auf dem Kopf. Mich haben Sie nicht erwischt ... es gilt ja in jenen Kreisen als tapfer, einen Sieg zu feiern, wenn die Partie 200:1 steht.

Nochmals alles Gute für Sie!
Mit den verbindlichsten Empfehlungen
bin ich
Ihr sehr ergebener

Der Durchschlag des Briefes, der sich im deutschen Literaturarchiv in Marbach am Neckar befindet, ist nicht unterschrieben, aber das Original, das der jüdische Arzt Dr. Walter B. Meyer im November 1929 erhielt, war mit steil hochgezogenen Buchstaben unterzeichnet, vorn das K und hinten das y mit nach unten gezogenem langem Strich – so signierte ein atemloser Literat.

Seine Texte kannte ich aus dem Deutschunterricht, aber erst Mitte der 1980er Jahre habe ich mir bei einem Besuch in der DDR eines seiner Bücher gekauft. »Warum lacht die Mona Lisa?«, eine Sammlung von Liedertexten und Gedichten. Über das Vorwort habe ich mit rotem Filzstift »DDR-Scheiße!« gekritzelt. »Kurt Tucholsky war ein fortschrittlicher bürgerlicher Schriftsteller. Er vermochte es nicht, trotz seiner oft bekundeten, ehrlichen Sympathien für das revolutionäre Proletariat, sich dem organisierten Kampf der Arbeiterklasse anzuschließen. Seine daraus bedingte tragische Isoliertheit erschwerte seinen antifaschistischen Kampf, verbitterte seine Haltung, führte ihn auch zu Irrtümern und war schließlich die entscheidende Ursache dafür, dass er keinen Ausweg mehr sah und auch keine Kraft mehr fand, dem Faschismus und der Reaktion kompromißlos weiter Widerstand zu leisten.« So sahen DDR-Kulturbürokraten den Schriftsteller Kurt Tucholsky, der sich 1935 im schwedischen Exil das Leben nahm.

Vier Texte habe ich mir im Inhaltsverzeichnis angestrichen, darunter »Der Graben«, ein Gedicht, das Tucholsky im August 1924 zum zehnten Jahrestag des Weltkriegsbeginns in einer Boulevard-Zeitung veröffentlicht hatte. Ein klassisches Antikriegsgedicht, das mit dem Appell an die Kriegsparteien endet, sich über den Gräben die Hand zu reichen. Dieses Gedicht sorgte im großen Saal des Kasinos in der Friedrichstraße am Abend des 23. November 1929 für Tumult. Bei den Zeilen

> Seid nicht stolz auf Fahnen und Geklunker!
> Seid nicht stolz auf Narben und die Zeit!
> In die Gräben schickten euch die Junker,
> Staatswahn und der Fabrikantenneid

begann eine Gruppe Nazis, die sich unter die Zuhörer gemischt hatte, zu randalieren. Tucholsky unterbrach den Vortrag, bis ein »Überfallkommando« der Wiesbadener Polizei die Nazis auf die Straße trieb. Weitere Proteste des »anständigen größten Teils des Publikums« habe es den Zeitungsberichten nach gegeben, als Tucholsky den Text »Der letzte Ruf« vortrug: »Es gibt bekanntlich drei wahrhaft internationale Mächte: die katholische Kirche, die Homosexuellen und Standard Oil.« Mehrere Zuhörer verließen empört den Raum, Tucholsky unterbrach seinen Vortrag erneut für eine halbe Stunde und beendete ihn ungestört vor einem ihm gewogenen Publikum.

Auf der Friedrichstraße hatten sich währenddessen 200 NSDAP-Anhänger versammelt, um umzusetzen, was der *Nassauer Beobachter* Tucholsky prophezeit hatte: dass »dieser Bursche verdiente, mit Hundepeitschen geprügelt zu werden«. Ein vorbeifahrendes Auto wurde angehalten. Ein SA-Mann glaubte Tucholsky erkannt zu haben. Der Fahrer wurde auf die Straße gezerrt und verprügelt. Es war jener »Doktor Meier«, den Tucholsky um Verzeihung für die Verwechslung bat und der dem Dichter antwortete, es sei ihm »eine gewisse Genugtuung« gewesen, »daß ich als Einheimischer für Sie, den Gast, die Prügel eingesteckt habe«.

Vor der Lesung hatte der *Nassauer Beobachter* gedroht: »Das Auftreten dieses widerlichen Deutschenhetzers und Landesverräters ist die unverschämteste Provokation der nationalen Wiesbadener Bevölkerung, die sich denken lässt. Es wäre eine dankenswerte Aufgabe, sich die Leute zu merken, die durch den Besuch des Vortrages diesem Juden ihre Sympathie ausdrücken.«

Fritz ersparte sich vermutlich den Spötter. Tucholsky hatte zwar als Vizefeldwebel an der Ostfront gekämpft, aber anders als Fritz keine guten Erinnerungen zurückgebracht. »Ich wandte viele Mittel an, um nicht erschossen zu werden und um nicht zu schießen«, schrieb er. Tucholsky verachtete das Militär, während Fritz' Vereinsblatt *Der Schild* bekannte, dass man »tiefsten Ekel« vor der »Selbstbeschmutzung« empfinde, mit der Tucholsky »die deutsche Ehre schände«.

Wahrscheinlich war Emil unter den Zuhörern, denn die *Jüdische Wochenzeitung* hatte geworben: »Kurt Tucholsky, der bekannte Schriftleiter der *Weltbühne*, der auch in nicht wenigen andern Zeitungen und Zeitschriften unter fünf bis sechs verschiedenen Namen schreibt, spricht über ›Ernstes und Heiteres aus Zeit und Kunst‹.« Emil besuchte die Kulturveranstaltungen in der Friedrichstraße, wo die Loge »Plato«, deren Mitglied er war, ihre Räume hatte. Er schätzte die Vorträge von Andersdenkenden, sofern sie ein literarisches Niveau erreichten.

Kurt Tucholsky war Berliner und nie Mitglied der KPD gewesen. Die Nazipresse beschimpfte ihn als »galizischen Juden und Bolschewisten«, den bürgerlichen Zeitungen aus Wiesbaden und Umgebung galt er als »Psychopath«, »Schweinehund«, »zersetzender Nihilist, der alles niederreißt«, und »sogenannter Journalist, dessen nur auf Zersetzung eingestellte Geistesprodukte absolut nichts mit Literatur zu tun haben«. Die katholische *Rheinische Volkszeitung* schrieb: »Tucholsky ist Unkraut.«

Schon vor der Tucholsky-Lesung hatte sich wegen der Aufführung eines Theaterstücks von Brecht ein »Kampfbund gegen Schmutz und Schund« gebildet, dem neben dem NSDAP-Führer Theo Habicht auch Vertreter beider christlichen Konfessionen, des Zentrums und für die Deutschnationale Volkspartei (DNVP) der Chemiker Wilhelm Fresenius angehörten.

Tucholsky war von der Literarischen Gesellschaft eingeladen

worden, in deren Vorstand Christen und Juden saßen. In den folgenden Wochen stilisierte die bürgerliche Presse den Auftritt im Chor mit den Nazis zum »Tucholsky-Skandal« hoch. Der Vorsitzende der Literarischen Gesellschaft wurde angegriffen, da er Tucholskys Texte autorisiert habe. Die Kampagne zeigte schließlich Wirkung, denn die Literarische Gesellschaft drückte ihr »Bedauern über das Vorgefallene« aus, womit nicht die Prügeleien der Nazis und die Pöbeleien gegen Tucholsky, sondern dessen Vortrag gemeint war. Man gelobte, »Vorkommnisse ähnlicher, unliebsamer Art für die Zukunft mit aller Kraft und Aufmerksamkeit zu verhindern«. Auch die Kasino-Gesellschaft, der Kulturverein der jüdischen Gemeinde, bedauerte, Tucholsky den Saal zur Verfügung gestellt zu haben. Schließlich trat der Vorstand der Literarischen Gesellschaft zurück, und der tapfere Doktor Meier wurde eines seiner neuen Mitglieder.

Der »Tucholsky-Skandal« hatte ein Nachspiel: Die katholische *Rheinische Volkszeitung* hatte den »galizischen Juden« für bare Münze genommen und daraus gefolgert, die Ostjuden seien eine »Gefahr für die deutsche Kultur«, was eine Kontroverse mit der *Jüdischen Wochenzeitung* zur Folge hatte. Unter dem Titel *Die Schlacht um Tucholsky ist vorüber* antwortete Saul Lilienthal, der Kantor der jüdischen Gemeinde, der *Rheinischen Volkszeitung*: »Wir lehnen zwar in der Tat jene ›Zuzügler ab, die eine Gefahr für die deutsche Wirtschaft und deutsche Kultur‹ bilden, aber gleichmäßig alle, seien sie nun im Einzelfalle Ostjuden, baltische Christen, attentatende Balkanier oder tschechoslowakische Putschisten. Wer sich einseitig nur gegen Juden wendet, ist Antisemit.«

Auch bei Tucholsky selbst hinterließ das Wiesbadener Erlebnis Spuren. Voll tiefer Verzweiflung gestand er sich ein, dass die demokratische Republik und damit er selbst am Ende waren. Der Schulterschluss zwischen einem verunsicherten, der Demokratie überdrüssigen Bürgertum und den Nazis, wie er in den Reaktionen auf Tucholskys Auftritt zutage trat, war ein Wendepunkt auf dem Weg der Nazis zur Macht – erst in Wiesbaden, später in ganz Deutschland. Tucholsky spürte das. »In Wiesbaden haben sie Steine auf ein Auto geschmissen und einen Mann verhauen, der so aussah wie ich«, schrieb er an seine Frau am selben Abend, als er den Brief an Doktor Meier aufsetzte, und am Ende der Lesereise notierte er: »Wirklich übel war nur Wiesbaden ... für wen ich das eigentlich mache ... das weiß ich nach dieser Reise weniger als je. Es ist trostlos.«

Im Dezember 1935, wenige Tage vor seinem Freitod, blickte Tucholsky im schwedischen Exil noch einmal auf die Wiesbadener Ereignisse zurück. In einem an den jüdischen Schriftsteller Arnold Zweig gerichteten Brief, der als sein politisches Testament gilt, unterstellt er den deutschen Juden, also auch Männern wie Emil und Fritz, im Angesicht des Antisemitismus eine würdelose Ghettomentalität: »Wer das Getto als etwas von vornherein gegebenes akzeptiert, der wird ewig darin verbleiben. Und hier und nur hier steckt das Versagen der gesamten deutschen Emigration, aus der ich keine Judenfrage machen möchte ... Das ist bitter, zu erkennen. Ich weiß es seit 1929 – da habe ich eine Vortragsreise gemacht und ›unsere Leute‹ von Angesicht zu Angesicht gesehen, vor dem Podium, Gegner und Anhänger, und da habe ich es begriffen, und von da ab bin ich immer stiller geworden. Mein Leben ist mir zu kostbar, mich unter einen Apfelbaum zu stellen und ihn zu bitten, Birnen zu produzieren. Ich nicht mehr. Ich habe mit diesem Land, dessen Sprache ich so wenig wie möglich spreche, nichts mehr zu schaffen. Möge es verrecken – möge es Rußland erobern – ich bin damit fertig.«

Am Morgen des 16. März 1930 steckte Fritz die Orden an die Brust und fuhr mit dem Auto stadtauswärts auf der von Pappeln gesäumten Platter Straße, bis er die letzten Häuser hinter sich hatte und rechts die Backsteinmauer auftauchte, die den Nordfriedhof umgab. Er stellte den Wagen ab und betrat den israelitischen Friedhof durch das schmiedeeiserne Tor. Fritz erkannte die Stimme Saul Lilienthals. Der Kantor war der neue Vorsitzende des Wiesbadener RjF. Die Kameraden umstanden das Gefallenendenkmal mit Kränzen und Fahnen des RjF und des Reichsbanners Schwarz-Rot-Gold. Auch nichtjüdische Reichsbannermänner waren gekommen, um ihre Ablehnung des antisemitischen Zeitgeists zu demonstrieren und der jüdischen Gefallenen des Weltkriegs zu gedenken. »Kranzniederlegung am Gefallenendenkmal am israelischen Friedhof an der Platterstraße. Orden und Ehrenzeichen anlegen! Wir bitten um vollzählige Beteiligung der Kameraden nebst Familien-Angehörigen«, hatte es im Aufruf des RjF geheißen; doch Rosa Emmas Schwangerschaft war zu weit fortgeschritten für den Ausflug. Nach der Rede Lilienthals betete der Rabbiner Dr. Paul Lazarus das Kaddisch und kündigte die Fortsetzung der Gedenkfeier in der Synagoge an. Fritz blieb seiner Abneigung gegen Gotteshäuser treu und fuhr zurück nach Sonnenberg.

Am Vortag hatte Lazarus vor der Kapelle des städtischen Südfriedhofs vor mehreren hundert Zuhörern gesprochen und damit die Völkischen zu wütenden Protesten angestachelt. Es war die offizielle Gedenkveranstaltung zum Volkstrauertag gewesen, an dem seit 1922 der Toten des Weltkriegs gedacht wurde. Der »Volksbund deutsche Kriegsgräberfürsorge« hatte den Rabbiner gebeten, als Hauptredner aufzutreten und der fern der Heimat in fremder Erde liegenden deutschen Soldaten zu gedenken. Er hoffe, sagte Lazarus, dass »wir alle, Christen und Juden, in Eintracht und friedlicher Arbeit ihnen die Treue halten«.

Militärische Aufmärsche und Gedenkveranstaltungen gehörten zu den wenigen Anlässen, an denen Juden noch erkennbar in der Öffentlichkeit auftauchten. Die meisten politischen Versammlungen, die von der Gemeinde, dem Centralverein oder dem RjF veranstaltet wurden, fanden vor kleinem Publikum »im Saale« statt, häufig in den Räumen der jüdischen Loge »Nassau« in der Friedrichstraße, die an den Türen Reichsbannerleute als Saalschutz postierte. Es waren Abende der Hilflosigkeit. Das Propagandamaterial, auf das sich die Redner stützten, wie die vom Centralverein herausgegebene Loseblattsammlung »Anti-Nazi«, war in der Wortwahl zu intellektuell, um die Massen auf der Straße zu erreichen, wo die SA täglich aufmarschierte. Ohnehin kamen die immer gleichen Aufrechten – Emil bisweilen, Fritz eher selten.

In Berlin regierte seit März 1930 der Zentrumspolitiker Heinrich Brüning gemeinsam mit den rechtsliberalen Parteien ohne parlamentarische Mehrheit. Er versuchte, durch eine rigide Sparpolitik, höhere Steuern und niedrigere Sozialleistungen in der Weltwirtschaftskrise Deutschlands Export anzukurbeln. Da er gegen die Stimmen von SPD, KPD und NSDAP keine Gesetze durch den Reichstag bringen konnte, regierte er mit Notverordnungen, die der Reichspräsident nach Artikel 48 der Weimarer Verfassung erlassen konnte – dem ersten einer langen Reihe von Schlägen gegen die parlamentarische Demokratie. Die Juden standen Brüning zwiespältig gegenüber. Die Vermögenden hofften, mit ihm zu Ruhe und Ordnung zurückzufinden, die Mehrheit tendierte zur SPD. Gemeinsam zogen sie die Köpfe ein angesichts des heraufziehenden Sturms.

Zeiten wie diese waren wie gemacht für Saul Lilienthal, der sich gegen die Trägheit der Juden stemmte. »Er war ein ruhiger, überzeugender Lehrer, hatte lichtes, graumeliertes Haar, trug einen Schnurrbart und meistens einen dunklen Anzug. Das bisschen Hebräisch, das ich kann, habe ich bei ihm gelernt«, erinnert Kurt den Vorbeter der Gemeinde, der ihm ab 1935 Religionsunterricht erteilte. Im Juni 1930 schrieb Lilienthal unter dem Titel *Aufwachen!* einen prophetischen Text für die *Jüdische Wochenzeitung*: »Ungläubigkeit weiter Kreise der deutschen Judenheit, vielfach in Bequemlichkeit und nicht berechtigter Selbstsicherheit begründet, hat es verschuldet, dass der Gegenwehr der deutschen Juden der Schwung fehlte. Es genügt nicht, dass man auf sein Bürgerrecht pocht und nach dem Kadi schreit. Auch der beste Richter kann sich seiner Weltanschauung schwer, einer Massensuggestion, wie sie der Nationalsozialismus zu werden beginnt, noch weniger entziehen. Gesetze selbst können geändert werden, wenn die ›zeitgemäße Auslegung‹ nicht mehr genügt.

Die Reichsregierung gar steht auf so schwachen Füßen, dass man ihr kaum ein langes Leben prophezeien kann, und da sie, wenn sie nicht weiterarbeiten kann, den Reichstag auflösen wird, stehen uns vielleicht in Bälde auch Reichstagswahlen bevor. Es muss hier ausgesprochen werden, dass die Deutsche Volkspartei, die Partei auch vieler vermögender Juden, die Hauptschuld an dem augenblicklichen Wirrwarr in Deutschland hat, in dem sie in Thüringen und Sachsen die staatsfeindlichen Nationalsozialisten stützt, in dem sie in Preußen ohne Not Obstruktion übt, in dem sie im Reich eine wie auch immer geartete Konsolidierung der Mehrheitsverhältnisse hintertreibt.«

Lilienthal war ein Prophet, der die Behauptung glänzend widerlegte, niemand habe voraussehen können, was mit den Nazis kommen würde. Zweieinhalb Jahre vor der Machtübergabe an Hitler schrieb er in bemerkenswerter Klarheit: »Die ausgezeichnet organisierte und von der Großindustrie reichlich mit Mitteln unterstützte Nationalsozialistische Deutsche Arbeiterpartei hat die Absicht, die gesamte bürgerliche Gesellschaft aus dem Gleichgewicht zu bringen, ihre Widerstandsfähigkeit, die ohnehin durch Inflation und Steuerdruck erlahmt ist, zu vernichten, die Arbeiterschaft durch ungemessene Versprechungen zu spalten und zu schwächen, Beamtenschaft und insbesondere Polizei, die durch Zellenbildung schon stark infiziert sein mögen, zur Gleichgültigkeit gegen den heutigen Staat zu bringen und so eines Tages durch eine ›verfassungsmäßige‹ plötzliche ›Unternehmung‹ die Herrschaft zu gewinnen. Groß genug ist die Gefahr schon, dass wir in einem dem faschistischen äußerlich nachgeahmten Staat als politische Prügelknaben Bürger zweiten Ranges werden.«

Eine Woche später hob Lilienthal den Aufruf *An die deutschen Juden* aus der Wochenzeitschrift *Deutsche Republik* ins Blatt: »Muss man es euch 150 Jahre nach Rousseau noch ausdrücklich sagen, dass die Menschen sich von ihrem Gefühl, nicht von ihrem Verstand leiten lassen? Ihr seid mehr als der Durchschnitt wirtschaftlich geschult. Wisst also genau, dass die völkische Unterscheidung zwischen ›schaffendem‹ und ›raffendem‹ Kapital Blödsinn ist. Aber glaubt ihr wirklich, dass verhungerte und verzweifelte Millionen gegebenenfalls darüber tiefsinnig grübeln werden? Auf was wartet ihr noch? Auf das Jahr 1940, wenn die jetzt bis zur Bewusstlosigkeit verhetzte Jugend im Amt sein wird? Was soll aus euch werden, wenn das herrschende System die heute schon verelendeten Millionen zuletzt gar nicht mehr ernähren kann? Ihr werdet die ersten Opfer sein. Man wird euch nicht gerade totschlagen? Kommt es nicht auf dasselbe hinaus, wenn kein Mensch mehr in eure Kontore, Läden, Sprechzimmer kommt. Ein solcher von den Hakenkreuzlern für den Fall ihres Sieges bereits angekündigter Boykott ließe sich erzwingen.«

Die künstliche Unterscheidung zwischen »schaffendem und raffendem Kapital« stammte aus esoterisch verwirrten Kreisen der Arbeiterbewegung des 19. Jahrhunderts. Die Brüder Gregor und Otto Strasser, die den antikapitalistischen Flügel der NSDAP führten, bauten darauf ihre Theorien auf. Seit damals ist sie ein integraler Baustein der antisemitischen Weltanschauung, den man noch heute sowohl bei Neonazis als auch bei linken Kapitalismuskritikern findet. Demnach gilt das »schaffende« Kapital als positiv, weil es zur Produktion von Waren investiert wird; die Nazis nannten es »deutsches« Kapital. Mit dem »raffenden« Kapital dagegen werde Handel und Wucher getrieben; es wurde als »jüdisches« Kapital bezeichnet.

Als Händler waren Fritz und Emil demnach »jüdische Raffer«. Hatten sie deshalb einen Boykott zu befürchten? Als Emil dem Schwiegersohn die *Jüdische Wochenzeitung* zeigte, winkte der müde ab. Fritz schätzte den Kameraden Lilienthal, aber vom Geschäft verstand der nichts. Ganz Sonnenberg trank seinen Kaffee. Keine Furcht vor nichts und niemand und immer etwas günstiger als die Konkurrenz – das war sein Überlebensmotto.

Rosa Emma stand am offenen Fenster. Es war schon dunkel draußen, aber noch warm. Der Sommerwind spielte mit den Gardinen. Meine Großmutter war hochschwanger, die Ärzte hatten ihr Bettruhe verordnet. Sie hatte mehrere Ohnmachtsanfälle erlitten, die einem beängstigend niedrigen Blutdruck und ihrer schwachen Konstitution zugeschrieben wurden. Einmal fand Fritz sie, bleich und kaum atmend im Lager zusammengesunken, zwischen einem Heringsfass und einem Sack Erbsen. Von dem Tag an hatte sie bis zur Geburt meiner Tante striktes Ladenverbot. Zur Mitte der Schwangerschaft setzten zudem noch Blutungen ein.

Die Arme auf den Fenstersims gestützt, beobachtete sie das Spektakel auf dem gegenüberliegenden Rathausplatz. Unter ihr flatterte die schwarz-rot-goldene Fahne vor der Hauswand. Sonnenberg war in ein warmes Rot getaucht. Lampions hingen an den Häusern. Je nach politischer Gesinnung war schwarz-weiß-rot oder schwarz-rot-gold geflaggt. Aber das waren Nuancen, über die eine allgemeine nationale Glückseligkeit hinwegrauschte und den politischen Zwist einebnete. Nur die »Hakenkreuzler« sah man nicht auf der Straße.

Auf der Burg brannte ein Feuer. Rosa Emma sah den flackernden Widerschein auf der Rathausmauer, vor der sich eine Menschenmenge versammelt hatte. Vergeblich versuchte sie Fritz und Emil in dem Gewühl auszumachen. Als sie zuvor in einem Fackelzug vor dem Haus vorbeigezogen waren, hatte Fritz zu ihr heraufgesehen und gelacht.

Jetzt sprach Schulrat Winter über »die Schicksalsjahre der Besatzung«. Rosa Emma konnte ihn nur bruchstückhaft verstehen, obwohl die Menge in Andacht schwieg. Der Schulrat rief die Sonnenberger auf, zukünftig im Bewusstsein nationaler Einheit noch enger zusammenzustehen, bevor er in einer Schweigeminute der Gefallenen des Weltkrieges gedachte. *Ich hatt' einen Kameraden* spielte eine Kapelle aus Sonnenberger Weltkriegsteilnehmern. Der Arbeitergesangsverein »Gemütlichkeit« und der bürgerliche Männergesangsverein »Concordia« sangen gemeinsam die Choräle *Die Himmel rühmen des Ewigen Ehre, Vaterland* und *Wo gen Himmel Eichen ragen*. Zum

Schluss entblößten die Versammelten die Häupter und sangen die dritte Strophe des Deutschlandliedes.

»Die Marokkaner sind weg«, sagte Fritz, als er ins Zimmer trat. Rosa Emma lag schon wieder und nickte ihm zu. Der Volksmund nannte die Besatzungssoldaten »Marokkaner«, denn die Hälfte der Soldaten, die seit 1920 in Wiesbaden stationiert waren, stammte aus den französischen Kolonien Algerien, Tunesien und Marokko. Fritz war der Anblick dunkelhäutiger Soldaten noch aus dem Krieg vertraut, doch ein Teil der Wiesbadener Bevölkerung fürchtete sich angeblich vor den uniformierten und bewaffneten Nordafrikanern. Man gab ihnen die Schuld für den Hunger der Nachkriegsjahre, weil sie den Personen- und Warenverkehr zwischen Wiesbaden und den im Umland liegenden Dörfern durch Straßensperren und Passkontrollen behindert hatten. Auch das Geschäft der Neumanns hatten sie empfindlich getroffen. Die »Marokkaner« hatten eine Grußpflicht eingeführt, nach der deutsche Polizisten dunkelhäutige Franzosen grüßen mussten. Wenn sich Beamte den »Marokkanern« widersetzten, wurden sie entlassen und aus der Stadt ausgewiesen. Zweimal passierte das sogar den demokratisch gewählten Oberbürgermeistern.

1926 hatte es einen Wechsel der Besatzungsmacht gegeben. Die Briten verlegten ihr Hauptquartier von Köln nach Wiesbaden, die Franzosen zogen ab, und der Kurbetrieb, der Motor der Wiesbadener Wirtschaft, erholte sich dadurch etwas. Zahlungskräftige Engländer hatten schon vor dem Krieg zu den beliebtesten Gästen der Stadt gehört. Dass die Briten die besseren Manieren hatten, war allgemeine Volksmeinung, in der die Franzosen seit jeher die Rolle des Erbfeindes innehatten. Als die »Marokkaner« 1930 für kurze Zeit nach Wiesbaden zurückkehrten, lösten sie indes keinen Schrecken mehr aus. Fritz hatte auf dem Wandkalender bereits den Tag fett angestrichen, an dem sie endgültig verschwinden würden.

Am Morgen des 30. Juni 1930 waren die Franzosen mit Blasmusik aus der Stadt marschiert. Die Besetzung des Rheinlands durch die Siegermächte des Weltkriegs war fünf Jahre früher als im Versailler Vertrag vorgesehen zu Ende gegangen. Die Interalliierte Rheinlandkommission, die die Besatzungszonen verwaltete, hatte erst in Köln, dann in Koblenz und schließlich in Wiesbaden ihren Sitz gehabt. Zuletzt waren noch 580 französische Ehrengardisten zum Schutz der Kommission in der Stadt stationiert.

Das frühe Ende der Besatzungszeit hatte Deutschland dem im Oktober 1929 verstorbenen Außenminister und Friedensnobelpreisträger Gustav Stresemann zu verdanken, der sich mit den Alliierten im sogenannten Young-Plan über die Reparationen verständigt hatte, die Deutschland für die Kriegsschäden zahlen sollte. Die Höhe der Reparationen hatte einen Dauerstreit zwischen Deutschland und Frankreich entfacht. Der Young-Plan legte fest, dass Deutschland 112 Milliarden Goldmark in jährlichen Raten bis in das Jahr 1988 zahlen sollte und die Alliierten als Gegenleistung ihre Truppen abziehen mussten.

Die Vereinbarung Stresemanns mit den Siegermächten hatte allerdings einen fatalen Nebeneffekt: sie schweißte das in der Ablehnung des Versailler Vertrages vereinte rechtsnationale Lager zusammen. Erstmals bildete die DNVP mit der NSDAP einen gemeinsamen Reichsausschuss, um durch ein Volksbegehren ein »Gesetz gegen die Versklavung des deutschen Volkes« ins Parlament zu bringen. Darin wurde gefordert, den Artikel zur Kriegsschuld Deutschlands aus dem Versailler Vertrag zu streichen und jeden Politiker mit Zuchthaus zu bestrafen, der den Young-Plan unterzeichnen würde. Obwohl das Plebiszit scheiterte, da nur ein Viertel der erforderlichen Wahlberechtigten zur Abstimmung ging, war die monatelange Pressekampagne vor allem für Hitler ein propagandistischer Erfolg. Die NSDAP hatte sich im nationalen Lager als die führende Kraft etabliert.

»Wegen Befreiungsfeier vorübergehend geschlossen« stand auf dem Schild, das am 1. Juli 1930 an der Eingangstür der Sonnenberger Gemischtwarenhandlung Neumann hing. Die Dorfstraßen waren leer gefegt. Rosa Emma hütete das Bett, Hannchen wollte die Tochter nicht allein in der Wohnung zurücklassen. Fritz hatte schon am Morgen das Haus verlassen. Trotz der erwarteten hohen Temperaturen hatte er sich in feinen Zwirn gekleidet, die Bundesnadel des RjF und die kaiserlichen Orden an der Brust. Nach dem Frühstück brachen auch Emil und Kurt auf und spazierten mit den Sonnenbergern in die Innenstadt.

Vor dem Ostportal des Wiesbadener Hauptbahnhofs hatten sich 700 jüdische Frontsoldaten versammelt. Mit ihnen marschierte Fritz in militärischer Formation ins Zentrum. Emil stand an der Wilhelmstraße, wo er einst dem Kaiser zugejubelt hatte. Den Enkel hielt er auf dem Arm, damit er den Reichspräsidenten sehen konnte. Als Hindenburg vorbeigefahren war, machte er sich mit Kurt auf den Weg zurück nach Sonnenberg, um das Geschäft wieder zu öffnen. Fritz und die Kameraden versammelten sich unterdessen auf dem Schlossplatz, wo um Mitternacht ein Feuerwerk gezündet und unter dem Jubel der Bevölkerung die Trikolore vom Dach des Schlosses eingeholt und die deutsche Fahne gehisst wurde. Die französischen Farben hatten seit 1918 über Wiesbaden geweht. Damals hatte ein französischer Offizier die rote Fahne des Arbeiter- und Soldatenrats vom Dach der kaiserlichen Sommerresidenz geholt und die Fahne der Besatzer gehisst.

Fritz lauschte tief bewegt der Rede von Oberbürgermeister Georg Krücke (DVP), der an die Separatisten erinnerte, die im Schutz der französischen Besatzung den Rheinstaat errichten wollten. »Der Rhein ist deutsch und wird ewig deutsch bleiben«, rief er mit bebender Stimme. Nach Krücke sprach Otto Braun (SPD), der preußische Ministerpräsident, über »die tapfere, vaterländische und treue Haltung des besetzten Gebietes«. Er schloss mit einem Hoch auf »das deutsche Volk, das gesamte deutsche Vaterland, die deutsche Republik. Sie leben hoch!« Nach Brauns Rede sang die Menge das Deutschlandlied. Fritz schnäuzte sich. Er kämpfte mit den Tränen, aber keiner der Umstehenden störte sich an diesem Tag an weinenden Männern. Fritz sah die Freunde, die im Schützengraben geblieben waren, und sich selbst schwerelos durch die Luft gleiten.

Einen Monat nachdem die »Marokkaner« abgezogen waren, wurde Hilde geboren. Es war eine schwere Geburt. Rosa Emma war ohne Bewusstsein, ihr Kreislauf am Rande des völligen Zusammenbruchs. Was ihr fehlte, erfuhr die Familie nie. Die Schwestern im katholischen Sankt-Josef-Spital beschieden Fritz, sie könnten Rosa Emma nicht mehr helfen, nur noch für sie beten. Die Ärzte erklärten Fritz, dass sie keine Kinder mehr bekommen dürfe: »Das würde sie nicht überleben.« Fritz hatte schon im Weltkrieg Kondome im Marschgepäck gehabt. Spaß bereiteten sie ihm nicht.

Lina

Das neue Hausmädchen hieß Lina und war eine »Unschuld vom Lande«, aufgewachsen in dem bäuerlichen Flecken Steinbockenheim. Sie war 18 Jahre alt und hatte eine schlanke, sehr weibliche Figur. Aus wasserblauen Augen blickte sie in die Welt und sprach mit einer wohlklingenden Altstimme, die nicht so recht zu ihrem mädchenhaften Wesen passen wollte. Lina hatte Steinbockenheim, von ein paar Ausflügen nach Mainz abgesehen, noch nie verlassen. Die mondäne Weltkurstadt Wiesbaden mit den Bädern, Villen und Parks, die Kurgäste, die noblen Hotels und das Sommerschloss des Kaisers, das alles kannte sie nur aus der illustrierten Wochenbeilage der Zeitung, die ihr Vater, ein Steinbrucharbeiter, nach Hause brachte. Für den Großvater, den Dorfbäcker, hatte sie Brot und Kuchen ausgetragen bis sie 18 war. Seither suchte sie Arbeit als Haushaltshilfe bei den bürgerlichen Herrschaften der Kreisstadt Alzey, wo sie der Kaufmann Ludwig Koch kennenlernte, der Ortsvorsitzender des RjF war und Fritz' Schwester Martha geheiratet hatte. »Die würde euch gefallen«, sagte Onkel Ludwig, als er hörte, dass Fritz und Rosa Emma ein neues Mädchen suchten. Für Lina war Wiesbaden der Aufbruch in die Welt.

»Bauknecht weiß, was Frauen wünschen«, heißt ein Werbeslogan meiner Kindheit, der moderne Haushaltsgeräte, sogenannte »weiße Ware«, anpreist. Wer immer dieser Bauknecht sein mag, er kennt meine Großmutter nicht. Rosa Emma führt noch viele Jahre nach Fritz' Tod, vom Wirtschaftswunder unbeeindruckt, einen Haushalt im Stil der 1930er Jahre. Ihr einziger Luxus ist ein kleines Bad im Treppenhaus, das Fritz einbauen ließ, als er die Kriegsschäden beseitigte. Bis zur Flucht aus Sonnenberg hat sich die Familie in der Küche gewaschen, wo Kurt und Hilde in einem Holzbottich abgeschrubbt wurden.

Über die Wanne, an der das Email abplatzt, legt Rosa Emma ein Brett und stellt eine Zinkwanne darauf, in der in dampfender Lauge die Wäsche schwimmt. Über die Zinkwanne legt sie ein zweites Brett, auf das sie die Wäscheteile zieht, sie mit Kernseife einreibt und mit einer Wurzelbürste schrubbt, als wolle sie den Teufel austreiben. Ich sitze auf dem Klodeckel, lasse die Füße baumeln und sehe ihr zu. Zwischen zwei Wäschestücken holt sie Luft, wischt den Schweiß von der Stirn, stützt die Arme auf den Rand der Wanne und schließt die Augen. Ferne Bilder tauchen auf: Kurt sitzt auf einem Schemel, lässt die Beine baumeln und schaut ihr zu. Rosa Emma bearbeitet die Handtücher und Laken mit Kernseife, während Lina mit einem Holzlöffel die dampfende Wäsche rührt, die in einem fest gemauerten Kupferkessel schwimmt. Das Befeuern des Waschkessels mit Kohle war die erste Aufgabe, mit der Lina in ihrer neuen Stellung betraut wurde.

Rosa Emma hatte Lina zum ersten Mal in der Waschküche gesehen, als sie aus der Kur zurückgekehrt war. Fritz parkte den Wagen. Rosa Emma trat in den Laden und wurde von der Mutter empfangen, die hinter der Theke stand. Hannchen empfahl ihr, beim Hinaufgehen das neue Dienstmädchen zu begrüßen, das heute zum ersten Mal die Wäsche mache. Lina machte einen artigen Knicks und stellte sich vor. Rosa Emma sah, wie groß sie war.

Es war der 13. September 1930, am nächsten Tag war schon wieder eine Reichstagswahl. Rosa Emma bemerkte beim Frühstück, dass Fritz Lina anstarrte. Gretel, die Vorgängerin, hatte er nie beachtet. Lina stand auf und räumte das Geschirr ab, während Rosa Emma, Fritz, Emil und Hannchen sich die Mäntel überzogen. Mit ihnen gingen an diesem Sonntag 2552 Sonnenberger zur Wahl. Reichspräsident Hindenburg hatte das Parlament aufgelöst, weil eine Mehrheit aus linken und rechten Oppositionsparteien seine Notverordnungen zu Fall gebracht hatte. Vor dem Wahllokal in der Thalschule standen SA-Männer und Sozialdemokraten in deutlichem Sicherheitsabstand auf dem regennassen Kopfsteinpflaster. Sie trugen Plakate vor dem Bauch. »Das Volk steht auf – es wählt Liste 9« lautete die Naziparole. Die Sozis hielten einen Muskelmann hoch, der einem Nazi und einem Kommunisten die Ellenbogen ins Gesicht stößt: »Bahn frei für Liste 1 – Sozialdemokraten«.

Am nächsten Morgen titelte die *Wiesbadener Zeitung*: *Ein radikalisierter Reichstag*, und die *Vossische Zeitung*, das führende liberale Blatt Berlins, schrieb: »Zertrümmert ist die Mitte«, aber »die deutsche Republik wird auch in der nationalsozialistischen Flut nicht untergehen, die so rasch hochgestiegen ist und einmal auch wieder abebben wird.«

Die NSDAP war mit 18,3 Prozent der Stimmen zur zweitstärksten Partei nach der SPD aufgestiegen. Sechseinhalb Millionen Deutsche hatten Hitler gewählt, vor zwei Jahren waren es noch 800 000 gewesen. Hitler hatte 50 Mandate vorausgesagt. Nun waren es 107 geworden, und die Nazis hatten nicht genug Kandidaten auf der Liste, um die Mandate zu besetzen.

In Wiesbaden wie in den meisten protestantischen Regionen landete die NSDAP sogar auf Platz 1. Der Erfolg beruhte vor allem auf dem Zuspruch der Jugend. Die Wahlbeteiligung lag bei über 80 Prozent. Viele Erstwähler und bisherige Wahlverweigerer wählten die Protestpartei. Während das überalterte Führungspersonal der demokratischen Parteien verstaubt wirkte, kam die freche Art eines Joseph Goebbels, der mit 28 Jahren NS-Gauleiter von Berlin wurde, ziemlich modern daher. Der Hamburger Karl Kaufmann war 25, als Hitler ihn zum Gauleiter ernannte. Heinrich Himmler, der Reichsführer-SS, war 29 Jahre alt. An Hitler selbst mochten die Jungwähler seine lautstarken antibürgerlichen Ressentiments. Hitler trat als Provokateur auf, der die Spießer aufmischte. Wer sein Elternhaus verachtete, wer auf Lehrer und Professoren herabsah, die nostalgisch von der Ordnung des Kaiserreichs schwärmten, wer voller Ehrgeiz sich beweisen wollte, aber in der von Massenarbeitslosigkeit gebeutelten Republik übergangen wurde, der wählte Hitler. Wer im Alter von 30 Jahren für sich noch immer keine Perspektive sah und dafür die Demokratie und die »Systemparteien« verantwortlich machte, der trat der SA bei.

In Sonnenberg traf sich die Szene Abend für Abend in der »Krone«, soff, grölte und verbreitete eine wohlige Stimmung. Hass auf das Alte, Hoffnung auf die Revolution – mir fällt es leicht, mich in einen der SA-Jungs hineinzuversetzen, die Kurt auf der Straße singen hörte. Es war die gleiche Kampfeslust, die auch mich und meine linksradikalen Genossen in Stimmung brachte. Wir hatten Spaß daran, die Spießer mit unserem Auftreten bis aufs Blut zu reizen. Wir trugen statt brauner Hemden schwarze Lederjacken mit Palästinensertüchern und wollten das »System« zerschlagen.

In Sonnenberg hatten 554 Einwohner mit dem Stimmzettel angekündigt, in Zukunft nicht mehr beim Juden kaufen zu wollen. Vor zwei Jahren waren es noch 109 gewesen. Das Sonnenberger Wahlergebnis lag im Trend. Die SPD fuhr mit 33 Prozent ein überdurchschnittliches Ergebnis ein, denn die Kommunisten, die überall sonst kräftig gewonnen hatten, bekamen in dieser kleinbürgerlichen Idylle kein Bein auf den Boden.

Nach der Wahl besuchte Fritz eine Versammlung des RjF in der Innenstadt. Er ging nach wie vor ungern zu den Veranstaltungen, bei denen Juristen und Lehrer das Wort führten und, wie er es nannte, »dem Kaufmann die Zeit stahlen«. Dennoch hatte er als der am höchsten dekorierte Frontsoldat der Ortsgruppe das Gefühl, er müsse sich hin und wieder blicken lassen. Doch schon am nächsten Morgen, als er das Geschäft aufschloss, bedauerte er, den Abend geopfert zu haben. Die

Mehrheit der Kameraden vertrat die wenig originelle Auffassung, dass der Erfolg der Nazis auf die Arbeitslosigkeit und die Verzweiflung der Menschen zurückzuführen sei, während antijüdische Beweggründe nicht ausschlaggebend seien.

Reichskanzler Brüning empfing nach der Wahl Hitler, Göring und Frick, um die Nationalsozialisten für seine Politik zu gewinnen. Das *Wiesbadener Tagblatt* druckte fast täglich eine der vielen Reden Hitlers und kommentierte ziemlich unaufgeregt, ob Brüning die Nazis oder doch eher die Sozis überzeugen werde. Dass die Nazis mittlerweile von den bürgerlichen Parteien als Gesprächspartner akzeptiert wurden, nahm die Mehrheit der Juden mit einem Achselzucken zur Kenntnis. Der Vorstand des Centralvereins entschied, dass man nicht den Nationalsozialismus als Ganzes, sondern nur dessen »antisemitische Seite« bekämpfen werde, denn »unter den Wählern der NSDAP befindet sich eine stattliche Zahl Jugendlicher, die aus anzuerkennenden Beweggründen sich dieser Partei angeschlossen haben«.

»Seid stark! Deutschland erwartet, dass jeder Mann seine Pflicht tut«, forderte der RjF-Vorsitzende Leo Löwenstein. »Diese Losung ist ja auch der Sinn der Notverordnungen der letzten Zeit. Wir jüdischen Frontsoldaten stehen zu dieser Losung, wie es die Pflicht eines jeden Deutschen ist.« Der RjF stehe in Treue und Vertrauen zu »Generalfeldmarschall und Kompanieführer«, gemeint waren Reichspräsident Hindenburg und Kanzler Brüning. Drei Jahre später regierten »der Marschall und der Gefreite«.

Während sich Brüning und Hitler in Berlin näherkamen, stand Fritz in Wiesbaden ergriffen vor einem Gebilde aus rotem Sandstein, den ich bei meinen Besuchen auf dem Neroberg stets übersehen habe. Erst als ich die Berichte über die Denkmalsweihe lese, sehe ich mir das »Kunstwerk« näher an. Am 4. Oktober 1930 füllten sich Wiesbadens Straßen mit Veteranen, die das Feldgrau des letzten Krieges trugen oder »alte Uniformen, rot und blau, mit Helmbusch« aus den Kriegen gegen die Franzosen. Sie marschierten mit »Fahnen, heilig durch jene Taufe, die sie in Blut und Feuer erhalten haben, das Eiserne Kreuz an der Fahnenspitze«, durch die Stadt und verteilten sich zu Kameradschaftsabenden auf das Rathaus, das Kurhaus und die Hotels. »Kameraden. Es liegt für uns Männer so ein eigener Klang in diesem Wort«, schrieb der Reporter des *Wiesbadener Tagblatts*, der sich selbst als Veteran zu erkennen gab.

Wiesbaden ehrte die Gefallenen des einst in der Stadt beheimateten Regiments mit einem Kriegerdenkmal. Bislang hatte die französische Besatzungsmacht derartige Feiern verboten. Jetzt – endlich! – war es so weit. Zehntausend Veteranen des »Königlich-Preußischen Füsilier-Regiments von Gersdorff (Kurhessisches Nr. 80)« waren angereist. Es schien, als wolle jede Familie einen abbekommen, denn es hatten sich mehr Gastgeber gemeldet, als Gäste zu beherbergen waren.

Paul Lazarus, der Feldrabbiner gewesen war, hatte den Tag mit einem Gottesdienst in der Synagoge »mit militärischer Pünktlichkeit um 8.30« begonnen. Emil lauschte der Predigt, einem Musterbeispiel jüdischer Überlebensrhetorik: »Auch wenn die Feindschaft gegen uns Juden stark und erbittert geworden ist, schlimmer als seit Menschengedenken, und nicht nur in unserem Vaterlande, sondern auch in vielen anderen Ländern, so ist doch kein Grund zum Verzweifeln. Denn noch immer ist das Judentum aus ähnlichen Zeiten der Bedrängnis in alter Lebenskraft hervorgegangen und hat seine Gegner überlebt.«

Auf dem Neroberg erlebte Fritz ein ständiges Hut-auf-und-ab. Hut auf, wenn einer redete, denn es regnete in Strömen; Hut ab, wenn der Männerchor pathetische Lieder sang: »Morgenrot, Morgenrot, leuchtest mir zum frühen Tod?« oder den Tophit der Veteranen »Ich hatt' einen Kameraden«. »Die Fahnen verlassen, mit wehmütigen Gefühlen verabschiedet und von tausenden Fackeln mit letztem Glorienschein umleuchtet, die alte Garnison und warten, ob sich einst wieder ein Regiment um sie gruppieren wird, ob sie wieder hervorgeholt werden zum Fahneneid?«, so endet der Bericht des *Wiesbadener Tagblatts*.

Ich schaue mir die Reliefe des roten Quaders an. Auf der einen Längsseite marschieren Soldaten mit Stahlhelm, Koppel, das Gewehr geschultert. Die Stirnseite trägt ein Eisernes Kreuz. Auf dem Sockel stehen die Jahreszahlen des Krieges. Auf der anderen Längsseite liegen zwei Männer am Boden, der Mund des einen ist zum Schrei geöffnet, die Hand auf der Brust, der andere umklammert sterbend eine Handgranate. Darunter steht: »15 680 Kameraden kehrten nicht zurück«.

Nach wenigen Schritten stehe ich auf der Aussichtsplattform, die den besten Blick auf die Stadt bietet. Jeder Tourist muss hier herauf. Die Sonne wärmt die mit Riesling bestockten Weinberge zu meinen Füßen, und das Panorama mit der monumentalen Marktkirche und dem dunstigen Rheintal wärmt mein Herz. Als am Tag der Denkmalsweihe für Sekunden der Himmel aufriss, blickte Fritz auf die erhabene Silhouette der Synagoge am Michelsberg, die an Schönheit alle Kirchen übertraf.

Meine lieben jüdischen Mitbürger zeichnen sich durch so viele hervorstechende Züge in ihrem Charakterbilde aus, dass es ein großes Unrecht wäre, sie aus dem Volksleben als unbequeme Elemente ausschalten zu wollen. Sie haben wie die anderen auch ihre Söhne dem Vaterlande zur Verfügung gestellt. Und ihrer sind nicht wenige auf dem Felde der Ehre gefallen. Antisemitismus ist eine Pflanze, die sollte im deutschen Vaterlande, wo immer sie wächst, als eine Giftpflanze ausgerottet werden.« Es gab Protestanten, die gegen Judenfeindschaft immun waren, zu ihnen gehörte der Wallertheimer Pfarrer Weisel, der sich im Mai 1931 für die Teilnahme der jüdischen Gemeinde an der Feier seines Amtsjubiläums bedankte. Peter Bittmann hatte anlässlich einer Hosenanprobe die *Wallertheimer Heimatzeitung* mitgebracht.

»Schau, solche gibt's auch«, sagte er zu Fritz und spielte auf den Vorfall vor drei Wochen an, als er mit Fritz das Spiel der Sport-Gemeinde Eintracht Frankfurt e. V. gegen den FC Bayern München besucht hatte. Im Jargon der Zeit war es das Duell zweier »Judenclubs«. Die Bezeichnung war kein Schimpfwort, sondern verwies auf die Rolle der Juden beim Aufbau des Fußballsports. »Judenclubs« waren der VfR Mannheim und der FC Schalke 04, dessen zweiter Vorsitzender Jude war. Tennis Borussia Berlin hatte die meisten jüdischen Spieler im Kader, und bei Bayern München und Eintracht Frankfurt saßen Juden im Vorstand. Die Eintracht wurde von der Schuhfabrik Schneider finanziert, und vom jüdischen »Schlappeschneider« bekamen die Frankfurter »Juddebube« den Spitznamen »Schlappekicker«.

Rosa Emmas Onkel Benni, ein fußballverrückter Kaufmann aus Frankfurt, hatte Fritz lange gedrängt, er müsse mit ihm einmal ins Stadion am Riederwald gehen. Fußball war ein Massensport geworden, doch Fritz pflegte die Vorurteile seiner Jugend und mochte sich nicht von der »englischen Krankheit« anstecken lassen. Als er schließlich nachgab, bat er Peter Bittmann, ihn zu begleiten. Es war der 13. Spieltag der Süddeutschen Meisterschaft. Im Stadion staunte Fritz nicht schlecht, als er sah, wie Frankfurter SA-Männer den Judenclub anfeuerten. Da er in der Halbzeitpause Peter das Sonnenberger Dorfgerücht erzählt hatte, der evangelische Pfarrer sei der NSDAP beigetreten, wollte Peter mit der Rede von Pfarrer Weisel beweisen, dass es unter den Pfarrern ebenso Judenfreunde gab wie die Frankfurter »Juddebube« Anhänger bei der SA hatten. Die Eintracht gewann das Spiel mit 2:1 durch die Tore von Karl Ehmer und Joseph Kron.

Wie es anfing, bleibt im Dunkeln. Lina war schüchtern und unerfahren, er war 23 Jahre älter, und nach zehrenden Nächten, in denen er stocksteif neben Rosa Emma lag, erschien sie ihm eines Morgens im Halbschlaf. Er sah Linas schlanken Körper, die kleinen Brüste, und er wagte nicht, die Augen zu öffnen, damit das Bild nicht verschwinde. Sicher machte Fritz den ersten Schritt. Legte ihr die Hand auf die Schulter, als sie im Hof Wäsche aufhängte. Sie sah ihn an und wurde rot, während in ihm eine Wärme hochkroch, die er lange nicht gekannt hatte. Beim zweiten Mal berührte er ihre Hüfte, und als sie ihn wieder nur ansah und rot wurde, zog er sie an sich und küsste sie.

Vor Rosa Emma konnte er es nicht verbergen. Immer wenn er sie ansah, fragte er sich: Weiß sie es? Er wollte Lina berühren, er war in seinem eigenen Haus, wollte nicht mehr warten, bis er mit ihr allein war. Sich zu beherrschen fiel ihm schwer. Rosa Emma weinte, als er ihr von Lina erzählte. Später scheint es, als habe Lina für sie nie existiert. In den zwanzig Jahren, in denen ich Rosa Emma erlebe, fällt der Name kein einziges Mal. Auch Kurt hat Lina vergessen. Dass der Vater eine Affäre hatte, bleibt für ihn unvorstellbar.

Nach Fritz' Tod hat Rosa Emma auch Lina begraben. Gemessen an dem, was noch kommen sollte, war die Liebesgeschichte zwischen Fritz und dem Hausmädchen kein Drama. Aber wie erging es Rosa Emma damals? Sieben lange Jahre blieb Lina Fritz' Geliebte – bis zu seiner Verhaftung.

Am zweiten Tag von Rosch Haschana, nach dem jüdischen Kalender war es der 2. Tischri 5692, war die Synagoge voller als gewöhnlich. Das Neujahrsfest feiert man an zwei Tagen, doch vielen Betern reicht der überlange Gottesdienst des ersten. Allein dieses Jahr gab es zwei triftige Gründe, auch am zweiten Feiertag zusammenzukommen. Zum einen wurde nicht wie üblich am ersten Feiertag der Schofar geblasen, weil er auf einen Schabbes fiel. Dann gab es da noch die Ereignisse von Berlin.

Emil hatte Rabbi Lazarus selten so erregt erlebt. »Berliner Juden«, rief er, »sind nach dem gestrigen Gottesdienst vor der Synagoge von Nationalsozialisten angegriffen und schwer verletzt worden.« Die Stimme des Rabbiners zitterte, als er Psalm 83 sprach: »Sieh, deine Feinde toben, die dich hassen, erheben das Haupt. Gegen dein Volk ersinnen sie listige Pläne und ratschlagen gegen die, die bei dir Schutz suchen. Sie sagen: wir wollen dieses Volk ausrotten. Niemand mehr soll sich an Israel erinnern!«

Saul Lilienthal nannte die Ereignisse »eine Schande für Deutschland« und rief die Jugend der Gemeinde auf, der Jiu-Jitsu-Gruppe des RjF beizutreten, damit sie sich auf der Straße verteidigen könne. Dann blies er den Schofar mit einem lang gezogenen und einem dreigeteilten Ton sowie einem Stakkato aus neun Tönen. Der Schofar ruft die Juden zu innerer Einkehr. So wie Lilienthal ihn an diesem Morgen blies, klang es wie ein schriller Weckruf.

Am Nachmittag des 12. September 1931 waren 500 SA-Männer über den Ku'damm marschiert und hatten mit dem Ruf »Juda verrecke!« Juden und Passanten angegriffen, die sie für Juden hielten. Joseph Goebbels hatte eine »Judenaktion« gegen das »vornehme Judenghetto« in Charlottenburg angeordnet. Während der Krawalle fuhr der Berliner SA-Chef von Helldorf im offenen Wagen über den Boulevard und befahl seinen Leuten, jüdische Modegeschäfte sowie das Künstlercafé Reimann zu stürmen. Obwohl die Polizei mehrere SA-Männer festnahm und ihre Sturmlokale schloss, war die Aktion ein Erfolg, denn in den folgenden Wochen verdreifachte sich die Mitgliederzahl der Berliner SA durch den Zustrom tausender Arbeitsloser, die voll Inbrunst das Berliner SA-Lied sangen: »Im Arbeitsschweiß die Stirne, den Magen hungerleer. Die Hand voll Ruß und Schwielen umspannet das Gewehr. So stehn die Sturmkolonnen zum Rassenkampf bereit. Erst wenn die Juden bluten, erst dann sind wir befreit.«

Der Schrecken, der der national gesinnten Mehrheit der deutschen Juden in die Glieder fuhr, rührte jedoch nicht vom zunehmenden Naziterror her, sondern von der Gleichgültigkeit, mit der das republikanisch gesinnte Bürgertum den Ereignissen begegnete. Der Vorstand des Centralvereins versuchte vergeblich, zu Reichskanzler Brüning vorzudringen, um ihn zu einer Stellungnahme gegen den Antisemitismus zu bewegen. Der Berliner Polizeipräsident Albert Grzesinski (SPD) gab zwar zu, dass er die Warnungen des Centralvereins nicht ernst genommen habe, nannte es aber gleichzeitig unpassend, wenn sich vor den Augen der Arbeitslosen jüdische Frauen am Neujahrsfest »mit Schmuck und Pelzen behängen«. Graf von Helldorf wurde zu einer Geldstrafe verurteilt.

Ab 1932 spürte Fritz den Zeitgeist auch im Geschäft. Er vermisste Gesichter, die er gewöhnlich an der Ladentheke bedient hatte. Fritz und Emil sprachen jetzt öfter beim Abendbrot über Politik. Kamen die Kunden wegen der antijüdischen Gesinnung oder wegen der besseren Angebote der Konkurrenz nicht mehr zu ihnen?

Fritz begegnete dem Umsatzrückgang durch eine Ausweitung des Kaffeegeschäfts. Er belieferte die umliegenden Gasthäuser bis weit hinauf in den Taunus mit seiner selbst gerösteten Mischung. Auf Zuckertütchen, die mit dem Kaffee serviert wurden, stand sein Spruch: »Sonnenbergs Wälder und Auen locken zum Schauen – drum auf nach Sonnenberg! Emil Neumann – gegründet 1829«. Wenn Fritz neben den Kriegsauszeichnungen auf etwas stolz war, dann darauf, dass er das älteste Geschäft der Gegend führte.

Er fuhr sonntags wieder öfters in die Stadt und traf sich im Hinterzimmer des Café Maldaner mit den Kameraden des RjF. Es gab nur noch ein Thema, die Organisation des Abwehrkampfs gegen die antisemitische Hetze. Es war ein zäher Kleinkrieg, den sich die jüdischen Aktivisten und die Freunde vom Reichsbanner mit der SA lieferten. Lud die Kriegsgräberfürsorge neben christlichen Pfarrern den Rabbiner zu einer Veranstaltung ein, hingen an den Nazilokalen Anschläge, in denen »deutsche« Vereine, Turner, Sänger und Kriegsveteranen zum Fernbleiben aufgefordert wurden: »Seht Euch den Bund jüdischer Frontkämpfer an! Jüdische Leitung der Großloge in Paris hat den Weltkrieg entfacht. Jüdischer Händlergeist war der Nutznießer des Krieges. Jüdischer Marxismus hat verräterisch den Krieg zu unserem Leid beendet. Jüdische Raffgier hat unser Volk in 13-jähriger Nachkriegszeit bis aufs Letzte ausgesogen. Jüdische Keckheit wirkt sich jetzt in der Kriegsgräberfürsorge aus.«

Saul Lilienthal und Berthold Guthmann sprachen an den Wochenenden in Kleinstädten und Dörfern vor fünfzig oder auch fünf Zuhörern über die Ziele des RjF. Begleitet wurden sie von der Opernsängerin Hertha Hirsch-Bramßen, die an der Wiesbadener Oper täglich auf die Kündigung wartete. Durch die Landtagswahl im April hatte die preußische Landesregierung unter Otto Braun die Mehrheit verloren. Gemeinsam mit der KPD, die von dem späteren DDR-Präsidenten Wilhelm Pieck geführt wurde, blockierten die Nationalsozialisten die Bildung einer neuen Regierung. Der *Schild* listete schon im Sommer 1932 über 30 Städte auf, deren Theater das Attribut »judenrein« trugen, darunter »auf Beschluß des preußischen Landtages die Staatstheater in Berlin, Kassel und Wiesbaden«.

Fritz trug jetzt auch im Laden das Eiserne Kreuz am Revers. »Tragt eure Kriegsauszeichnungen!«, hieß es im *Schild*. »Tagtäglich begegnen uns Knaben und Jünglinge, geschmückt mit dem Hakenkreuz. Wir haben unter Einsatz des Lebens das Eiserne Kreuz erworben. Weil heute in weiten Kreisen des deutschen Volkes die Ansicht besteht, dass der, der ein Hakenkreuz trägt, ein besonders achtenswerter Zeitgenosse ist, wollen wir erproben, ob unser im Existenzkampf des deutschen Volkes erworbenes Kreuz und seine Träger nicht vielleicht doch höher geachtet werden.« Auch das Fliegerbuch mit Fritz auf dem Titel wurde neu aufgelegt.

Noch lieber als im Abwehrkampf verbrachte Fritz seine Zeit mit Lina. Längst sprach man in Sonnenberg hinter kaum mehr vorgehaltener Hand über die Affäre und bedauerte die »arme Rosa Emma«. Auch Emil musste sich beim Stammtisch Geschichten über den Schwiegersohn anhören. Fritz führte Lina in aller Offenheit in Cafés und spazierte mit ihr durch den Kurpark. Da er neben Frauen auch schnelle Autos liebte, legte er sich einen Adler Standard 6 zu, eine schwarze Limousine mit einem 50-PS-Motor. Lina schwärmte zeitlebens von den Ausfahrten in dem eleganten Automobil, mit dem Fritz sie einmal sogar nach Stuttgart in die Staatsoper entführte.

An die Pfeile kann sich Kurt noch erinnern: »Ich sah sie auf Zetteln, die im Laden lagen«, erzählt er. »Die Rollläden waren heruntergelassen, und der Papa hatte eine Petroleumlampe angemacht. Dann kamen uniformierte Männer herein.«

Außer wenn Peter Bittmann Maß nahm, waren die Rollläden sonntags immer geschlossen. So schöpfte an dem heißen Julimorgen niemand Verdacht. Kurt spielte im Hof, als jemand an das Tor klopfte. Fritz öffnete und verschwand mit dem Besucher im Geschäft. Das wiederholte sich einige Male.

Kurt schlich hinein. Die Augen brauchten Zeit, sich an die Dunkelheit zu gewöhnen. Die Männer saßen auf Holzstühlen vor der Ladentheke. Fritz hatte eine Weinkiste verkehrt herum aufgestellt, auf der die Flugblätter mit den drei Pfeilen lagen. Bis auf Fritz trugen alle Männer grüne Hemden, einen Lederriemen über der Schulter und schwarze Hosen, die an den Oberschenkeln ausgebeult waren wie die von der SA. Kurt erkannte Rudolf Baum.

Die Uniformierten gehörten zu den Schufos, den Schutzformationen des Reichsbanners, die nach der letzten Reichstagswahl gegründet worden waren. Die Überfälle der SA auf Wahlkampfveranstaltungen und Lokale der republiktreuen Parteien hatten die Führung des Reichsbanners veranlasst, für den Straßenkampf geeignete Männer in einer Truppe zu sammeln, die sich durch Feldmärsche und militärische Übungen auf den Bürgerkrieg vorbereitete. Die drei Pfeile waren das Logo der Eisernen Front, eines Zusammenschlusses von Sozialdemokraten, Reichsbanner, Gewerkschaften und Arbeitersportvereinen – das letzte Aufgebot der SPD.

Vor drei Monaten noch war Fritz in Hochstimmung gewesen. Er hatte die Tür der Mokkastube im Maldaner hinter sich zugezogen und stand noch im Mantel, als Berthold Guthmann auf ihn losstürmte.

»Mensch, Fritz, was sagste jetzt?« Guthmann packte ihn an den Schultern.

»Was soll ich wozu sagen?«, fragte Fritz. Die Kameraden starrten ihn erwartungsvoll an. War Berthold noch mal Vater geworden? Stand Eintracht Frankfurt im Finale um die Süddeutsche Fußballmeisterschaft?

»Habt ihr kein Radio?«, fragte Guthmann, »Groener hat die SA verboten.« Fritz hatte nichts gehört, aber Emil, der Radio hörte, hätte ihm die Nachricht sicher nicht vorenthalten. Machte Berthold Scherze? War heute der 1. April? Er bemerkte, dass Schaumwein auf den Tischen stand.

»Wer hat die SA verboten?«, fragte Fritz.

»Die Regierung«, sagte Guthmann und lachte.

General Wilhelm Groener, der Innen- und Reichswehrminister, der als einziges Kabinettsmitglied der Regierung Brüning eine Abordnung des Centralvereins und des RjF empfangen hatte, hatte Hitlers Privatarmee verbieten lassen, nachdem Dokumente aufgetaucht waren, die belegten, dass die Nazis einen Umsturz vorbereiteten. Groener war kein Unbekannter. Nach der Entlassung Ludendorffs hatte er 1918 als »Erster Generalquartiermeister« die Demobilisierung der Armee organisiert. Er hatte den Kaiser zur Abdankung gedrängt und mit dem Sozialdemokraten Ebert ein Bündnis geschmiedet, um Deutschland »vor dem Bolschewismus zu retten«. Im Dezember 1918 und im Januar 1919 schlug die Reichswehr zahlreiche Revolten von Matrosen und Arbeitern nieder. Reichskanzler Ebert billigte das brutale Vorgehen gegen die Anhänger der KPD und der Unabhängigen Sozialdemokratischen Partei Deutschlands (USPD), was einen nachhaltigen Hass zwischen KPD und SPD entzündete. Groener musste noch 1919 den Oberbefehl über die Reichswehr niederlegen, weil er durch den Pakt mit der SPD das Vertrauen des Offizierskorps verloren hatte. Danach gehörte er als parteiloser Minister verschiedenen Regierungen an.

»Wer hat uns verraten? Sozialdemokraten!« Der Schmähruf der Kommunisten war auch in meiner Jugend noch populär. Ich schleudere ihn 1980 auf dem Bonner Marktplatz dem sozialdemokratischen Bundeskanzler Helmut Schmidt entgegen und bin mächtig stolz, als er mich daraufhin als »junger Freund« anspricht und gehörig abkanzlert.

Die Kameraden des RjF besprachen die Ereignisse. Auch in Wiesbaden hatte die Polizei am 14. April 1932 die Quartiere von SA und SS besetzt. Man erwartete, dass Hitler seine Anhänger zum Widerstand aufrufen werde, doch der zog es vor, sich nach außen hin an Recht und Gesetz zu halten.

Drei Tage nachdem er zum zweiten Mal die Reichspräsidentenwahl gegen Hitler gewonnen hatte, unterzeichnete Hindenburg das SA-Verbot. Konnte man sich auf den greisen Feldmarschall verlassen? Im RjF wurde voller Pathos über den einstigen Oberbefehlshaber diskutiert. Die Haltung der Juden zu Hindenburg schwankte zwischen Verehrung und Verzweiflung. Einerseits traf sich der Alte offiziell mit Hitler, andererseits appellierten Centralverein und RjF an Hindenburg, er möge ein Machtwort gegen den Antisemitismus sprechen.

Emil schwärmte nach der morgendlichen Zeitungslektüre immer öfter vom Leben im Kaiserreich. Heutzutage wurden jüdische Studenten aus Universitäten geprügelt, Kinos, die Antikriegsfilme zeigten, oder Theater, die jüdische Autoren spielten, wurden demoliert; irgendwo prügelte immer gerade ein Nazi einen Kommunisten tot oder umgekehrt. Dennoch hellten sich die Aussichten im Frühjahr 1932 auf. Es schien, als wäre die Republik noch rechtzeitig erwacht.

Doch schon im Sommer war die gute Laune verflogen. Nicht allein dass Eintracht Frankfurt im Endspiel um die Deutsche Meisterschaft gegen den FC Bayern München mit 0:2 verloren hatte, was den Bayern den ersten Meistertitel bescherte. Schwerer wog die Wirtschaftskrise, die die Bevölkerung in tiefe Depression stürzte. Zwischen 1930 und 1932 war die Arbeitslosenzahl von drei auf sechs Millionen gestiegen.

Auch in Wiesbaden wurden öffentliche Suppenküchen eingerichtet. Die Schlangen der Frauen vor den Lebensmittelläden wurden immer länger, während die Männer die Tage auf den Fluren des Arbeitsamts verbrachten und die Abende in der Eckkneipe, wo sie die Stütze vertranken. Das deutsche Arbeitslosengeld reiche aus, um zehn Jahre lang daran zu verhungern, schrieb ein amerikanischer Journalist. In der Zeitung las man von Bankern und Industriellen, die Selbstmord begingen; auch Fritz hörte von Kollegen, die aus Verzweiflung mit der ganzen Familie in den Tod gegangen waren. Die Inflation und die Arbeitslosigkeit zermürbten die Menschen. Sachliche Erklärungen für die Krise wollte niemand hören, stattdessen wuchs die Sehnsucht nach Erlösung.

In dieser Situation lief der »Führer der NSDAP« zur Hochform auf. Hitler besaß Charisma, rhetorisches Talent und einen psychologischen Instinkt. Er flog durch das Land und sprach bis zu fünfmal am Tag, jeweils in einer anderen Stadt. Wo er sich ankündigte, kamen Hunderttausende, ihn zu hören. Dabei hielt er sich geschickt aus den Niederungen der Tagespolitik heraus. Politische Lösungen verkündete er nicht. »Schweigt mir mit euren Tagesfragen!«, lautete seine Maxime. Stattdessen zog er über die her, die Schuld hätten am Elend der Republik: die Alliierten, die Systemparteien, die Marxisten und die Juden. So wie er zitterte, schwitzte und sein Pathos herausschrie, spürte man, dass er daran glaubte, vom Schicksal auserwählt zu sein, um Deutschland zu retten.

Im Juni drängte Hindenburg Brüning zum Rücktritt und ernannte den Aristokraten Franz von Papen zum Reichskanzler. In Hindenburgs Augen hatte Brüning zu sehr um die Unterstützung der Sozialdemokraten gebuhlt. Papen dagegen träumte von einer Koalition der Rechten aus Zentrum, Deutschnationalen und Nazis. Um Letzteren entgegenzukommen, hob er das SA-Verbot auf, doch Hitler wähnte sich im Aufwind und verweigerte die Zusammenarbeit. Deutschland war keine parlamentarische Demokratie mehr. Die Fäden zogen die Berater des Reichspräsidenten, Günstlinge aus dem Adel, die dem senilen »Ersatzkaiser« ihre Politik einredeten. »Kabinett der Barone« taufte die SPD-Zeitung *Vorwärts* die Papen-Regierung.

»Wiesbadener Kronen-Brauerei, Prima Lagerbiere, Kronen-Gold nach Pilsener Brauart, Doppel-Krone nach Münchener Brauart« stand auf einem Schild in der Sonnenberger Straße, verziert mit einer Bierflasche mit modischem »Plopp«-Verschluss. Der Backsteinbau der Kronenbrauerei lag eine halbe

Stunde Fußweg vom Sonnenberger Ortszentrum entfernt. Auf der gegenüberliegenden Wiese neben der Kaltwasserheilanstalt Dietenmühle sammelten sich am Abend des 15. Juli 1932 die Kameraden der Eisernen Front von Groß-Wiesbaden. Ein Spielmannszug mit Blechbläsern, Schalmeien und Trommlern stellte sich an die Spitze des Demonstrationszugs. Dahinter liefen die »Grünhemden« mit Fahnen in Schwarz-Rot-Gold und roten Fahnen mit drei weißen Pfeilen. Diszipliniert marschierte die Truppe von etwa 100 Mann nach Sonnenberg, durch die Burg zum Ortsende und zurück zum Rathausplatz.

Fritz stand vor dem Laden, den er an Sommerabenden offen hielt, solange es hell war. Er erkannte Rudolf Baum unter den Marschierern, die die Fäuste in die Luft reckten und »Freiheit« riefen. »Freiheit« – mehr nicht. Rudolf Baum betrat ein Holzpodest, reckte die Faust.

»Mein Vater war ein eher ruhiger Typ«, sagt Anneliese, die damals an der Hand der Mutter auf dem Dorfplatz stand und dem Vater lauschte. »Er war kein Volkstribun. Ich sehe ihn, wie er da oben steht. ›*Wer Hitler wählt, wählt den Krieg*‹ – den Satz habe ich mir gemerkt.«

»Gewaltig hallte gestern Abend der Weckruf der Eisernen Front durch Sonnenberg«, so beschrieb die *Volksstimme* am anderen Morgen die Szene. »Die Bevölkerung des Ortes hat ihr stolzes Bekenntnis zur Sozialdemokratie abgelegt. Den Nazis gelingt es in Sonnenberg überhaupt nicht mehr, noch eine Versammlung zustande zu bringen. Die letzte für Montagabend mit großem Pomp eingeladene Naziversammlung musste mangels Masse abgesagt werden. Vorgestern zählte man noch ganze 12 (in Worten zwölf) Einwohner, die noch belogen werden wollen. Jawohl, die Sonnenberger Arbeiterschaft ist erwacht und wird den nationalsozialistischen Volksbetrügern am 31. Juli die Antwort geben.«

Im Reichstagswahlkampf im Juli 1932 schien zumindest ein Teil der Nazigegner begriffen zu haben, dass man Hitler nur mit dessen eigenen Waffen schlagen konnte. Während die Reden vieler Demokraten nach wie vor mit grauer Tagespolitik gespickt waren, hatte sich die »Kampfleitung« der Eisernen Front dem Niveau des braunen Zeitgeistes angepasst. Die Parolen wurden kürzer und vor allem plakativer. Erst rief man die Bevölkerung zur »Fahnenweihe« auf, dann zum »Fahnenkrieg«: drei weiße Pfeile gegen das Hakenkreuz. Und immer wieder das Wort »Freiheit« in fetten Lettern vor dem muskulösen Oberkörper eines zornigen jungen Mannes, der die Faust ballte – der gleiche Kämpfertyp, der nebenan in SA-Kluft posierte.

»Eine Million Freiheitspfeile fliegen über Deutschland«, behauptete ein Plakat. Eine Million Mitglieder reklamierte die Eiserne Front für sich. Der Wiesbadener SPD-Vorsitzende und Reichstagsabgeordnete Otto Witte sprach auf einer Kundgebung gar von vier Millionen, die man »den 400 000 SA-Männern, auf die Hitler so stolz ist«, entgegensetzen könne.

Allerdings steckte die SPD in einem Zweifrontenkrieg, denn die Kommunisten stellten die Sozis mit den Nazis auf eine Stufe und bezeichneten sie als »Sozialfaschisten«. Sie beschimpften die Führer der Eisernen Front, während sie deren Mitglieder zur Bildung einer »Einheitsfront der Arbeiterklasse« unter Führung der KPD aufriefen. Diese Haltung änderte sich auch nicht, als nach Aufhebung des SA-Verbots der Straßenkampf brutaler denn je wieder aufflammte und die KPD in einen blutigen Bürgerkrieg mit der SA geriet. Allein am 17. Juli 1932, dem »Altonaer Blutsonntag«, gab es 18 Tote; im ganzen Monat starben 86 Menschen bei politischen Auseinandersetzungen, über 1000 wurden verletzt – die Opfer waren »gerecht« auf Kommunisten und Nazis verteilt.

Reichskanzler von Papen mühte sich weiter um Hitlers Gunst. Am 20. Juli holte er zum »Preußenschlag« gegen die verhasste Republik aus. Mit einer Notverordnung setzte er die Landesregierung ab und ernannte sich selbst zum Reichskommissar für Preußen. Der »Altonaer Blutsonntag« diente Papen als Beleg für die Gefährdung »der öffentlichen Sicherheit und Ordnung in Preußen«, obwohl er selbst die Eskalation der Gewalt durch die Aufhebung des SA-Verbots erst herbeigeführt hatte. Mit der Regierung von Otto Braun fiel die letzte Bastion der »Weimarer Koalition« aus SPD, Zentrum und DDP, die zudem mit der gut ausgebildeten preußischen Polizei über die einzige Truppe verfügte, die in der Lage war, der SA auf der Straße entgegenzutreten.

In Wiesbaden wurden die »Schutzformationen« von einem Polizei-Offizier trainiert, den die Nazis fürchteten. Die jüdischen Kaufleute begannen für die Bewaffnung der Schufos zu sammeln. Auch Fritz gab gerne und reichlich, so dass über 100 000 Reichsmark zusammenkamen. Überall im Reich warteten zornige Reichsbannermänner auf das Signal zum Losschlagen. Doch die Führer der Eisernen Front wichen zurück. Sie hatten Angst, in einem Bürgerkrieg zwischen die Fronten von SA und Reichswehr zu geraten, und einen Generalstreik trauten sie sich bei sechs Millionen Arbeitslosen nicht zu.

Vollmundig hatte der Reichsbanner-Vorsitzende Karl Höltermann bei der Gründung der Eisernen Front erklärt: »Das Jahr 1932 wird unser Jahr sein, das Jahr des endlichen Sieges der Republik über ihre Gegner. Nicht einen Tag, nicht eine Stunde mehr wollen wir in der Defensive bleiben – wir greifen an! Angriff auf der ganzen Linie! Heute rufen wir – morgen schlagen wir!«

Nach dem »Preußenschlag« notierte Goebbels in sein Tagebuch: »Man muss den Roten nur die Zähne zeigen, dann kuschen sie. SPD und Gewerkschaften rühren nicht einen Finger. Es laufen zwar Gerüchte von einem bevorstehenden Reichsbanneraufstand, aber das ist ja alles Kinderei. Die Roten haben ihre große Stunde verpasst. Die kommt nie wieder.«

Vor zwei Jahren hatte Fritz den »roten Zaren« bei den Befreiungsfeiern auf dem Wiesbadener Schlossplatz erlebt. Otto Braun war zwei Köpfe größer als Fritz, ein sturer Ostpreuße, autoritär und machtbewusst, der Gegenspieler des rheinischen »Separatisten« Adenauer, der Präsident des preußischen Staatsrats war. Braun verkörperte, was Fritz heilig war, die preußische

Strenge, die er als Turner und Soldat geschätzt hatte, und eine unbedingte Treue zur demokratischen Republik. Jetzt saß Braun herzkrank und depressiv in seiner Zehlendorfer Wohnung, trank Alkohol und schluckte Tabletten.

Am Abend des »Preußenschlags« wurden der Berliner Polizeipräsident Albert Grzesinski und sein Stellvertreter Bernhard Weiß verhaftet. Vizepolizeipräsident Weiß, Spitzname »Vipoprä«, war der beliebteste Jude Berlins, der höchste jüdische Beamte der Republik und Intimfeind von Joseph Goebbels. Weiß hatte es im Krieg bis zum Rittmeister gebracht und wurde als Kriminalbeamter republikweit bekannt, weil er die Mörder Walther Rathenaus zur Strecke brachte. Wo immer er konnte, jagte er der SA die Polizei auf den Hals. Goebbels hetzte im Berliner NS-Blatt *Angriff* gegen ihn mit hakennasigen Karikaturen und nannte ihn »Isidor Weiß«. Der »Vipoprä« antwortete mit über 60 Verleumdungsklagen, die er alle gewann. »Mit meinen Nerven bin ich bald am Ende. Die Prozesse machen mich tot«, schrieb Goebbels im April 1931 ins Tagebuch. »Auf meinem Tisch liegen die Ladungen wieder zuhauf. Es ist zum Kotzen.«

Ein Husarenstück gelang Weiß, als er vier NSDAP-Abgeordnete im Reichstag verhaften ließ, weil sie einen ehemaligen Nazi verprügelt hatten, der zur SPD übergelaufen war. Reichstagspräsident Paul Löbe (SPD) rief die Polizei, und Weiß leitete die Aktion persönlich. »Isidor! Isidor!«, hallten die Rufe der Nazis durch das Gewölbe, als sie zusehen mussten, wie der Jude die Parteigenossen abführte. Nach der Polizeiaktion musste Weiß allerdings erschüttert feststellen, dass ihn nicht nur die Nazis, sondern, wie er in der *C.V.-Zeitung* schrieb, »auch gewisse deutsche Juden« angriffen, die der Ansicht seien, »gerade weil ich Jude sei, hätte ich mich fernhalten sollen«. Auf einer Versammlung rief er den Juden zu: »Hüten wir uns vor den Weichlingen, die in einer Zeit wie dieser Zurückhaltung predigen! Freiwillig dürfen wir keinen Schritt zurückweichen.«

Eine Woche vor dem »Preußenschlag« notierte Goebbels: »Der [Weiß] muss nun zur Strecke gebracht werden. Sechs

Jahre lang kämpfe ich gegen ihn. Er ist für jeden Berliner Nationalsozialisten der Repräsentant des Systems. Wenn er fällt, dann ist auch das System nicht lange mehr zu halten. Die Rache ist ein Gericht, das kalt genossen wird.«

Am Abend des 30. Juli zog das letzte Aufgebot der Republik mit der *Volksstimme* unterm Arm durch die Sonnenberger Kneipen. Nebenan im »Burggraf«, wo Kurt mit einem Tonkrug für Fritz und Emil Bier holte, lag das Blatt auf der Theke: »Zerschmettert den Faschismus! Wählt Liste 1!« Vor der Fahne mit den drei Pfeilen schlagen Muskelmänner mit hochgekrempelten Ärmeln und geballten Fäusten auf einen am Boden liegenden imaginären Feind ein. Stark wie die SA, so wollten sich die Sozialdemokraten sehen. Am Tag darauf wählten 42 589 Wiesbadener das Original und brachten den Nazis ein Traumergebnis von über 43 Prozent. Jetzt war die NSDAP mit 14 Millionen Wählern in ganz Deutschland die stärkste Partei.

Das Goldsteintal ist mein Revier. Es beginnt hinter einer Reihe weiß getünchter Häuser, die in den 1950er Jahren für Flüchtlinge aus Ostpreußen errichtet worden sind. In den mit Jägerzäunen eingefassten Vorgärten springen Gartenzwerge über die Rabatten. Die Schlaglöcher auf der regennassen Straße sind so tief, dass meine Füße bis zum Knöchel im Wasser versinken. Hinter der Brücke über den Goldsteinbach, der mir durch saftige Wiesen entgegenfließt, beginnt die Wildnis. An den Hängen breitet sich der Buchenwald des Taunus aus. Auf einer Lichtung brennt ein Feuer. Wo das Tal enger wird und ich das Plätschern der Forellenteiche höre, taucht die »Hubertushütte« auf. Ich bestelle Zander auf Safranschaum und einen Rheingauer Riesling. Vor der Terrasse suchen Jugendliche in Gummistiefeln die Wiese nach Fröschen ab.

Als ich Kind war und im Goldsteintal die Heldengeschichten Karl Mays nacherlebte, war die Hubertushütte ein Wirtshaus, das Sonntagsspaziergänger mit Äppelwoi und Rippsche mit Sauerkraut lockte. Vor der Holzbaracke mit Klapptischen und rot-weiß gewürfelten Tischdecken hat sich mir der Duft ungezählter Schnitzel mit Pommes frites in die Großhirnrinde eingebrannt. Bis heute trinke ich Orangenlimonade dazu.

Als Fritz hier sonntags mit Rosa Emma oder Lina in der Frühlingssonne saß, war die »Hubertushütte« eine von Kiefern umstandene Jagdhütte, die ein Ehepaar Schmidt bewirtschaftete. Fritz bestellte Streuselkuchen, trank eine Tasse seines Kaffees und ließ die Zuckertütchen (»Sonnenbergs Wälder und Auen locken zum Schauen …«) zwischen den Fingern rotieren. Vor der Terrasse fuhr ein Pferdekarren vorbei, der Eis ins Dorf brachte. Das Goldsteintal war die Kühlkammer Sonnenbergs. Die Teiche waren vor Jahrhunderten zur Eisgewinnung angelegt worden. Wenn sie im Winter zufroren, wurde das Eis in Blöcken herausgeschlagen und in einem Eishaus gelagert. In unserem Laden stand bis zu meiner Geburt ein mit Zink ausgekleideter Holzschrank für Butter, Margarine und Käse, in dessen Mitte sich das Eisfach befand. Täglich kam ein Fuhrmann mit einem Pferdewagen und lieferte Eis. Alfred Roth, »de Rohde Alfred«, der letzte Sonnenberger Eishändler, brachte noch in den 1960er Jahren Eis zu den Nachbarn, die keinen elektrischen Kühlschrank besaßen.

Silvester 1932 feierten die Mitglieder der Eisernen Front in der »Hubertushütte«. Die Stimmung war verhalten optimistisch, denn in der zweiten Jahreshälfte waren die Nazis abgestürzt. Hitler hatte nach dem Wahlerfolg vom Juli das Amt des Reichskanzlers gefordert, aber Hindenburg ließ ihn abblitzen. Er könne es »vor seinem Gewissen und seinen Pflichten dem Vaterland gegenüber« nicht verantworten, die Regierungsgewalt »der nationalsozialistischen Bewegung zu übertragen, die diese Macht einseitig anzuwenden gewillt sei«, hatte Hindenburg erklärt.

Reichskanzler Papen löste den neu gewählten Reichstag sofort wieder auf und setzte für November Neuwahlen an. Damit trieb er die Nazis in einen ruinösen Wahlkampf, denn mit der Abfuhr bei Hindenburg hatte Hitlers öffentliches Ansehen gelitten und die Wahlkampagne, bei der Hitler in zwei Wochen

50 Städte anflog, trieb die NSDAP in die Pleite. Die Partei sei »überarbeitet, wie eine Kompanie, die zu lange im Schützengraben lag«, notierte Goebbels. Schließlich verschreckten die Nazis auch noch ihre Geldgeber aus der Industrie, als sie sich zur Wahrung des Etiketts »Arbeiterpartei« gezwungen sahen, in einen Streik der Berliner Transportarbeiter einzutreten, den ausgerechnet die KPD begonnen hatte.

Am 6. November verlor die NSDAP zwei Millionen Wählerstimmen und brach in den folgenden regionalen Wahlen weiter ein. Im Dezember verließ Gregor Strasser, der Exponent des »linken« Flügels, die Partei. Es häuften sich die Parteiaustritte, und die SA begann zu meutern, weil sie keinen Sold mehr bekam.

Die Republik schien gerettet, und Fritz konnte sich wieder ganz dem Geschäft widmen. Der Laden »Lebensmittel & Kurzwaren Beckhardt« am Wallertheimer Markt stand seit Februar leer, denn die Eltern Abraham und Franziska waren aus Altersgründen zu Tochter und Schwiegersohn nach Alzey gezogen. Fritz aber wollte die Familientradition in Wallertheim nicht aufgeben, zumal die Geschäfte in Rheinhessen weniger von antisemitischen Stimmungen beeinträchtigt schienen. Er stellte einen arbeitslosen Wiesbadener Kaufmann als Geschäftsführer ein und sah an den Wochenenden selbst nach dem Rechten. Am Silvesterabend 1932 kam er spät zurück. Im Haus brannte kein Licht mehr. Den johlenden Haufen junger Männer, der in der Nacht vorbeizog, hörte er nicht.

Die SA hatte sich in der »Krone« in Stimmung gebracht. Nach Mitternacht saß noch der harte Kern zusammen. »In diesem Jahr bringen wir die Roten zur Strecke«, rief einer der Männer.

»Die verstecken sich im Goldsteintal«, brüllte ein anderer.

»Wer ist dabei?«, rief ein dritter.

Im Nu hatte der halbe Schankraum die Schaftmütze aufgesetzt und drängte zur Tür. »Halt!«, rief Helfrich, »erst noch eine Runde für den Stoßtrupp Goldsteintal.«

Fritz erfuhr erst Tage später, dass acht Kameraden der Eisernen Front mit ihren Frauen auf dem Heimweg von der Silvesterfeier von 25 SA-Männern mit Knüppeln und Eisenstangen zusammengeschlagen worden waren.

Wer hat Angst vorm braunen Mann?

Rosa Emma mochte Schlager. Bei der Hausarbeit trällerte sie »O du lieber Augustin«, und beim Einkaufsbummel bat sie »Schorschl«, mit ihr »im Automobil von Hamburg nach Kiel« zu fahren. Walter Kollos Operettenhit »Die Männer sind alle Verbrecher« passte gut in die Zeit. Die letzte Stunde des Tages gehörte dem Radio.

Am Montag, dem 30. Januar 1933, lief Marschmusik im Reichsrundfunk. Es spielten die Kapellen von SA und »Stahlhelm« vor dem Brandenburger Tor. Hannchen, Emil, Rosa Emma und Fritz lauschten der bewegten Stimme des Reporters. Hitler stand im Fackelschein an einem Fenster der Reichskanzlei und grüßte seine Anhänger. Joseph Goebbels, Rudolf Heß und Hermann Göring waren bei ihm. Der alte Hindenburg stand ein paar Fenster weiter.

Vor vier Monaten hatte der RjF-Vorsitzende Leo Löwenstein dem Reichspräsidenten zum 85. Geburtstag das erste Exemplar des *Gedenkbuchs für die gefallenen jüdischen Soldaten* überreicht. Es war das erste Buch, das im RjF-Verlag seit dem Fliegerbuch erschienen war. »In ehrfurchtsvoller Erinnerung an die auch aus Ihren Reihen für das Vaterland gefallenen Kameraden nehme ich das Buch entgegen und werde es meiner Kriegsbücherei einverleiben«, hatte Hindenburg geschrieben. Fritz hatte den Brief im *Schild* gelesen.

Nun hatte der alte Feldmarschall ausgerechnet Hitler zum Reichskanzler ernannt. Franz von Papen, der zwar das Amt des Reichskanzlers, nicht aber Hindenburgs Vertrauen verloren hatte, hatte den Sinneswandel Hindenburgs bewirkt, welcher dem »österreichischen Gefreiten« nicht über den Weg traute. Hitler und Papen hatten sich am 4. Januar auf Vermittlung eines Bankiers in Köln getroffen. Die Industriellen und die Bankiers waren durch die jüngsten Stimmenzuwächse der KPD beunruhigt. Hitler war wieder ihr Mann, seit er sich von dem antikapitalistischen Agitator Strasser getrennt hatte. In dem Gespräch erklärte Hitler, dass er Kommunisten, Sozialdemokraten und Juden aus dem öffentlichen Leben entfernen werde. Papen schlug die Bildung einer gemeinsamen Regierung vor. Hitler forderte, die neue Regierung müsse durch Neuwahlen bestätigt werden. Papen wand ein, dazu müsse er Hindenburgs Widerwillen gegen Neuwahlen überwinden. Hitler beschied Papen, er könne Hindenburg ausrichten, dass es vorerst »die letzten Wahlen« sein würden.

Am Dienstag rollten offene Lastwagen mit SA am Laden vorbei Richtung Innenstadt. Fritz sah ihnen durch das Schaufenster nach. »Jetzt soll's halt emol de Hidler versuche. Warum aach nit?« oder »Mol sehe, wie lang die jetz widder dranbleibe«, so kommentierten die Kunden die Ereignisse. Emil hatte nach einem Spaziergang durchs Dorf den Eindruck, dass mehr Hakenkreuzfahnen als sonst aus den Fenstern hingen. Am Abend kam Anna Baum in den Laden gerannt und sagte: »De Rudolf is in die Stadt. Des gibt widder Ärjer.«

Die NSDAP hatte für 20 Uhr die Parteigenossen zu einem »Huldigungsmarsch« für den Führer mit anschließender »nationaler Kundgebung« aufgerufen. Bei eisigen Temperaturen zogen tausend Nazis mit Fackeln, begleitet von drei Musikkapellen und einem großen Polizeiaufgebot, um die Innenstadt. Je weiter sie nach Norden marschierten, desto frostiger wurde die Stimmung unter den Zuschauern, die »Rot Front!« und »Nieder mit Hitler!« riefen, als die Demonstration in das von der KPD dominierte Arbeiterviertel einzog. Aus den oberen Etagen regnete es Flaschen und glühende Briketts. Die SA warf die Fackeln in die Fenster, bis die Polizei eingriff und die Nazis auf eine andere Route umleitete.

Am Mittwoch wurde der Reichstag aufgelöst. Am 5. März sollte wieder gewählt werden. Hitler erklärte, er werde zugunsten der Hinterbliebenen getöteter SA-Männer auf sein Gehalt als Reichskanzler verzichten, und Göring, der neue Reichskommissar für das preußische Innenministerium, erließ ein »Demonstrationsverbot für die kommunistische Partei und die ihr angeschlossenen Organisationen«. Den meisten Kommunisten war noch nicht bewusst, dass sie jetzt Illegale waren und es bleiben würden, denn die Regierung hütete sich, vor den Wahlen ein KPD-Verbot auszusprechen, um die KPD-Wähler nicht der SPD in die Arme zu treiben. In der Zeitung standen täglich Berichte über kommunistische Gewalttaten mit Toten und Verletzten. Weder Fritz noch die Kameraden vom Reichsbanner zweifelten an den Geschichten.

Am Abend kam Hitlers erste Rede im Radio. Er bebte förmlich, als er »die kommunistische Methode des Wahnsinns« anklagte, die versucht habe, »das in seinem Innersten zerrüttete und entwurzelte Volk endgültig zu vergiften und zu zersetzen«. Es gehe um die Wiederherstellung von Werten wie Familie, Ehre, Treue, Volk und Vaterland, Kultur und Wirtschaft, Moral und Glauben. »Das Erbe, das wir übernehmen, ist ein furchtbares«, sagte Hitler. »Die Aufgabe, die wir lösen müssen, ist die schwerste, die seit Menschengedenken deutschen Staatsmännern gestellt wurde.« Die »nationale Regierung« werde »die geistige und willensmäßige Einheit« des Volkes wiederherstellen. Hitler sagte nicht konkret, was er vorhatte. Er erklärte das Christentum zur »Basis unserer gesamten Moral«, bat Gott um den Segen und die Hörer um Geduld: »Nun, deutsches Volk, gib uns die Zeit von vier Jahren, und urteile und richte uns!«

»Gut«, sagte Fritz, »er übertreibt zwar, aber reden kann er.«

Am Donnerstag besetzte die Polizei die Berliner KPD-Zentrale und stellte Material sicher, aus dem hervorging, dass die Kommunisten einen Umsturz geplant hätten. In Sonnenberg hielt der »Verein zur Zucht und Pflege der Kleintiere« im »Nassauer Hof« seine Jahreshauptversammlung ab. Da die Kassenlage gut war und es im vergangenen Jahr eine Vielzahl von Preisen gegeben hatte, wurde der alte Vorstand wiedergewählt.

Am Freitag wurde der *Vorwärts* vom Berliner Polizeipräsidenten für drei Tage verboten, weil der Aufruf der SPD zur Reichstagswahl »nach Ansicht der Regierung den Tatbestand des Hochverrats erfüllt habe«.

Am Samstag erließ die »Regierung der nationalen Konzentration« die Notverordnung »Zum Schutze des deutschen Volkes«, mit der sie öffentliche Versammlungen und Zeitungen verbieten konnte, wenn »eine unmittelbare Gefahr für die öffentliche Sicherheit« zu befürchten sei. Darunter fielen Streikaufrufe ebenso wie »offensichtlich unrichtige Nachrichten, deren Verbreitung geeignet ist, lebenswichtige Interessen des Staates zu gefährden«.

Am Sonntag löste Hindenburg auch den preußischen Landtag auf. Hitler wollte in einem Abwasch in Reichstag und Landtag eine Mehrheit bekommen. In Wiesbaden begann die SPD den Wahlkampf mit einer Demonstration der Eisernen Front durch die Innenstadt. Der Chronist der *Volksstimme* entdeckte Kommunisten am Straßenrand, die zusahen, statt sich einzureihen. Der Landtagsabgeordnete Paul Röhle erklärte, die Eiserne Front »sei gerüstet für den Kampf, der in den nächsten Wochen unausbleiblich losbrechen« werde. Konrad Arndt, der eine flammende Rede gegen den »faschistischen Blutterror« gehalten hatte, wurde auf dem Heimweg von Nazis überfallen. In Sonnenberg hielt der Krieger- und Militärverein die Jahreshauptversammlung im Vereinsheim »Zum Philippstal« ab. Der Jugendleiter berichtete, »dass auf den Schießständen des Vereins regelmäßige Übungsstunden im Kleinkaliberschießen wie auch in der Ausübung des Geländesports stattfanden«.

Am Freitag saßen Hannchen, Emil, Rosa Emma und Fritz wieder vor dem Radio. Die deutschen Rundfunksender übertrugen eine Veranstaltung im Berliner Sportpalast, bei der Hitler zum ersten Mal als Kanzler sprach. Erst schilderte Goebbels mit sich überschlagender Stimme, wie die »Masse Mensch« in der Halle auf und ab wogte. Dann kam Hitler. Goebbels machte aus dem Einzug des Kanzlers im Stile eines Sportreporters ein packendes Drama. Als Hitler am Rednerpult angekommen war, riefen die Massen »Heil! Heil! Heil!«.

Hitler begann wie immer mit einem Rückblick auf den Krieg und seiner Berufung zum Retter des seit 1918 zerrissenen deutschen Volkes. »Daher fasste ich damals als ein namenloser und unbekannter Soldat den Entschluss, eine Bewegung zu bilden, die über Stände, Berufe, Parteien und Klassen hinweg das deutsche Volk wieder vereinigen kann.« Er sprach von einer »Verpestung unseres ganzen kulturellen Lebens, der Zersetzung unserer Kultur, der Vergiftung unseres Theaters« und von einer Kunst, die heute Millionen Deutschen nichts mehr sage. Schuld an der Misere trügen »die Männer des November 1918«. »Sie haben vernichtet, was sie vernichten konnten, in 14-jähriger Arbeit, in der sie von niemandem gestört wurden.« Jetzt sei Gefahr im Verzug, sagte Hitler, »deshalb habe ich mich bereit erklärt, am 30. Januar die unterdessen von sieben Mann auf zwölf Millionen emporgewachsene Bewegung einzusetzen zur Rettung des deutschen Volkes und Vaterlandes«.

Erneut vermied er es, über ein konkretes Regierungsprogramm zu sprechen: »Wir wollen nicht lügen und wollen nicht schwindeln. Ich habe es deshalb abgelehnt, jemals vor dieses Volk hinzutreten und billige Versprechungen zu geben.« Stattdessen erklärte er, dass er die »Parteien der Klassenspaltung« vernichten werde. Dann folgte die bekannte Formel: »Deutsches Volk! Gib uns vier Jahre Zeit – dann richte und urteile über uns«, gefolgt von einem nationalsozialistischen Vaterunser für »das neue Deutsche Reich der Größe und der Ehre und der Kraft und der Herrlichkeit und der Gerechtigkeit. Amen.«

Fritz schaltete das Radio aus. Im Wohnzimmer herrschte betretenes Schweigen. Gegen Juden hatte Hitler kein Wort gesagt. Egal, wie man zu ihm stand, es musste einem bei der Rede ein Schauer über den Rücken laufen. Der grenzenlose Jubel der Menschen, der in Hitlers wohlgesetzten Redepausen durch den Äther kam, beeindruckte Fritz. Seit dem August 1914 hatte er keine solche Begeisterung mehr erlebt.

Am Morgen, als er den Laden öffnete, spürte er eine Unruhe, die erst verflog, als er mit Rosa Emma die Galasitzung der »Käuzcher« besuchte, der Fastnachtsabteilung der Sonnenberger Turn- und Sportgemeinde. Das Programm umfasste »Büttenreden und humoristische Zwiegespräche, Revue- und Solotänze der Turnerinnen in rhythmisch-schmissigem Elan, Gesangsdarbietungen in fein pointierter Wiedergabe, närrisch gestaltete Bodengymnastik, ortsgebundene Mundartgedichte – alles begleitet und umrahmt von der anfeuernd-mitreißenden Kapelle Gandhi«. Die Nacht war sternenklar, als meine Großeltern die Turnhalle auf dem Schlossberg verließen.

Die Fastnacht war nicht für alle lustig. Am Rosenmontag stand in der Zeitung, Polizeipräsident Froitzheim sei »um einen Urlaub von einigen Wochen eingekommen. Der Grund soll sein, dass die kommissarische Staatsregierung die Verhältnisse bei der Wiesbadener Polizei wegen der in letzter Zeit vorgekommenen politischen Zusammenstöße überprüfen will.« Göring ersetzte die preußischen Polizeipräsidenten durch SA-Führer. In einem Erlass vom 17. Februar befahl er der Polizei, »gegenüber nationalen Verbänden (SA, SS, ›Stahlhelm‹) das beste Einvernehmen herzustellen« und »jede Betätigung für nationale Zwecke und die nationale Propaganda mit allen Kräften zu unterstützen«, während gegenüber »staatsfeindlichen Organisationen wenn nötig, rücksichtslos von der Waffe Gebrauch zu machen« sei.

Er räumte die Zweifel von Polizisten aus, die unsicher waren, ob sie auf Demonstranten oder streikende Arbeiter schießen durften: »Polizeibeamte, die in Ausübung ihrer Pflichten von der Schusswaffe Gebrauch machen, werden ohne Rücksicht auf die Folgen des Schusswaffengebrauchs von mir gedeckt. Wer hingegen in falscher Rücksichtnahme versagt, hat dienststrafrechtliche Folgen zu gewärtigen. Jeder Polizeibeamte hat sich stets vor Augen zu halten, dass die Unterlassung einer Maßnahme schwerer wiegt als begangene Fehler in der Ausübung. Jede Kugel aus dem Lauf einer Pistole ist meine Kugel. Wenn man das Mord nennt, dann habe ich gemordet. Das alles habe ich befohlen. Ich decke das.«

In Wiesbaden wurden 180 SA-Männer als Hilfspolizisten eingestellt, die mit Gummiknüppel und Pistole bewaffnet und an einer weißen Armbinde zu erkennen waren. Die SA stand jetzt im Staatsdienst und die Polizei im Dienst der NSDAP.

Am Abend des 27. Februar brannte der Reichstag. Noch in der Nacht wurden 4000 Funktionäre von KPD und SPD sowie republiktreue Schriftsteller und Rechtsanwälte aus den Betten geholt und eingesperrt. Die Regierung erklärte den Reichstagsbrand zum »Fanal zum blutigen Aufruhr und zum Bürgerkrieg«. Am nächsten Morgen ließ sich Hitler von Hindenburg die Notverordnung »Zum Schutze von Volk und Staat« unterzeichnen. Die Grundrechte der Verfassung, Meinungsfreiheit, Pressefreiheit, Postgeheimnis und Versammlungsfreiheit, waren außer Kraft gesetzt, die Weimarer Republik so gut wie beseitigt.

Das Haus der Baums »an der Mühlwiese 18« war mit Scheinwerfern angestrahlt. Die Polizei hatte versucht, Rudolf Baum zu verhaften, der seit Stunden im Wald hockte und die Szenerie beobachtete. Die SA hatte alle Sonnenberger Reichsbannerleute, deren sie habhaft werden konnte, festgenommen und erklärt: »Wenn wir den Baum haben, kommt ihr frei.« Rudolf schlich zum Haus eines Nachbarn, tauschte die Uniform gegen Zivilkleidung und blieb die Nacht über.

»Mein Vater hat gewusst, das wird nix mehr«, erinnert Anneliese den Morgen des 5. März, als sie mit den Eltern zur Thalschule ging. Rudolf trug noch einmal die Reichsbanneruniform. Anna Baum hatte die Tochter mitgenommen, weil sie hoffte, dass es dadurch weniger brenzlig für Rudolf würde.

»Vor dem Wahllokal stellte sich ein SA-Mann meinem Vater in den Weg«, erzählt Anneliese. »Ich werde nie vergessen, wie meine Mutter schrie: ›Wenn du meinen Mann schlägst, werden dir die Hände verdorren.‹ Nach dem Krieg stand der

SA-Mann eines Tages bettelnd vor unserer Tür. Er hatte seine Hände verloren.«

Das Wahlergebnis war eine Enttäuschung für Hitler. Er erhielt nur 44 Prozent statt der erwarteten absoluten Mehrheit, so dass er weiter in einer Koalition regieren musste. 17 Millionen Deutsche hatten NSDAP gewählt, aber über 7 Millionen SPD und sogar 5 Millionen KPD, deren Kandidaten, wenn sie nicht geflohen oder untergetaucht waren, im Konzentrationslager saßen.

Nach der Stimmabgabe war Rudolf Baum mit acht Kameraden ins Goldsteintal gewandert, um die Zukunft zu besprechen. In der »Hubertushütte« aßen sie zu Mittag. Rudolf schlug vor, sich zu bewaffnen. Die ständigen Aufrufe der SPD-Parteiführung, bloß nicht den Boden der Gesetze zu verlassen, hielt er für blauäugig. In der Dämmerung gingen sie zum Eishaus. Die SA behauptete, sie sei beschossen worden, als sie sich dem Eishaus näherte. Ein Überfallkommando der Polizei rückte an. Angeblich fand man bei den Reichsbannerleuten »ein feststehendes Messer, einen Dolch, einen Revolver mit sechs Patronen, einen Gummiknüppel und zwei weitere Knüppel, einen Infanteriespaten und schließlich ein großes Beil mit daran befestigter Spitzhacke«. Rudolf Baum gelang die Flucht. Unterwegs warf er die Pistole weg. Tage später erwischten sie ihn und nahmen ihn neun Monate lang im Keller des Wiesbadener Polizeipräsidiums in »Schutzhaft«. In Sonnenberg gab es jetzt keine legale Opposition mehr.

Drei Sonnenberger hatten seit 1928 im Wiesbadener Stadtparlament gesessen, zwei Liberale von der DVP und der Sozialdemokrat Karl Best. »Als der Hitler Reichskanzler wurde, stellte der Karl das Grüßen ein«, erinnert Kurt eine Anekdote, die man sich im Dorf erzählte. Nach und nach verschwand das hessische »Gude« von der Straße und wurde durch »Hei'dler« ersetzt, was in entzerrtem Hochdeutsch »Heil Hitler!« hieß. Best, der daraufhin jegliches Grüßen verweigerte, wurde gefragt, warum er so unfreundlich sei: »Sach emol, kannste nit ›Gude‹ saa?« Best habe geantwortet: »Naa, kann ich nit. Denn wenn ich euch grüß', grüßt'er zerück. Un was ihr saat, des gefälld mer nit.«

Best verlor sein Mandat bei den Stadtverordnetenwahlen am 12. März, bei denen die Nazis die »nationale Revolution« auf kommunaler Ebene vollendeten. Die Polizei genehmigte der SPD eine einzige Wahlkampf-Kundgebung im Paulinenschlösschen, auf der Otto Witte und Konrad Arndt sprachen. Mit 48,5 Prozent fuhr die NSDAP ein Spitzenergebnis ein. Nach der Wahl wurde Oberbürgermeister Georg Krücke (DVP) in »Schutzhaft« genommen, zwei Monate später trat er zurück. Der Nazianhang demonstrierte vor den Behörden und zerrte Stadträte und Beamte aus den Büros. »Das Volk fordert ihr Verschwinden«, schrieb das NS-Blatt *Nassauische Volkszeitung*. »Polizei und SA konnten in guter Zusammenarbeit verhindern, dass irgendwelche Exzesse vorkamen.«

Das Evangelium der Nazis war die Idee der »Volksgemeinschaft«, die Vision einer klassenlosen Gesellschaft. Sie beseelte auch das Vereinsleben. Eine Woche nach der Wahl hielt die Turn- und Sportgemeinde eine Versammlung ab, bei der beschlossen wurde, alle Vereine Sonnenbergs in einer »Interessensgemeinschaft« zusammenzuschließen. Außerdem werde der Turnverein »an der nationalen Kundgebung aus Anlass der Eröffnung des neuen Reichstages« teilnehmen.

Am 21. März, dem »Tag von Potsdam«, trat der neu gewählte Reichstag in der Potsdamer Garnisonkirche zusammen, der Ruhestätte Friedrichs »des Großen« und einem Symbol preußischer Herrlichkeit. Es war der Jahrestag, an dem Bismarck 1871 den ersten Reichstag des Kaiserreichs einberufen hatte. Joseph Goebbels, der Reichsminister für Volksbildung und Propaganda, führte Regie. Nach einem evangelischen Gottesdienst schritten Hindenburg und Hitler durch ein Meer von Fahnen zur Reichstagssitzung. Der Präsident trug die alte Marschallsuniform und der Kanzler einen schwarzen Gehrock. Die Zentrums-Abgeordneten schlichen währenddessen durch einen Nebeneingang in die benachbarte katholische Kirche zu einem eigenen Gottesdienst, dem Hitler aus Ärger über die »noch nicht widerrufene« nazikritische Haltung der Bischöfe fernblieb. Die neu gewählten kommunistischen und sozialdemokratischen Abgeordneten fehlten. Reichsinnenminister Frick erklärte, sie seien »durch dringendere und nützlichere Arbeit in den Konzentrationslagern« verhindert.

Es war ein Dienstag, aber Fritz schloss das Geschäft schon am Vormittag, wie es ein Beschluss des Kaufmännischen Vereins vorsah. Widerstand wäre ein Akt der Selbstzerstörung gewesen. Um 10 Uhr begann die Radioübertragung aus Potsdam, die über Lautsprecher auf den Straßen zu hören war. Fritz verriegelte die Tür und beobachtete die Straße. In Sonntagskluft zogen die Familien in die Stadt. Die Kinder hatten schulfrei und winkten mit schwarz-weiß-roten Fähnchen. Die Väter trugen Frack und Zylinder, die Mütter Pelz oder Pepita. Auf dem Marktplatz sammelten sie sich mit Fahnen und Musik.

Pfarrer Dietrich predigte beim Festgottesdienst in der Marktkirche unter dem Motto: »Fürchte dich nicht, geliebtes Land. Der Herr kann große Dinge tun.« Er sagte: »Gott hat einen Mann unter uns gestellt, der es auf sich nahm, das Volk zu sammeln und wieder denken zu lehren, der es auf sich genommen hat, das Trümmerfeld hinwegzuräumen. Noch steht diese Arbeit am Anfang. Es ist aber gerade der Sinn des Glaubens, dass man aus Anfängen Hoffnung schöpft.«

Gott hatte seinen Fehler korrigiert, beim letzten Mal hatte er noch einen Juden geschickt.

Zwei Tage später schlug die Stunde der Katholiken. Hitler drängte den Reichstag, das Recht, Gesetze zu erlassen, Verträge mit dem Ausland zu schließen und die Verfassung zu ändern, der Regierung zu übertragen. Das »Ermächtigungsgesetz« bedeutete die Selbstentmachtung des Parlaments. Für die Verfassungsänderung brauchte Hitler eine Zweidrittelmehrheit. Die 81 Mandate der Kommunisten waren bereits annulliert, 26 Sozialdemokraten saßen in »Schutzhaft«, aber mit den Stimmen der restlichen 94 Sozialdemokraten konnte Hitler nicht rechnen. Es kam auf das Zentrum an. Daraufhin versprach er dem Zentrumsvorsitzenden, dem Priester Ludwig Kaas, er werde ihm schriftlich garantieren, dass die bürgerlichen Freiheiten im Dritten Reich unangetastet blieben. In der Beratung der Zentrumsfraktion lief Exkanzler Brüning zu großer Form auf, als er die Partei beschwor, lieber unterzugehen, als mit Hitler zu stimmen. Noch einmal sprach Kaas mit Hitler, kam aber ohne den versprochenen Text zurück. Der Kanzler habe ihn mündlich überzeugt, erklärte er den Parteifreunden. Hitler hatte seine Mehrheit. Den Sozialdemokraten rief er im Plenum zu, sie würden »nicht mehr benötigt«.

Eine Woche später wurde die erste Sitzung des Wiesbadener Stadtparlaments über Lautsprecher auf den Schlossplatz übertragen. Die kommunistischen Stadtverordneten wurden derweil im Keller des »Braunen Hauses« in der Lessingstraße gefoltert oder saßen schon im KZ. Felix Piekarski, der Kreisleiter der NSDAP, erklärte: »Die Kommunistische Partei, das organisierte Verbrechertum, kommt niemals mehr in ein deutsches Stadtparlament.« Den Sozialdemokraten rief er zu, »das neue Deutschland« werde »von ihnen rücksichtslos Rechenschaft fordern«. Dann ernannte man Hitler zum Ehrenbürger und taufte den Schlossplatz Adolf-Hitler-Platz.

Die Reste der Demokratie waren schnell zusammengekehrt. Die Nazis erhoben den 1. Mai zum »Tag der nationalen Arbeit«, die Führung des SPD-nahen Allgemeinen Deutschen Gewerkschaftsbunds (ADGB) rief in Ergebenheitsadressen an die Regierung die Mitglieder zur Teilnahme an den Maikundgebungen auf. Da in Wiesbaden mit Widerstand gerechnet wurde, holte die SA vorsorglich einige stadtbekannte Gewerkschafter frühmorgens aus den Betten. Rudolf Baum scherzte später, er habe Glück gehabt, da er in der Haft nicht das Gefasel von der Volksgemeinschaft und dem Ende der Klassengegensätze habe anhören müssen. Am nächsten Tag war er seinen

Job los, denn die SA besetzte das Gewerkschaftshaus in der Wellritzstraße. Bücher, Broschüren, Plakate und Fahnen wurden auf der Straße verbrannt, während die Bevölkerung interessiert zusah. Am 10. Mai wurde der ADGB durch die Deutsche Arbeitsfront ersetzt.

Die SPD wurde am 22. Juni verboten. Die anderen Parteien lösten sich freiwillig auf, als letzte am 5. Juli das Zentrum. Hitler hatte versprochen, dass das Christentum das »Fundament des sittlichen und moralischen Lebens« bleibe, und die katholischen Bischöfe nahmen ihre Vorbehalte gegen die Nazis zurück. Seit Ostern verhandelte Vizekanzler Papen mit dem Vatikan. Der Papst hatte Hitler angeboten, die Katholiken von der Politik fernzuhalten, wenn die Kirche ungestört seelsorgen dürfe. Alles schien auf einem guten Weg.

Erinnerte sich noch jemand? März 1925. Das Telegramm des RjF an die Witwe Friedrich Eberts, der neue Reichspräsident möge Deutschland von »Klassenhass und Rassenhass reinigen« und »alle zu einer Volksgemeinschaft einigen«. Acht Jahre war das her. Hindenburg hatte – Ironie des Schicksals – einen Mann für diese Aufgabe gefunden.

Ludwig Freund, der Schriftleiter des *Schild*, beschrieb im Februar 1933, wie das »national empfindende« jüdische Bürgertum die Lage sah: »Hitler steht an der Spitze des Staates. Von Tag zu Tag entfernen sich seine amtlichen Kundgebungen mehr und mehr vom Ton des Parteiführers und verraten die durch die Verantwortung und Einblick in die staatsnotwendigen Dinge beschwerte Sorge des Reichskanzlers. Aber vor ihm steht seine Anhängerschaft, die augenscheinlich seinen Weg von der Parteipolitik zur Staatsverantwortung noch nicht mitgemacht hat. Und so steht der Nationalsozialismus nach wie vor am Scheidewege. Wird es dem Führer gelingen, die Gesinnung seiner Gefolgschaft herumzuwerfen? An die Juden Deutschlands richten wir die Mahnung, mit ruhigem Gewissen und in aufrechter Haltung den Geschehnissen der Zukunft entgegenzublicken. Brutale Zusammenstöße und einzelne Gewalttätigkeiten des Augenblicks sind nicht beweiskräftig für die Entwicklung der Dinge in der Zukunft.«

Unter einer »aufrechten Haltung« verstand Rabbi Stephen Wise, der spätere Gründer und Präsident des Jüdischen Weltkongresses, etwas gänzlich anderes, als er sich zur gleichen Zeit mit den führenden Köpfen des amerikanischen Judentums traf, um eine Protestbewegung ins Leben zu rufen.

Der 27. März war ein Montag und Fritz' 44. Geburtstag. Beim Frühstück wartete ein Blech frisch gebackener Streuselkuchen auf ihn. Die Geburtstage verbrachte Fritz am liebsten im Geschäft, er mochte es nicht, wenn viel Aufhebens um ihn gemacht wurde. Es gab eine Krawatte, ein Paar Manschettenknöpfe, Karten für das Staatstheater, Kurt sagte ein Gedicht auf, Hilde sang ein Lied, das war's.

Zum Mittagessen saß die Familie mit Lina am Tisch, als Fritz verkündete, dass er ein neues Automobil kaufen werde, wieder einen Adler, aber diesmal einen, »der auch fliegt«, grinste er. Rosa Emma drehte am Radio; sie suchte Schlager, als eine schnarrende Stimme brüllte: »Die Juden wollen den Boykott.« Juden hätten in Amerika einen Boykott gegen das Deutsche Reich angezettelt, indem sie Gräuelgeschichten über Schändungen von Friedhöfen und Synagogen verbreiteten, behauptete der Sprecher. Dabei habe Minister Goebbels noch am Morgen vor Vertretern der ausländischen Presse erklärt, die Regierung werde es nicht dulden, dass ein Mensch Verfolgungen ausgesetzt werde, nur weil er Jude sei.

Tatsächlich versammelten sich jüdische und nichtjüdische Amerikaner, Rabbiner, Pastoren, Kongressabgeordnete und Senatoren in Chicago, Boston, Philadelphia, Baltimore, Cleveland und 70 weiteren Städten der Vereinigten Staaten, um gegen die angeblichen Misshandlungen von Juden in Deutschland zu protestieren und die Öffentlichkeit zum Boykott deutscher Waren aufzurufen. Auf der mit 55 000 Menschen größten Kundgebung im New Yorker Madison Square Garden sprachen Rabbiner Stephen Wise, der Gewerkschaftsboss William Green, Senator Robert Wagner, Exgouverneur Al Smith und Vertreter christlicher Kirchen. Wise war Zionist und Bürgerrechtler. Seine erste Anstellung als Rabbiner bekam er im Tempel Emanu-El, wo vor 60 Jahren Samuel Adler, der Reformrabbiner aus Alzey, gepredigt hatte. Rabbi Wise hatte einen guten Draht zu Präsident Franklin D. Roosevelt.

In der Zeitung stand, die Regierung versuche, die antideutsche Propaganda abzuschwächen. Göring wies Meldungen zurück, Ausländer würden in Deutschland belästigt. Der Polizei, sagte er, sei seit einer Woche nichts dergleichen gemeldet worden. Göring versprach, »dass der jüdische Geschäftsmann in Ruhe seinen Geschäften nachgehen könne. Jüdische Beamte seien nur dann entlassen worden, wenn sie Sozialdemokraten waren.«

Die Zeitung veröffentlichte auch ein Telegramm des RjF an den amerikanischen Botschafter in Berlin: »Wir erhielten Kenntnis von der Propaganda, die in Ihrem Land über die angeblichen Gräueltaten gegen die Juden in Deutschland gemacht wird. Wir legen Wert auf die Feststellung, dass die Behörden in allen uns bekannt gewordenen Fällen energisch gegen Ausschreitungen vorgegangen sind. Es ist aber unseres Ermessens auch an der Zeit, von der unverantwortlichen Hetze abzurücken, die von sogenannten jüdischen Intellektuellen im Ausland gegen Deutschland unternommen wird.«

Eine Delegation mit Vertretern deutsch-nationaler und zionistischer Organisationen reiste im Auftrag Görings nach London, um die angloamerikanische jüdische Welt von den guten Absichten der Nazis zu überzeugen. Vor der Abreise hatte Göring gedroht, er könne nicht mehr für die Sicherheit der deutschen Juden garantieren, wenn die Lügen im Ausland nicht aufhörten. »Dr. Wise ist einer unserer gefährlichsten und skrupellosesten Gegner«, sagte er. Der Protest im Ausland zeigte offenbar Wirkung. Die Regierung fürchtete um den deutschen Export.

Nach der Versammlung im Madison Square Garden kündigte die NSDAP für den 1. April eine »Abwehrmaßnahme gegen Gräuelpropaganda« an. Mit »Wiesbadener Gebabbel« zwischen zwei hessischen Eingeborenen verdeutlichte das *Nassauer Volksblatt* auf seine Weise den Volksgenossen, worum es ging.

Philipp: »Du, saach emol, Schorsch, was is denn des eichentlich, Gräuelpropaganda? Ich maan, des hätts nur während dem Kriech gewwe.«

Schorsch: »Mei Liewer, da bisde awwer schief gewickelt. Wozu hawwe mer dann unser liewe Judde unn ihr brave Brieder, die Kommunisde.«

Philipp: »Was wolle die Stromer dann? Anstatt des se zufridde sin des se de Hitler geschont hot.«

Schorsch: »Siehsde, die Gauner hunn a Ziel. Se wolle des nazionale Deutschland werre kabud mache. Es soll alles werre wern, wies in der verzeeh Verbrecherjohr war.«

Am 1. April standen fünf Nazis in Peter Bittmanns noch unbezahlten Hosen vor der Gemischtwarenhandlung Neumann. Am Tag darauf war es wieder ruhig in Sonnenberg. Lediglich Fotos von Anna Baum und weiteren Frauen hingen an Litfaßsäulen und Häusermauern, weil sie bei Juden gekauft hatten. Drei Wochen später wurden die ersten Wiesbadener Juden ermordet. SA-Männer erschossen den Seidenhändler Salomon Rosenstrauch, nachdem sie ihn schon am Tag des Boykotts schwer misshandelt hatten. Die Mörder brachten die Leiche ins Krankenhaus und verbreiteten, Rosenstrauch sei an einem Herzinfarkt gestorben. Am selben Abend erschossen sie Max Kassel, der in der Webergasse ein Geschäft für Butter, Milch und Eier betrieb. Fritz kannte beide gut. Rosenstrauchs Haus »Seidenspinner« in der Wilhelmstraße war die erste Adresse für feine Stoffe. Kassel war Sozialdemokrat.

Jüdische Nazis

Als Kurt an Ostern 1933 eingeschult wurde, erhielt er statt einer Schultüte einen süßen Hefebrezel, der ein ganzes Backblech füllte. An Rosa Emmas Hand tippelte er zur Thalschule, vorbei am Kriegerdenkmal von 1870 und der historischen Thalkirche.

Das Fräulein Hechler war eine kleine knochige Person, die Haare verknotet, in engem Rock und beiger Bluse, zugeknöpft bis zum Hals. Über dem Herzen trug die Lehrerin das Parteiabzeichen, einen goldenen Eichenkranz, darin silbern auf rotem Grund der Schriftzug National-Sozialistische-D.A.P., in der Mitte ein auf der Kante stehendes Hakenkreuz. Das Fräulein Hechler stand, die Hände im Schritt gefaltet, vor einer schwarzen Tafel, auf die sie »Heil Hitler, Kinder!« geschrieben hatte. Sie sprach über die Freude, die sie über die ersten ABC-Schützen des neuen Reiches empfinde. »Viel mehr ist nicht passiert«, erinnert Kurt den ersten Schultag. Die Lehrerin sei enttäuscht gewesen, dass bislang nur drei Knaben der Hitlerjugend beigetreten waren. Nach dem Mittagessen teilte Rosa Emma den Schulbrezel, und Kurt brachte, wie es Tradition war, die Stücke zu den Nachbarn, die ihm dafür Süßigkeiten schenkten.

Das Fräulein Hechler war eine »alte Kämpferin«; sie hatte die »Kampfzeit« mitgemacht, als die NSDAP noch eine, wie Goebbels es nannte, »verfemte und verlästerte Partei« war. Kurt war der einzige Jude in der Klasse, und das Fräulein setzte ihn an einen Einzeltisch in der letzten Reihe. Wenn der Pfarrer Religionsunterricht gab oder die Klasse an Weihnachten des »Führers« Lieblingslied *Stille Nacht, heilige Nacht* anstimmte, stand Kurt auf dem Flur. Ansonsten beachtete ihn das Fräulein nicht weiter. Kurt spornte das an. Er spürte, dass er sich anstrengen musste, um ihre Aufmerksamkeit zu bekommen. Eines Tages stand er in kurzen Hosen vor der Schule, hüpfte von einem Bein auf das andere, bis er sie kommen sah. »Mein Babba ist ins Braune Haus«, rief er mit stolz geschwellter Brust dem Fräulein entgegen.

Am 7. April war mit dem »Gesetz zur Wiederherstellung des Berufsbeamtentums« der »Arierparagraph« in das deutsche Recht eingeführt worden. »Beamte, die nicht arischer Abstammung sind«, waren »in den Ruhestand zu versetzen«. Ausgenommen waren die Beamten, »die im Weltkrieg an der Front für das Deutsche Reich oder seine Verbündeten gekämpft« hatten. »Scham« und »Schmerz« beherrschten die Kommentare der jüdischen Zeitungen. »Wir dürfen diesem Land nicht mehr dienen!« Das verletzte mehr als Hass und Gewalt.

Tausende jüdische Beamte wurden entlassen, aber selbst die Nazis waren überrascht über die hohe Zahl, die bleiben konnte, weil sie Frontsoldaten gewesen waren. Ein Erfolg, den sich der RjF auf die Fahnen schrieb. In einem *Aufruf an die deutschen Juden* hieß es: »Unser Bund ist das wirksamste Instrument der jüdischen Selbstverteidigung. In unserer Eigenschaft als Frontsoldaten haben wir uns herausgestellt und um die Anerkennung der Rechte der Gesamtheit deutscher Juden gerungen. Wir empfanden uns als Treuhänder und Exponenten aller deutschen Juden. Dass wir nicht vergeblich gearbeitet haben, beweist der Erfolg. Wir haben tausende jüdischer Existenzen gerettet.« Der Aufruf war Ausdruck des Kampfes zwischen dem Centralverein, den Zionisten und dem RjF um die Vertretung der Juden gegenüber der neuen Regierung. Der RjF beanspruchte die Führungsrolle, weil die Frontsoldaten das höchste Ansehen genossen. Ludwig Freund bedauerte, »dass die nationalsozialistische Weltanschauung als solche schon in ihren Anfangsgründen viele Juden angezogen haben würde, wenn sie nicht den Kampf gegen die Juden im eigenen Lande zum Programm erhoben hätte«.

Als Freunds Bekenntnis zum Nationalsozialismus unter dem Titel *Deutschtum und Judentum* im *Schild* erschien, saß Fritz bereits im Zug nach Berlin. Mit einer Droschke fuhr er vom Anhalter Bahnhof zur Geschäftsstelle des RjF am Ku'damm.

Freund öffnete, gab Fritz die Hand und rief dem RjF-Vorsitzenden Leo Löwenstein über die Schulter zu: »Unser Richthofen ist da!«

Löwenstein und Freund hatten Fritz dazu bewegen können, in die Bundesleitung des RjF einzutreten. Wie ihnen das gelungen war, bleibt rätselhaft. Auf dem Tisch lag der Durchschlag des Schreibens, in dem Löwenstein dem »hochwohlgeborenen« Herrn Staatssekretär der Reichskanzlei den Besuch einer RjF-Delegation mit »unserem Vorstandsmitglied Fritz Beckhardt, ehem. Flieger«, ankündigte, um über »die Einordnung deutscher Juden in das neue Deutsche Reich« zu sprechen.

Fritz hatte unruhig geschlafen. Nachdem er beim Frühstück die Zeitung überflogen hatte, ging er aufs Zimmer, zog den Dreiteiler über und heftete die Frackschnalle ans Jackett.

Dann nahm er vor dem Spiegel Haltung an, verschränkte die Arme hinter dem Rücken und betrachtete sich. Die Frackschnalle hatte er von einem erfahrenen Juwelier stecken lassen, denn es gab eine gesetzlich vorgeschriebene Reihenfolge, in der man die Ehrenzeichen tragen musste, von links nach rechts das Eiserne Kreuz, den Hohenzollern-Hausorden, die Hessische Tapferkeitsmedaille, das Bayerische Militärverdienstkreuz und das Badische Kriegsverdienstkreuz. Unter die Schnalle steckte er als Solitär das Flugzeugführerabzeichen.

Von der Ruine des Reichstags spazierte Fritz durch das Brandenburger Tor in die Wilhelmstraße, die begrifflich ein Synonym für die Reichsregierung war – ähnlich wie die Wall Street für die New Yorker Börse oder die Downing Street für den Sitz des britischen Premiers. Vorbei am Auswärtigen Amt und dem Preußischen Staatsministerium ging er zur Wilhelmstraße 77 auf dem Weg, den am 30. Januar die Hakenkreuzler marschiert waren.

Die Vorzimmerdame rief die drei herein. Hans Heinrich Lammers, Hitlers rechte Hand, bat sie vor dem Schreibtisch Platz zu nehmen. Löwenstein stellte Fritz als »Fliegerkameraden des Herrn Reichsminister Göring« vor. Nur Löwenstein und

Freund sprachen, während Lammers zuhörte und dabei auffällig den Kopf drehte, da er im Krieg das linke Auge verloren hatte. Das Gespräch dauerte eine halbe Stunde. »Die Herren Löwenstein, Beckhardt und Freund wurden heute von mir empfangen«, notierte Lammers in sein Journal. »Ihre Wünsche bewegten sich in drei Richtungen: 1. Stellung der Juden im Staate, 2. Erziehung der jungen jüdischen Generation zur Wehrhaftigkeit, 3. Berufsgliederung der Juden. Die Herren werden noch ein Schreiben nach hier richten, dessen Inhalt den in Frage kommenden Ressorts übermittelt werden soll.«

Vor der Reichskanzlei trennten sich die Kameraden. Fritz beschloss, im »Kaiserhof« zu Mittag zu speisen. Das Luxushotel aus der Gründerzeit lag direkt gegenüber der Reichskanzlei. Der Portier nahm Haltung an, als er die Frackschnalle und das Fliegerabzeichen gewahrte. Der »Kaiserhof« war ein bekannter Treffpunkt der Völkischen und bis vor Kurzem Hitlers Hauptquartier gewesen. Vor einem Jahr hatte man dem »Führer« im Obergeschoss die deutsche Staatsbürgerschaft verliehen. Auf der Rückfahrt regnete es, und Fritz schlief im Zug bis kurz vor Frankfurt. Als er ins Wohnzimmer trat, waren die Schabbeskerzen schon runtergebrannt.

Ab Juni 1933 galt im RjF das »Führerprinzip«. Der Vorsitzende bekam »das Recht der autoritären Bundesführung«, denn »das Führerprinzip ist für Deutschland eine Errungenschaft der nationalen Revolution. Wenn diese sich ja leider in erheblichem Maße gegen uns deutsche Juden gerichtet hat, so darf uns dies nicht hindern, die großen Vorteile dieses Prinzips für den Staat wie für alle sonstigen Gemeinschaften einzusehen.«

Wie sehr manche Juden den Nationalsozialismus begrüßten, zeigt der *Wegweiser zum totalen Staat*, den »Kamerad Dr. Hans Ries, Hannover«, im September 1933 im *Schild* veröffentlichte. »Die Wendung im politischen Leben des deutschen Volkes ist von weitreichender historischer Bedeutung, weil die Grundlagen eines verflossenen Jahrhunderts aus den Angeln gehoben

Fritz' gesammelte Orden, oben die Frackschnalle, rechts davon die Miniaturnadel

sind und ein neues Fundament gelegt ist, aus dem das Haus des neuen Deutschlands erwachsen wird. Auch wir jüdischen Deutschen können und dürfen die Augen nicht verschließen vor der Wirklichkeit um uns. Wir dürfen unseren Blick auch nicht beengen lassen durch die harten Schicksalsschläge, die die Wandlung des politischen Lebens für uns zur Folge hatte.« Ries lobte die nationalsozialistische Lebensauffassung, »die den Menschen Mut und Kraft gibt, Widerstände zu überwinden – haben wir deutschen Juden sie nicht nötiger denn je?«. Er pries das »Führerprinzip«, den »totalen Staat« und den Vorrang der Gemeinschaft vor dem Individualismus. Bei den »jüdischen Deutschen« sei »deutsches Volkstum fest verwurzelt«, so dass trotz der judenfeindlichen NS-Politik »deutsches Denken und Fühlen nicht aus unseren Herzen herauszureißen ist«. Übertroffen wurde der RjF nur noch vom zahlenmäßig unbedeutenden »Verband nationaldeutscher Juden«, der die Gründung einer »nationalsozialistischen jüdischen deutschen Partei« forderte.

Sogar die Rassenideologie der Nazis bekam Applaus von Juden, denn aus der Behauptung einer »arischen Rasse« ergab sich folgerichtig auch die Existenz einer »jüdischen Rasse« – eine Vorstellung, die den Zionisten gefiel. So bot die Zionistische Vereinigung für Deutschland in einem Brief an die NSDAP ihre Mitarbeit bei der Lösung der »Judenfrage« an: »Wir wollen auf dem Boden des neuen Staates, der das Rassenprinzip aufgestellt hat, unsere Gemeinschaft in das Gesamtgefüge so einordnen, dass auch uns in der uns zugewiesenen Sphäre eine fruchtbare Betätigung für das Vaterland möglich ist. Unser Bekenntnis zum jüdischen Volkstum stellt ein reines und aufrichtiges Verhältnis zum deutschen Volk und seinen blutmäßigen Gegebenheiten her, weil auch wir gegen Mischehe und für die Reinerhaltung der jüdischen Art sind. Nur die Treue zur eigenen Art und Kultur gibt Juden die innere Festigkeit, die eine Verletzung des Respekts vor den nationalen Gefühlen des deutschen Volkstums verhindert, und die Einwurzelung im eigenen Seelentum bewahrt den Juden davor, zum wurzellosen Kritiker der nationalen Grundlagen des deutschen Wesens zu werden.«

In der Kölner Bibliothek Germania Judaica quäle ich mich durch die Jahrgänge des *Schild*. Warum haben sie das verfluchte Land nicht verlassen? Je weiter ich dem Ende entgegenblättere, umso lauter möchte ich schreien: »Was treibt ihr noch hier? Haut ab!«

Bis ich auf den Text vom 15. August 1933 stoße: *Jüdische Flieger im Weltkrieg – von Kamerad Fritz Beckhardt, Flugzeugführer a. D.* Fritz erzählt von Fliegerschicksalen und schildert den Luftkampf, in dem er das Hakenkreuz zu seinem Glückssymbol erwählte: »Mein Amulett (Hakenkreuz) war mir vom linken Arm abgeschossen und hing im Handschuh. Seit diesem Augenblick ist mir der kleine Talisman besonders ans Herz gewachsen, so dass ich ihn stets bei mir führe.« Trug er das Hakenkreuz auch später noch? Zeigte er es auf den Treffen des RjF? »Zeig mal, Fritz! Ich habe immer geglaubt, die Geschichte mit dem Hakenkreuz sei erfunden. Zeig noch mal!«

In vielen Orten entstanden neue RjF-Gruppen. Das Mokkastübchen im Maldaner wurde eng. Dort tauchten Männer auf, die Fritz noch nie gesehen hatte. Jedenfalls schien es trotz Hitler weiterzugehen. Die Geschäfte liefen nach dem Abflauen der Boykottstimmung wieder besser. Es gab sogar Kunden, die einem, wenn keiner zuhörte, ins Gesicht sagten, dass sie »jetzt erst recht beim Juden« kauften. Ein paar jüngere Anwälte verließen Deutschland, aber Frontsoldaten wie Berthold Guthmann hatten gut zu tun. Fritz wurde als Ehrengast von einer Fliegervereinigung zur Einweihung der Boelckestraße geladen. Oswald Boelcke – sein altes Idol.

Im August meldeten die jüdischen Zeitungen einen aufsehenerregenden Erfolg der Zionisten. Die politische Vertretung der Juden in Palästina, die Jewish Agency, und die Reichsregierung hatten einen Vertrag geschlossen. Das Haavara-Abkommen sah vor, dass jeder Jude 1000 Pfund Sterling nach Palästina ausführen durfte und den Rest seines Vermögens auf ein deutsches Treuhandkonto einzahlen konnte. Mit dem Geld wurde der Export deutscher Waren nach Palästina finanziert. In Palästina zahlten die dortigen Importeure den Gegenwert in britischen Pfund auf ein dortiges Treuhandkonto ein. Das Geld bekamen die Emigranten in Palästina ausgezahlt. Für die Nazis und die Zionisten war es ein Abkommen zu beiderseitigem Nutzen. Die Juden Palästinas bauten mit deutschen Investitionsgütern ihren zukünftigen Staat auf, die Auswanderer behielten ihr Vermögen, und die Nazis kurbelten mit jüdischem Geld den deutschen Export an.

Das Haavara-Abkommen beruhigte Fritz. Hitler schien trotz aller Rhetorik nicht hinter dem Geld der Juden her zu sein. Warum sonst hätte er ihnen erlaubt, Devisen auszuführen, die Deutschland dringend brauchte? Das Geld zur Ausreise hatte Fritz – aber Palästina? Er runzelte die Stirn. Was hatte das Wort »Auswanderung« im *Schild* zu suchen?

Im September hielt der RjF eine Delegiertentagung in Wiesbaden ab. Der Führer Leo Löwenstein berichtete vom Besuch in der Reichskanzlei, wo der RjF »für die Belange der jüdischen Frontsoldaten und der deutschen Juden überhaupt eingetreten« sei. Die Delegierten forderten in einer Resolution, dass der RjF einen »maßgebenden Einfluß in der in der Bildung begriffenen neuen Führung des deutschen Judentums« haben müsse. Zum Abschluss marschierte die Sportgruppe Wiesbaden »zur feierlichen Verpflichtung« auf. Die Jugendlichen salutierten vor Löwenstein, der sie auf die vaterländischen Ziele des RjF einschwor. Nachdem der Schwur durch einen Handschlag des Führers besiegelt worden war, erklärte Ortsgruppensportleiter Guthmann, die Sportgruppe »sei stolz darauf, als erste Gruppe im Reich vom Bundesvorsitzenden persönlich verpflichtet worden zu sein«. Doch bald waren die Träume von der führenden Rolle der Frontsoldaten ausgeträumt.

Nach dem Treffen in der Reichskanzlei hatte Löwenstein in einem Brief an Hitler angeregt, die jüdischen Verbände durch einen Hauptverband unter Führung des RjF zu ersetzen, der »die unbedingte Loyalität des deutschen Judentums und aller seiner Einrichtungen der Regierung gegenüber gewährleiste«. Es kam anders. Eine Woche nach der Wiesbadener Tagung wurde in Essen eine Reichsvertretung der deutschen Juden gegründet, an deren Spitze der liberale Rabbiner Leo Baeck stand. Widerwillig trat Löwenstein dem Vorstand bei, nachdem auch die Zionistische Vereinigung beigetreten war. Die national gesinnten Juden sprachen vom »Staatstreich von Essen«.

»Wir wollen Ehre und Gleichberechtigung!« Ende Oktober war die Stadt mit Plakaten zugekleistert. Goebbels verkündete, Deutschland werde aus dem Völkerbund austreten, weil es auf der Genfer Abrüstungskonferenz nicht gerecht behandelt werde. Hitler hatte im Reichstag erklärt, Deutschland werde gern »den letzten Rest der ihm verbliebenen Waffen zerstören, wenn die anliegenden Nationen ebenso restlos das Gleiche tun«. Doch obwohl »deutsche Nationalsozialisten gänzlich waffenlos in Viererkolonnen marschieren«, wie Hitler behauptete, misstrauten vor allem die Franzosen Deutschlands friedlichen Absichten.

Das Volk sollte am 12. November über den Austritt aus dem Völkerbund abstimmen und in einem Abwasch einen neuen Reichstag wählen. Die evangelische Kirche verbreitete, dass »Friede auf Erden« Gottes Wille sei: »Darum ist der Kampf für einen echten Frieden, zu dem der Kanzler uns aufruft, unsere Glaubenspflicht.«

Auch Fritz stimmte Hitlers Außenpolitik zu. Auf den Versammlungen des Centralvereins und des RjF offenbarte sich ein Generationenkonflikt. Die Alten unterstützten Hitler, während die Jungen das als feige und charakterlos bezeichneten. Der RjF erklärte: »Kameraden! Es geht um Deutschlands Ehre und Lebensraum. Da übertönt in uns ein Gefühl alles andere. In altsoldatischer Disziplin stehen wir mit unserem deutschen Vaterlande bis zum Letzten!«

Zwei Tage vor der Wahl heulten in Sonnenberg die Sirenen. Hitler war im Radio. Der »Führer« sprach vor den Arbeitern der Berliner Siemens-Schuckert-Werke. Die Übertragung war miserabel; man verstand ihn kaum. Hitler war immer dann am überzeugendsten, wenn er in die Opferrolle schlüpfte und den Arglosen mimte, dem bitteres Unrecht geschehen sei. Den Siegern des Weltkriegs rief er zu: »Ich habe mich niemals als Privatmann in eine vornehme Gesellschaft eingedrängt, die mich nicht haben wollte oder die mich nicht als gleichwertig ansah. Ich benötige sie ja nicht, und das deutsche Volk hat genauso viel Charakter. Wir sind nicht irgendwo als Schuhputzer oder als Minderwertige beteiligt. Nein, entweder gleiches Recht, oder die Welt sieht uns auf keiner Konferenz mehr.« Die Schuld für das Scheitern seiner Friedenspolitik gab er »einer wurzellosen Clique internationaler Elemente«, die die Völker gegeneinanderhetze. »Juden!«, riefen die Arbeiter im Chor.

Am Wahltag marschierten Hitlerjungen durch Sonnenberg und skandierten: »Es geht um Deutschlands Ehre.« Während von draußen das Geschrei zu hören war, erläuterte Fritz am

Frühstückstisch, wie er zu wählen gedenke – und so wurde es gemacht. Das Wahllokal war in Kurts Schule, wo Porträts von Hindenburg und Hitler, umrahmt von Hakenkreuzfahnen, im Foyer hingen. Auf dem ersten Wahlzettel stand, dass Deutschland ein friedliches Land sei, voll Sehnsucht nach Gleichberechtigung unter den Völkern. Dennoch sei das deutsche Volk bereit, »lieber jede Not, jede Verfolgung und jegliche Drangsal auf sich zu nehmen«, als den ehrlosen Zustand des Versailler Vertrages länger zu ertragen. Darunter stand die Frage: »Billigst Du, deutscher Mann, und Du, deutsche Frau, diese Politik Deiner Reichsregierung und bist Du bereit, sie als den Ausdruck Deiner eigenen Auffassung und Deines eigenen Willens zu erklären und Dich feierlich zu ihr zu bekennen?« Fritz stimmte mit JA. Den zweiten Wahlzettel, auf dem die Einheitsliste der NSDAP mit den Kandidaten Hitler, Heß, Frick, Göring und Goebbels zur Abstimmung stand, strich er durch.

Am Abend hatten fünf Millionen Deutsche gegen Hitler gestimmt, in dem sie zu Hause geblieben waren oder den Wahlzettel durchgestrichen hatten. 40 Millionen hatten die NSDAP gewählt. Nach der Abstimmung fuhr Fritz nach Wallertheim und verkaufte das Geschäft der Eltern an den Kaufmann Paul Seemann.

Das Ende kam nicht unerwartet, aber dennoch überraschend. Anwälte verloren ihre Mandanten, Lehrer durften nicht mehr unterrichten, Ärzten entzog man die Zulassung. Bei uns brach der Umsatz ein. Emil ging sonntags im Park spazieren, statt den Stammtisch zu besuchen. Rosa Emmas beste Freundin war Parteigenossin geworden. Langjährige Kunden wechselten die Straßenseite, wenn Fritz ihnen entgegenkam. Anfangs schien ihn das anzuspornen. »Ein Rückzug wird nicht befohlen«, hatte der Kompanieführer immer gesagt. Schließlich gab es Kaufleute, denen es schlechter ging. War Moses Neumann nicht noch Schutzjude gewesen, kaum geachteter als ein Stück Vieh? Ein Jahrhundert später lebte die Familie seines Enkels angenehmer als die Familien vieler SA-Männer, die weder Haus noch Auto noch Personal hatten. Was auch immer Hitler plante, so schlimm wie im letzten Krieg konnte es nicht werden. Fritz hielt den Kopf oben, bis ihn die Turn- und Sportgemeinde rausschmiss.

Nachdem der »Arierparagraph« verkündet war, hatte die Deutsche Turnerschaft in ihren »Stuttgarter Beschlüssen« die jüdischen Mitglieder zum Austritt aufgefordert. Ausgenommen blieben ehemalige Frontsoldaten und ihre Familien. Es gab Prominente, die sich öffentlich weigerten, den alten Verein zu verlassen, aber viele gingen freiwillig und traten den jüdischen Sportverbänden Maccabi und Schild bei. Der Sportbund Schild war deutsch-jüdisch orientiert, während Maccabi die Zionisten versammelte. Trotz der weltanschaulichen Gegensätze waren sich beide Sportverbände einig, aus Angst vor kommunistischer Unterwanderung keine Mitglieder der bereits verbotenen Arbeitersportbewegung aufzunehmen. Der Zustrom in die jüdischen Verbände war enorm. Bis zum Jahresende 1933 wuchs Maccabi auf 8000 und Schild auf 7000 Mitglieder an.

Die Turn- und Sportgemeinde Sonnenberg schien auf den »Arierparagraphen« gewartet zu haben. Am 27. April 1933 traf sich der Vorstand »zur Aussprache über die Stuttgarter Beschlüsse«. Im Protokoll folgt eine Liste der jüdischen Mitglieder, die ausgeschlossen werden sollten – mit einer Ausnahme: »Beckhardt (Frontteilnehmer)«. Dagegen gab es keinen Widerspruch, auch nicht auf der kurz darauf stattfindenden Mitgliederversammlung, die sich mit dem Thema »Gleichschaltung« befasste. Der Vorstand verkündete, welche Mitglieder man ausgeschlossen habe: nur »Mitglied Beckhardt kann im Verein bleiben (laut Neuendorff)«.

Edmund Neuendorff, der Vorsitzende der Deutschen Turnerschaft (DT), unterstützte anfangs die Ausnahmeregel für Frontkämpfer. Doch binnen weniger Wochen befahl er, dass der »Arierparagraph« auch an den patriotischen Turnern vollzogen werden müsse: »Es muss geschehen. Es hilft nichts. Wir können nicht Juden 1., 2. und 3. Klasse unterscheiden. Deutschland hat unter dem Judentum so unendlich viel gelitten. Die deutsche Kultur, das deutsche öffentliche Leben, die deutsche Sittlichkeit sind vom Judentum so stark verschandelt worden, dass wir da einen ganz dicken Strich unter die Vergangenheit machen müssen. Wir dürfen nicht mit Halbheiten anfangen, müssen ganz klar und fest unseren Weg weitergehen, so unendlich schwer es im Einzelfall sein mag, weil ich durchaus dafür Verständnis habe, dass auch ein Jude ein feiner Mensch sein kann. Aus unserem nationalen, öffentlichen Leben muss er aber verschwinden, und die DT ist ein Stück diesen nationalen Lebens und soll es in der Zukunft erst recht noch werden.« Als am 23. Juli das 15. Deutsche Turnfest in Stuttgart eröffnet wurde, erklärte sich die Deutsche Turnerschaft in Anwesenheit Hitlers für »judenrein«. Auch Fritz war mittlerweile aus der Sonnenberger Turn- und Sportgemeinde ausgeschlossen worden. Wütend zerriss er das Schreiben der »arischen« Turnfreunde.

Der Rausschmiss wirkte wie ein heilsamer Schock. Fritz fragte Emil, ob er sich vorstellen könne, das Geschäft für eine Weile zu verpachten: »Nur so lange, bis der braune Spuk vorüber ist.« Fritz hatte schon einen Pächter im Auge. »Wir gehen weg aus Sonnenberg und ziehen in die Stadt«, verkündete er beim Abendbrot. Eigentlich hatte er Kurt zu Beginn des nächsten Schuljahres bei der Turn- und Sportgemeinde anmelden wollen. »Kurt wird beim Schild turnen«, entschied er nun.

Zum Jahreswechsel schloss Fritz mit Karl Pfeiffer einen Pachtvertrag über die Wohnung und die Geschäftsräume im Haus Langgasse 11. Pfeiffer war ein kleiner Nazi, kein »alter Kämpfer«, eher ein »Septemberling«, wie Goebbels die Opportunisten verspottete, die erst nach der Reichstagswahl vom September 1930 der NSDAP beigetreten waren.

III

Untertauchen im Häusermeer

Beim Umzug des Herrn Fritz Beckhardt und seines Schwiegervaters Herrn Emil Neumann fuhr ich 1934 das Umzugsgut. Die Möbel, Haushaltsgüter und Einrichtungsgegenstände holte ich in mehreren Ladungen und brachte sie nach der neuen Wohnung Rüdesheimer Str. 14, 2. Stock.« Den 1. Februar 1934 hat der Kraftfahrer Karl Liebig aus der Talstraße nicht vergessen. Während er die Kisten zu seinem Lastwagen schleppte, tropfte ihm der Schweiß von der Stirn. Liebig gab im Juni 1950 vor dem Amtsgericht Wiesbaden eine eidesstattliche Erklärung ab, mit der Fritz und Rosa Emma den »Ariern« im Rahmen der sogenannten »Wiedergutmachung« beweisen mussten, dass die Familien Beckhardt und Neumann etwas besessen hatten.

Was Liebig im Einzelnen transportierte, benannte – ebenfalls an Eides statt – die Haushaltshilfe Eva Hachenberger, die durch »ihre langjährige Arbeit in den beiden Häusern der Familie« jeden Zahnstocher kannte. Eva half aus, wenn Gäste kamen oder Lina überlastet war. Sie habe, schrieb sie, »in einem jener jüdischen Haushalte« gearbeitet, »die aufs Beste und Reichlichste ausgestattet waren«, alles sei »beste Qualität« gewesen. Sie beschrieb die Einrichtung von zwei Wohnzimmern, dem Salon, dem Esszimmer, den zwei Schlafzimmern, dem Kinderzimmer, den zwei Fremdenzimmern, dem Schrankzimmer, den zwei Kammern, dem Korridor und der Küche. Es handelte sich um zwei Sofas, zwei Chaiselongues, fünf Sessel, sechs Tische, einen Serviertisch, einen Näh- und Spieltisch, einen Zierschrank mit Einlegearbeiten, einen Sekretär mit Geheimfach, zwei Pulte, drei Teppiche, einen Spiegelschrank mit Abendgarderobe und Pelzmänteln, acht Kleiderschränke, drei Wäschekommoden, einen mit deutschen Klassikern prall gefüllten Bücherschrank, ein Vertiko mit Porzellan, Gläsern und Tischdecken, ein Buffet, gefüllt mit drei Services für 36 Personen, Tafelsilber für 24 Personen, Kristall- und Porzellanschüsseln sowie Porzellanplatten, zwölf Kristallgläser und ein Mokkaservice, elf Betten, davon zwei aus schwerer Eiche, sieben Nachttische, sechs Bettvorleger, eine Badewanne, zwei Waschkommoden mit Spiegel und Marmorablage, drei Waschkommoden aus Holz, einen Waschtisch, eine Waschtruhe, einen großen Wandspiegel, eine Staffelei, drei Ölgemälde, vier Kupferstiche, mehrere Aquarelle, zwei Wanduhren, drei chinesische Bodenvasen, zwei Küchenschränke, einen Küchentisch, eine Küchenbank, drei Küchengarnituren nebst Porzellan, einen Gasherd, 30 Stühle, ein Radio mit dynamisch gesteuertem Lautsprecher der Marke Telefunken und ein Klavier. Das alles wurde in die zweite Etage eines Mehrfamilienhauses im feinen Rheingauviertel getragen.

»Es war eine schöne Wohnung mit 150 Quadratmetern, einer Wohnküche und einem Balkon mit schmiedeeisernem Geländer und Butzenscheiben«, erinnert Kurt. »Der Flur war so breit, dass wir darin Roller fahren konnten.« Kurt und Hilde bewohnten ein Kinderzimmer mit viel Raum zum Spielen. Eine Flügeltür führte in den Salon mit Stuckdecke, Polstergarnitur, Wohnzimmerschrank, Vertiko, einem Esstisch mit Stühlen und einem Erker. Daneben lag das Herrenzimmer, das nie benutzt wurde, mit Polstern aus Seidenbrokat und einem orientalischen Vertiko. Kurt empfand den Umzug weniger als Flucht denn als Belohnung. Rosa Emma hatte das Leben in der Stadt in bunten Farben gemalt, denn je bedrückender die Sorgen wurden, umso vollkommener schirmte sie die Kinder davon ab.

Figuren, Ornamente, Säulen und Friese zierten die Fassade des viergeschossigen Hauses, Gauben und Türmchen das Dach. Es gehörte einem reichen Juden namens Simon, der mit seiner Frau und den Söhnen Erich und Walter sowie der ergrauten Hausangestellten Gretchen im Erdgeschoss lebte. Walter und

Kurt wurden Freunde und spielten im Hinterhof, bis die Simons nach Amerika auswanderten. Außerdem wohnte dort ein »Herr Major«, der in der nahen Kaserne Dienst tat, mit der »Frau Major«, ein Doktor Schmidt, der einen dunkelroten Opel Kapitän mit geschwungenen Kotflügeln fuhr, die orthodoxe Familie Nathan mit Sohn Paul und schließlich noch Ekkehard Böhmer mit seinen Eltern. Böhmer machte nach dem Krieg Karriere als Regisseur von Fernsehsendungen wie »Zum Blauen Bock«, »Einer wird gewinnen« und »Am laufenden Band«.

»Wenn wir im Hof spielten, wurde er oft von der Mutter ins Haus gerufen«, sagt Kurt.

»Weil ihr Juden wart, durfte er nicht mit euch spielen?«, frage ich.

»Keine Ahnung, woher soll ich das wissen.«

70 Jahre später steige ich mit Kurt in dem ausladenden Treppenhaus die Marmortreppe hinauf, die sich um einen gusseisernen Aufzugsschacht windet. Kurts Atem geht schwer in der Stille.

»Lass uns klingeln«, sage ich, »dann kannst du noch einmal einen Blick riskieren.«

»Da wohnen doch wildfremde Menschen«, winkt Kurt ab, »die will ich nicht mit meinen Geschichten belasten.«

Ich hoffe, an der Tür einen türkischen Namen zu finden. Türkischstämmige Deutsche sind Fremden gegenüber großherzige Gastgeber und außerdem so wunderbar entspannt, wenn es um die Zeit vor 1945 geht, aber wir haben kein Glück. Die Wohnungstür mit den bunten Glasscheiben gibt es nicht mehr. »Ihr müsst eine komfortable Wohnung gehabt haben«, stelle ich fest. »Heute sind es zwei.«

1934 war das Rheingauviertel eine bürgerliche Gegend, in der preußische Beamte, Offiziere, Akademiker, Künstler, Kaufleute und ein paar Arbeiter wohnten. Der Vater von Kurts Mitschüler Anton Birken war Maurer und hatte in der erlesenen Nachbarschaft eine Mietwohnung ergattert. Samstags saß Anton mit leuchtenden Augen an Hannchens Kaffeetafel und stopfte sich

Franziska, Emil, Johanna, Abraham und Rosa Emma mit Kurt und Hilde auf dem Balkon in der Rüdesheimer Straße 14, 1934

mit Rührkuchen voll, den er mit heißer Schokolade hinunterspülte. Schokolade und Kuchen kamen bei den Birkens nur an Festtagen auf den Tisch, was Kurt in der Rolle des Gastgebers stolz machte. Wenn Anton zu Hause von den Beckhardts erzählte, sprach man über »dem Kurt seine Familie«. Abfällige Bemerkungen über »reiche Juden« fielen nie.

In der Volksschule Lorcher Straße war Kurt wieder der einzige Jude in der Klasse. »Die Lehrer«, sagt er, »waren überhaupt nicht begeistert, dass ich in ihre Klasse kam. Ich konnte mir das damals absolut nicht erklären.« Wieder wurde er während des Religionsunterrichts rausgeschickt, aber er genoss es, auf dem Schulhof in den Tag hineinzuträumen.

Den Schulweg ging Kurt zusammen mit Gerhard Römer, der jeden Morgen am Ende der Rüdesheimer Straße auf ihn wartete. Die beiden besuchten die gleiche Klasse und wurden Freunde. Gerhard trug keine HJ-Uniform, obwohl der Vater, wie die Schüler sagten, »in der Regierung« war. Das Rheingauviertel war ihr Revier. Nachmittags trafen sie sich auf dem »Exert«, dem alten Exerzierplatz vor der Schule, und spielten Fußball mit Bällen, die sie für fünf Pfennig bei »Ehape« kauften, einem Ramschladen (EHP = Einheitspreis), der einem Juden gehörte und in dem SA-Männer »in voller Uniform« einkauften, wie ein Funktionär der Deutschen Arbeitsfront empört meldete. Bei Regenwetter spielten Kurt und Gerhard in der Wohnung der Römers. »Freundliche Leute waren das«, sagt Kurt. Gerhards Vater Hugo lachte viel. Er kaufte den Buben Scherzartikel bei »Zauberkönig« in der Bahnhofstraße: Limonadengläser, die nicht ausliefen, wenn man sie umdrehte, und Gummikissen, die, versteckt in Polstermöbeln, furzten, wenn man sich setzte.

Die Kinder im Viertel wussten, das Kurt Jude war, aber nur wenigen hatten die Eltern verboten, mit ihm zu spielen. Kam Kurt traurig nach Hause, weil man ihn »Juddebembes« gerufen hatte, richtete ihn Fritz wieder auf. »Das sind dumme Leute«, sagte er, »bald ist der Spuk vorbei.«

Entspannte nazifreie Nachmittage verbrachte Kurt mit der Turnriege des Schild, wo er am Pferd, am Barren und am Boden turnte. Die Turner veranstalteten »Werbeabende«, bei denen sie vor Publikum auftraten. Marschierten die Turner, Jiu-Jitsu-Kämpfer und Degenfechter zur Blasmusik ein, spendeten die Wiesbadener Juden begeistert Beifall. Stolz erfüllte die Alten, wenn Kurt den schmächtigen Knabenkörper mit zusammengepressten Lippen am Barren hochschraubte. Es tat gut, zu sehen, dass die Jugend nicht so schwach und verweichlicht war, wie die Antisemiten behaupteten.

Lina war auf einmal nicht mehr da«, erzählt Kurt. Für ein Hausmädchen war kein Platz in der neuen Wohnung. Fritz' Geliebte war nach Mainz in ein evangelisches Mädchenheim gezogen. Damit sie sich bei keiner anderen Herrschaft verdingen musste, schickte er ihr weiterhin jeden Monat Geld.

Nach dem Umzug in die Rüdesheimer Straße ging es wieder aufwärts. In der Anonymität der Stadt fühlte sich die Familie freier. Außerdem schien es, als habe Hitler mit den antijüdischen Maßnahmen des ersten Regierungsjahres die nationalsozialistische Basis befriedet. Fritz war überzeugt, dass das Schlimmste vorüber war. Es war Zeit für etwas Großes, eine Reise, wie sie sich damals nur die Wohlhabenden leisten konnten.

Die nationalsozialistische Regierung hatte den Jahresurlaub der Lohnabhängigen auf drei Wochen verlängert, doch eine Ferienreise war für die meisten unerschwinglich, weshalb das NS-Freizeitwerk »Kraft durch Freude« (KdF) damit begonnen hatte, die Bevölkerung zu günstigen Preisen per Omnibus und KdF-Sonderzug ins Allgäu oder an die Ostsee zu verschicken.

Für Juden dagegen schrumpfte die Auswahl der Urlaubsziele. Schon seit 1927 gab der Centralverein eine Liste mit »judenfeindlichen Erholungsorten, Hotels und Pensionen« heraus. In den illustrierten Zeitungsbeilagen häuften sich Anzeigen, die versprachen: »Unser Ort wird nur von christlichen Gästen besucht.« Hotels inserierten »nur für christliche Gäste« oder bezeichneten sich als »christliches Haus«. Als die Listen mit Ferienorten, die keine jüdischen Gäste wünschten, länger und länger wurden, ging der Centralverein dazu über, nur die Häuser aufzulisten, in denen Juden noch Urlaub machen konnten.

Fritz wollte keinen Urlaub; er wollte reisen, und zwar raus aus Deutschland! Und er wollte Rosa Emma, die trotz des Abenteuers mit Lina bei ihm geblieben war, ein Stück der Welt zeigen. »Abfahrt Wiesbaden 7 Uhr«, hielt Rosa Emma den Morgen des 9. April 1934 in ihrem Reisetagebuch fest. Es sollte die längste und schönste Reise ihres Lebens werden. Sie fuhren mit dem Adler nach Süden, während Kurt und Hilde bei den Großeltern blieben. »Darmstadt, Heidelberg, Karlsruhe, Freiburg, Mittagessen i. Freiburger Hof, Basel, Delémont, Übernachten Hotel Soleil«, notierte Rosa Emma. Glücksgefühle überwältigten sie, als sie nach Basel hineinfuhren.

»10. April, Aufnahme gemacht am Neuerburger See«. Lässig lehnt Rosa Emma am Kotflügel der Limousine und lässt den Blick an der Kamera vorbei in die Ferne schweifen. »Lausanne, Alpensicht, Dunst am Montblanc, Genf Hotel Federal.« Der französische Zoll wollte die Koffer sehen, zwischen Lyon und

Vienne verfuhren sie sich, dann tauchte Marseille am Horizont auf, von wo aus Fritz vor 20 Jahren als Freiwilliger zu den Waffen geeilt war. In Nîmes besuchten sie die »sehr alte Stadt, Arena, Tempel«, und auf der Weiterfahrt sah Rosa Emma »blühende Aprikosenbäume, die ersten wild wachsenden Olivenbäume und ganze Felder voller Knospen«. Auf dem Weg nach Katalonien fotografierte Fritz »Weinpflanzungen, einen großen Kaktus am Weg, Eselsfuhrwerke«. Es gab »viel Regen«, aber die spanischen Straßen waren »1a!«. In Barcelona posierten Fritz und Rosa Emma vor dem Palau Nacional. Die Stadt war geprägt von bürgerlicher Eleganz und politischem Aufruhr, von Reichtum und Randale, Kunst und Chaos. Pablo Picasso kam 1934 zum letzten Mal nach Barcelona, wo Anarchisten und republikanische Linke im Streit mit der rechtskatholischen Zentralregierung in Madrid lagen. Fritz und Rosa Emma stiegen im Luxushotel Palace ab, wo es wegen eines Streiks am Morgen »kein Frühstück« gab. In Igualada, 30 Kilometer hinter Barcelona, saßen sie in Korbsesseln in der Frühlingssonne bei Kaffee, Orangensaft, Eiern mit Schinken. Hannchens koschere Küche war schnell vergessen.

Sie trug modische Hüte. Er ging, stand und chauffierte bei jeder Hitze mit Krawatte. Sie schrieb akribisch auf, was sie sah: »Sand, Lehm, Schafherden, spärliches Gras, alte verfallene Hütten bewohnt, wenig Menschen, Zigeuner 50 km vor Madrid, Männer mit Lappen statt Schuhen.« Er fotografierte »5 Knirpse, Zigeuner auf der Stoßstange« und einen Menschenauflauf vor der spanischen Zollstation in Piedras Abbas, wo der »Zollbeamte nicht schreiben konnte«.

Nach acht Tagen erreichten sie Lissabon, wo Rosa Emmas Bruder Friedrich mit Tante Hansi und dem dreijährigen Eric lebte. Friedrich war bei der Siemens Companhia de Electricidade beschäftigt, hatte das portugiesische Telefonnetz mit aufgebaut, aber keiner wusste, ob das noch lange gut ging mit dem Juden und dem »arischen« Weltkonzern. Friedrich und Hansi zeigten den beiden die Seebäder Estoril und Ericeira; auch am

Rosa Emma vor dem Adler, im Fond Neffe Eric und Schwägerin Hansi. Fritz hat den Arm lässig über das Steuer gelegt, und sein Blick aus dem Fenster fragt: »Was kostet die Welt?«

Strand trug Fritz den Dreiteiler mit Binder. »Ozean, große Flut, mächtige Wellen, eine hat uns beim Fotografieren überrascht, naß bis ans Knie«, schrieb Rosa Emma ins Tagebuch und streckte die dünnen Beine der Kamera entgegen. »Nach der großen Welle (nasse Strümpfe)«, krakelte sie auf ein Foto.

Sie blieben fünf Wochen in Portugal, fuhren über Vigo, Santiago de Compostela, Gijón und Bilbao zurück. In einem Dorf bei Betanzas tanzten die Bauern beim »Johannesfest« auf der Straße. Die Begegnung mit der Landbevölkerung der iberischen Halbinsel behielten Fritz und Rosa Emma ein Leben lang in Erinnerung. Frauen, die bei sengender Hitze auf den Feldern arbeiteten. Kinder, die herbeieilten, wenn Fritz den Adler auf einem Dorfplatz oder vor einer Kirche abstellte. Sie schienen noch nie ein Auto gesehen zu haben, näherten sich ehrfurchtsvoll und streichelten die Karosserie wie eine Katze. Auf jedem zweiten Bild taucht der Adler auf – vor einem brennenden Haus bei Oviedo, in den Picos de Europa, vor einer Brücke bei San Vicente: Fritz ist der Beweis dafür, dass das Auto schon damals des Deutschen Liebling war.

Zwischen Irun und Hendaye passierten sie die spanisch-französische Grenze, fuhren Richtung Bordeaux über »kerzengerade Straßen, rechts und links Kiefernwälder«, weiter nach Paris, wo sie die letzten Tage verbrachten, die letzten Fotos schossen und mit unbekümmerten Menschen in Cafés saßen. Der Gedanke, sie könnten einfach bleiben, kam ihnen nie. In Deutschland warteten die Kinder und die Eltern, die Musik und das Theater, der Taunus und der Rhein – etwas Schöneres gab es nicht. Am 25. Mai 1934 hörten sie Deutsch auf der Straße. Das Saargebiet war durch den Versailler Vertrag von Deutschland abgetrennt worden. Es waren noch drei Stunden Fahrt bis Wiesbaden. Fritz fuhr rechts ran. Im Hotel »Zur Glocke« in St. Ingbert aßen sie zu Abend und schliefen eine letzte Nacht. Der Grenzübertritt, die Rückkehr in den Machtbereich des »Führers« war Rosa Emma keine Notiz mehr wert. Für sie war nach sieben glücklichen Wochen nur eins von Bedeutung: sie hatte Fritz zurück.

Während der Reise hatte Fritz Zeit zum Nachdenken gehabt. Nun präsentierte er Emil eine neue Geschäftsidee, mit der er der antijüdischen Stimmung begegnen wollte. Den jüdischen Einzelhändlern ging es schlecht, weil sie auf »arische« Privatkunden angewiesen waren, während die Großhändler nach wie vor gute Geschäfte machten. Die Lebensmittelgroßhandlung der Frohweins in Mainz, für die Fritz seit der Flucht aus Sonnenberg Kaffee röstete, lief prächtig. Die Brüder Frohwein vermarkteten Fritz' Röstung als Delikatesse und hatten einen festen Kundenstamm, der nur des Kaffees wegen zu ihnen kam. Die streng religiösen Kaufleute hatten sich auf koschere Lebensmittel spezialisiert. Zum Jahreswechsel waren sie in die Schlagzeilen geraten, weil Ludwig Frohwein trotz eines amtlichen Verbots einen Bullen geschächtet hatte. Sogar das New Yorker *Time Magazine* hatte darüber geschrieben: »Mit vor Angst weit aufgerissenen Augen wurde der jüdische Metzger Ludwig Frohwein letzte Woche in Wiesbaden in einen Gerichtssaal geschubst, wo er gestand, einen Bullen auf koschere Art geschlachtet zu haben. Kanzler Hitler hatte eine Verordnung erlassen, die den Juden das Schächten verbietet. Koscheres Fleisch muss unter strengen Auflagen importiert werden, so dass die deutschen Rabbiner den 200 000 orthodoxen Juden mittlerweile empfehlen, vegetarisch zu leben. Bisher wurden Juden nur wegen der illegalen Einfuhr von koscherem Fleisch verhaftet. Frohwein ist der erste Metzger, der wegen Schächtens angeklagt wurde. ›Sie haben aufs Schwerste gegen das Gesetz verstoßen, Frohwein‹, sagte der Nazirichter. ›Sie haben fremdes Recht, nämlich den Talmud, über deutsches Recht gestellt. Da es erst Ihre erste Straftat ist, verurteile ich Sie zu zwei Monaten Haft.‹«

Fritz hatte jetzt öfter Grund, nach Mainz zu fahren. Im Sommer 1934 richtete er Lina eine Wohnung in der Innenstadt ein. Erst 70 Jahre später erfuhren wir, was dort geschah.

Im Juni kam er gut gelaunt nach Hause. »Schaut mal, hier!«, er warf die Zeitung auf den Wohnzimmertisch und tippte mit dem Finger auf einen Artikel auf der letzten Seite. »Max Baer ist Boxweltmeister im Schwergewicht geworden. Was sagt ihr dazu?«

Kurt war erst sieben Jahre alt, den Namen Max Baer hat er sein Leben lang behalten. »Baer war ein amerikanischer Jude«, erinnert er, »aber das Wichtigste war, so hat mir mein Vater erklärt, dass Baer Max Schmeling besiegt hatte.« Der Jude, der einen »Arier« auf die Bretter geschickt hatte, gefiel Fritz außerordentlich, auch wenn er es übertrieben fand, dass Baer sich für den Kampf gegen Schmeling einen Davidstern auf die Boxershorts hatte sticken lassen.

Am 30. Juni 1934 entledigte sich Hitler endgültig des linken Flügels seiner Bewegung. Die SA war auf ein Heer von viereinhalb Millionen schlecht bewaffneter und schlecht bezahlter Proleten angewachsen. Ihr Führer Ernst Röhm, einer der wenigen Duzfreunde Hitlers, sprach öffentlich den Unmut seiner Leute aus. Hitler hatte die SA gebraucht, um die politischen Gegner auszuschalten. Mittlerweile aber exerzierte sich die braune Truppe die Füße wund und kam mit der erhofften »zweiten Revolution« nicht voran. Röhm forderte, auf die nationale Revolution müsse die sozialistische folgen. Die SA wollte er zur Armee des Dritten Reichs aufbauen und die Reichswehr nur noch zu Ausbildungszwecken einsetzen.

Die Reichswehr drohte, wenn Hitler die SA nicht bändige, werde Hindenburg das Kriegsrecht verhängen, und die Reichswehr werde die Macht übernehmen. Hitler gab daraufhin den Befehl zu einem Massaker. Die Reichswehr lieferte die Waffen, und die SS liquidierte unter der Führung von Heinrich Himmler und Reinhard Heydrich Röhm und die gesamte SA-Führung. In den folgenden Tagen wurden Hitlers Vorgänger im Kanzleramt, Kurt von Schleicher, und viele Beamte der untergegangenen Weimarer Republik erschossen. Auch Hitlers einstiger Gefährte Gregor Strasser, der wieder als Apotheker arbeitete, gehörte zu den Ermordeten. Die Idee von der nationalen und sozialistischen Revolution war erledigt.

Emil und Hannchen suchten Zerstreuung auf den Rezitationsabenden der Loge Nassau, bei den »musikalischen Abendstunden« des jüdischen Frauenvereins oder den Sonntagskonzerten des Synagogengesangsvereins. Auch wenn die Gestapo die jüdischen Aktivitäten überwachte, bot die Kulturarbeit genug Spielraum für den »Kampf um eine neue Lebensgestaltung«, wie das jüdische Lehrhaus sein Programmangebot beschrieb. Das Thema Auswanderung wurde wichtiger, was man an der steigenden Zahl von Sprachkursen in Englisch und Hebräisch merkte.

An einem Schabbes im Juli 1934 fuhr die Familie nach Alzey. Fritz' Vater war 80 Jahre alt geworden. Geburtstage wurden auch später bei uns nicht gefeiert, denn Kurt und Fritz standen wie Abraham immer im Geschäft. Nur zu runden Geburtstagen setzte sich die Familie im engsten Kreis um eine Kaffeetafel.

Abraham machte Fritz an diesem Tag ein besonderes Geschenk, als er ihm, einer uralten Tradition folgend, die Familien-Hagada überreichte. Die Hagada beschreibt die Flucht der Israeliten aus Ägypten und zugleich den Ablauf des Pessachfestes. Pessach ist der Ursprung des christlichen Osterfestes, und der erste Abend von Pessach, der Seder, ist das wichtigste Familienfest des Jahres. Man sitzt um einen Tisch, betet, singt und isst. Der Familienälteste leitet den Seder, die Kinder stellen vier vorgegebene Fragen und erfahren dabei den Sinn von Pessach, den eine ironische Redensart auf den Punkt bringt: »Unsere Feinde wollten uns vernichten. Es ist ihnen nicht gelungen. Lasst uns etwas essen!«

Pessach feierte die Familie normalerweise in Wiesbaden. Emil leitete den Seder, Kurt stellte die Fragen, und Hannchen tischte ein üppiges Mahl auf, das aus einer in der Hagada vorgegebenen Speisenfolge nebst Matzeknödelsuppe und Lammbraten bestand. Matze ist ungesäuertes Brot aus Wasser und Mehl. Gesäuertes wie Bier, Heringe, Gurken oder Sauerteig ist an Pessach tabu.

Die Familien-Hagada war handgeschrieben in Mittelhochdeutsch und Hebräisch. Die Seiten bestanden aus mit Gold und Silber illuminiertem Pergament mit handkolorierten biblischen Szenen. Den Einband zierten neben goldenen hebräischen Schriftzeichen mehrere Hakenkreuze, weshalb das Hakenkreuz in der Familie als Glückssymbol galt. Abraham bezeichnete das Buch als »Straßburger Hagada« und erzählte, dass seine Vorfahren sie im Mittelalter beim Durchzug durch das Elsass erworben hätten. Die Hagada wurde seit Jahrhunderten mit einer Widmung des Vaters an den ältesten Sohn vererbt. Ohne Hitler wäre sie heute in meinem Besitz.

In der Woche nach Abrahams Geburtstag starb der Reichspräsident Generalfeldmarschall Paul Ludwig Hans Anton von Beneckendorff und von Hindenburg. Hitler wartete voll Ungeduld, mit dem Amt des Reichspräsidenten den Oberbefehl über die Reichswehr zu übernehmen. Schon am Tag bevor Hindenburg starb, beschloss die Regierung, eine Volksabstimmung über die Zusammenlegung der Ämter des Reichskanzlers und des Reichspräsidenten durchzuführen.

Mit Hindenburg wurde der letzte Hoffnungsträger der alten Ordnung zu Grabe getragen. Die jüdischen Kriegsveteranen hatten ihn bis zuletzt als ihren Oberbefehlshaber angesehen, als Garanten dafür, dass ihr Einsatz für Deutschland nicht in Vergessenheit geraten würde. Kurz vor seinem Tod hatte Hindenburg für Kriegsteilnehmer das Frontkämpferehrenkreuz gestiftet. Hitler mochte es nicht an Juden verleihen, doch Hindenburg duldete keine Ausnahmen und setzte sich durch. Wer das Kreuz beantragte, erhielt es mit einer vom Reichspräsidenten unterzeichneten Urkunde.

Fritz fuhr nach Berlin, um mit der Bundesleitung des RjF an der Trauerfeier für Hindenburg in der Synagoge Prinzregentenstraße teilzunehmen. Vor 2000 Gästen hielt Rabbiner Leo Baeck die Gedenkrede (»Blickt auf den Felsen!«). Zurück in Wiesbaden, beantragte Fritz die Verleihung des Frontkämpferehrenkreuzes und kam so in den Besitz einer Ehrenurkunde, die die Unterschrift des neuen Reichspräsidenten trug, die Unterschrift Adolf Hitlers.

»Links vom Eingangstor lag das Büro, in dem die Fanni saß. Rechts befand sich der Lagerraum für die Ölfässer, in dem es im Sommer ranzig roch«, erinnert Kurt. Das Feuer, das im Winter neben den Fässern entzündet wurde, damit das zähflüssige Öl in geeichte Blechkannen abgefüllt werden konnte, gehörte zu den spannenden Erlebnissen seiner Kindheit.

Fritz hatte die Firma »Berthold Kahn Wiesbaden« gekauft, deren bisheriger Inhaber nach Amerika ausgewandert war. Im August 1934 meldete er beim Gewerbeamt einen »Großhandel mit Speiseölen, -fetten und Webwaren« in der Moritzstraße 44 an. Er belieferte nun Hotels und Bäckereien mit Speiseöl, Erdnussöl, Erdnussfett und gereinigtem Kokosfett, das er von diversen Ölmühlen bezog. Die neue Kundschaft kannte weder sein Vorleben, noch interessierte sie sich für seine Herkunft. Was zählte, war der Preis. Die Fa. Berthold Kahn war ein eingeführter Betrieb mit festem Kundenstamm, was vom ersten Tag an einen gewissen Umsatz garantierte. Für den reibungslosen Übergang sorgte Fanni Herrmann, die aus Polen stammende Bürokraft, die Fritz übernahm. Er arbeitete jetzt wieder rund um die Uhr, fuhr aufs Land zu Hotels, Gaststätten und Konditoreien, um Kunden zu akquirieren. »Es war üblich, dass man ein Glas Wein bestellte, wenn man zu einem Gastwirt kam, um eine Bestellung aufzunehmen«, erinnert Kurt, der manchmal mitfahren durfte. »Mein Vater setzte sich mit dem Glas an einen Tisch, nahm eine Pipette aus der Jacke und füllte den Wein in einen Gummiballon, den er vor der Tür auskippte. So verhinderte er, dass er schon nach dem zweiten Kunden betrunken war.«

Die Ortsgruppe des RjF hatte starken Zulauf bekommen. Das Mokkastübchen im Maldaner wurde zu klein. Da Scherereien drohten, wenn sich Juden in einem nichtjüdischen Café trafen, entschied der »Führer der Ortsgruppe« Saul Lilienthal, man werde in Zukunft im jüdischen Hotel Kronprinz in der Taunusstraße zusammenkommen.

Die Spannungen zwischen den »deutschen« Juden und den Zionisten nahmen zu. Fritz stellte den Zionismus auf eine Stufe mit dem Antisemitismus der Nazis, da beide einen Keil zwischen Judentum und »Deutschtum« trieben. Das war durchaus keine Polemik, denn die *Jüdische Rundschau*, das Zentralorgan der Zionistischen Vereinigung, schwärmte vom neuen Zeitgeist: »Wir, die wir als ›Fremdrassige‹ hier leben, haben das Rassenbewusstsein und die Rassenpflege des deutschen Volkes unbedingt zu respektieren. Rassentum ist zweifellos ein sehr wichtiges, ja entscheidendes Moment. Aus ›Blut und Boden‹ ist tatsächlich das Wesen der Völker und ihrer Leistungen bestimmt.«

Es gab zionistische Hassprediger, die am Schabbes mit der Gemeinde die Bibel lasen und werktags den tieferen Sinn in Hitlers *Mein Kampf* suchten. Der Berliner Rabbiner Joachim Prinz sang in seinem Buch *Wir Juden* ein Loblied auf den Antisemitismus: »Die Verleumder des Juden Dreyfuß und der Hofprediger Stöcker haben mehr Verdienste um die Erhaltung des Judentums und um die Erweckung aktiver, jüdischer Impulse als die Juden selbst.« Der »Zusammenbruch der jüdischen

Anonymität« habe Leute wie Fritz aus ihren »Schlupfwinkeln« getrieben. Prinz nannte die deutschen Juden ein kraftloses »Volk von Kaufleuten, Ärzten und Anwälten« und fragte: »Wie kann diese Schicht von Menschen auf die Dauer existieren? Die Welt setzt den Juden Brillen auf, steckt sie in Bibliotheken, Büros und Warenmagazine und heißt sie leben. Deshalb, deshalb leidet die Welt am Juden.« Der Gegenentwurf zum jüdischen Intellektuellen war für Prinz der zionistische Siedler, der »sein eigenes Blut« achte und »seine Kraft vom Boden« habe. »Er hat eine stolze Haltung und eine ruhige, selbstverständliche Sicherheit. Das ist der Jude des neuen Palästinas.«

Prinz emigrierte 1937 in die USA. Statt ein stolzer Jude Palästinas zu werden, machte er Karriere im American Jewish Committee und im Jüdischen Weltkongress. An sein Lob des Antisemitismus mochte er nicht mehr erinnert werden.

Fritz war gut drauf. Die Flucht aus Sonnenberg war erfolgreich gewesen. Was die Wohnung und die Nachbarschaft betraf, hatte er sich verbessert. Die Familie lebte in relativem Wohlstand, die Geschäfte liefen, und Lina war ihm weiterhin gewogen. Er sah sich als einen Mann von Welt, der das heikle Verhältnis zwischen Ehefrau und Freundin ausbalanciert hatte. Wie die Frauen ihn sahen, interessierte nicht. Es war Zeit, dass er sich etwas gönnte. Er verkaufte den Adler »an einen Herrn Major« oder, wie er später sagte, »an die Wehrmacht« und erwarb einen Adler Standard 6 mit 60 PS, mit einer Höchstgeschwindigkeit von 100 km/h – und Platz für vier Erwachsene und zwei Kinder.

»Wir sind mit dem Auto Rennen gefahren«, erinnert Kurt einen Ausflug in den Rheingau. Die Sonne schien und die Straße war leer, als sie von einem Ford V8 mit einem 3,6-Liter-Motor und acht Zylindern überholt wurden. »Den kauf ich mir!«, sagte Fritz, gab Gas und überholte. Der Ford überholte wieder, Fritz konterte, und wer das Rennen gewann, weiß Kurt nicht mehr. Es war eine wilde Verfolgungsjagd, und Fritz hatte einen Heidenspaß. Überhaupt liebte es Fritz, die Familie beim Abendbrot mit

Anekdoten seiner Reisen zu unterhalten. So hatte sich im Herbst 1934 auf der Rheinbrücke zwischen Wiesbaden und Mainz ein Unfall ereignet, und ein Verletzter lag auf der Straße, dem niemand half. Fritz nahm eine Decke aus dem Fond des Wagens und legte sie über den Verletzten, als auf der Gegenfahrbahn ein Geschäftsfreund bremste. Der Mann kurbelte das Fenster herunter und rief: »Ei guck, de Judd is de einzische Volksgenosse!«

Die schönste Geschichte aber passierte auf einer Fahrt nach Königstein im Taunus. Seit 1930 trugen die Adler einen stilisierten Greifvogel mit ausgebreiteten Schwingen auf dem Kühler. Walter Gropius, der Direktor des weltberühmten Dessauer Bauhauses, hatte das Logo entworfen und der Auto-Marke damit zu internationalem Renommee verholfen. Man konnte den Gropius-Adler durchaus mit dem Emblem der NSDAP verwechseln, das Hitler in Anlehnung an einen römischen Legionsadler entworfen hatte. Der Zufall wollte es, dass an dem Tag, als Fritz über Land rauschte, eine Dorfschule einen Nazifunktionär erwartete. Die aufgeregten Hitlerjungen standen in Reih und Glied an der Hauptstraße, und die Lehrer hielten angestrengt Ausschau. Kaum bog Fritz in das Dorf ein, wurde er von einem lauten »Achtung!« aufgeschreckt. Ein Spalier von Schülern und Lehrern hob die Arme zum Hitlergruß und brüllte dem jüdischen Kaufmann ein donnerndes »Heil Hitler!« entgegen. Fritz lachte, gab Gas und machte sich aus dem Staub.

»Männer, auf die wir stolz sind«

Im November kam die Lissaboner Verwandtschaft zu Besuch. Onkel Friedrich, Tante Hansi und Eric bezogen ein Zimmer mit Beistellbettchen im Hotel Kronprinz. Fritz zeigte dem Schwager die Geschäftsräume in der Moritzstraße und die gut gefüllten Auftragsbücher. »Wenn Siemens dich rauswirft«, sagte er zu Friedrich, »kannst du bei mir einsteigen.«

»Du glaubst doch nicht ernsthaft, dass wir jemals zurückkehren werden?«, erwiderte kopfschüttelnd Friedrich.

»Hitler bleibt nicht lange«, konterte Fritz, »aber wenn dir Salazar lieber ist?«

»Der hat nichts gegen Juden«, beendete Friedrich den Wortwechsel. Dass er mit einem Minister des katholischen Diktators befreundet war, erwähnte er nicht.

Das Jahr 1935 begann schlecht, dabei hatte Fritz der Familie Mut gemacht. Im RjF, sagte er, erzähle man sich, dass Hitler bald eine deftige Niederlage erleiden würde. In einer Volksabstimmung sollte die Bevölkerung im autonomen Saargebiet entscheiden, ob sie sich an Frankreich oder Deutschland angliedern wolle. Die Linke trat mit der Parole »Schlagt Hitler an der Saar!« für ein unabhängiges Saargebiet ein, aber am 13. Januar 1935 marschierten über 90 Prozent der Saarländer mit dem Stimmzettel »heim ins Reich«. Hitler hatte nach dem Austritt aus dem Völkerbund den nächsten außenpolitischen Erfolg erzielt, und die Sprüche, die das Ende seiner Kanzlerschaft vorhersagten, wurden leiser.

Zwei Wochen später fuhr Fritz nach Stuttgart. Die Ortsgruppe des RjF hatte zu einem Fliegerabend eingeladen. »In der Gestalt des Fliegers verkörpert sich für die Jugend von heute der Gedanke des Heldentums. Wenn junge Menschen mit leuchtenden Augen der Fliegerhelden des Weltkriegs gedenken, so soll unsere jüdische Jugend wissen und nie vergessen, dass auch Männer ihres Stammes und Glaubens zu denen gehörten, die sich hoch in den Lüften unvergleichlichen Ruhm geschaffen. Fritz Beckhardt hatte das richtige Gefühl für das heraufziehende Weltgewitter und war am ersten Mobilmachungstag schon in Altona. Mit Mörserbatterien nach Belgien – Verwundung – sechs Orden als Patrouillenführer – Fliegerschule Hamburg – Frontdienst im Westen – Fernaufklärung – Artillerieschutzstaffel – Jagdstaffel 26. Beckhardt gelingen 17 anerkannte Abschüsse.« Fritz, so der Chronist des *Schild*, »habe im Plauderton, gewürzt mit dem besonderen Humor des Frontsoldaten«, von seinen Kriegserlebnissen erzählt.

Am 16. März 1935 führte Hitler die allgemeine Wehrpflicht wieder ein. Das war ein klarer Bruch des Versailler Vertrags, wonach Deutschland nur 115 000 leicht bewaffnete Soldaten haben durfte. Hitler wollte Deutschland wieder zu einer Großmacht machen und benötigte dazu ein hoch gerüstetes Millionenheer. Im Radio knisterte es vor Spannung. Würden die europäischen Großmächte eingreifen? Als schließlich klar war, dass von Großbritannien und Frankreich außer verbalem Protest nichts zu befürchten war, brandete Hitler aus jeder Zeitung und jeder Eckkneipe eine Welle des Jubels entgegen. Der Mann wusste, was er tat – das musste auch Fritz neidlos anerkennen.

Für den RjF war das »Gesetz für den Aufbau der Wehrmacht« ein Schock. »Arische Abstammung ist eine Voraussetzung für den aktiven Wehrdienst. Ob Ausnahmen zugelassen werden, bestimmt ein Prüfungsausschuss. Nur Personen arischer Abstammung können Vorgesetzte in der Wehrmacht werden.« Vorerst klammerte man sich an die Prüfungsausschüsse, die »Nichtarier und Personen, die mit Frauen nichtarischer Abkunft verheiratet sind, bei freiwilliger Meldung zum aktiven Wehrdienst« zulassen konnten.

Seit den Befreiungskriegen gegen Napoleon hatten Juden in den deutschen Armeen gekämpft, und nun sprach man ihnen das »Soldatische« ab. Der RjF gab die üblichen Durchhalteparolen aus, äußerte jedoch die Sorge, dass »die Begriffe der Ehre, der Einsatzbereitschaft, der Disziplin, der Kameradschaft, des Selbstbehauptungswillens und des Stolzes« in kommenden jüdischen Generationen aussterben würden. Nun trage der RjF die Verantwortung, dass unter jungen Juden die »in harten Zeiten doppelt unschätzbare soldatische Haltung, geistig wie physisch, lebendig bleibt«.

Fritz haderte mit der Vorstellung, dass Kurt kein Soldat werden konnte. Der Achtjährige kam eher nach der Mutter. Er war still und empfindsam, aber beileibe kein Muttersöhnchen. Er turnte ordentlich, war ein talentierter Fußballer und zeigte in der Leichtathletik, dass er Ausdauer hatte. »Er würde ein guter Soldat werden«, dachte Fritz, »weniger draufgängerisch, dafür achtsamer, als ich es war.«

An Pessach des Jahres 5695 las Kurt zum ersten Mal aus der Straßburger Hagada. Die Familie saß zum Seder im großen Salon. Kurt hielt das Buch in den Händen, aber er sagte die Fragen auswendig auf, denn er konnte kein Hebräisch lesen. Noch 70 Jahre später sagt er den Text auf – im aschkenasischen Dialekt, der typisch deutschen Aussprache, die mit der Schoa verschwunden ist.

»Juden sind hier nicht erwünscht!« Kurt erinnert das verstörte Gesicht Emils, als er das Schild an der Tür des Café Walz bemerkte, wo er morgens die Tageszeitung las und dazu »seinen Kaffee« trank. Jeden Schabbes spazierte Kurt mit dem Großvater auf dem Weg zur Synagoge an dem Kaffeehaus vorbei. »Nachdem wir das Schild gesehen hatten, wussten wir, dass wir minderwertig waren«, sagt Kurt, »aber zum Glück kannte uns in der Stadt keiner. In Sonnenberg hätten wir kein Lokal mehr betreten können.«

Es war das Frühjahr 1935. Anna Baum kam zum Nähen in die Rüdesheimer Straße und brachte Neuigkeiten aus Sonnenberg mit. »Seid froh, dass ihr weg seid! Ich bin fotografiert worden, als ich beim Metzger Levitta einkaufen war«, sagte sie, »und Rudolf stand als ›Judenfreund‹ in der Zeitung.«

Die 80 jüdischen Metzger Wiesbadens waren schon 1934 ins Visier der »arischen« Konkurrenten geraten. Damals trieb sie die SA hinter dem Bahnhof zusammen und führte sie im Spalier durch die Stadt. Seither war ihnen das Betreten des Schlachthofs verboten. Den Viehhändler und Reichsbannermann Gustav Barmann schleppten sie in den Wald und schlugen ihn mit Peitschen halbtot. Barmann verkaufte daraufhin seinen Besitz und floh ins Ausland. Ein Jahr später waren drei Viertel der jüdischen Metzger ruiniert.

Der Antisemitismus ist ein süßes Gift. Dass die Juden die amerikanische Außenpolitik kontrollieren, ist eine dreiste Lüge, aber es erfüllt sie dennoch mit Stolz, dass man ihnen das zutraut. Wer für fähig erachtet wird, die Geschicke der Menschheit zu lenken, der weiß offenbar seinen Verstand zu nutzen. Der Antisemitismus macht wütend, ängstlich, hilflos – und arrogant. Ich mag die jüdische Arroganz. Sie erhebt und lässt uns schweben. Sie würzt den Charakter und lässt uns das Unabänderliche leichter ertragen. Jüdische Arroganz ist weder angeboren noch kulturelles Erbe, sondern die Frucht harter Arbeit.

Arroganz und Selbstüberschätzung quellen auch aus den Texten der jüdischen Eliten in den frühen Jahren des Dritten Reichs, bei Zionisten wie »deutschen« Juden gleichermaßen. Der Biograph Joachim Fest zeichnet das Bild, das Hitler von den Juden hatte, als »Gegenbild zu deutschem Kleinmut und deutscher Enge, als Gegenstand heimlichen, widerwilligen Staunens ebenso wie als Gegenstand unnennbarer Ängste … Ihre rassische Selbstabschließung und Reinheit bewunderte er nicht weniger als ihr Erwählungsbewusstsein, ihre Härte und Intelligenz; im Grunde sah er in ihnen so etwas wie den negativen Übermenschen.«

Im September vibrierte der Volksempfänger. Fritz' Fliegerkamerad Hermann Göring verkündete von Nürnberg aus zwei Gesetze, die die Menschheit in »Arier« und »Nichtarier« teilte. Das »Reichsbürgergesetz« entzog den Juden die Bürgerrechte; das »Gesetz zum Schutze des deutschen Blutes und der deutschen Ehre« verbot die Eheschließung zwischen »Juden und Staatsangehörigen deutschen oder artverwandten Blutes« und stellte sexuelle Beziehungen zwischen ihnen unter Strafe. Fritz' und Linas Liebesbeziehung war jetzt ein Verbrechen.

In Nürnberg tagte der NSDAP-Reichsparteitag »der Freiheit«. Das Motto spielte darauf an, dass Deutschland mit dem Aufbau der Wehrmacht seine Freiheit zurückerhalten habe. Fritz kannte die Inszenierung, seit er kürzlich mit den Kameraden des RjF einen Film über einen früheren Reichsparteitag angesehen hatte. Den Bildern konnte man sich schwer entziehen: die Schattenrisse der Nürnberger Altstadt zu anschwellenden pathetischen Heimatklängen, romantische Giebel, Kirchen, Denkmäler, Arbeiter zimmerten eine Bühne, jubelnde Menschen säumten die Straßen, durch die Hitler im offenen Wagen fuhr, bevor er durch eine Gasse aus SA-Männern auf einen von flatternden Hakenkreuzfahnen eingefassten Altar zuschritt. Fritz schmunzelte beim Gedanken an die Jugendlichen im Taunus, die ihm ihr begeistertes »Heil!« zugerufen hatten.

Als sie vor dem Kino standen, berichtete ein Kamerad kleinlaut, was er erlebt hatte, als Hitler in Frankfurt den ersten Abschnitt der Reichsautobahn eröffnete. Obwohl es regnete, herrschte eine ausgelassene Stimmung. Hitler fuhr in einem offenen Mercedes vorbei. Die Menschen reckten die Arme und schrien ekstatisch »Heil!«. »Ich sah Menschen, die vor Glück weinten. Ich selbst war so ergriffen, dass ich den Arm hob«, beichtete der Kamerad. »Später habe auch ich geweint – vor Scham über mich selbst.«

Das Judentum ist eine Religion down to earth, eine Ethik des Alltags«, bedeutet mir der Rabbiner der Kölner Synagogengemeinde, als ich ihm meine familiären Wurzeln aufzeige. Das Judentum lindert keine mit Schuldkomplexen beladenen Erlösungssehnsüchte, warnt er mich mit Blick auf das Christentum. Stattdessen biete es mir ernst zu nehmende Lebensregeln, wenn ich bereit wäre, »nach Israel« zurückzukehren.

Ich nehme mir Bedenkzeit. Dem Judentum fehlt das Pathos. An Gottes neue Rolle als Buchhalter muss ich mich noch gewöhnen. Ein halbes Leben links-katholische Romantik lässt sich nicht so leicht abschütteln. Doch seit ich weiß, dass ich vor dem »jüdischen« Gott nicht niederknien muss, stattdessen mit ihm ein vernünftiges Wort unter Männern reden kann, ist er mir nähergekommen.

Die Emanzipation der Juden ist beendet.« Endlich. Auf diese Schlagzeile habe ich gewartet. Der RjF brauchte einen ganzen Monat, um aus einer schockartigen Starre zu erwachen und in einem Leitartikel im *Schild* »zurück zu den Tatsachen« zu finden. In der ersten Stellungnahme zu den »Nürnberger Gesetzen« hatte man die Juden noch zu Disziplin und Pflichterfüllung gemahnt. Am Neujahrsfest Rosch Haschana, zwei Wochen später, hoffte man, »am Beginn eines neuen Abschnittes der Geschichte unseres Judentums aus tiefer Gläubigkeit die seelischen und sittlichen Kräfte erneuern« zu können. Dann endlich begannen die Funktionäre des assimilierten liberalen deutschen Judentums ihren letzten verzweifelten Kampf gegen eine Phalanx aus Nazis und Zionisten.

»Die deutsche Regierung befindet sich in Übereinstimmung mit der großen geistigen Bewegung im Judentum selbst, dem Zionismus, dessen Grundlage die Erkenntnis von der Zusammengehörigkeit des Judentums in der ganzen Welt und die Ablehnung aller Einschmelzungsideen bildet«, schrieb das *Schwarze Korps*, das Zentralorgan der SS. Die »Nürnberger Gesetze« seien ein Vorbild für die »Behandlung des Judenproblems in der ganzen Welt«.

Der Zionist und frühere Berliner Gemeindevorsitzende Georg Kareski erklärte gegenüber Goebbels' Kampfblatt *Der Angriff*, die Nürnberger Gesetze ermöglichten dem deutschen Volk, »ein erträgliches Verhältnis zum jüdischen Volk« zu finden. Er begrüßte »vom jüdischen Standpunkt rückhaltlos« das Verbot der »Mischehen«, das den »Auflösungsprozess« in der jüdischen Rasse unterbreche, und forderte, die jüdischen Kinder aus den allgemeinen Schulen zu entfernen, um sie auf jüdische zu schicken. Kareski wurde 1937 aus dem Vorstand der Berliner Gemeinde ausgeschlossen und emigrierte nach Palästina.

Die »Nürnberger Gesetze« zeigten, dass die Idee der Assimilation gescheitert war. Niedergeschlagen kehrte Emil an Rosch Haschana aus der Synagoge zurück. »Viele haben geweint«, sagte er. Der Rabbiner hatte in einer von Wut und Verzweiflung gekennzeichneten Predigt Abraham Geiger zitiert, der vor 70 Jahren an gleicher Stelle gepredigt hatte. »Ich liebe Deutschland, trotzdem dass mich, den Juden, dessen Staatseinrichtungen verstoßen. Fragt die Liebe nach einem Grund?«

Zwei Monate nach Nürnberg wurden auch die jüdischen Beamten, die im Weltkrieg gekämpft hatten, in den Ruhestand versetzt. Ihre Bezüge, hieß es, würden sie bis zum Erreichen der Pensionsgrenze weiter erhalten. Die Privilegien der Frontsoldaten hatten ausgedient. »Konstruktive Auswanderungsplanung« hieß die neue Marschrichtung der RjF-Führung, die der Tatsache Rechnung trug, dass auch immer mehr national gesinnte Juden Deutschland verließen. Fritz zog derweil den Kopf ein. Ihn machte das »Auswanderungsgerede« aggressiv. »Wir bleiben. Punkt.«

Eine Brise britischer Lebensart weht durch Jerusalem. James serviert in feinem Porzellan Tee, Milch und koschere Schokokekse. Dann setzt er sich zu mir an den seidenweiß gedeckten Esstisch. »Erzähl mir noch einmal die Geschichte von meinem Vater und deinem Großvater!«, bittet er. »Ich höre sie so gerne, weil sie so verrückt ist.«

Das Haus James Frohweins im religiösen Viertel Beit Ve Gan ist nicht leicht zu finden. Auf dem Herzlberg, hinter der Holocaust-Gedenkstätte Yad Va Shem und dem Militärfriedhof mit dem Grab Theodor Herzls, bin ich eine halbe Stunde durch ein Labyrinth aus Einbahnstraßen in einem schlecht beschilderten Häusermeer aus gleichförmigen Wohnblocks geirrt.

James war in London Besitzer einer koscheren Fleischfabrik gewesen. Als er 60 wurde, machte er »Aliya«, wie die Einwanderung von Juden nach Israel genannt wird, »weil Jerusalem der Ort ist, an dem ein Jude leben soll«, sagt James. Er trägt eine Brille, einen kurz geschorenen Vollbart und eine randlose schwarze Kippa, das Kennzeichen orthodoxer Juden. Bevor wir uns zum Tee setzen, führt er mich auf den Balkon und gönnt mir einen Blick über Jerusalem, die Knesset und die Altstadt. Dann erläutert er mir den Stammbaum mit den Fotos seiner Kinder, Enkel und Urenkel, der neben der Wohnungstür hängt.

James hat zehn Kinder. Die Söhne und Schwiegersöhne auf den Fotos sind schwarz gekleidet, tragen schwarze Hüte und leben über die Welt verstreut. James ist der mittlere der drei Söhne Fritz Frohweins, des ältesten der Frohwein-Brüder aus Mainz, für die Fritz in den 1930er Jahren Kaffee geröstet hat. Tee schlürfend, erzählen wir uns die Geschichte von Fritz und Fritz, wie sie in unseren Familien überliefert wird – und wie sie die New Yorker Zeitung *Der Aufbau* beschreibt.

Es war im Winter 1935. Die Dämmerung hatte eingesetzt, und der Schabbes war gerade vorbei, als es an der Tür der Frohweins klopfte. Draußen standen Herren in schwarzen Ledermänteln und erkundigten sich nach Fritz und Walter, dem jüngeren Bruder. Es ging um eine Steuersache. Glücklicherweise hatte die Mainzer Gestapo keinen Schimmer von den Gewohnheiten frommer Juden, sonst hätte sie die Synagoge aufgesucht, wo Fritz und die Brüder zum Schabbesausgang beteten. Während die Gestapo das Haus durchsuchte, lief eine Hausangestellte mit einer Nachricht zur Synagoge. »Mein Vater und mein Onkel sind nie mehr nach Haus gekommen«, sagt James.

Als fromme Juden trugen die Frohweins am Schabbes weder Geld noch Nützliches am Leib, »von ein paar Taschentüchern abgesehen«, wie Fritz Frohwein später witzelte. Wer aber würde zwei mittellosen Juden in der Nacht Asyl gewähren?

Fritz Beckhardt fiel ihnen ein. Der hatte ein schnelles Auto und liebte den Nervenkitzel. Die Frohweins kannten seine Fliegergeschichten. Sie überquerten die Rheinbrücke nach Wiesbaden und standen gegen Mitternacht vor dem Haus in der Rüdesheimer Straße. Während Rosa Emma im Salon Essen auftrug, berieten sie mit Fritz, was zu tun sei. Noch in der Nacht fuhren sie über die Bäderstraße nach Norden bis zur Lahn und weiter durch die Eifel bis in das Hochmoor des Hohen Venn. Fritz hielt in einem Birkenwäldchen, die Brüder stiegen aus und überquerten zu Fuß die Grenze nach Belgien.

Walter ging nach Antwerpen, wo er sieben Jahre später verhaftet und nach Auschwitz deportiert wurde. Er überlebte das

KZ und entkam der SS in den letzten Kriegstagen während eines Todesmarsches, indem er sich in einer Scheune unter Stroh versteckte. Fritz Frohwein reiste weiter nach England. Als mein Großvater sich im Morgengrauen an der belgischen Grenze von den Brüdern verabschiedete, ahnte er nicht, dass er bald schon auf ihre Hilfe angewiesen sein würde.

»Ich wurde im Juli 1936 in London geboren«, erzählt James. »Meine Mutter, mein Bruder Erich, meine Schwester Ruth und meine Großväter Moses Walter und Salomon Frohwein erhielten fünf Monate nach der Flucht des Vaters die Erlaubnis, Deutschland zu verlassen. Sie konnten den gesamten Haushalt mitnehmen, aber keinen Pfennig Geld.« Der alte Salomon Frohwein war Weinhändler in Hochheim am Main gewesen. Der Ort war in England ein Begriff, weil Königin Victorias Lieblingswein von dort stammte, ein bombastischer Riesling, der teurer gehandelt wurde als der edelste Bordeaux.

»Der Großeltern wegen sprachen wir Deutsch«, erinnert James. »Mein Vater lieh sich 400 Pfund und eröffnete in Golders Green eine koschere Metzgerei. Jeden Morgen kaufte er die *Times*, obwohl er anfangs kein Wort verstand, und lernte so Englisch.« Als James fünf Jahre alt war, kam eine deutsche Kinderfrau namens Rosa Emma ins Haus.

Dem RjF gingen die Helden aus. Oder die Ideen. Oder beides. Mit Sonderausgaben des *Schild* über »Juden bei der Luftwaffe« wurden alte Geschichten breitgetreten. Ein Beitrag über Fritz vom Februar 1936 trug den Titel *Männer, auf die wir stolz sind*. Es stand nichts Neues drin, außer dass diesmal alle Orden aufgezählt wurden: »Sechs Auszeichnungen bringt er mit heim: Den Hausorden von Hohenzollern mit Schwertern, das Eiserne Kreuz I., das E.K. II., die hessische Tapferkeitsmedaille, den hessischen Ernst-Ludwig-Orden, das Flugzeugführer- und das Verwundetenabzeichen. Und außerdem einen für Tapferkeit im Luftkampf gestifteten Ehrenbecher. Das ist unser Kamerad Fritz Beckhardt.«

Der 7. März war »Heldengedenktag«. Fritz überwand seine Abneigung gegen Gotteshäuser und besuchte mit Emil eine Gedenkfeier für die jüdischen Gefallenen des Weltkriegs. Der Rabbiner »führte mit eindrucksvollen Worten die Zuhörer im Geist an die Gräber der 12 000 gefallenen Kameraden«, schrieb der *Schild*. Doch die Gedanken der Beter weilten nicht beim letzten Krieg, sondern beim kommenden.

Auf dem Weg zur Synagoge hatte Fritz vor den Geschäften Menschentrauben bemerkt, die eine Rede Hitlers im Radio verfolgten. Es herrschte eine fröhliche Stimmung, denn am Morgen waren Soldaten durch die Stadt marschiert. Die Wehrmacht hatte das entmilitarisierte Rheinland besetzt, und Hitler erklärte, er wolle an der Grenze zu Frankreich »Friedensgarnisonen« errichten.

Der Versailler Vertrag verbot Deutschland, Truppen am Rhein zu stationieren. Hitler nutzte einen angeblich gegen Deutschland gerichteten Pakt zwischen Frankreich und der Sowjetunion als Vorwand, um seinen Traum zu verwirklichen und die letzten Spuren der Niederlage von 1918 zu tilgen. Hitler ging ein hohes Risiko ein, denn die Wehrmacht hatte noch nicht die Stärke, um den europäischen Großmächten Paroli zu bieten. In der Synagoge wurde wild diskutiert. Einige rechneten mit dem Einmarsch französischer Truppen, viele hofften geradezu darauf. Das Eingreifen der Franzosen hätte Hitlers Ende bedeutet. Aber die Franzosen kamen nicht.

Der Juddebembes singt ein Hitlerjugendlied

Im Mai 1936 wurde die jüdische Schule eingeweiht. Die ersten Schüler saßen auf Holzbänken unter Zeltplanen, bis die Stadt der Schule zwei Baracken an der Mainzer Straße zuteilte. Bislang war die Gemeinde mit der Idee einer jüdischen Schule am Protest der Nachbarn gescheitert. Mittlerweile verlangte ein

Erlass der Reichsregierung die Errichtung jüdischer Schulen, um »eine möglichst vollständige Rassentrennung« durchzuführen.

Fritz war froh, dass Kurt vorerst in der Lorcher Schule bleiben durfte, denn die jüdische wollte den Kindern das Bewusstsein vermitteln, dass sie »Juden sind und zu Israel gehören, dass sie zu einem Volk gehören, das eine große Vergangenheit und eine große Zukunftshoffnung hat. Dann werden sie mit freudig zuversichtlicher Stimmung hinausziehen und singen: Ja, wir zieh'n in unser Land mit Liedern und Gesang.«

»Unser Land« – damit waren nicht die Mischwälder des Taunus oder das rheinhessiche Hügelland gemeint, all das, was Fritz als Heimat ansah. »Unser Land« war ein heißer, staubiger, von arabischen Bauern spärlich besiedelter Küstenstreifen am östlichen Mittelmeer, in den seit Hitlers Machtantritt 80 000 deutsche Juden eingereist waren.

»Die jüdische Schule«, stellte Fritz entrüstet fest, habe einzig und allein das Ziel, »noch mehr Juden in die Wüste zu schicken«. Womit er recht hatte, denn der Lehrplan war voll und ganz auf die Auswanderung nach Palästina ausgerichtet. Hebräisch wurde nicht mehr nur gebetet, sondern als Fremdsprache unterrichtet. Im Schulgarten sammelten die Schüler erste Erfahrungen mit der Landwirtschaft, die Jungs lernten Holz und Metall zu bearbeiten, und die Mädchen erhielten hauswirtschaftlichen Unterricht. Kurt aber blieb davon verschont und spielte weiterhin auf dem Exerzierplatz mit den Hitlerjungs Fußball.

»Erinnerst du dich an die Olympischen Spiele in Berlin?«, frage ich Kurt.

»Na klar, an Jesse Owens!«

Der Name des vierfachen Olympiasiegers im Sprint und Weitsprung kommt wie aus der Pistole geschossen. Dazu setzt Kurt ein Grinsen auf, als hätte er gerade beim Fußball ein langes Dribbling mit einem fulminanten Torschuss abgeschlossen. Seine funkelnden Augen rufen mir zu: »Jesse Owens, das waren wir!«

James Cleveland »Jesse« Owens war »Neger«. Nicht nur die Nazis, auch Fritz, Rosa Emma und Kurt sagten »Neger« zu den schwarzen Sportlern des August 1936. Selbst während meiner Schulzeit in den 1960er Jahren war die Bezeichnung noch geläufig. »Zehn kleine Negerlein« war ein bekanntes Kinderlied.

»Die ersten Neger sah ich in einem Zirkus. Sie lagen wie die Elefanten im Stroh, und wir hielten sie für Kreaturen«, sagt Kurt. »Später hörte ich, dass die Nazis gegen die Schwarzen waren, also war ich für sie.« Doch im Olympiajahr hatten die Nazis Kreide gefressen. Das fing schon im Februar mit den Winterspielen in Garmisch-Partenkirchen an. Zwei Tage vor der Eröffnung hatte ein jüdischer Student in Davos den Schweizer NSDAP-Chef Wilhelm Gustloff erschossen, aber wider Erwarten blieb alles ruhig, kein Pogrom, keine Übergriffe, nicht einmal Hetzartikel in den Zeitungen.

Emil und Hannchen durften wieder das Kurhaus betreten, durch den Kurpark flanieren und sich auf die Bänke setzen. Die Schilder mit der Aufschrift »Für Hunde und Juden verboten« waren über Nacht verschwunden, und die Schaukästen mit der Aufschrift »Die Juden sind unser Unglück«, in denen *Der Stürmer* mit den Schauermärchen über jüdische Rassenschänder aushing, waren abmontiert.

Fritz verfolgte die Sportberichterstattung mit großem Interesse. Dass die deutschen Turner sechs von neun Goldmedaillen gewannen, erfüllte ihn mit Stolz, zumal der zweitbeste Sportler der Spiele nach Jesse Owens, der Turner Konrad Frey, aus Fritz' rheinhessischer Heimat stammte. Deutschland landete im Medaillenspiegel noch vor den USA auf Platz 1, und die Presse mühte sich, Goebbels' Vorgabe zu befolgen, nicht die Überlegenheit der »arischen Rasse« zu bejubeln, solange noch internationale Gäste im Land weilten. Die Olympischen Spiele wurden ein Propagandaerfolg für die NSDAP. Deutschland präsentierte sich als friedliches Land mit sauberen Dörfern, gut gelaunten Menschen und vollen Biergärten.

Am 16. August war der Spuk vorbei. »Nach der Olympiade

werden wir rabiat. Da wird geschossen«, hatte Goebbels noch während der Spiele in sein Tagebuch geschrieben. Es ging um Spanien, wo sich im Juli faschistische Offiziere gegen die Regierung erhoben hatten. Der Krieg gegen die Volksfront, eine demokratisch gewählte Koalitionsregierung aus Liberalen, Sozialisten und Kommunisten, war das große Thema in den Zeitungen. Täglich erschienen Gruselgeschichten über die Verbrechen des Bolschewismus, der von Spanien aus nach der Macht in Europa greife. Fritz brachte von einem RjF-Abend das Gerücht mit, dass sich bereits deutsche Offiziere in Spanien befänden, um die Putschisten zu unterstützen. Dazu passte, dass Hitler eine Woche nach den Olympischen Spielen die Dienstzeit in der Wehrmacht von einem auf zwei Jahre verlängerte, um die Zahl der einsatzbereiten Soldaten zu verdoppeln.

Wieder keimten Hoffnungen auf, die Franzosen könnten Hitler in die Parade fahren, zumal sich in Frankreich ebenfalls eine Volksfrontregierung gebildet hatte. Mehr noch. Der französische Premierminister Léon Blum war Sozialist, Pazifist und Jude – konnte man sich einen krasseren Gegensatz zu Hitler vorstellen? Doch Blum war kaum vereidigt, da erwachte auch in Frankreich der Antisemitismus. In der Nationalversammlung schimpfte man, ein französischer Premier müsse Wurzeln in französischer Erde statt im Talmud haben. Das konservative Bürgertum gab die Parole »Besser Hitler als Blum« aus. Natürlich sah Blum, was in Deutschland vor sich ging, aber als Pazifist klammerte er sich an die Illusion einer internationalen Abrüstung, die auch Deutschland erfassen werde. Es schien, als ob die Franzosen partout nicht aufwachen wollten.

»Der Tucholsky hat sich umgebracht, offenbar schon im Dezember. In Schweden hat er gelebt«, sagte Emil eines Abends, als er aus der Lebensmittelstube zurückkam. »Der wirkte gar nicht so zerbrechlich.«

Seit der Flucht der Frohweins gingen die Umsätze von Fritz' Ölgeschäft zurück. Um das Familieneinkommen zu stützen, mietete Emil ein Zimmer in einem Hinterhaus in der Eltviller Straße, in dem er einen Lebensmittelhandel eröffnete. Er war mit der ehemaligen Opernsängerin Hertha Hirsch-Bramßen auf einem Konzertabend ins Gespräch gekommen. Die Sopranistin war ohne Einkünfte und klapperte nun in den reicheren Vierteln die jüdischen Familien ab, um Aufträge einzuholen, während Emil die Buchhaltung machte und Kurt nach der Schule die Ware auslieferte. »Ich kann mich an ein paar halb leere Regale erinnern«, sagt Kurt, »mehr war da nicht.«

In normalen Zeiten hätte Emils Geschäftsmodell vielleicht Erfolg gehabt, aber jetzt? Das jüdische Bürgertum löste sich auf. Wiesbaden hatte nach Berlin und Hamburg den höchsten Anteil an jüdischen Kassenärzten im Reich gehabt, nach drei Hitlerjahren waren 90 Prozent von ihnen verarmt oder ausgewandert. Die wenigen noch wohlhabenden Juden bestellten bei der bettelnden Sopranistin aus Mitleid ein Päckchen Kaffee oder eine Flasche Salatöl. Nach drei Monaten war Emil pleite.

Auch im *Schild* stand kaum noch Erbauendes. Stellengesuche von entlassenen Juden füllten die Seiten. »Nehme jede Arbeit an«, solche Offerten kannte man aus der Zeit der großen Krise von 1929. Damals traf es alle, 1936 nur noch die Juden. Derweil jubelte die Regierung, dass die Arbeitslosigkeit in nur vier Jahren von sechs Millionen auf weniger als eine halbe Million gesunken war. Die Hilferufe in den jüdischen Blättern hatten aber auch ihr Gutes. Alle Juden kämpften jetzt ums Überleben und sammelten Kraft aus geteiltem Leid. Ein solches verzweifeltes Lebenszeichen kam von Fritz' Vetter Paul, einem Zigarrenhändler aus Berlin-Kreuzberg, nun per Annonce wöchentlich ins Haus.

Zum Jahreswechsel hörte man von Soldaten, die vor Madrid gefallen seien. Die Zeitungsberichte aus Spanien lasen sich, als stünde Deutschland im Krieg, um sich gegen die Umklammerung des Bolschewismus zu befreien. Fritz erinnerte die Situation ein wenig an den August 1914, nur dass Hitler entschlossener als der Kaiser auftrat, dafür war damals die Kriegsbegeisterung größer. Die Leute auf der Straße waren zwar stolz darauf, dass ihre Regierung unter den Großen der Welt endlich wieder mitzureden schien, aber Lust auf einen Krieg hatte keiner.

Im Sommer 1937 fühlte auch der Letzte, dass die Stimmung umgeschlagen war. »Raus hier!« lautete die Parole. Die Frage war nur: wie und wann?

Kommt ein jüdischer Staat?, titelte der *Schild* im Juli. Ein Jahr zuvor war ein arabischer Aufstand in Palästina ausgebrochen, der sich gegen die von den Briten tolerierte jüdische Einwanderung richtete. Er begann mit Streiks und endete in Terroranschlägen auf britische Einrichtungen und jüdische Siedlungen, woraufhin die Briten hart zurückschlugen und die Häuser militanter Araber zerstörten. Großbritannien entsandte eine Untersuchungskommission, die mit den Konfliktparteien Gespräche führte. Der Bericht der »Peel-Kommission« stellte fest, dass die jüdischen und arabischen Interessen in Palästina unvereinbar seien, und schlug eine Zwei-Staaten-Lösung vor, wobei der jüdische Staat ein Drittel der Fläche des späteren Staates Israel erhalten sollte. Der Führer des arabischen Aufstands Mufti Mohammed Amin al-Husseini lehnte den Teilungsplan ab. Er war ein Verbündeter Hitlers, Mitglied der SS und bevorzugte eher eine »Endlösung der Judenfrage«. David Ben-Gurion hingegen, Israels späterer erster Premierminister, stimmte zu, wenn auch mit Bauchgrimmen, weil ihn die Idee, die beiden Bevölkerungsgruppen zu entflechten, überzeugte.

Für den RjF schuf der Peel-Bericht einen »historischen Augenblick für das Judentum, das nach 2000 Jahren nun vor die Frage gestellt ist, sich an einem nicht unwichtigen Punkte des Erdballs zum ersten Mal in eigenstaatlicher Form zu organisieren«. Der *Schild* griff damals plötzlich Themen auf, die noch im 21. Jahrhundert virulent sind – die Notwendigkeit der allgemeinen Wehrpflicht im jüdischen Staat, die Notwendigkeit der militärischen Überlegenheit gegenüber den arabischen Nachbarn, die Einführung des Judentums als Staatsreligion und die Einsicht, dass der winzige Staat unmöglich alle Juden der Welt werde aufnehmen können. Schlussendlich müsse man alle Kräfte bündeln, um »der Auswanderung breitere Wege zu bahnen«. Welch eine Kehrtwendung! Das waren keine verträumten Veteranen mehr, das waren Juden.

Trotz des Meinungsumschwungs unter den Frontsoldaten und des ausreisebedingten Mitgliederschwunds in der RjF-Ortsgruppe dachte Fritz noch immer nicht an Auswanderung. Entweder verschwand er nach dem Frühstück im Geschäft, oder er ging auf Verkaufstour zu den Kunden. Der Koffer, mit dem er reiste, ist eine der wenigen persönlichen Habseligkeiten, die mir von ihm geblieben sind. Er ist ein Zeugnis von Stilsicherheit und Eleganz. Im grauen Dreiteiler entstieg Fritz der bordeauxfarbenen Limousine, an der Weste die goldene Taschenuhr, in der Hand den krokodilledernen Handkoffer mit Elfenbeinknöpfen. Öffnete er ihn, kamen lederne Schubfächer und kristallene Flakons zum Vorschein, eingehüllt in ein Futter aus dunkelblauem Samt. Die verblichenen Aufkleber der Hotels, in denen Fritz übernachtete, verraten mir, wie weit er reiste.

Mainz, Trier, Worms, Saarbrücken – sobald Fritz den Rhein überquerte, liefen die Geschäfte besser. Kurt erinnert den Mainzer Bäcker Simon, der Backtücher und Fett bewusst nur bei Fritz kaufte. Fast alle Kunden, Bäcker und Gastwirte aus dem Hunsrück und der Eifel, waren fromme Katholiken und betrachteten die Geschäftsbeziehung zu Fritz als Ausdruck des Widerspruchs gegen Hitlers Judenpolitik. Im Oktober berichtete der NSDAP-Kreispropagandaleiter zur »Lage der Juden in Wiesbaden« an die Gaupropagandaleitung in Frankfurt: »Weiterhin sind hier noch verschiedene jüdische Lebensmittelgroßhandlungen vorhanden, die in der Hauptsache auf dem flachen Lande, und dies oft in katholischen Gebieten, gute Umsätze zu verzeichnen haben.«

Neben den vielen verdrängten Schmähungen, den Hänseleien und Prügeleien treten in Kurts Erinnerung immer wieder die

Momente hervor, in denen er sich mit kindlicher Ironie über das Nazivolk erhoben hat. Dazu gehört das Bild des fetten SA-Mannes, den er beim Wiesbadener Pfingstreitturnier vom Pferd fallen sah. Ich liebe sein zufriedenes Grinsen, wenn er beschreibt, wie der »arische« Herrenmensch in einem über Fettwülste gespannten Braunhemd vor ihm in den Dreck fällt.

Dazu gehört aber vor allem der Tag, als Schulrat Hugo Römer die Lorcher Schule besuchte. Römer saß in der Schulbehörde und war Kreisleiter der NSDAP, der höchste Nazi der Stadt. »Natürlich wusste ich, dass der Herr Römer ›in der Partei‹ war«, sagt Kurt, »aber darunter konnte ich mir nichts vorstellen.« Als Römer durch die Tür schritt, sprang Kurts Klassenlehrer Krohmann (Lieblingsgedicht *Jung Siegfried war ein stolzer Knab*) hinter dem Katheder hervor, reckte den Arm und brüllte »Heil Hitler, Herr Schulrat!«. Auch die Schüler sprangen auf, streckten die Ärmchen und heilhitlerten im Chor, worauf Römer zurückheilhitlerte und Lehrer Krohmann schließlich der Klasse eine schicksalhafte Frage stellte: »Wer von euch will dem Herrn Schulrat ein Hitlerjugendlied singen?«

Krohmann ließ den strengen Blick über die Köpfe schweifen, aber der Schulrat in seiner braunen Uniform, das hübsche Hakenkreuz am Arm, schien die Knaben einzuschüchtern. Lehrer Krohmanns Augen flackerten ungeduldig; Schulrat Römer lächelte milde. Lehrer Krohmann klopfte nervös mit dem Rohrstock auf ein Pult; Schulrat Römer fragte seidenweich: »Na, ihr Buben, kann denn keiner ein schönes Hitlerjugendlied vortragen?«

Hugo Römer war Nazi, aber er war kein Antisemit, und für Kurt war er einfach nur »der Papa vom Gerhard«. Kurt saß in der letzten Reihe und betrachtete die schweigenden Schulkameraden. »Weil keiner sich meldete, dachte ich, denen zeig ich es mal!«

Kurt hebt den Arm, Lehrer Krohmann schluckt. »Weil ich den Herrn Römer gut kannte, habe ich mich gemeldet, bin aufgestanden und nach vorne gegangen, da erst habe ich gespürt, dass der Lehrer Krohmann kolossal verlegen war«, grinst Kurt. Er beginnt zu singen:

Ein Hitlerjunge hält treu die Lagerwacht.
Das Feuer knistert, und dunkel ist die Nacht.
Im Zelte schlafen schon all die Braven.
Und mit den Wimpeln spielt der kühle Wind.

»Wärst du gerne bei der Hitlerjugend gewesen?«, frage ich.
»Nein!«, antwortet er empört. »Ich wusste, dass sie mich für minderwertig hielten, und wollte es ihnen zeigen, weil sich keiner getraut hatte, das Lied zu singen.«
»Aber du hast ein Lied der Hitlerjugend gesungen«, insistiere ich.
»Die kannte ich alle«, sagt Kurt. »Damals hatte ich die Begabung, Texte zu lernen. Gedichte, die meine Eltern vorgelesen hatten, kannte ich ebenso auswendig wie die meisten Naziparolen. Aber Krohmann hat es mir heimgezahlt. Es gab die Nazifeiertage wie den 9. November, den Gedenktag für die Toten vom Marsch auf die Feldherrnhalle, die Hitler ›Blutzeugen der Bewegung‹ nannte. Da gab es eine Feierstunde in der Schule. Wir mussten strammstehen, die Türen wurden aufgerissen, und in den Fluren standen Hitlerjungen in Uniform mit Fanfaren und Trommeln. Der Gerhard Römer, der vor mir saß, riss einen Witz, und ich lachte. Da kam Krohmann, das Gesicht rot wie eine Tomate, und schlug mir mit dem Rohrstock in den Nacken. Das tat wahnsinnig weh. Das Hitlerjugendlied hat er mir nie verziehen.«

Im September 1937 gab Fritz die letzte von ihm persönlich unterschriebene Umsatzsteuer-Voranmeldung ab. Mit dem Geschäft war er inzwischen in die Moritzstraße 15 umgezogen. Von Oktober an finde ich nur Rosa Emmas Unterschrift unter den Steuererklärungen, den Briefen und später den Gnadengesuchen.
Ende September brachten die Zeitungen ganzseitige Fotos von Hitler und seinem Staatsgast Mussolini. Der Duce neben den Büsten römischer Kaiser, der Duce neben Hitler im offenen Wagen vor dem mit Hakenkreuzfahnen geschmückten Bran-

denburger Tor, der Duce bei einer Militärparade, bei einer Leistungsschau der deutschen Rüstungsindustrie und schließlich mit vorgereckter Brust, die Hände in den Hüften, bei einer Rede auf Deutsch, die von »Heil«-Rufen unterbrochen wurde – und in den Kinos später von ebenso vielen Lachern ob der komischen Aussprache des Italieners.

Am 27. Oktober marschierte die Wehrmacht unter Trommelwirbel über die Wiesbadener Wilhelmstraße. Kriegsminister von Blomberg übergab 136 Fahnen an die Truppe und erinnerte die Soldaten daran, dass sie durch ihren Eid zum Eigentum des Führers geworden waren. Die Bevölkerung stand jubelnd am Straßenrand wie vor sieben Jahren, als Fritz nach der Rheinlandbefreiung mit den Kameraden der »alten Armee« vorbeimarschiert war. Jetzt durfte er das Kurviertel nicht mehr betreten. Die Schilder »Für Juden verboten!« hingen wieder.

Am nächsten Tag begann der Andreasmarkt, der größte Jahrmarkt der Stadt. Kurt kam gut gelaunt von der Schule nach Hause, stellte den Schulranzen in sein Zimmer, ging in die Küche und setzte sich. Das Mittagessen war ein festes Ritual. Auch Fritz kam mittags nach Hause, wenn er nicht auf Geschäftsreise war. Hannchen und Rosa Emma kochten abwechselnd. Emil sprach eine Broche und wusch sich dabei die Hände, dann sprach er eine Broche auf das Brot und später eine dritte, wenn die Mahlzeit beendet war.

Jeder hatte einen festen Platz. Emil und Hannchen saßen am Kopf des Tisches, Rosa Emma und Hilde vor dem Küchenschrank, Fritz und Kurt auf der Bank. Weil der Platz neben ihm leer blieb, folgerte Kurt, dass der Vater auf Reisen war. Nach dem Essen holte er die Schulsachen in die Küche und begann mit den Hausaufgaben. Hier bricht die Erinnerung ab.

Kurt erinnert weder die verstörten Mienen der Großeltern noch die geröteten Augen der Mutter. »Der Papa kommt nicht, den haben sie geholt«, sagte Rosa Emma. Fortan stellte Kurt der Mutter keine Fragen mehr.

Der Sinn von Pessach

Erst als alter Mann erfuhr Kurt, warum der Vater damals verschwand. Die Erwachsenen sprachen nicht darüber, jedenfalls nicht in Anwesenheit der Kinder. Der Zehnjährige hatte längst begriffen, dass keine gute Zeit war, und er lernte für sein weiteres Leben, dass man über Schlechtes besser nicht spricht.

Die Familie ging kaum noch vor die Tür, saß stattdessen im Salon oder auf dem Balkon. Rosa Emma besorgte die Einkäufe, Emil ging zur Synagoge. Wohin sonst konnte man noch gehen? Kulturveranstaltungen gab es nicht mehr. Das jüdische Lehrhaus hatte seit April geschlossen, die Cafés und Parks waren tabu, nur das ehemals noble Kurhotel Kronprinz war für Juden noch geöffnet, aber der Fußweg in die Taunusstraße war lang.

Sie bekamen auch keinen Besuch mehr außer von Onkel Ludwig. Ludwig Koch, Fritz' Schwager aus Alzey, habe geschäftlich in Frankfurt zu tun, hörte Kurt, und jedes Mal kam er danach in die Rüdesheimer Straße. Mit Rosa Emma und Emil verschwand er in der Küche, während Hannchen im Salon saß und darauf achtete, dass niemand an der Küchentür lauschte.

Ab November durfte Kurt nicht mehr heilhitlern, wenn Lehrer Krohmann am Morgen die Klasse betrat, denn der »Führer« hatte den Juden den »deutschen Gruß« verboten. Kurz darauf wurde er der Schule verwiesen.

Es lag Schnee auf dem Schulhof der jüdischen Schule, als die vier Mädchen und sieben Buben vor der Kamera Aufstellung nahmen, hinter ihnen der Jägerzaun, der das Gelände umgab, eine Streuobstwiese und ein grauer Novemberhimmel. Ich zeige Kurt das Foto aus der Zeitung. Der Artikel darunter berichtet über den Heimatbesuch Eric Kahns, des einzigen Überlebenden auf dem Bild. »Das war meine Klasse«, sagt Kurt. »Da war ich schon ein paar Wochen weg. Die Jungs in der letzten Reihe waren meine Freunde, vor allem der Herbert.«

Kurt streicht mit dem Daumen über Herberts Gesicht. »Wir

Kurts ehemalige Schulklasse: Vorn gebückt Oskar Borger; sitzend von links nach rechts Manfred Rosner, Margot Israel, Lore Loeb, Inge Löwenstein, die Lehrerin Lotte Bernstein, Günter Wolf und Hannah Kaufmann. Stehend von links Heinz Mannes, Seppel Baum, Eric Kahn, Herbert Levitta und Rabbiner Dr. Bruno Finkelscherer.

hatten Rechnen, Deutsch, Hebräisch und jüdische Geschichte zusammen. Wir lasen Texte über den Freiheitskampf der Makkabäer, über den Kampf um Massada und den Bar-Kochba-Aufstand gegen die Römer. Die Lehrer erzählten uns, wer Theodor Herzl war und dass der Zionismus die Wüste zum Blühen bringt.«

Nachmittags zogen Kurt und Herbert mit Sammelbüchsen durch die Straßen, klingelten bei jüdischen Familien und baten um Geld für »Bausteine für Palästina«. Oder sie spielten in der Adolfsallee. Die elegante Gründerzeitvilla Nr. 26 gehörte den Levittas. Herberts Vater besaß einen traditionsreichen Kommissionshandel für Rheingauer Weine, der so gut wie pleite war. Der Weinhandel war eine Domäne der Wiesbadener Juden gewesen.

Seit dem Rausschmiss aus der Lorcher Schule hatte Kurt in der Nachbarschaft keine Freunde mehr. Auch Gerhard Römer ließ sich nicht mehr blicken. Herbert war nun Kurts einziger Freund. Bei Regen saßen sie unter dem Pavillon der Reisinger Anlagen, bei Sonnenschein am Teich neben der Statue der Europa.

»Wir zogen planlos umher«, erzählt Kurt, »und versuchten

fremden Jungs aus dem Weg zu gehen. Wenn uns eine Gruppe entgegenkam, wechselten wir die Straßenseite.« Bloß keinen Risches! Kurt hatte das verinnerlicht. Streiche waren tabu, das Risiko aufzufallen zu hoch. Am sichersten fühlten sie sich im Wald nahe der Höhle des legendären Räubers Leichtweiß oder am »Krotte-Weiher«, wo sie Kaulquappen in Marmeladengläsern fingen. Dass sie bisweilen angepöbelt und geschlagen wurden, darüber mag Kurt nicht sprechen.

»Hattet ihr Angst?«, frage ich.

Kurt nickt. »Richtig frei war ich nie.«

Der Schulweg war ein Spießrutenlaufen. Die Hitlerjungs wussten, wer morgens die Mainzer Straße herunterkam. Erst wenn Kurt die schäbigen Schulbaracken erreicht hatte, war er sicher. »Der Zusammenhalt in der Schule hat uns Mut gemacht«, sagt Kurt. »Wir betrachteten uns nicht nur als Unterdrückte. Wir wussten, dass wir Juden uns wehren konnten.«

Dennoch verschwand fast jede Woche einer. Hans Ullmann, dessen Eltern ein Hutgeschäft in der Kirchgasse besaßen, erzählte beiläufig in der Pause: »Wir wandern aus.« Edith Goldmann aus der Kleiststraße kam eines Morgens nicht mehr. »Sie war die Erste, die ich als Mädchen wahrgenommen habe«, sagt Kurt. Auch die Lehrer gingen weg. Kurts Klassenlehrer »Nanty« Fruchter heiratete Ruth Lehmann, die Lehrerin, die den Schulgarten betreute. »Er zog uns an den Ohren und verteilte Kopfnüsse. Sie war eine dunkelhaarige Schönheit«, erinnert Kurt. »Die beiden wanderten nach Amerika aus – und irgendwann war ich dran.«

Wie viel Mut und Stolz die jüdische Schule in Kurts Herz gepflanzt hatte, stellte sich an einem feucht-trüben Schabbes heraus. Der Nebel hing über den Baumwipfeln der Rüdesheimer Straße; Kurt hatte sich verspätet, und Emil war allein zur Synagoge vorausgegangen.

Am Schabbes fiel Kurt allein der Kleidung wegen auf. Zu einer kurzen Hose, die er sommers wie winters trug, steckte ihn

Rosa Emma in ein farblich passendes Jackett. So rannte er aus dem Haus, um den Großvater einzuholen, als er auf dem Gehweg von drei Jungs angehalten wurde, die der Kleidung nach nicht aus dem feinen Rheingauviertel stammten. Er wurde umstellt und rechnete mit dem Üblichen: Pöbelei, Prügel. Doch die Gruppe schien nicht auf Krawall gebürstet.

»Wo gehsten hie? Was mechste?«, fragte der Größte in breitem Hessisch.

»Ich gehe in die Synagoge«, antwortete Kurt.

»Ja unn? Was mechste do?«, fragte der Große.

Kurt blickte erst ängstlich, dann zunehmend erstaunt in die Gesichter der Jungs. Allmählich begriff er, dass die Frage bar jeden Hintergedankens gestellt war.

»Ich habe das Gebetbuch geöffnet und ihnen die hebräische Schrift gezeigt«, erinnert Kurt. »Dann begann ich ein Gebet vorzulesen. Es kam mir zu Bewusstsein, dass die überhaupt nicht wissen, was das ist, ein Jude. Ich hatte das kindliche Bedürfnis, ihnen zu zeigen, wer ich war, was für mich jüdisch war und auf welche Weise ich zu Gott betete.«

Die Szene mag nur wenige Minuten gedauert haben, aber wann immer Kurt erzählt, wie er, der »Juddebembes«, im sechsten Hitlerjahr auf offener Straße ein Gebetbuch geöffnet und ein hebräisches Gebet gesprochen hat, schießen mir Tränen in die Augen. Das ist der Sinn von Pessach! An diesem Tag teilte Kurt das braune Meer und schritt hindurch. Dann klappte er das Buch zu. »Ich bin schon spät dran. Ich muss mich beeilen«, sagte er und rannte Emil hinterher.

Im März 1938 holte Hitler Österreich »heim ins Reich«. Der Reichsrundfunk übertrug, wie der »Führer« vom Balkon der Wiener Hofburg »vor der Geschichte nunmehr den Eintritt meiner Heimat in das Deutsche Reich« vermeldete. Wer die verzückten »Heil!«-Rufe hörte, konnte unmöglich länger behaupten, dass Hitler das deutsche Volk verführt habe. Der Führer verkörperte die Gefühle und Sehnsüchte der Deutschen –

nur die Juden zählte er eben nicht dazu. In Österreich brach sich der enthemmte Rassenhass der Menschen Bahn, die fünf Jahre sehnsuchtsvoll auf den »Führer« gewartet hatten. Die Wiener Juden schrubbten mit Zahnbürsten und bloßen Händen das Straßenpflaster. Zeitgleich verschleppte die Polizei 1500 »arbeitsscheue« Berliner Juden in das Konzentrationslager Buchenwald bei Weimar. In München, Nürnberg und Dortmund wurden die Synagogen abgerissen – »aus verkehrstechnischen Gründen« oder weil sie »das Stadtbild störten«. Kurt und Hilde bemerkten nichts von alldem. Sie wurden seit Fritz' Verhaftung noch vollkommener von Rosa Emma abgeschirmt. Nur ein Ereignis aus dem Sommer 1938 erinnert Kurt. Als im Juni der amerikanische Boxer Joe Louis, genannt der »braune Bomber«, das »arische« Idol Max Schmeling auf die Bretter schickte, war das Emil eine ziemlich gute Flasche Riesling wert.

Der *Schild* war 1938 nur noch ein dünnes Annoncenblättchen, in dem unter der Rubrik »Hier kehren unsere Kameraden ein« die Lokale aufgelistet waren, die Juden betreten durften. Obwohl Fritz verschwunden war, hatten sie das Blatt nicht abbestellt. So las Emil der Familie im Juli zum letzten Mal gute Nachrichten vor.

In Évian-les-Bains am Genfer See war auf Initiative des Präsidenten der USA Franklin Delano Roosevelt eine Konferenz mit Vertretern aus 32 Staaten einberufen worden, um für 300 000 deutsche Juden Aufnahmeländer zu finden. Auch Rosa Emma, Emil und Hannchen sprachen nun des Öfteren über die Möglichkeiten, Deutschland zu verlassen.

Seit Göring eine »Verordnung über die Anmeldung des Vermögens von Juden« erlassen hatte, war klar, dass die Nazis das Geld der Juden wollten. Emil hatte am 30. Juni sein Vermögen in einem »Verzeichnis über das Vermögen von Juden« offengelegt. Es betrug 15 509,– Reichsmark und bestand aus in- und ausländischen Wertpapieren sowie aus einer Forderung von 2000 Reichsmark, die der Sonnenberger Pächter Karl Pfeiffer schuldete. Vor allem auf die ausländischen Wertpapiere hatte es Göring abgesehen.

»Ein guter Start«, las Emil über die Konferenz von Évian, obzwar die Delegierten bislang nicht mehr als Bedauern darüber geäußert hatten, dass man trotz der bedrückenden Lage der Juden kein Asyl anbieten könne. Die Delegation der Reichsvertretung der deutschen Juden klammerte sich an ein »zwischenstaatliches Regierungskomitee«, das »infolge der rapiden Verarmung der Juden in Deutschland« hoffentlich auch das Finanzielle regeln möge, denn arme Juden waren im Ausland besonders unbeliebt. Doch spätestens als einige osteuropäische Delegierte bekannt gaben, dass man sich ganz im Geiste Hitlers ebenfalls der heimischen Juden entledigen wolle, war die Flüchtlingskonferenz gescheitert. Die Delegierten kamen zu der Erkenntnis, das Judenproblem sei ein Fass ohne Boden, von dem man besser die Finger ließe. Die Schlagzeile des *Völkischen Beobachters* brachte es zynisch auf den Punkt: »Niemand will sie.«

Im August verpasste der »Führer« den Juden neue Namen, damit er sie einfacher identifizieren konnte. Jüdische Männer hießen jetzt zusätzlich »Israel« und Frauen »Sara«. Innerhalb eines Monats hatte man gegen eine Gebühr die Namensänderung beim Standesamt zu beantragen. So kam der evangelische Pfarrer von Sonnenberg in den Genuss, Emils Geburtsurkunde handschriftlich zu ergänzen: »Führt nach der Verordnung vom 17. 08. 1938 (Reichsgesetzblatt I 1938, S. 1044) zusätzlich den Vornamen Israel.«

Im September verloren die jüdischen Ärzte ihre Zulassungen. Der RjF verschickte mitfühlende Briefe an die Kameraden (»Schwer ist der Weg, den ihr geht«) und nannte Firmenadressen, wo man sich kostenlose Lebensmittelpakete abholen konnte.

Im Oktober brach unter den »Ariern« Jubel aus. Die Zeitungen feierten den »Führer« überschwänglich als Friedensretter, weil ihm Großbritannien und Frankreich im Münchner Abkommen die Annexion des Sudetenlandes genehmigt hatten.

Hitler hatte der Tschechoslowakei ein Ultimatum gestellt und mit der Wehrmacht gedroht. Nun kamen die drei Millionen Sudetendeutsche »heim ins Reich«, und der Frieden war gerettet.

Währenddessen nahm die Gemeinde von Rabbiner Paul Lazarus Abschied, der »aus Gesundheitsgründen« pensioniert wurde und nach Palästina auswanderte. In seiner letzten Predigt sagte er: »In diesem Gotteshaus, das im nächsten Jahr, so Gott will, die Feier seines 70-jährigen Bestehens feiern wird, suchte ich die Knaben in unsere heilige Lehre einzuführen, suchte die Mädchen in der Treue zum Glauben zu festigen. Heute ist vieles anders geworden. Unsere Jugend wächst nicht mehr in unserer Mitte auf. Sie wird nicht mehr vor unseren Augen sich entwickeln und entfalten. Sie kann nicht mehr an unsere Stelle treten, unser Werk fortsetzen und unseren Namen an der Stätte seines Werdens und Wachsens in die Zukunft tragen.«

Der *Schild* meldete, dass zum Jahreswechsel auch die jüdischen Rechtsanwälte ihre Zulassung verlören. Die Justizverwaltung könne, wenn sie es für nötig halte, für jede Gemeinde einen »Konsulenten« benennen, der diese in Rechtsfragen vertreten würde – ehemalige Frontkämpfer sollten dabei bevorzugt werden. In Wiesbaden erhielt Fritz' Freund Berthold Guthmann den Job.

Schließlich machte die Schweiz den Juden ein besonderes Geschenk. In die Reisepässe wurde ein rotes »**J**« gestempelt. Die Schweizer Regierung, die sich seit der Annexion Österreichs von Asylbewerbern überschwemmt wähnte, hatte Hitler gebeten, der Grenzpolizei beim Aussortieren von Juden behilflich zu sein. Kurt erhielt eine graue Kennkarte mit Fingerabdrücken und einem blassroten »**J**« über dem Namen »Kurt Israel Beckhardt«. Hat ihn der neue Name geärgert? Er zuckt mit den Achseln. »Nicht wirklich«, sagt er. »Wir waren an so was gewöhnt.«

Am Morgen des 29. Oktober 1938 fehlte eine Handvoll Mitschüler in Kurts Klasse. Die Polizei hatte die Familien mit polnischer Staatsangehörigkeit verhaftet. »Es hieß, sie seien nach

Polen abgeschoben worden«, sagt Kurt, »darunter konnte ich mir nichts vorstellen.«

Auch die Sekretärin Fanni Herrmann, die seit Fritz' Verhaftung mit Rosa Emma das Geschäft über Wasser hielt, gehörte zu den 300 Wiesbadener Juden, die in der Nacht aus den Betten geholt und ins Polizeigefängnis gesperrt worden waren. Bei der Deportation mussten sie ihr gesamtes Hab und Gut zurücklassen.

Die meisten der 17 000 Juden, die aus allen Teilen des Reichs zur polnischen Grenze gekarrt wurden, lebten und arbeiteten wie Fanni seit Jahrzehnten in Deutschland. Eine formelle Einbürgerung schien bislang nicht nötig. Gültige polnische Papiere besaßen sie andererseits auch nicht mehr, was die polnische Regierung zum Vorwand nahm, ihnen die Einreise zu verweigern.

Da die SS die Deportierten mit Peitschenhieben und Gewehrkolbenschlägen über die grüne Grenze prügelte, saßen bald Tausende im Niemandsland fest, denn die polnische Armee ließ sie nicht durch. Krankheiten brachen aus. Menschen starben.

Einer der Abgeschobenen war der Schneidermeister Sendel Grynszpan, der mit seiner Familie seit 27 Jahren in Hannover lebte. Sein Sohn Herschel wohnte bei einem Onkel in Paris, wo ihn eine Postkarte der Schwester erreichte, die ihm die Umstände der von den Nazis »Polenaktion« getauften Massenabschiebung schilderte. Am 7. November kaufte sich Herschel einen Revolver, ging zur deutschen Botschaft und erschoss den schwulen Legationsrat Ernst Eduard vom Rath.

Drei Tage später ereignete sich, was ich nie vergessen werde, obgleich ich es nicht erlebt habe. Am Morgen des 10. November stand der Schulwärter vor der jüdischen Schule und fing die Schüler ab: »Die Schule fällt aus. Geht schnell wieder nach Hause. Die Synagoge brennt.«

Ich sehe Kurt in kurzen Hosen, wie er die Schwalbacher Straße hinaufschlich, sich an den Häuserwänden entlangdrückte. Sein Blick war starr auf den Michelsberg gerichtet, wo Erwachsene ihm die Sicht versperrten. Kurt stand hinter einer dicht gedrängten Menge. Er nahm die Arme zu Hilfe, drängelte, schob sich nach vorn bis zur Kante des Bürgersteigs. »Ich weiß noch genau, wo ich stand«, sagt er. Dann sah er, was ein kindlicher Verstand nicht begreifen konnte: Jemand hatte seine Synagoge angesteckt. »In diesem Moment spürte ich zum ersten Mal im Leben eine große Angst«, sagt Kurt.

Ich stelle mir die Verzweiflung des Elfjährigen vor, dem beim Anblick der rußgeschwärzten Mauern, aus denen Rauch in den Himmel stieg, die Tränen über die Wangen laufen. Ich sehe, wie Kurt einen der Erwachsenen am Rockzipfel zog: »Warum hast du unsere Synagoge nicht gelöscht?« Als der Mann sich wegdrehte, fragte er sich: »Wo werden der Opa und ich morgen beten?«

Um 4.41 Uhr hatte die städtische Berufsfeuerwehr den Alarm erhalten. Als sie an der Synagoge eintraf, stellte sie fest, »dass es am Altar und in den seitlichen Türen brannte«. Die Männer rollten Schläuche aus und löschten den Brand. Beim Wegräumen des Schuttes fanden sie »an mehreren Stellen entzündete Putzwolle mit leicht brennbaren Flüssigkeiten getränkt«. Nach einer Stunde zog die Feuerwehr ab und ließ drei Männer als Brandwache zurück, die immer wieder von Passanten »angepöbelt und beschimpft« wurden. Am Abend wurden die Feuerwehrleute abgezogen. Nun drang ein mit Äxten bewaffneter SA-Trupp in die Synagoge ein, zerschlug die Sitzbänke, schichtete sie zu einem Haufen und steckte sie an.

Um 8.29 Uhr schrillte der zweite Feueralarm. Die Synagoge brannte lichterloh. Als die Feuerwehr erneut mit dem Löschen beginnen wollte, näherte sich »eine Rotte von acht bis zehn Mann, die vorwiegend Stiefelhosen und Schaftstiefel trugen«, und versperrte ihr den Zugang, bis die Polizei der Feuerwehr die Order gab, sich ausschließlich auf die Nachbargebäude zu konzentrieren, damit das Feuer nicht übergreife. Dann brach die »Rotte«, angeführt vom NSDAP-Ortsgruppenleiter Karl Frischkorn, dem Direktor der Wiesbadener Verkehrsbetriebe, in die Gemeinderäume ein, zertrümmerte die Einrichtung und warf sie auf die Straße.

Kurt taumelte durch die Stadt. »Überall sah ich eingeschlagene Schaufenster. Vor einem Porzellangeschäft lag die Ware in Scherben auf dem Pflaster. Die Straßen waren übersät mit Glas.« Fritz' Warenlager in der Moritzstraße blieb verschont, da es in einem Hinterhof lag. Nur das Schild an der Straße mit der Aufschrift »Öle und Fette Beckhardt« wurde demoliert. Damit das Pogrom als spontaner Ausbruch des Volkszorns »über die feige Mordtat des Juden Grünspan« getarnt werden konnte, agierten die SA und die SS in Zivil. Doch auf Kurt wirkten die vielen Schaulustigen weder zornig noch froh. »Da war keine Wut und kein Jubel«, erinnert er, »die Stimmung war eher bedrückt.«

In Wiesbadens Innenstadt und in den Vororten brannten die SA und die SS acht Synagogen nieder oder zerstörten sie, verwüsteten die jüdischen Geschäfte und verstreuten die Ware. Nachdem die Gotteshäuser und Geschäfte zerstört waren, drangen sie in Privatwohnungen ein. Ein Augenzeuge berichtete, dass »eine größere Menge, mit Äxten und Hämmern sowie anderen Schlagwerkzeugen bewaffnet«, am Mittag gegen das Haus von Berthold Guthmann in der Bahnhofstraße vorgerückt sei. Sie zerschlugen die Scheiben des Anwaltsbüros im Erdgeschoss und warfen die Möbel, Akten und Schreibmaschinen auf die Straße. Dann brachen sie in die darübergelegene Wohnung der Familie ein »und demolierten auch diese restlos. Sämtliche Scheiben wurden zerbrochen, der Inhalt aus den Schränken herausgerissen und durchwühlt, Möbel und Bilder zerstört und ebenso wie Wäsche und Bekleidung aus den Fenstern geworfen.« Vor dem Haus stand eine grölende Menschenmenge, die das Hab und Gut der Guthmanns von der Straße aufsammelte und sich am Inhalt der Anwaltsbriefe ergötzte. Als Kurt verängstigt nach Hause kam, hatte er noch nicht vom Schicksal der Guthmanns gehört. »Wir hatten Glück. Zu uns kamen sie nicht.«

Am Abend schrillte das Telefon. Fritz' Schwester Martha weinte. Onkel Ludwig war verhaftet und saß im Alzeyer Gerichtsgefängnis; Fritz' Vater Abraham lag im Krankenhaus. Eine Trupp SA in Zivil hatte die Wohnung der alten Beckhardts gestürmt.

Ludwig Koch mit Hilde (rechts) und Freundin in der Rüdesheimer Straße, 1936

Abraham hatte sich den Eindringlingen in den Weg gestellt. Ein SA-Mann schlug ihn nieder, ein anderer stieß einen Kleiderschrank um, der Abraham unter sich begrub. »Der Opa war 85 Jahre alt«, sagt Kurt, »aber dass er sich gewehrt hat, das steht fest.«

Nachdem die Wohnung der Beckhardts im Vorderhaus verwüstet war, stürmte die SA in Begleitung zahlreicher Bürger das Hinterhaus, in dem Tante Martha und Onkel Ludwig wohnten. Bei der »Aktion« tobte sich ihr Mieter Karl Domis besonders heftig aus. Domis, der im Haus gegenüber ein Metallwarengeschäft betrieb, zahlte seit Längerem keine Miete und sah den Zeitpunkt näher rücken, an dem er sich das Haus unter den Nagel reißen würde.

Onkel Ludwig war ein »Textiljude«. Er zog über Land und verkaufte den Bauern Kleider, bis man ihm 1937 den »Wandergewerbeschein für jüdische Handelsreisende« entzog. Er war so arm, dass er die Gebühr von 30 Reichsmark für die Namensänderung in »Ludwig Israel« nicht zahlen konnte, »weil ich«, wie er an den Alzeyer Bürgermeister schrieb, »zur Zeit als landwirtschaftlicher Hilfsarbeiter ein wöchentliches Bruttoeinkommen von nur Mk. 15,– habe und damit noch meine Familie ernähren muss«.

Am Tag nach dem Pogrom wurde Ludwig mit 15 weiteren Alzeyer Juden ins KZ Buchenwald gebracht. Auf dem Weg vom Weimarer Bahnhof zum Lager, so erzählte er später, wurden die Gehbehinderten erschossen. Am Eingang prügelte die SS die Ankömmlinge mit Peitschen, bis sie bluteten. Dann trieb man sie in einen Drahtverhau und raubte sie aus.

Kurz nach dem Pogrom besuchte der Reichsführer-SS Heinrich Himmler Wiesbaden. Die jüdischen Kaufleute erhielten den Befehl, ihre Schaufenster mit dunkelgrünen Brettern zu vernageln. Himmler flanierte gern durch die malerischen Straßen der Weltkurstadt und nichts sollte sein Auge trüben.

Draußen war es trotz allem am schönsten«, sagt Kurt, »mich erkannte ja niemand. Deshalb wurde später der Stern eingeführt. Ich habe mir nach wie vor in Läden ein Eis gekauft, an denen ›Für Juden verboten‹ stand. Die Schilder habe ich irgendwann nicht mehr wahrgenommen.« Je länger der Schrecken des Pogroms zurücklag, umso mehr drängte es Kurt wieder ins Freie, aber Rosa Emma verbot ihm den Ausgang immer öfter. Dann spielte er mit Hilde im Kinderzimmer oder lag auf dem Bett und las Gedichte des hessischen Mundartdichters Friedrich Stoltze, die er noch heute aufsagen kann. Vom Fenster aus beobachtete er das Liebesleben der Spatzen und träumte vom Fliegen.

Am liebsten aber las er die Geschichten des Till Eulenspiegel. Der Schalk mit der Schellenkappe narrte die Menschen und erschlich sich dabei Brot, Braten, Würste und andere Köstlichkeiten. Er zog Pfaffen, Bürgermeister und Fürsten über den Tisch und machte sie lächerlich. »Die Geschichte, in der Eulenspiegel sich bei einem Grafen als Maler verdingt und sich bei ihm satt isst, hat mich fürs Leben geprägt«, sagt Kurt. »Als der Graf ein Bild von Eulenspiegel sehen will, zeigte er ihm eine leere Leinwand und erklärt, das Bild sei so beschaffen, dass dumme Leute es nicht sehen können.«

Drei Tage nach dem Pogrom brachte Goebbels die Ereignisse auf die einfache Formel: »Der Jude Grünspan war Vertreter des Judentums. Der Deutsche vom Rath war Vertreter des deutschen Volkes. Das Judentum hat also in Paris auf das deutsche Volk geschossen.«

Am selben Tag verkündete Göring, dass das deutsche »Judentum, das auch vor feigen Mordtaten nicht zurückschreckt«, eine »Sühneleistung« von einer Milliarde Reichsmark an das Deutsche Reich zu zahlen habe. Außerdem sollten alle Schäden, »welche durch die Empörung des Volkes über die Hetze des internationalen Judentums gegen das nationalsozialistische Deutschland am 8., 9. und 10. November 1938 an jüdischen Gewerbebetrieben und Wohnungen entstanden sind«, von den Inhabern auf eigene Kosten beseitigt werden. Kurz darauf folgte die »Verordnung zur Ausschaltung der Juden aus dem deutschen Wirtschaftsleben«, welche Juden untersagte, ein Geschäft oder einen Handwerksbetrieb zu führen, auf Märkten zu verkaufen und Dienstleistungen anzubieten oder als leitende Angestellte zu arbeiten. Am 3. Dezember schließlich wurde die »Verordnung über den Einsatz des jüdischen Vermögens« erlassen, die Juden verbot, Grund und Boden zu erwerben, und sie zwang, Wertpapiere bei einer bestimmten Bank zu hinterlegen sowie ihre Firmen zu verkaufen.

Wäre Fritz zu Hause gewesen, hätte ihn das Arbeitsamt als Zwangsarbeiter im Straßenbau, bei der Müllabfuhr oder in der Landwirtschaft eingesetzt. Aber Fritz war schon über ein Jahr wie vom Erdboden verschluckt. Einmal im Monat kam ein Brief. Rosa Emma las Kurt ein paar Zeilen vor. Dann schrieb Kurt dem Vater, was er gerade so machte. Wohin Rosa Emma den Brief schickte, sagte sie nicht.

»Fehlte dir dein Vater?«, frage ich.

Kurt zuckt mit den Achseln. »Ich weiß es nicht. Er war eben nicht mehr da.«

»Nach dem Pogrom zog eine Familie Hirsch aus Haßloch bei uns ein. In der Pfalz war der Judenhass noch schlimmer als bei uns«, sagt Kurt. »Jedenfalls erzählte Frau Hirsch von einer Zerstörungswut, die so fürchterlich war, dass sie nicht in ihrer Wohnung bleiben konnten.« Herr Hirsch wurde in ein Konzentrationslager gebracht. Frau Hirsch und ihr Sohn Hermann lebten zwei Wochen als Obdachlose auf der Straße. Als sie hörten, dass die Juden in den Nachbardörfern zusammengetrieben und auf Lastwagen zur französischen Grenze verfrachtet wurden, flohen sie. »Warum sie ausgerechnet zu uns kamen, weiß ich nicht«, sagt Kurt, »sie waren auf einmal da.« Frau Hirsch und ihr Sohn saßen den ganzen Tag über in der Küche, bis eines Tages Herr Hirsch in der Tür stand.

»Er trug einen Anzug, dem ich ansah, dass er ihn schon lange trug«, sagt Kurt, »und sein Kopf war kahl geschoren. Herr Hirsch erzählte vom Lager, obwohl er das bei Androhung der Todesstrafe nicht durfte. Er erzählte von einem Elektrozaun, in dem jeden Morgen Leichen hingen, von stundenlangem Strammstehen, Hinrichtungen am Galgen und wahllosen Erschießungen. Die Hirschs waren jetzt unsere Untermieter.«

Im Dezember kam auch Onkel Ludwig kahl geschoren und abgemagert aus Buchenwald zurück. »Der Onkel Ludwig, das war ein Lieber«, sagt Kurt leise.

Die jüdische Gemeinde traf sich nun in der orthodoxen Synagoge die wegen der angrenzenden Bebauung nicht niedergebrannt worden war. Im Januar öffnete die jüdische Schule wieder. Kurts Klasse war größer geworden, denn mittlerweile war allen Juden der Besuch einer »deutschen« Schule verboten. Auch der Schulweg war komplizierter geworden, denn die schönsten Straßen wurden für Juden gesperrt. In Berlin galt das für das Regierungsviertel und die Straße Unter den Linden, in Wiesbaden natürlich für die Wilhelmstraße. Aber Kurt ignorierte das.

Während die Ruinen der Synagogen noch rauchten, entwarfen die Judenreferenten der Ministerien ein Rechtssystem, mit dem sie nach und nach das gesamte Vermögen der Juden in »arische« Hände überführen konnten, denn das Dritte Reich war so gut wie pleite und brauchte dringend Geld, um die Aufrüstung zu finanzieren und Lebensmittelreserven für den kommenden Krieg anzulegen.

Als sogenannte »Judenvermögensabgabe«, wie die von Göring verordnete »Sühneleistung« oder »Judenbuße« offiziell hieß, hatte jeder Jude 20 Prozent seines Vermögens abzugeben. Im Januar 1939 entschied das Finanzamt Wiesbaden, dass Emil und Hannchen 4000 Reichsmark zu zahlen hatten, das Jahresgehalt eines Spitzenverdieners. Da die Familie seit Fritz' Verhaftung kaum noch Einkünfte hatte und das Vermögen der alten Neumanns zu einem Drittel aus Immobilien und zu zwei Dritteln aus Wertpapieren bestand, darunter Staatsanleihen von über 7000 Reichsmark, beantragte Emil auf einem eigens dafür vorgesehenen Formular des Finanzamts, einen »Teilbetrag der Judenvermögensabgabe durch Wertpapiere entrichten zu dürfen«. Auf demselben Formular musste er außerdem erklären, dass er mit seiner »Ehefrau innerhalb der nächsten 6 Monate« auswandern wolle, wozu er 5000 Reichsmark benötige.

Der Judenreferent des Reichswirtschaftsministeriums ermittelte, dass die deutschen Juden – Immobilienbesitz und Betriebsvermögen nicht eingerechnet – noch fünf Milliarden Reichsmark an Geld und Wertpapieren besaßen, darunter beachtliche Mengen an Staatsanleihen. Mit den Staatsanleihen hatte sich die Reichsbank Geld geborgt, um die Löcher im Staatshaushalt zu stopfen. Hätten die Juden nun Millionen von Staatsanleihen auf den Markt geworfen, um die »Judenbuße« zu tilgen, wäre der Kurs eingebrochen oder der Staat wäre gezwungen gewesen, ihnen die Staatsanleihen abzukaufen. Die Lösung des Problems verlief nach bewährtem Muster: Juden wurde verboten, ihre Staatsanleihen zu verkaufen.

Der staatliche Raubzug des Jahres 1938 war aus Sicht der Nazis ein voller Erfolg. Rund zehn Prozent der Staatseinnahmen im letzten Jahr vor dem Krieg stammten aus geraubtem jüdischem Vermögen.

Am 4. November 1938 war der letzte *Schild* erschienen, einen Tag zuvor veröffentlichte die letzte Ausgabe der *C.V.-Zeitung* ein Gedicht der späteren Literaturnobelpreisträgerin Nelly Sachs, deren Lyrik einst alle großen Zeitungen gedruckt hatten und die jetzt zurückgezogen in ihrer Berliner Wohnung lebte.

> Niemand weiß, wie sehr meine Seele trug
> Stummgeborenes Lied, wie ein Schwalbenflug.
> Heimwehdunkel sehnt Klang um Klang sich fort,
> Auge weint sein Licht, doch der Mund kein Wort.
>
> Blüht der Abend dann – Rose meiner Ruh –
> Schließt die Liebe mir meine Augen zu,
> Sterbe ich so tief in dein fernes Sein,
> Singe ich im Schlaf: »Wandernd bin ich dein«.

Nachdem die jüdischen Zeitungen verboten waren, suchte die Regierung nach einer Möglichkeit, die Juden, die sich immer tiefer in ihre Wohnungen zurückzogen, weiterhin über die Maßnahmen zu informieren, die zur »Lösung der Judenfrage« ersonnen wurden; Goebbels ließ das *Jüdische Nachrichtenblatt* vom Verlag der zuvor verbotenen zionistischen *Jüdischen Rundschau* herausgeben. Es kostete 75 Reichspfennige und erschien zweimal, später einmal wöchentlich vom 23. November 1938 bis Juli 1943. Die Redaktion saß wie das Palästinaamt in der Berliner Meinekestraße 10, neben dem amerikanischen Konsulat die wichtigste Adresse für alle, die rauswollten. Die Zensur übernahm Goebbels' »Sonderbeauftragter für die Überwachung der Nichtarier« Hans Hinkel. Jede Ausgabe zierte der Vermerk: »Zur Verbreitung im jüdischen Bevölkerungsteil innerhalb des deutschen Reichsgebiets genehmigt. gez. Hinkel«.

Doch Hinkel schien die Aufgabe nicht sonderlich ernst zu nehmen, denn in der Ausgabe vom 30. Dezember 1938 erschien folgende Rezension des Kinofilms »Chicago«: »Eine Stadt steht in Flammen, und die Feuerwehr schaut untätig zu. Alle Schläuche sind angelegt, die Leitern sind ausgerichtet, die

Spritzen stehen in Bereitschaft, aber keine Hand rührt sich, sie zu bedienen. Die Männer harren des Kommandos, aber kein Kommandowort wird laut. Erst als die Stadt, die über 500 Morgen sich ausdehnte, niedergebrannt ist und in Schutt und Asche liegt, ergeht ein Befehl. Die Feuerwehr fährt nach Hause. Böswillige Erfindung? Ein hässliches Märchen? Nein. Die Wahrheit. Und in Hollywood hat sie sich zugetragen.«

In der Rüdesheimer Straße 14 wohnten fast nur noch Juden. Während Rosa Emma und Hannchen beim Einkaufen Kontakt zur Außenwelt aufnahmen, reichten Emils Seelenkräfte nur noch für Besuche bei den Nachbarn. Zugleich wanderte das *Nachrichtenblatt* von Tür zu Tür und mit ihm unzählige Variationen des immer gleichen Themas. In der Schweiz soll es unter speziellen Bedingungen eine Duldung geben – Belgien erteilt keine Transitvisa mehr – wer Angehörige in Guatemala besitzt, kann einreisen – die Regierung von Swaziland hat die Einwanderung gesperrt – längere Wartezeiten bei Anträgen für die USA – Paraguay nimmt nur noch Landarbeiter – Neuseeland nahm zuletzt vermehrt Juden auf – Australien wird 15000 in den nächsten drei Jahren nehmen – Frankreich öffnet vielleicht seine überseeischen Gebiete – in Palästina schreitet das Aufbauwerk voran, während Juden und Araber mit den Briten über Einwanderungsquoten streiten – und immer häufiger Shanghai.

Die Japaner hatten Shanghai erobert und ließen Juden ohne Visa einreisen, ein paradiesischer Zustand für jeden, der sich ein Leben in Fernost vorstellen und die Schiffspassage bezahlen konnte. Das *Nachrichtenblatt* quoll über von sehnsüchtigen Inseraten. »Shanghai, Ehepaar sucht dringendst 2 Plätze für Sommer, Schiffsklasse gleich« – »Shanghai, 3 Damen, 1 Herrenplatz, III. Klasse für März gesucht« – »Shanghai, wer tauscht I. Klasse, 30. April gegen späteren Termin?« – ahnte der Inserent, dass die Zeit knapp wurde?

Ein besonders kurioses Auswanderungsziel war die britische Rassistenkolonie Südrhodesien. Die Kolonialherren genehmigten die Einreise nur, wenn man die beruflichen Voraussetzungen mitbrachte, sich in die weiße Herrenschicht einzugliedern. Das galt für Ingenieure, Chemiker, Techniker oder Landwirte. Jüdische Arbeiter durften nicht einreisen, denn niedere Arbeit war den Schwarzen vorbehalten. Ein Brief aus der jüdischen Gemeinde der Hauptstadt Salisbury an das *Nachrichtenblatt* verdeutlichte das: »Hierzulande wird genau unterschieden, welche Arbeit ein Weißer, welche ein Schwarzer macht. ›Alles‹ kann man hier nicht machen.«

Neben den zahlreichen Shanghai-Inseraten kämpften Annoncen von Speditionen, Reisebüros, Schifffahrtslinien, Angebote für Sprachkurse und Heiratsgesuche um Aufmerksamkeit. »Wer nimmt mich mit? Jüdin, 36, aus Wien, intelligent, hübsch, ersehnt lebenstüchtigen Ehepartner« oder »Kaufmann, 43, mit bald fälliger Wartenummer für USA und Affidavit sucht Sie, ebenfalls mit Affidavit zwecks baldiger Heirat und Ausreise.«

Der Begriff »Affidavit« gehörte zum Sprachgebrauch der Juden wie Brot und Butter. Was er meinte, erläuterte das im Dezember 1938 vom Centralverein herausgegebene *Handbuch für die jüdische Auswanderung*, das letzte jüdische Buch, das in Deutschland erscheinen durfte: »*Affidavit* (lat.: er hat versichert): Eidesstattliche, vor d. Notar abgegebene Erklärung eines in USA Ansässigen über Bereitschaft, dafür zu sorgen, daß Einwanderer d. Öffentlichkeit nicht zur Last fällt.« Ohne ein Affidavit konnte man nicht in die USA reisen, denn jeder wusste, dass die deutschen Juden ausgeplündert waren bis aufs Hemd.

Das Elend breitete sich auch in Wiesbaden aus. Familien, deren Ersparnisse zur Neige gingen, hungerten und froren. Die Jüdische Winterhilfe veranstaltete »Eintopf-Sonntage« und schickte Freiwillige von Tür zu Tür, um Mehl, Reis und Bohnen zu sammeln. Doch zwischen den düsteren Zeilen im *Nachrichtenblatt* schimmerte Licht hindurch, sobald man auf eines der seltenen und zugleich glücklichsten aller denkbaren Inserate stieß: »Allen Verwandten, Freunden und Bekannten auf diesem Wege ein herzliches Lebewohl. Rose Sara Salinger – auf dem Weg nach Australien.«

Der Weg unserer Familie sollte nach Portugal führen. Seit dem letzten Sommer rannte Rosa Emmas Bruder Friedrich in Lissabon von Pontius zu Pilatus, um Visa für seine Verwandten zu bekommen, doch der katholische Diktator António de Oliveira Salazar ließ keine Juden ins Land. Rosa Emma wiederum wäre niemals ohne Fritz ausgereist, und Emil und Hannchen hätten die Tochter nicht allein zurückgelassen. So blieb es vorerst bei der Anschaffung eines Portugiesisch-Lehrbuchs, das unbeachtet im Salon lag.

Was im *Nachrichtenblatt* unter »Jüdischer Wanderung« firmierte, hieß bei der »arischen« Mehrheit »Lösung der Judenfrage«. Der Begriff stammte aus dem 19. Jahrhundert und reichte je nach antisemitischem Härtegrad von der Einschränkung der Bürgerrechte für Juden bis zu Forderungen nach Zwangssterilisation und Arbeitslager. Theodor Herzl hatte den Begriff sogar einmal umgedreht und die Idee vom Judenstaat als »Versuch einer Lösung der Judenfrage« untertitelt.

1939 waren die Nazis noch uneins, welche »Lösung« sie wählen sollten. Am 30. Januar hielt Hitler anlässlich des 6. Jahrestags seiner Inthronisation eine Rede vor dem Reichstag und schuf ein Lieblingszitat späterer Fernsehdokumentaristen. Es entstand eine jener Szenen, mit denen sich die »Arier« später im Nachkriegsdeutschland ein unterhaltsames Gruseln zur Fernseh-Primetime verschafften. Der »Führer« gab den Propheten und brüllte in den Saal: »Wenn es dem internationalen Finanzjudentum in und außerhalb Europas gelingen sollte, die Völker noch einmal in einen Weltkrieg zu stürzen, dann wird das Ergebnis nicht die Bolschewisierung der Erde und damit der Sieg des Judentums sein, sondern die Vernichtung der jüdischen Rasse in Europa.«

Das saß. Das war echt. Die »Vernichtung der jüdischen Rasse« war Hitlers Lebenstraum, aber noch war es nicht mehr als eine Drohgebärde, denn er hielt die Juden wirklich für so mächtig, dass sie den amerikanischen Präsidenten zu einem Krieg gegen das Dritte Reich anstacheln könnten. Für Hitler war das eine Horrorvorstellung.

Also erst mal raus mit ihnen! Um so viele Juden als möglich mit nichts als einem Koffer in der Hand zu vertreiben, wurde aus der Reichsvertretung der deutschen Juden die Reichsvereinigung der Juden in Deutschland gebildet. »Alle übrigen jüdischen Organisationen hören zu bestehen auf«, meldete das *Jüdische Nachrichtenblatt*. Die Reichsvereinigung bekam nur zwei Aufgaben: »die Förderung der Auswanderung und die Fürsorge der Alten und Hilfsbedürftigen«.

Im März starb Abraham an den Folgen der Verletzungen aus der Pogromnacht. Er war nicht wieder nach Hause zurückgekehrt. Die Familie fuhr mit dem Zug zur Beerdigung nach Alzey. Sechs Personen schlichen hinter dem Sarg her, Rosa Emma, Hilde, Kurt, Tante Martha, Onkel Ludwig und ein Rabbiner. Nach dem Kaddisch schubste Onkel Ludwig den Neffen an der Schulter: »Geh vor, Kurtsche!« Kurt erinnert, dass »ich mit ernster Miene vor dem offenen Grab stand und dachte, der Papa ist weg, der Opa ist tot, jetzt bin ich das Familienoberhaupt. Da war ich fast zwölf.«

Eine Woche nach Abrahams Tod ließ Hitler die Wehrmacht in Prag einmarschieren. Jede der außenpolitischen Krisen vom »Anschluss« Österreichs über die Sudetenkrise bis zur Besetzung der »Rest-Tschechei« spaltete die jüdischen Kaffeerunden in Fatalisten und Fatalisten. Die Fatalisten sahen den Krieg als unausweichlich an, aber sie fürchteten ihn, weil dann die Juden in der Falle säßen. Die Fatalisten hingegen hofften, dass der Krieg kommen werde, egal was mit den Juden geschehe, weil nur so das Regime zu stürzen sei. Beide sollten sie recht behalten.

Im April feierte der »Führer« seinen 50. Geburtstag. Deutschland stand kopf. Der 20. April 1939 wurde zum Feiertag erklärt. Als Fritz noch da war, war die ganze Familie an nationalen Feiertagen aufs Land gefahren, denn die »Nürnberger Gesetze« hatten Juden das Hissen der Reichsflagge verboten. Hingen an einem Haus keine Hakenkreuze, wusste jeder: da wohnen Juden.

Im Mai musste das Familiensilber abgeliefert werden. Eine neue Verordnung verbot Juden den Besitz von Edelmetall und Schmuck. Ausgenommen waren Eheringe und alltäglich gebrauchtes Tafelsilber. Die Quittung des staatlichen Pfandleihamts verzeichnet »Silber 3480 gr., 1 H.-Uhr, 1 D.-Uhr, Bruchgold 14K 85 gr., Bruchgold 8K 10 gr« im Wert von 267,40 Reichsmark.

Rosa Emma tauschte die goldene Fassung ihrer Armbanduhr gegen eine stählerne. Emil trennte sich unter Tränen von den silbernen Kerzenständern, auf denen das Schabbeslicht entzündet wurde, von dem Pokal, in dem der Wein gesegnet wurde, von der Gewürzdose, in der die Kräuter zur Hawdole aufbewahrt wurden. Kurt begleitete die Großeltern ins Pfandhaus. »Ich wollte den Silberbecher, den ich von Oma und Opa zur Geburt bekommen hatte, persönlich abgeben«, sagt er. »Mir war bewusst, die Nazis nehmen mir etwas weg.«

Oliver Twist

»Mensch, der Leo Steinbrecher aus der Oranienstraße! Ich wusste gar nicht, dass der rausgekommen ist«, ruft Kurt, als ich ihm die Passagierliste der »Europa« vom 13. Juni 1939 zeige. An Bord waren 216 Passagiere. Kurts Schiffsbillet trug die Nummer 152, die von Kurts Klassenkamerad Leo und dessen Schwester Rosel hatten die Nummern 154 und 155. Kurt liest weiter. »Das gibt es doch nicht! Der Arthur Rosenbach aus Kassel war auch auf dem Schiff. Der hat mit mir im Camp im gleichen Bett geschlafen. Das war ein Schmächtiger, dem man an der Kleidung ansah, dass er aus einer armen Familie kam.«

Mit an Bord war auch Alfred Baumwollspinner aus Hamburg. »Der hatte Schwierigkeiten, seinen Namen auf Englisch zu buchstabieren«, erinnert Kurt.

Bei den meisten Passagieren sind nur Name und Geschlecht vermerkt. Doch die letzte Spalte der Liste verrät, wer die Reisenden in ihrer Mehrzahl waren: »Auswanderer, Volkszugehörigkeit Jude, Religion mosaisch«. Die »Europa« war ein deutsches Schiff.

Die ersten Hinweise hatte Rosa Emma ignoriert. Kurt und Hilde wegschicken? Undenkbar! Die freche kleine Hilde und der ernste, in sich gekehrte Kurt, der womöglich gerade jetzt ihre Liebe brauchte – durfte sie die beiden in die Hände fremder Menschen geben? Durfte sie sie in ein Land abschieben, dessen Sprache sie nicht verstehen? Darf man ein achtjähriges Mädchen und einen zwölf Jahre alten Knaben von der Mutter trennen? Würden die Kinder den Vater je wiedersehen?

Es brauchte einige Zeit, bis sie Hannchen und Emil einweihte. »Vielleicht melden wir erstmal nur Kurt an?« Sie wusste, dass sie es nicht mehr vermochte, den Bub gut genug abzuschotten. Sie sah an seiner Angst, dass er immer besser begriff, was draußen vor sich ging. Sie musste in Erfahrung bringen, was Fritz zu allem dachte.

Die Ankündigung der Kindertransporte sprang den Lesern des *Nachrichtenblatts* förmlich ins Auge. Im Leitartikel der ersten Ausgabe stand: »Die Bemühungen der Förderung der jüdischen Auswanderung aus Deutschland werden in zahlreichen Ländern intensiv fortgesetzt, insbesondere ist die Initiative in England, in den Vereinigten Staaten und in Palästina sehr stark. Eine Reihe von Maßnahmen ist bereits beschlossen worden, die in der Hauptsache der Vorbereitung der Auswanderung von Kindern und Jugendlichen dienen.«

Anfang Januar erschien der Erlebnisbericht »Kinder werden verschickt«. Junge Frauen füllten mit zittriger Hand Formulare aus und packten kleine Koffer. Kinder bettelten um die Mitnahme des Lieblingsspielzeugs. Herzzerreißende Abschiedsszenen spielten sich auf Bahnsteigen ab. Briefe kamen aus England. Mütter streichelten mit tränenverschleiertem Blick die Fotos der Kinder. Eines Tages sagte eine Bekannte zu Rosa Emma: »Haben Sie schon gehört? Gehen Sie mal zur Gemeinde, die verschicken Kinder nach England.« Aber Rosa Emma wusste längst Bescheid.

Am 15. November 1938, als der Schutt der Synagogen noch warm war, hatte sich in London eine Delegation des Council for German Jewry unter Führung des einstigen Hohen Kommissars für Palästina Lord Herbert Samuel mit dem britischen Premier Neville Chamberlain getroffen und vorgeschlagen, 5000 jüdische Kinder nach England zu bringen. Es sollten nur Kinder und Jugendliche unter 18 Jahren aufgenommen werden, für deren Unterhalt jüdisch-christliche Hilfsorganisationen aufkommen würden. Als Zugeständnis an die britische Öffentlichkeit sollten die Flüchtlinge weder eine Arbeitserlaubnis noch staatliche Hilfen erhalten.

Chamberlain fand die Bedingungen akzeptabel. Das Kabinett und das Parlament stimmten zu. Auch die Mehrheit der Bevölkerung wollte den Kindern aus Deutschland Asyl gewähren. Da spielten Mitgefühl eine Rolle, religiöse Motive, der Wunsch, das Ansehen Großbritanniens in der Welt zu mehren, die Hoffnung, andere Länder, vor allem die USA, würden mitziehen, und natürlich die Verantwortung, die das Empire als Mandatsmacht in Palästina übernommen hatte, wohin die Kinder wegen des arabischen Aufstands nicht reisen konnten.

Die Bedingungen – keine Arbeitserlaubnis, keine Sozialhilfe – machten den Briten die Zustimmung leichter. In einem Spendenaufruf forderte die Führung des Refugee Children's Movement, dass 50 000 Kinder sofort aus Deutschland herausgeholt werden müssten: »We therefore appeal to the nation itself to take these children and care for them.«

Am 8. Dezember hielt der frühere Premierminister Lord Baldwin eine Radioansprache zur Gründung des Lord Baldwin Fund for Refugees. Allein im ersten Jahr der Rettungsaktion hatte die britische Öffentlichkeit Geld und Hilfsleistungen im Wert von 2,5 Millionen Pfund aufgebracht. Heute wären das mehrere hundert Millionen Euro. Am 1. Dezember 1938 verließ der erste Kindertransport mit 207 Kindern Berlin.

Im Februar 1939 stellte Rosa Emma für Kurt bei der Reichsvertretung einen Ausreiseantrag, der an das Londoner Refugee Children's Movement weitergeleitet wurde. Im April trat sie ihre Elternrechte an das Movement for the Care of Children from Germany ab. Im Juni schickte das britische Innenministerium das »Home Office Permit No. 6487« mit Kurts Foto und einem Stempel der British Passport Control.

Kurt wurde in der Schule verabschiedet. Auf dem Schulentlassungsschein vom 8. Juni 1939, »ausgestellt infolge Umzugs eines schulpflichtigen Kindes«, ist handschriftlich vermerkt: »nach dem Ausland, England«. Das Zeugnis der »Volksschule a. d. Mainzer Strasse Wiesbaden«, unterschrieben von Klassenlehrer Dr. Glogowski und Rektor Moses, lautete: »Betragen: sehr gut, Fleiß: sehr gut, Schulbesuch: regelmäßig«. Dass er nach diesem 6. Schuljahr nie wieder einen regulären Unterricht besuchte, wurde zur Hypothek seines Lebens.

Kurt bekam neue Kleidung, Wäsche und eine neue Uhr für 15 Mark. Rosa Emma hetzte mit ihm durch die Stadt. »In einer Woche geht der Transport«, hatte man ihr im Gemeindebüro gesagt. »Ihr Sohn darf einen Koffer, ein Handgepäck und 10 Reichsmark mitführen.«

Die Ereignisse des 13. Juni gehören zu den unauslöschlichen Momenten in Kurts Leben. Sein Langzeitgedächtnis klammert sich an die Bilder. »Ich sehe, wie ich mit den Großeltern im Aufzug fahre«, beschreibt Kurt den Film, der sich seit 70 Jahren in seinen Tagträumen festkrallt. »Ich halte den Koffer fest umklammert; bin aufgeregt, begeistert. Ich fahre nach England, welch ein Abenteuer!«

Emil und Hannchen traten mit ihm auf die Straße. Da stand ein Taxi. Für ihn! Hannchen nahm Kurt in den Arm, drückte ihn, strich ihm über den Rücken, küsste ihn, nahm seinen Kopf zwischen die Hände: »Sei vorsichtig und hör immer brav auf das, was man dir sagt, mein Bub«, sagte sie.

Der Chauffeur nahm Kurt den Koffer ab. Emil beugte sich zu Kurt, gab ihm einen Kuss. »Pass auf dich auf, Kurtsche, und lern fleißig, wenn du in England bist«, flüsterte er.

Kurt kletterte auf den Rücksitz des Taxis, Rosa Emma setzte sich neben ihn. Die Türen schlugen. Der Motor heulte. Kurt blickte durch die Heckscheibe. Die beiden Alten winkten, wurden kleiner, winkten, wurden kleiner und verschwanden.

Der Film ruckelt, stoppt, spult zurück. Kurt fährt mit einem Knaben im Aufzug. Er tritt auf die Straße. Ein Auto wartet mit laufendem Motor. Kurt umarmt den Knaben, drückt ihn an sich, weint. Der Knabe lacht. Kurt sagt: »Bleib bei uns! Wir haben dich so lieb.«

Der Knabe steigt in das Auto. Das Auto fährt los. Der Knabe winkt durch das Fenster. Er lacht. Kurts Arme sind schwer wie Blei. Der Knabe lacht und winkt und verschwindet. »Bleib bei uns, bitte, bitte!«, flüstert Kurt. Filmende.

»Ich bin vergnügt abgereist und habe meine Großeltern nie wiedergesehen. Sie ahnten, dass eine schwere Zeit kommen würde«, glaubt Kurt heute, »wenn auch nicht, welchem Elend sie entgegengehen.«

Rosa Emma durfte nicht zum Bahnsteig mitkommen. Die Verabschiedung fand in einem abgelegenen Wartesaal des Frankfurter Hauptbahnhofs statt. Rosa Emma weinte nicht vor Kurt.

»Ich erinnere mich vage an den Abschied von ihr«, sagt er. »Ich war traurig, aber auch froh wegzukommen.« Die Erinnerung an den gut gelaunten Abschied schockiert ihn.

Plötzlich saß er in einem Zugabteil mit anderen Jungs, und »sofort ging die Post ab«. Dann ein Schrecken: »Ein Mann in dunkler Uniform kam herein, wir säßen im falschen Abteil. Der war von der Bahnpolizei, aber für uns war eine dunkle Uniform immer SS.« Kurt reichte den Koffer durchs Fenster, rannte zu einem andern Waggon. Im neuen Abteil »war gleich wieder Halligalli«.

In Bremerhaven war es Nacht. Kurt erinnert eine »riesige Halle, in der die Kinder in langen Schlangen vor den Tischen des Zolls warteten, bis sie einzeln herangewunken wurden«. Kurt öffnete den Koffer.

»Hast du dafür eine Ausfuhrgenehmigung?«, schnaufte der Zollbeamte. Der Grünuniformierte fuchtelte mit einem Silberbesteck herum, das Rosa Emma ohne Kurts Wissen eingepackt hatte.

»Das weiß ich nicht«, antwortete Kurt kreidebleich vor Angst.

»Dann bleibt das hier«, schnaufte der Beamte und griff nach Kurts Arm. »Was ist das?«

»Nein«, dachte Kurt, »bitte nicht die Uhr.«

»Zeig mal her!«, befahl der Mann.

Kurt hielt ihm die Uhr vors Gesicht. Der Beamte verzog das Gesicht. »Kannste behalten!«, schnaufte er und winkte das nächste Kind heran: »Los, weiter!«

Kurt stieg die Landungsbrücke der »Europa« hinauf. Die Gänge des Schiffs waren mit dicken Teppichen ausgelegt. Plötzlich strahlt er wie ein Lausbub. »Von dem Taschengeld, das mir die Mama gegeben hat, habe ich zum ersten Mal im Leben etwas gekauft: Kartoffelsalat, Frankfurter Würstchen und Apfelsaft. Das war das Größte.«

Noch in der Nacht legte die »Europa« ab. Kurt stand an Deck und sah die Lichter von Norderney vorüberziehen.

»Die Gaas, die is im Stall verreckt. Die hot en Judd am Arsch geleckt.« In Gedanken wiederholte er die Schmährufe, die die »Arier« ihm hinterhergerufen hatten. »Ich musste plötzlich lachen«, sagt Kurt, »denn ich spürte, das ist jetzt vorbei.«

Als Deutschland verschwunden war, ging er in die Kabine und legte sich aufs Bett. Bevor er das Licht löschte, nahm er ein Foto aus der Tasche. Herbert hatte es ihm zum Abschied geschenkt. Er trug ein kariertes Hemd und sah ernst aus. Kurt las auf der Rückseite: »Gedenke auch in einem fernen Lande Deines Freundes Herbert Levitta«. Im Januar 1943 wurde Herbert mit den Eltern in Auschwitz vergast.

Die See war rau. Kurt kotzte sein stolz erworbenes Würstchen in das Kabinenklo. Den Rest der Nacht saß er bleich und müde mit den anderen Kindern in einem Salon, bis die »Europa« im Morgengrauen in Southhampton anlegte. An Bord wurde eine Kabine in ein Büro umgewandelt, vor dem Kurt erneut Schlange stand, bis ein Immigration Officer sein Visum kontrollierte und ihm ein Schild mit der Nummer 6487 um den Hals hängte.

Mit dem Schild vor der Brust saß er wenig später am Kai und verspeiste die erste englische Mahlzeit. Im Zug nach London war kein »Halligalli«. Kurt hing am Fenster und betrachtete mit hängenden Lidern die fremden rötlichen Backsteinhäuser.

Am Nachmittag des 14. Juni 1939 saß er mit Hunderten anderen Kindern im Bauch der Liverpool Street Station auf seinem Koffer, trug das Pappschild um den Hals und wartete. Ehepaare oder Einzelpersonen spazierten durch die Halle, bis sie eine Nummer erspähten, das neue Pflegekind an der Hand nahmen und von dannen zogen.

»Wer wird mich wohl abholen?«, fragte sich Kurt. Die Halle leerte sich, und er wartete eine gefühlte Ewigkeit. Niemand erschien für Nummer 6487.

Die Pflegeeltern hatten die Kinder nach Aktenlage ausgesucht. Mädchen waren begehrt. Knaben galten als umso schwieriger, je älter sie waren. Kurt war 12.

Nach einer Woche wurden die Jungs nach Claydon nahe der Kleinstadt Ipswich in der Grafschaft Suffolk gebracht. Claydon war ein Flecken an der ostenglischen Küste, der aus einem Dutzend Häusern und einem Pub inmitten von Wald, Wiesen und Sümpfen bestand. Mittendrin an einem Fluss lag das Barham House, das 1963 abgerissen wurde. Dabei hätte das Barham

House zu einer kulturellen Pilgerstätte werden können. Ein Jahrhundert bevor Kurt nach East Anglia kam, recherchierte hier ein Journalist des Londoner *Morning Chronicle* die Folgen des britischen Armenrechts. Herzstück des Poor Law waren seit der Regierungszeit von Königin Elizabeth I. die workhouses, Armenhäuser, in denen Menschen, die sich nicht selbst ernähren konnten, mit einfacher Handarbeit beschäftigt wurden. Eines der Armenhäuser stand in Barham. Um 1830 begann die Öffentlichkeit die Lebensbedingungen in den workhouses wahrzunehmen. Die *Times* druckte Reportagen über halb verhungerte Bewohner, die Mäuse aßen, über Erniedrigungen, Prügel, Auspeitschungen und über erfrorene Kinder. Das System der workhouses, mit dem sich das Bürgertum die Habenichtse vom Hals hielt, erzeugte Gewalt und Kriminalität.

In Barham lernte der Journalist des *Morning Chronicle* einen zehnjährigen Waisenknaben und dessen Lebensgeschichte kennen. Später schrieb er einen Roman über das Leben eines jungen Armenhäuslers, der verzweifelt darum rang, nicht kriminell zu werden. Das Buch erschütterte die Öffentlichkeit und entfachte eine Diskussion um das Armenrecht. Der Journalist hieß Charles Dickens, und seinen Romanhelden nannte er Oliver Twist.

Hier standen vier lang gestreckte zweigeschossige Häuser, in denen sich unsere dormitories befanden«, sagt Kurt. Er stolpert wie in Trance über die Wiese, auf der einmal das Barham House stand, in dem damals 100 jüdische Knaben aus Deutschland, Österreich, Polen und der Tschechoslowakei lebten. Jedes der vier Häuser wurde von einem Master geführt, jeder Schlafraum von einem Prefect, der über die Hausordnung wachte. »Ich habe mich jeden Morgen kalt geduscht und mit Karbolseife gewaschen«, erzählt Kurt. »Zum Frühstück gab es Brot, Margarine, Marmelade und Tee. Ein weißer Emailbecher mit blauem Rand wurde mein erster Besitz in England.«

Kurt wohnte im Baldwin House. Die Bewohner der Häuser wetteiferten mit den anderen um die beste Ordnung, Sauberkeit und Disziplin. Donnerstag war Waschtag. Kurts erste Aufgabe war es, einen Berg Strümpfe zu sortieren und die Löcher zu stopfen. »Das konnte ich prima«, behauptet er, »und Spaß gemacht hat es auch.«

Barham House war das Paradies. Die Jungs lebten im Rhythmus der Mahlzeiten in den Tag hinein. »Mister Kim«, ein Koreaner, brachte ihnen das Fußballspielen bei. Dr. Michaelis, ein betagter Arzt aus Berlin, kümmerte sich um sie. Ein deutscher Rabbiner erteilte Religionsunterricht. Kurts nachdenklicher Blick streift über das Gelände. Plötzlich fällt ihm ein, dass er genau hier im März 1940 Bar Mizwa gefeiert hat. 70 Jahre lang hat er das verdrängt.

Kurts bester Freund wurde Max Fuß, ein Draufgänger aus dem 2. Wiener Bezirk. Max war immer auf Abenteuer aus. Sie spielten am Fluss, bauten Flöße oder grillten Weißbrot. »Das war eine Delikatesse«, sagt Kurt.

Dann wurde Kurt zum Hühneraufseher ernannt, mistete den Stall aus, brachte den Tieren Futter und sammelte die Eier ein. »Vom Strümpfestopfer zum Hühneraufseher, das war ein Aufstieg in der Lagerhierarchie«, sagt Kurt. Als er Spulwürmer bekam, stieg er weiter auf. Aus Medikamentenmangel verordnete Dr. Michaelis Möhren. »Ich war der König«, erinnert Kurt, »denn ich bekam einen Schlüssel zur Küche, um mir Möhren zu holen. Natürlich habe ich die Kumpels reingeschleust. Es herrschte ja kein Überfluss.«

Als Scharlach ausbrach, meldete sich Kurt als freiwilliger Helfer. Er leerte die Pötte, brachte den Kranken das Essen und bezog die Betten der fiebernassen Kinder. »Wenn du keine Angst vor Krankheiten hast, passiert dir nichts« war einer der Sätze, die Fritz ihn gelehrt hatte.

»Ich wurde nicht krank«, sagt Kurt, »nur das Heimweh quälte mich, wenn es Nacht wurde.« Kurt lag wach und weinte, wenn die Bilder aus der Rüdesheimer Straße auftauchten, die Familie am Küchentisch, Mama teilte das Essen aus, Oma putzte das Tafelsilber, Opa segnete das Brot. »Mein Papa ist verhaftet, aber die Mama kommt und holt mich«, erzählte er, wenn er gefragt wurde. Fast ein Jahr blieben sie in Barham. Dann kamen die Deutschen.

Drei Wochen nach Kurt entkam auch Hilde, sie wurde von einer Witwe aufgenommen, die mit der leiblichen Tochter in Camborne, einer Kleinstadt im Südwesten Englands, lebte. Hilde besuchte die Camborne Country School, wo sie sich als sehr begabte Schülerin entpuppte. Obwohl sie als Neunjährige ohne jegliche Englischkenntnisse in die Schule gekommen war, avancierte sie nach einem Jahr zur Klassenbesten.

Die »case history« von Kurt und Hilde wird im Bloomsbury House, dem Sitz der britischen Flüchtlingshilfe, aufbewahrt: »Die Kinder kamen als sehr dringende Fälle. Der Vater saß in Haft und wäre nur unter der Bedingung der sofortigen Ausreise frei gekommen. Schien mit Kindern unmöglich. Über beide Kinder nur Gutes, kultivierte Familie.«

Am Tag, als der Zweite Weltkrieg begann, verließ der letzte Kindertransport mit 150 Jungen Berlin. Zwei Tage später erklärte der britische Premierminister Neville Chamberlain Deutschland den Krieg. Der Versuch, Hitler mit territorialen Zugeständnissen zu beschwichtigen, war gescheitert.

Nach der Kapitulation Polens begann, wie die Briten es nannten, der phoney war, der »faule« Krieg. Frankreich mobilisierte seine Truppen an der deutschen Grenze, England schickte ein Expeditionskorps. Doch statt Bomben warfen sie Flugblätter ab. Frankreich hoffte, Deutschland könne wegen Rohstoffknappheit keinen weiteren Krieg riskieren, und wartete auf britische Unterstützung, doch die tröpfelte dahin.

Im April 1940 beendete Deutschland den phoney war durch die Besetzung Norwegens, um sich eine gute Ausgangsposition für den Seekrieg gegen Großbritannien zu verschaffen. Zeitgleich hatte auch die Royal Navy versucht, Norwegen zu besetzen, um wie im Ersten Weltkrieg eine Seeblockade gegenüber Deutschland zu errichten. Als die Briten den Rückzug antreten mussten, hatte die Regierung Chamberlain endgültig das Vertrauen der Öffentlichkeit verloren. Nachdem die Wehrmacht im Mai auch noch Holland, Belgien, Luxemburg und Frankreich überrannt hatte, wurde eine Allparteienregierung unter Winston Churchill gebildet.

Kurt, Max und die anderen Jungs vom Barham House saßen vor dem Radio, als Churchill die erste Regierungserklärung abgab. Mit der Formel »I have nothing to offer than blood, toil, tears and sweat«, schwor der Premierminister die Nation auf einen langen Krieg ein, an dessen Ende nur der kompromisslose Sieg stehen dürfe. Kurt hat die Stimme noch deutlich im Ohr: »Wenn Churchill im Radio redete, spürte ich, dass wir den Krieg gewinnen werden.«

»Wir?«, frage ich.

»Na klar. Mir war von Anfang an klar, auf welcher Seite ich stand. Später sind die Jungs aus Barham fast alle zur Army gegangen.«

Zwei Wochen nach Beginn von Hitlers »Westfeldzug« wurde das britische Expeditionskorps an der Kanalküste von deutschen Truppen eingekesselt. Als am 26. Mai die Evakuierung der eingeschlossenen Soldaten begann, packten auch die Kinder vom Barham House die Koffer. Kurt und Max wurden zur Wallingford Farm Training Colony in Oxfordshire gebracht, einer Einrichtung für schwer erziehbare Jugendliche. »Wir wohnten in Baracken und schlugen die Zeit tot«, erinnert Kurt. »Der Chef der Farm, den wir ›den Colonel‹ nannten, ritt auf einem Pferd umher und sah nach dem Rechten.«

Am 4. Juni verließen die letzten britischen Soldaten Frankreich. 338 000 Mann, ein Drittel davon Franzosen, entkamen auf Kriegsschiffen, Fähren, Fischerbooten und Ausflugsdampfern – kurz, auf allem, was schwimmen konnte. Am selben Tag hielt Churchill die zweite große Rede im Parlament, in der er der Öffentlichkeit reinen Wein über die militärische Lage einschenkte.

»Hüten wir uns davor, dies einen Sieg zu nennen. Mit Evakuierungen gewinnt man keine Kriege«, sagte Churchill. Er sprach mit tiefer Stimme, nachdenklich, abwägend, mit einem Anflug von Schwermut, aber ohne wie Hitler in hysterisches Geschrei zu verfallen. Obwohl Kurt nicht jedes Wort verstand, weil sein Englisch lückenhaft war und Churchill nuschelte, so fühlte sein Kinderherz doch, dass er dem Mann vertrauen konnte. Churchills Reden wurden so oft im Radio gesendet, dass Kurt sie schließlich auswendig aufsagen konnte.

An jenem 4. Juni enthüllte der Premier, dass »Herr Hitler« eine Invasion Großbritanniens plane, doch Hitler werde wie schon Napoleon scheitern. Dann sprach er Worte, die bald um die Welt gingen. »We shall prove ourselves once again able to defend our Island home, to ride out the storm of war, and to outlive the menace of tyranny, if necessary for years, if necessary ... alone.« Vor »alone« machte Churchill eine dramatische Pause, seine Stimme klang sorgenvoll. Kurt kann den Fortgang der Rede noch nach 70 Jahren zitieren: »We shall go on to the end, we shall fight in France, we shall fight on the seas and oceans, we shall fight with growing confidence and growing strength in the air, we shall defend our Island, whatever the cost may be, we shall fight on the beaches, we shall fight on the landing grounds, we shall fight in the fields and in the streets, we shall fight in the hills; we shall never surrender.«

The Sheffield Blitz

Die Gemeinschaft von Barham House wurde auseinandergerissen, und Kurt verlor Max Fuß aus den Augen. Mit einem Dutzend Jungs wurde er in der mittelenglischen Industriestadt Sheffield in einem Kinderheim einquartiert. Drei deutsche Frauen kochten abwechselnd für sie.

Kurt ging zur Pomona Street Elementary School, wo er in Englisch, Rechnen und Sport unterrichtet wurde. Der Tag begann mit fünf Minuten »mental training«, kurzen schnellen

Kurt (unten rechts) und die Jungs in Sheffield, 1940

Wissensfragen, bei denen Kurt »nicht so gut abschnitt«. Besser lief es beim Fußball. Der Höhepunkt war ein Turnier, bei dem die Jungs aus Sheffield gegen eine Grundschule aus Leeds spielten; Sheffield United gegen Leeds United im Kleinformat.

Über den Krieg wurde in der Schule kaum gesprochen. Eine Ausnahme bildete der 18. Juni 1940, als die ganze Nation am Radio hing. Churchill sprach im Unterhaus. Die französische Regierung hatte Deutschland um einen Waffenstillstand gebeten. Vergeblich hatte Churchill dafür gestritten, den gemeinsamen Kampf gegen Hitler fortzusetzen. Vergeblich hatte General Charles de Gaulle, der nach London geflohen war, die Franzosen zum Weiterkämpfen aufgefordert.

Churchill sprach mit bewegter Stimme: »The Battle of France is over. I expect that the Battle of Britain is about to begin. Upon this battle depends the survival of Christian civilization. Upon it depends our own British life, and the long continuity of our institutions and our Empire. The whole fury and might of the enemy must very soon be turned on us. Hitler knows that he will have to break us in this Island or lose the war. If we can stand up to him, all Europe may be free and the life of the world may move forward into broad, sunlit uplands. Let us therefore brace ourselves to our duties, and so bear ourselves that, if the British Empire and its Commonwealth last for a thousand years, men will still say: This was their finest hour.«

Im Juli 1940 begann die Battle of Britain. Anfangs griff die Luftwaffe nur militärische Objekte wie Fliegerhorste und Radarstationen an, um die englische Luftverteidigung auszuschalten. Als dies nicht gelang, nahm sie auch zivile Ziele unter Beschuss.

Im August fanden Luftschlachten mit tausenden von Flugzeugen über Englands Küste statt, bei denen die deutschen Verluste unerwartet hoch waren, was Churchill mit Blick auf die britischen Piloten kommentierte: »Never in the field of human conflict was so much owed by so many to so few."

Im September verkündete Hitler im Berliner Sportpalast, dass er Englands Städte »ausradieren« werde. London wurde bei Tag und bei Nacht bombardiert. Im Oktober weitete die Luftwaffe die Angriffe auf das mittelenglische Industriegebiet aus. Eine Landkarte in Kurts Schule zeigte, dass die Einschläge näher kamen.

Im November griffen deutsche Bomber die Rolls-Royce-Motorenwerke in Coventry an, töteten 600 Menschen und zerstörten die mittelalterliche Kathedrale. Jetzt flog die Royal Air Force immer heftigere Gegenangriffe auf deutsche Städte.

Am 12. Dezember um 19.41 Uhr heulten die Sirenen. Kurt lag im Bett, als eine der Köchinnen in der Tür stand und schrie. Er zog sich Hose und Jacke an, sprang in die Schuhe und rannte mit den anderen die Treppe runter in den Keller. Draußen tobte »The Sheffield Blitz«.

In Sheffield wurden die Motoren für die Supermarine Spitfire gebaut. Das Jagdflugzeug war die wirkungsvollste Waffe gegen die deutschen Bomber. Die Nächte im Dezember waren frostig und klar. Vollmond war angesagt. Die 280 deutschen Bomber, die in drei Angriffswellen auf die Stadt zuflogen, hatten beste Sicht. Zuerst warfen sie Luftminen ab, die an Fallschirmen zu Boden schwebten und kurz über den Häusern eine

Druckwelle erzeugten, die die Dächer abdeckte und die Fenster eindrückte.

Die Jungs saßen aneinandergekauert auf dem Boden. Draußen war es still. Dann kroch das Brummen der Flugzeugmotoren näher. Sonst nichts. Keine Detonationen, auch nicht das übliche Pfeifen fallender Bomben. Die Luftminen schwebten lautlos herab. Dann zerriss ein ohrenbetäubender Knall die Stille. Kurt spürte den Druck in den Ohren und auf der Brust. Er bekam Atemnot, hörte das Krachen berstender Mauern über sich. Eine Staubwolke drückte sich in den Keller. Die Jungs saßen weiter regungslos am Boden. Draußen war das »chak, chak, chak« der Flugabwehrgeschütze zu hören, während die Motorengeräusche leiser wurden.

»Los raus!«, schrie einer der Älteren. Kurt erhob sich bibbernd. »Ich hatte wahnsinnige Angst. Zum Glück war der Kellerausgang frei. Obwohl das Haus in Schutt lag, konnten wir raus.«

Auf der Straße sah Kurt, dass einige der Jungs buchstäblich die Hosen voll hatten. Vor dem Haus gegenüber stand ein Engländer, winkte und schrie: »Come in!« Die Jungs rannten über die Straße, und der Mann wies sie an, sich unter eine Treppe zu setzen. Dann schloss er die Haustür.

»Ich zitterte am ganzen Körper«, erzählt Kurt, »aber der Mann – typisch englisch – sagte: ›Come on cheer up! We sing a song.‹ Er sang, um den Schrecken zu vertreiben, und wir sangen mit, obwohl wir eigentlich keine englischen Lieder kannten. Jedes Mal, wenn ich draußen die Explosionen und die Abwehrgeschütze hörte, zuckte ich zusammen.«

Kaum saßen die Jungs unter der Treppe, rollte die nächste Angriffswelle heran. Nach den Luftminen warfen die deutschen Bomber 11 000 Brandbomben auf die Stadt, bis gegen 4.00 Uhr morgens Ruhe einkehrte.

Als es hell wurde, standen die Jungs vor der Ruine des Kinderheims. Kurt blickte an der einzigen noch stehenden Hauswand hoch. »Wo mein Zimmer gewesen war, stand nur noch ein Regal. Mein Gedanke war: Lieber Gott, mein Koffer und meine Sachen. Ich habe ja jetzt nichts mehr.« Er besaß noch, was er am Leib trug. Die erschöpften Jungs wurden in eine Notunterkunft gebracht, wo sie, Kopf an Fuß, jeweils zu zweit auf einer Tragbahre einschliefen.

Drei Tage später kehrten die deutschen Bomber zurück und warfen mehr Bomben ab als beim ersten Mal. Der Sheffield Blitz hinterließ 700 Tote, 500 Verletzte und 40 000 Obdachlose. Noch in 150 Kilometern Entfernung sah man den rotglühenden Himmel über der brennenden Stadt.

Nach dem Blitz nahm die jüdisch-orthodoxe Gemeinde die obdachlosen Kinder aus Deutschland auf. Die Jungs wohnten im Erdgeschoss der Großen Synagoge in der Wilson Road, einem klassizistischen Backsteintempel mit hohen Fenstern, einem eleganten Portikus und einem Betraum im Stil des Art déco.

Die drei deutschen Köchinnen wuselten in der Synagogenküche, doch die Versorgung war miserabel. Kurt verzieht das Gesicht. »Ein Rabbi namens Cohen, ein hagerer, unsympathischer Mann, kam ständig vorbei, um zu kontrollieren, dass alles koscher war. Was wir aßen, war ihm egal, Hauptsache koscher. Da sind meine antireligiösen Reflexe erwacht.«

Am Schabbes strömte die Gemeinde herbei und betrachtete die Lausbuben naserümpfend. »Alle waren stinkreich«, erzählt Kurt, »aber keiner hat sich um uns gekümmert.« Einzig ein Kleiderfabrikant namens Brown – »keiner von den Religiösen!«, betont Kurt – holte die Jungs eines Tages mit dem Bus ab, führte sie durch seine Firma und schenkte jedem einen Anzug.

Kurt bekam die erste lange Hose seines Lebens gerade zur rechten Zeit, denn so war er passend gekleidet, als König Georg VI. und Königin Elizabeth die zerbombte Stadt besuchten. »Er wirkte steif in seiner Uniform«, erinnert Kurt, »aber sie konnte bezaubernd lächeln.« Auch Winston Churchill sah Kurt bei einem Blitz-Besuch, als er die Finger der erhobenen Hand zu einem V spreizte.

Im Sommer 1939 hatte Kurt einen Brief von Rosa Emma erhalten. Er sah die Schrift, roch an der Karte und spürte, dass sie lebte. Den Großeltern gehe es gut, schrieb sie, alle seien gesund. Ob er genug Obst esse, was sein Englisch mache, fragte die Mutter. Dass sie sich alle bald wiedersehen würden, schrieb sie – von Fritz kein Wort. Seit Kriegsbeginn transportierte das Rote Kreuz Briefe über das neutrale Portugal, die maximal 25 Worte enthalten durften.

Ende Januar 1941 kam wieder ein Brief. Kurt zitterte vor Aufregung, als er die Briefmarke sah. Das war nicht der Kopf Adolf Hitlers. Der Brief kam aus Portugal. Er riss den Umschlag auf und entnahm zwei eng beschriebene hauchdünne Blätter. Er überflog die Seiten, ohne sie zu lesen. Es war Rosa Emmas Schrift, aber am Ende tauchte eine fremde Zeile auf mit steilen, nach rechts geneigten Buchstaben. Kurt stockte der Atem: »Sei in Liebe umarmt und geküsst von Deinem Vater.« Kurts Freudentränen flossen in Strömen, er rannte zwischen den Betten der Jungs umher, sprang in die Luft, wedelte mit dem Brief und schrie: »Meine Eltern haben geschrieben, sie sind in Portugal, alle beide!« So tobte er, bis er merkte, dass die Jungs ganz still waren. Kurt hält inne. »Als ich mich beruhigt hatte, sah ich die Jungs und wusste gleich: Sie dachten an die eigenen Eltern, und sie weinten dabei.«

Die Jungs zogen um in ein Kinderheim in der Glossop Road, mitten hinein in ein Arbeiterviertel. Der Leiter Mr. Roberton war der Sohn von Sir Hugh Roberton, dem Dirigenten des Glasgower Orpheus-Chores, der neben Künstlern und Intellektuellen wie Benjamin Britten und Bertrand Russell ein prominentes Mitglied der Peace Pledge Union (PPU) war. Diese Vereinigung radikaler Pazifisten hatte Chamberlains Appeasement vorbehaltlos unterstützt und sogar dafür plädiert, zur Verhinderung des Krieges Hitler den europäischen Kontinent kampflos zu überlassen. In ihren Letters to Peace Lovers kritisierte die PPU die Bombenangriffe der Royal Air Force gegen deutsche Städte, das »moral bombing«, das die Moral der Deutschen zermürben sollte.

Mr. Roberton war ein »conscientious objector«, ein Kriegsdienstverweigerer. So einen Mann hatte Kurt noch nie getroffen. Dass ein gesunder Mann in einem Land, das Krieg führte, nicht Soldat werden musste, sofern er kein Jude war, das lag für jeden im Dritten Reich aufgewachsenen Knaben jenseits aller Vorstellungskraft.

Die Robertons kümmerten sich rührend um ihre Jungs. Sie besuchten mit ihnen die Oper, als der Tenor Richard Tauber, der wegen seines jüdischen Vaters nach Großbritannien emigriert war, mit *Land des Lächelns* nach Sheffield kam. Seither geht der Operettenhit »You are my heart's delight« (»Dein ist mein ganzes Herz«) nicht mehr aus Kurts Ohr.

Die Robertons kochten, achteten auf Ordnung und Sauberkeit und gingen dazwischen, wenn die Fetzen flogen, denn in der Nachbarschaft lebten kleine Rabauken, die keiner Schlägerei aus dem Weg gingen. Kurt erinnert, dass einmal Kinder aus dem Viertel einen Blinden anpöbelten, und es quälte lange Zeit sein Gewissen, dass er dem Mann nicht geholfen hatte.

Sheffield 1941 – die orthodoxe Synagoge und das Kinderheim der Robertons prägten Kurt sein ganzes Leben, stärkten den Widerwillen gegen religiöse Bigotterie und die Sympathie für Pazifisten.

Im April wurde Kurt vom City of Sheffield Education Committee »von der Schulpflicht befreit«. Er war jetzt 14 Jahre alt, und das Refugee Children's Movement hatte kein Geld, um ihn länger zur Schule zu schicken. Uniform, Bücher, Schulgeld – nur die Kinder mit Pflegeeltern bekamen die Chance, die Schule zu beenden, eine höhere Schule zu besuchen, vielleicht sogar die Universität. Hilde hatte das Glück, Kurt nicht.

»Wir sollten ›war work‹ machen«, sagt Kurt. Auch die anderen Jungs verließen die Schule in der Pomona Street. Viele Arbeiter waren im Krieg, und die Rüstungsindustrie brauchte jede

Hand, denn noch war die »Luftschlacht um England« nicht gewonnen. Großbritannien baute Monat für Monat 500 Jagdflugzeuge, doppelt so viel wie die Deutschen, aber das erfuhr Kurt erst nach dem Krieg. Er bekam einen Job bei Gordon Tools Ltd., einer Metallfabrik in der Newcastle Street, die den jüdischen Familien Wilson und Cantor gehörte. Er stand an einer Bohrmaschine und bohrte Löcher in Steckverbindungen, die zur Steuerung der Höhenruder der Spitfire und der Hawker Hurricane gebraucht wurden. »We found him intelligent, honest and quite hard working«, steht in seinem Arbeitszeugnis.

»Wir haben geholfen, die Battle of Britain zu gewinnen«, grinst Kurt.

Er trat der Amalgamated Engineering Union bei und kam so in Kontakt mit der politischen Linken. Donnerstags war Gewerkschaftsabend, die Kollegen sprachen ihn mit »Brother« an – mit gedehntem Yorkshire »u«. »Die Anrede hat mir unheimlich gut getan«, sagt Kurt, »wo ich doch bis dahin ein Außenseiter war.«

Vom ersten Geld kaufte er ein gebrauchtes Bike, unglücklicherweise war es ein gestohlenes. »Kaum fuhr ich damit, schnappten sie mich«, erzählt er. »Ich wusste nicht, dass das Rad geklaut war. Auf der Polizeiwache bibberte ich vor Angst, aber als der Polizist meinen Akzent hörte, sagte er: Don't worry. We're not the Gestapo.«

Halt! Stehen bleiben! Was machen Sie hier?« Der junge Mann, der sich mir in den Weg stellt, sieht aus wie der Gärtner. Er hält mich für einen Fan von Daphne du Maurier, einer Schriftstellerin, die Romanvorlagen für Hitchcock-Filme geschrieben hat und die 1989 in dem schiefergetäfelten Herrenhaus, vor dem ich stehe, gestorben ist. Doch die Wahrheit ist: Ich mag keine Kriminalromane, und Daphne du Maurier interessiert mich nicht.

Das Anwesen namens »Kilmarth«, das auf einer Klippe über dem Meer an der Südküste Cornwalls thront, wäre die perfekte Kulisse für eine Fernsehserie über den englischen Landadel. An das Haupthaus mit einem Uhrenturm schließen sich Wirtschaftsgebäude an, eine Batterie Gewächshäuser, ein Tennisplatz und ein Swimmingpool, umgeben von einem Park von der Größe eines Golfplatzes.

Ich darf mich dem Haus nähern, nachdem ich dem Gärtner versichert habe, dass ich keine Fotos schießen werde und nicht hinter du Maurier her bin, sondern den Ort suche, an dem sich Kurt und Hilde im Sommer 1941 wiedersahen.

»Kilmarth« gehörte damals Charles Joseph und Dorothea Waley Singer, beide alter jüdischer Hochadel. Er – ein Arzt, der sich in den Kolonien des Empire einen Namen gemacht hatte und später internationale Lorbeeren auf dem Gebiet der Medizingeschichte erwarb. Sie – die Tochter von Lord Lionel Leonard Cohen, Richter im House of Lords, das bis 2009 das höchste Gericht des Vereinigten Königreiches war.

Das Haus der Singers war stets von Literaten und Flüchtlingen bevölkert. Als Dorothea, die das Cornwall Refugee Committee leitete, Hilde kennenlernte, dachte sie bald über eine Adoption nach. Die Neunjährige, die die Schulferien auf Kilmarth verbrachte, beeindruckte durch ihr Selbstbewusstsein, war schlau, witzig und schlagfertig. Auf überregionalen Schulwettbewerben räumte sie reihenweise Preise ab.

Eines Tages drückte Mr. Roberton Kurt einen Brief in die Hand, in dem sich eine Einladung und eine Bahnfahrkarte 1. Klasse von Sheffield nach Cornwall befand. Am Bahnhof wartete der Chauffeur der Singers, in Kilmarth ein Bett mit blütenweißer Wäsche und die »kleine« Schwester, die Kurt zwei Jahre nicht gesehen hatte. Kurt erinnert ein Heer von Dienern, einen Fuhrpark feinster Limousinen, ein üppiges Buffet und ein Haus voller Blumen und Gäste.

Hilde stellte ihm Julian und Aldous Huxley vor. »Für einen Mann von Mitte 50 kam mir Julian ziemlich kindisch vor«, befand Hilde später. »Er trug eine Gasmaske und erschreckte mich auf der Treppe.« Der Biologe Julian Huxley wurde der erste Generaldirektor der UNESCO und gründete den World

Wildlife Fund. Sein Bruder Aldous, ein Mitglied der PPU, war durch den Roman *Brave New World* weltberühmt geworden.

In Kilmarth wirbelt die Dienerschaft noch immer, die Türen und Fenster stehen offen, Bettzeug hängt heraus, ein Tigerfell liegt in der Sonne. Ich spaziere durch den Garten und stelle mir vor, wie Kurt und Hilde zwischen den steinernen Vasen, weiß lackierten Bänken, kunstvoll zurechtgestutzten Büschen, den Blumenbeeten und Palmen herumgestreunt sind. Die Fotos sind hübsch geworden.

Fast täglich heulten die Sirenen, gab es *air raids*, Luftangriffe, auch wenn die meisten Bombergeschwader über Sheffield hinwegflogen und ihre tödliche Last auf Leeds, Manchester oder Liverpool warfen. »Ständig liefen wir den Hügel hinab zu einer Kirche, unter der es einen *air raid shelter* gab«, erzählt Kurt. Die Jungs riefen sich die Namen der Flugzeuge zu, die sie an der Silhouette erkannten. »Spitfire, Hawker Hurricane, Messerschmitt, Heinkel 111, Ju 88, später die amerikanische Flying Fortress, ich kannte sie alle«, sagt Kurt. »Oft fuhren Lastwagen von Sheffield zum Liverpooler Hafen, und es wurden Beifahrer gesucht. Ich habe mich gemeldet, wurde aber nicht genommen. Einer meiner Freunde hat dabei einen Arm verloren, andere verloren ihre Väter.« Im Mai 1941 flog die Luftwaffe die letzten schweren Angriffe auf London. Dann wurde es ruhiger.

Im Juni überfiel Hitler die Sowjetunion. Die Luftwaffe flog jetzt gen Osten. »Wir sahen uns im Kino die Pathé News an und freuten uns über den Krieg in Russland, den wir second front nannten«, erzählt Kurt. »Statt der Heldengeschichten über englische Flieger sahen wir jetzt Geschichten über die Rote Armee und die russischen Partisanen.«

Eines Tages hielt Mr. Roberton wieder einen Brief in der Hand. Kurt erkannte Rosa Emmas Schrift. Elektrisiert starrte er auf die Briefmarke. Das war eindeutig König Georg. Waren die Eltern in England?

IV

Buchenwald

Gretel kam aus dem rheinhessischen Weindorf Guntersblum und war das Dienstmädchen der Familien Beckhardt und Neumann gewesen, bis sie einen Sonnenberger Kaufmann heiratete. Womöglich beobachtete sie die Affäre zwischen Fritz und der 23 Jahre jüngeren Lina, ihrer Nachfolgerin, mit Abscheu. Was sie sieben Jahre später dazu bewogen hat, Fritz beim »Rassenschande-Dezernat« der Kriminalpolizei anzuzeigen, wurde nie bekannt. War Fritz ihr Geld schuldig geblieben? Hatte er sie gekränkt? Oder hatte sich das unbedarfte Landei zur überzeugten Nationalsozialistin gewandelt?

Als die Liebe zwischen Fritz und Lina zur Straftat wurde, war sie längst den Blicken des Dorfes entzogen. »Arisierungen« waren 1937 keine Randerscheinung mehr, und das Eigentum eines jüdischen Kaufmanns war eine leichte Beute, wenn der als Straftäter aus dem Verkehr gezogen war. »Die Gretel«, glaubt Kurt, »hat das nicht allein getan.« Ihr Motiv darf im Dunstkreis »arischer« Raffgier vermutet werden, und sie wird im Dorf Verbündete gehabt haben.

Am Tag nach Fritz Verhaftung feierten die Zeitungen den 40. Geburtstag von Joseph Goebbels. Der »Pionier der Idee« hitlergrüßend neben dem »Führer«; Goebbels, mal umringt von Schäferhunden, mal von seinen Kindern.

Fritz saß im Wiesbadener Polizeigefängnis – zu Unrecht, wie er betonte, denn er weigerte sich, die Liebe zu Lina als Straftat anzusehen. Das erste Verhör ist in der Polizeiakte WI Nr. 978 festgehalten: »Der Beschuldigte hat mit der Zeugin Lina Lahr, z. Zt. in Mainz, Nackstr. 5 wohnhaft, vor und nach dem Inkrafttreten des Blut- und Schutzgesetzes vom 15.9.1935 geschlechtlich verkehrt. Er ist überführt und geständig.«

Erst nachdem eine Suizidgefahr ausgeschlossen war, händigte man Fritz Rasierzeug aus. Rosa Emma schrieb an das Gericht: »Ich bitte zu genehmigen, dass mein Mann die Frankfurter Zeitung lesen, englische Lehrbücher studieren und eigenes Briefpapier verwenden darf.« Der Angestellten Fanni Herrmann möge man Besuche erlauben. »Englische Lehrbücher«! Fritz' Vetter Paul Beckhardt, der Berliner Zigarrenhändler, war bereits nach Amerika emigriert und hatte Fritz wissen lassen, dass er sich um ein Affidavit kümmern werde.

Berthold Guthmann, der Fritz' Verteidigung übernahm, sammelte unterdessen – laut Effektenbuch des Gefängnisses – Beweise für Fritz' patriotische Gesinnung: »Soldbuch, Mitgliedsausweis des Nichtarischen Kriegerbunds, Besitzzeugnis des EK I, Besitzzeugnis des Ehrenkreuzes, 32 Fotos, 4 Abschriften an die Reichsleitung der N.S.D.A.P.«

Mitte November wurde es kalt im Knast. Fritz bat darum, in eine Gemeinschaftszelle verlegt zu werden. An den »Herrn Untersuchungsrichter« schrieb er: »Unterzeichneter bittet ergebenst, da er nur einen leichten Sommeranzug hat und ebensolche Wäsche, sich einen Mantel, 1 Hut, 1 Schal und ein Hemd senden lassen zu dürfen. Vor etwa 10 Tagen richtete ich die Bitte an das Amtsgericht, hier die Frankfurter Zeitung halten zu dürfen, und dass meine Briefe an meinen Rechtsanwalt B. Guthmann ausgehändigt werden. Fritz Beckhardt«. Die Zeitung wurde genehmigt, Fannis Besuche wurden abgelehnt.

Am 14. Dezember 1937 fiel der erste Schnee des Winters, im Taunus lagen schon mehr als zehn Zentimeter, und »die Temperaturen bewegen sich um minus 1 Grad«, schrieb das *Wiesbadener Tagblatt*. Am Vormittag fällte die große Strafkammer des Landgerichts Wiesbaden in der »Strafsache gegen den Kaufmann Fritz B e c k h a r d t« das Urteil: »Der Angeklagte wird wegen Verbrechens nach §§ 2,5, Abs. 2 des Gesetzes zum

Schutze des Deutschen Blutes und der Deutschen Ehre vom 15.9.1935 zu einer Gefängnisstrafe von einem Jahr und neun Monaten und zu den Kosten des Verfahrens verurteilt.«

Fritz hatte Glück im Unglück. Für den bloßen Austausch von Zärtlichkeiten hatten Gerichte gegen »Rassenschänder« andernorts auf mehrere Jahre Zuchthaus erkannt, sogar Todesurteile wurden vereinzelt verhängt. Zuchthaus hätte schwere körperliche Arbeit und den Verlust der bürgerlichen Ehrenrechte bedeutet, wobei Letzteres selten vorkam, denn nach Ansicht der meisten Gerichte besaßen Juden keine Ehrenrechte. Dennoch hätte Fritz das Ehrenkreuz des Frontkämpfers aberkannt werden können. Das hätte ihn schwer getroffen.

Die Urteilsbegründung war erstaunlich sachlich. Es fehlten die üblichen Männerphantasien, die »den Juden« als Lüstling auf der Jagd nach blondem Fleisch beschrieben. Es fehlten die üblichen Schilderungen jüdischer Gier nach »deutschem Blut«. Es fehlte der übliche Vorwurf, Fritz habe mit kaltblütiger Berechnung die »deutsche Ehre« beschmutzt.

Der Fall lag auf der Hand. Lina hatte einen Knaben geboren, Fritz »erkannte die Vaterschaft an und verpflichtete sich dem Jugendamt gegenüber zur Zahlung einer monatlichen Rente, er unterstützte auch die Kindesmutter durch laufende Geldzuschüsse«, heißt es in der Urteilsbegründung. Allerdings habe der Angeklagte »auch nach Erlass der Nürnberger Gesetze die Lahr von Wiesbaden aus mehrere Male im Monat aufgesucht. Der letzte Geschlechtsverkehr fand Anfang Oktober 1937 statt.« Die »Umstände der Tat«, so die Richter, ließen »von rechtswegen« nur Zuchthaus zu. »Wenn das Gericht von der Verhängung einer Zuchthausstrafe abgesehen und auf Gefängnis erkannt hat, so waren dafür lediglich die außerordentlichen Verdienste maßgebend, die sich der Angeklagte im Weltkriege erworben hat.«

Unter der Überschrift »Wegen Rassenschande verurteilt. Er kümmerte sich nicht um Gesetze« verbreitete das *Wiesbadener Tagblatt* am nächsten Tag die Nachricht in der Stadt. »Das Gericht sah trotz der Schwere des Falles von einer entehrenden

Zuchthausstrafe und dem damit verbundenen Ehrverlust ab, da der Angeklagte Kriegsteilnehmer gewesen ist.«

Als Fritz in eine andere Stadt verlegt werden sollte, schrieb Rosa Emma einen verzweifelten Brief an den Staatsanwalt: »Das von meinem Mann betriebene Lebensmittelgeschäft, in welchem 2 Angestellte und mehrere Vertreter tätig sind, und das die Existenz für mich mit 2 Kindern und zugleich für meine Eltern erbringen muss, wird seit der Verhaftung meines Mannes von mir aufrecht erhalten.« Sie bat darum, »von einer Verbringung meines Mannes abzusehen und ihn hier zu belassen, zum wenigsten bis ich mich in die Geschäftsangelegenheiten eingearbeitet habe. Zugleich bitte ich darum und hoffe keine Fehlbitte zu tun, dass meinem Mann ein regelmäßiger Geschäftsbriefwechsel gestattet bleibt, sodass ich das Geschäft nach seinen Instruktionen weiter zu führen in der Lage bleibe.«

Eine »Fehlbitte«? Ahnte Rosa Emma, dass der »arische« Staatsanwalt den direkt an ihn gerichteten Brief einer Jüdin für anmaßend hielt? Ihre »Fehlbitte« jedenfalls wurde abgelehnt. Der Anstaltsarzt befand, dass Fritz »frei von Hautkrankheiten und Ungeziefer, transport- und arbeitsfähig« sei.

Rote Backsteinmauern, Gitterfenster, rostige Scheinwerfer, eine Justiz-Oberinspektorin, zwei silberne Sterne auf der Schulter, führt mich durch den stillgelegten Gefängnistrakt. Die Glaskästen, von denen aus die Schließer den Knast überwacht haben, sind demontiert. Die Gebäudeflügel mit den Einzelzellen laufen sternförmig auseinander, wie ich es aus US-Spielfilmen kenne. »Pennsylvanisches System« heißt der Gefängnistyp. Die Oberinspektorin führt mich über eine schmiedeeiserne Treppe in die dritte Etage. Zwischen den Balustraden, die vor den Zellentüren entlanglaufen, sind Netze gespannt, damit niemand hinabspringen konnte.

Am 7. Januar 1938 gegen 9.00 Uhr morgens wurde Fritz in die »Strafanstalt Preungesheim« eingeliefert. Der Knast war genauso alt wie er, hatte ein »Männergefängnis« für 416 und ein

»Weibergefängnis« für 85 Häftlinge, eine Gärtnerei und eine Möbelschreinerei, in der Sprungrahmen, Polstermöbel und Matratzen hergestellt wurden. In Fritz' Gefangenenakte steht: »Gewicht: 69 kg; Grösse: 1,60; Augen: braun; Kinn: breit; Gestalt: mittel; Gesicht: breit; Nase: gew.; Mund: mittel; Zähne: l.haft; Haar: grau mel.; Stirn: hoch; Ohren: gew.; Sprache: dtsch.«

Fritz saß hier buchstäblich hinter Schloss und Riegel. An den Zellentüren hängt ein Schlosskasten, zu dem ein langer Eisenschlüssel passt, darüber sitzt ein Riegel, der in einem Schlitz in der Wand verschwindet. Zwei mal vier Meter misst die Zelle, die durch die gewölbte Decke die Form einer Tonne hat. Das Klo steht frei im Raum, auf der Pritsche liegt dicker Staub. In zwei Meter Höhe befindet sich ein winziges Fenster, durch das ich nur den Himmel erspähen kann. Der kleine Fritz wird des Blickes nach draußen bald überdrüssig geworden sein. Wenn jetzt die Tür zufiele, überkäme mich schon nach drei Minuten die schiere Panik. Hier eingesperrt zu sein, wenn man nichts Unrechtes getan hat, ist ein Horror.

Fritz schrieb einen Lebenslauf für die Akten. »Kaufmann, Handel mit Ölen und Fetten und Lebensmitteln; bei den Eltern erzogen; Volksschule bis zur 8. Klasse; in Hadamar vom 1.4.1902 bis 1.4.1906 gelernt, bis zu meiner Militärzeit 1910–1912 in verschiedenen Städten conditioniert. Von August 1912 bis zu Kriegsausbruch war ich in Marseille tätig. Im Krieg machte ich von Anfang bis Ende mit, war verwundet und erhielt die höchsten Auszeichnungen, die im Mannschaftsstande verliehen wurden. Vorstrafen: 1 Strafbefehl über 30 RM wegen Autozusammenstoß. Haftgrund: Rassenschande; Krankheiten: Seit 1915 leide ich an Rheuma.« Als Jahreseinkommen für 1936 gab er 3300 Reichsmark an, das war immer noch recht ordentlich. Nach der Entlassung wolle er »zu meiner Familie zurückkehren und wenn möglich meinen Beruf wieder ausüben«. Wusste er nicht, dass das nicht gut ankam? Auswandern sollte der Jude, und zwar schleunigst!

Fritz blieb in Einzelhaft. Er durfte pro Monat einen Brief schreiben und zwei Briefe mit »Geld, Briefmarken, Bildern und Zeitungsausschnitten« empfangen. Mehrfach lese ich in den Akten: »Wird nicht ausgehändigt, weil in diesem Monat schon der 3. Brief und Inhalt nicht wichtig.« Alle sechs Wochen bekam Fritz für 15 Minuten Besuch von Onkel Ludwig, der danach sofort in die Rüdesheimer Straße fuhr und Rosa Emma Bericht erstattete.

Im Februar 1938 schrieb Rosa Emma auf Anraten von Berthold Guthmann an »den Herrn Generalfeldmarschall« und stellte ein Gnadengesuch. Es ging das Gerücht, dass Göring sich hin und wieder für in Schwierigkeiten geratene Juden verwandt habe. Offenbar gab er gerne den Huldvollen, der es liebte, seine Macht zu demonstrieren. Vielleicht, so hoffte Guthmann, erinnere er sich an Fritz.

Doch Göring hatte kein Ohr für Gnade, versetzte er doch gerade der Republik Österreich den Gnadenstoß. Hitler brauchte einen außenpolitischen Erfolg, um von einer innenpolitischen Krise abzulenken, denn er hatte zwei hohe Militärs entmachtet, weil sie für seine Vision vom »neuen Lebensraum im Osten« keinen Krieg riskieren wollten. Den Kriegsminister ließ Hitler über die Hochzeit mit einer Prostituierten stolpern, bei der er selbst zuvor den Trauzeugen gegeben hatte. Dem Oberbefehlshaber des Heeres hängte er eine Affäre mit einem Strichjungen an. Anschließend löste Hitler das Kriegsministerium auf und übernahm selbst den Oberbefehl über das Heer. Um von Hitlers offensichtlichen Intrigen abzulenken, drängte Göring den »Führer«, den schon lange geplanten »Anschluss« Österreichs zum Abschluss zu bringen. Hitler aber fürchtete, Mussolini könne dabei Schwierigkeiten machen. Also telefonierte Göring, schickte Telegramme und intrigierte so lange, bis Hitler endlich der Wehrmacht den Marschbefehl erteilte. Göring, der gehofft hatte, Kriegsminister zu werden, erhielt als Entschädigung den Titel »Generalfeldmarschall«.

Am 12. März 1938, als Hitler unter Glockengeläut in seiner

oberösterreichischen Geburtsstadt Braunau Einzug hielt, schrieb der Wiesbadener Oberstaatsanwalt Dr. Hans Quambusch an Rosa Emma: »Das an den Generalfeldmarschall Göring gerichtete Gesuch ist mir zugefertigt worden. Ich habe keine Veranlassung gefunden, einen Gnadenerweis zu befürworten.« Auf dem Durchschlag des Schreibens, den er an den Gefängnisdirektor sandte, ergänzte er handschriftlich: »Lediglich unter der Voraussetzung, dass B. sich verpflichten würde, zu einem genau zu bestimmenden Zeitpunkt auszuwandern, hätte ich gegen einen Gnadenerweis nichts zu erwidern, da ich die Förderung der Auswanderung der Juden im gegenwärtigen Zeitpunkt für angezeigt erachte.«

Im Juni bat Berthold Guthmann um eine außerordentliche Besuchserlaubnis, »weil er mich beauftragen will, seine Auswanderung nach verbüßter Strafe vorzubereiten. Wenn auch erst ein Teil der Strafzeit verbüßt ist, so erscheint eine möglichst frühe Inangriffnahme der vorbereitenden Erkundigungen und Verhandlungen doch wünschenswert, zumal Beckhardt nicht alleine, sondern zusammen mit seiner Familie auswandern wird, und vorhergehende Geschäftsabwicklung, eventuell Verkauf mit Genehmigungsverfahren erfahrungsgemäß ziemlich lange Zeit beanspruchen.«

Na also, der Jude hatte begriffen. Gefängnisdirektor Luttenberg gab sich großzügig: »Falls Sie sich als Verteidiger in der Strafsache Beckhardt ausweisen, können Sie mit Ausnahme des Sonntags täglich in der Zeit von 8–12 u. 15–17 den Genannten sprechen. Die vorherige Einholung einer Besuchserlaubnis ist dann nicht mehr erforderlich.«

Fritz wurde zu einer nicht näher definierten Knastarbeit mit einem »Fräulein Schneider« eingeteilt, einmal musste er »Papier sortieren«, ansonsten saß er auf der Zelle und las die *Frankfurter Zeitung* vorwärts und rückwärts – ein Zugeständnis, denn die *Frankfurter Zeitung* durfte einen Hauch von eigener Meinung behalten, was Goebbels gerne betonte, wenn im Ausland die mangelnde Pressefreiheit kritisiert wurde. Während der

Flüchtlingskonferenz von Évian bat Fritz »um Aushändigung des bei seiner Ehefrau befindl. portugiesischen Lehrbuchs, will angeblich nach Portugal auswandern«. Doch Direktor Luttenberg war – warum auch immer – nicht gut auf ihn zu sprechen: »Soll sich im Jan. 1939 nochmal melden!« Immerhin wurde ihm der »Ankauf einer Brille von eigenem Geld« gewährt.

Nachdem Fritz die Hälfte der Strafe abgesessen hatte, musste das Gericht entscheiden, ob er für den Stufenvollzug in Frage kam. Der Stufenstrafvollzug, eine Idee des 19. Jahrhunderts, sollte den Gefangenen »durch Arbeit und Sittenstrenge« erziehen. Demnach gab es unter den Gefangenen »Erziehbare« und »Unerziehbare«. Die »Erziehbaren« erhielten stufenweise Vergünstigungen von der Erlaubnis, Familienfotos aufzuhängen, Bücher zu lesen oder Briefe zu schreiben bis zur Aufhebung der Einzelhaft. Fritz hätte allein schon seiner tadellosen Manieren wegen zu den »Erziehbaren« zählen müssen. »Führt sich hausordnungsgemäß und arbeitet zufriedenstellend«, so lautete das einhellige Urteil der Gefängnisbediensteten. Doch der »Umlaufbogen über den Strafgefangenen Beckhardt«, mit dem Fritz' Eignung zum Stufenvollzug abgefragt wurde, zeigt, wes Geistes Kinder selbst die niedrigsten Knastbeamten waren. Fritz möge mir verzeihen, dass ich beim Lesen der Zeilen in Lachen ausbrach. So hätte auch Sabbel über mich berichten können.

»B. ist Jude u. denkt u. fühlt als solcher. Gewissenspein kennt er nicht u. dadurch auch keine Reue. Aus diesem Grund wird die Strafe ihren eigentlichen Zweck als Abschreckungsmittel verfehlen«, schrieb Hauptwachtmeister Fiedler. Hauptwachtmeister Eisenkopf schrieb: »Leichtsinniger, gewissenloser Mensch, der weder Einsicht noch Reue zeigt.« »Beckhardt macht nicht den Eindruck eines einsichtigen und reuigen Menschen, läßt auch nicht erkennen, daß ihn die Strafe besonders drückt u. bessernd beeinflußt. Kommt für Stufe II nicht in Frage«, urteilte Inspektor Müller. Und Inspektor Brockhaus meinte: »Beckhardt ist Rassejude und kommt für Stufe II nicht in Frage.« Direktor Luttenberg fasste das Kollektivurteil schließlich zusammen: »BECKHARDT ist Rassejude und als solcher für den Stufenvollzug nicht geeignet, trotz guter Führung und Arbeitsleistung.«

Einer von Fritz' Briefen landete in den Akten, weil er »Mitteilungen über Mitgefangene und sonstige undurchsichtige Stellen« enthielt. Diesem Umstand verdanke ich, dass der Brief erhalten blieb. Die »undurchsichtigen Stellen« haben die Zensoren unterstrichen.

»Meine Lieben Guten! Hoffentlich treffen Euch diese Zeilen gesund und wohlauf an, mich verlassen sie G.s.D. bei guter Gesundheit. Für die lieben 2 Briefe danke ich Euch und besonders Dir, liebe Emma auf das Herzlichste. Jede Zeile bringt mir Freude, wenn auch der Bericht der Zeit entspricht. Dass Dein Magen, lb. Emma sich bessert, ist sehr recht und wünsche ich innigst weitere und endgültige Besserung. Dir lb. Opa selbstredend das Gleiche, sicher nimmst Du Bäder, die helfen am besten. Die Versicherung wird ja ihr Teil dazu leisten.

Von Faust oder einem indirekten Lieferanten sind keine Fässer mehr zurück zu geben. Alle eingehende und ebenfalls aufgehenden Fässer gehen ja durch das Fassbuch, und ist daraus das Weitere zu ersehen. Der Tee ist im Zoll zu belassen. Dr. K. hat am 8. XI. seine Zeit um. Er hat ein Gesuch gemacht.«

Ein Jahr nach Fritz' Verhaftung kämpfte Rosa Emma noch immer mit der Firma. Das Geld wurde knapp, und sie wollte die Häuser in Sonnenberg verkaufen. Fritz schrieb weiter:

»Liebe Emma, mache Dir doch wegen dem Geschäft keine unnötigen Sorgen. Dazu sind ja heute Zeit und Verhältnisse nicht angetan. Mit Pfeiffer lasst Euch ruhig Zeit, wie ich vom lb. Ludwig hörte, hat sich ja bereits für das Anwesen ein Liebhaber gemeldet. Ich glaube es gibt noch mehrere. Zum Verschleudern ist immer noch Zeit.

Dass Ihr in Alzey einige gemütliche Stunden verbracht und die lieben guten Eltern bei gutem Aussehen und guter Gesundheit antraft, freut mich sehr. Möge der liebe Gott Euch und sie alle weiterhin in seinen Schutz nehmen und Euch alle gesund erhalten, das ist meine tägliche Bitte.«

Dass Du, lb. Kurt viel auf dem Sportplatz bist, ist recht, ich hoffe aber, dass darunter Deine Aufgaben, Pflichten nicht leiden. Welche Art Sport treibst Du besonders? Deine Schrift, lb. Kurt, darf sich noch bessern, gebe Dir nur mehr Mühe.

Und Du, lb. Hilde, wurdest zum Geburtstag so schön beschenkt, dass ich mich mit Dir freute. Wenn Du in allen Fächern so schöne Fortschritte machst wie im Schreiben, und ich nehme das bei Dir als sicher an, so sind wir alle und auch Deine Lehrer zufrieden. Der lb. Kurt soll sich ein Beispiel an Dir nehmen, er kann, wenn er will, es ebenso gut. Wenn er jetzt bummelt, so kann er dies später nicht mehr einholen und dann tut es ihm sicher sehr leid.

Warum kauft Ihr kein Obst wegen der hohen Preise. Das ist nicht richtig! Sorgt doch dafür, dass Ihr etwas Äpfel und Birnen bekommt. Wegen der Sperrmark spielt der Preis nicht so wie sonst die Rolle. Kauft aber sicher und spart nicht unnütz. Ihr alle esst gerne Obst und es bekommt Euch gut. Es ist besser angelegt, als wenn das Geld Doktor und Apotheke bekommt. Lasst Euch durch den lb. Ludwig nur Obst besorgen. Kauft evtl. einige Eimer Marmelade, Aprikosen etc. für die Rüdesheimer Straße. Oder ist noch reichlich am Lager? Wenn wegen der Ware, die in der Rüdesheimer Straße lagert, ein Herr H. kommen sollte, so könnt Ihr ihm gegen sofortige Kasse verkaufen.«

Schon den Hinweis, dass Äpfel und Birnen knapp und teuer seien, mochten die Nazis nicht. Zudem spielte Fritz mit der »Sperrmark« darauf an, dass das Geld aus einer »Arisierung« auf einem Sperrkonto landen würde. Juden, die auswanderten, konnten nur 10 Prozent davon mitnehmen. Fritz' verklausulierte Formulierung hieß also: Verfresst das Geld! Mitnehmen lohnt nicht. Weiter schrieb er:

»Liebe Emma, besorge Dir doch ein Portugiesisch-Buch und lerne in Gemeinschaft mit den lb. Kindern und auch den lb. Eltern, dann lernt es sich auch leichter, es geht ja nur darum, ein wenig hier zu lernen und zu können. Im Lande lernt es sich am bes-

ten. *Nehmt Euch doch 1 bis 2 mal jemand zu Hilfe in die Wohnung. Es ist für die lb. Oma zuviel, was ich im Hinblick auf das Obst gesagt habe, hat auch hierfür seine Richtigkeit. Betreffs der Reihenfolge der Auswanderung kann ich von hier nichts endgültiges sagen. Ich glaube, dass ich und evtl. Du lb. Emma als erste gehen sollen. Doch diese Frage muss noch geprüft werden und besprochen werden. Die Zeit kommt und dann hoffentlich auch der Rat! Ich habe Vertrauen!*

Jetzt bitte ich Euch, meine Lieben, mir recht bald wieder zu schreiben. Ihr alle, meine innigstgeliebten Fünf, seid umarmt, gegrüßt und geküsst in herzlichster Liebe, von Eurem viel, oft und gern an Euch denkenden Fritz und Vater.

P.S.: Seht Ihr auch ab und zu nach dem Wagen?«

Im November brannten die Synagogen, Onkel Ludwig saß in Buchenwald, und der Anstaltszahnarzt verpasste Fritz eine »Zahnbehandlung auf eigene Kosten«, die sich wie eine Totalsanierung liest: »9 Füllungen mit Guß 22,50 RM, 9 Zweilagige 9 RM, 2 Ex. + 2 Inj. 4,40 RM, 1 Wurzelbehandlung + Zuschlag 6 RM, 2 Kronen 50 RM«.

Im Dezember verkaufte Rosa Emma den Wagen weit unter Wert, um die 1. Rate der »Judenbuße« zahlen zu können. Die Wiesbadener Polizei quittierte, dass »auf Grund der Anordnung des Reichsführers SS u. Chef der Dt. Polizei vom 4.12.1938 heute der Führerschein des Fritz Beckhardt abgegeben« wurde. Bald darauf wurde Juden der Besitz von Autos verboten.

Als Onkel Ludwig aus Buchenwald zurück war, schrieb er an Direktor Luttenberg: »Als Schwager des Strafgefangenen Fritz Beckhardt aus Wiesbaden möchte ich den Herrn Direktor um Gewährung eines Besuchs zwecks Besprechung geschäftlicher Angelegenheiten bitten. Es handelt sich um die Arisierung seines Betriebs, der in den ersten Tagen des Monats Januar bereits übergeben werden soll. Hochachtungsvoll, Ludwig Koch IV.«

Rosa Emma teilte Fritz mit, dass ihr Bruder seine Beziehungen zur portugiesischen Regierung spielen lasse, um ein Visum für sie beide zu bekommen, und dass die Kinder womöglich nach England ausreisen könnten. Sie legte einen Ausschnitt aus dem *Jüdischen Nachrichtenblatt* bei: »Portugal ist bekanntlich für die Einwanderung von Juden fast völlig gesperrt.« Es könnten aber »Eltern von solchen Personen zugelassen werden, die vor März 1938 in Portugal legal ansässig waren«. Auch Hannchen und Emil konnten also auswandern.

Im Januar 1939 schrieb Rosa Emma an Direktor Luttenberg: »Zwecks Betreibung der Auswanderung meines Mannes benötige ich selbstgeschriebenen Lebenslauf sowie Zeugnisabschriften in vierfacher Ausfertigung. Für Ihre Freundlichkeit sage ich Ihnen, sehr geehrter Herr Direktor, im Voraus meinen verbindlichsten Dank. Hochachtungsvoll, Rosa Emma Beckhardt«. Sie hätte seit Jahresbeginn als »Rosa Emma Sara Beckhardt« unterschreiben müssen, aber das fiel zum Glück noch keinem auf.

Nur ein einziges Mal besuchte sie Fritz im Gefängnis. Das war im März 1939. Inspektor Müller notierte auf dem Besuchsbogen: »Genehmigt wegen Auswanderung und Geschäft«. 15 Monate hatte sie Fritz nicht gesehen. Warum war sie nicht öfter gekommen? Als Ehefrau hätte sie problemlos eine Besuchserlaubnis erhalten.

Für den Besuch waren die üblichen 15 Minuten vorgesehen. Für eine Aussprache blieb keine Zeit, zumal es um Existenzielles ging. Fritz und Rosa Emma hatten eine Judenvermögensabgabe in Höhe von 7500,– Reichsmark zu zahlen, das Dreifache des durchschnittlichen Jahreseinkommens einer deutschen Familie. Rosa Emma musste Fritz' Lebensversicherung mit Verlust zurückkaufen und auf den Sonnenberger Familienbesitz eine Hypothek aufzunehmen. Einen Tag später starb Fritz' Vater.

Ende März 1939 erhielt Fritz Besuch von dem Notar Dr. Hans Buttersack, der ihm im Auftrag Rosa Emmas zwei Urkunden zur Unterschrift vorlegte. Es ging um eine »Sicherungshypothek zum Höchstbetrage von RM 7500 zur Sicherung des

Deutschen Reiches für dessen Anspruch auf Zahlung der Judenvermögensabgabe«. In der zweiten Urkunde trat Fritz »im Falle des Verkaufs des Hausgrundstücks« vom Verkaufserlös 7500 Reichsmark an die Reichsfinanzverwaltung ab.

Mich macht das Vertrauen stutzig, das Fritz und Rosa Emma Buttersack entgegenbrachten, obwohl der sich in Wiesbaden einen Namen als engagierter Nazi gemacht hatte. Im Briefkopf gibt er sich 1939 als Mitglied im Nationalsozialistischen Rechtswahrerbund zu erkennen, der NS-Berufsorganisation der Juristen. In der Weimarer Republik war er Gauführer des »Stahlhelm« gewesen, der Frontsoldatentruppe der Deutschnationalen Volkspartei, in der sich zahlreiche Antisemiten tummelten. Nach der Ernennung Hitlers zum Reichskanzler organisierte er eine Demonstration für die neue Regierung.

Doch Buttersack war auch Christ und Mitglied der evangelischen Bergkirchengemeinde. Als in seiner Landeskirche der »Arierparagraph« eingeführt wurde, mit dessen Hilfe getaufte Juden aus den Pfarrämtern gedrängt wurden, kamen ihm Zweifel am Nationalsozialismus. Buttersack wurde zum juristischen Berater der Bekennenden Kirche, eines Flügels der Kirche, der sich dem totalitären Anspruch des Staates entziehen wollte. Er verteidigte Juden vor Gericht, wurde daraufhin von der Gestapo überwacht und hatte, als er Fritz besuchte, gerade eine siebenwöchige Haft im Wiesbadener Gestapogefängnis in der Friedrichstraße hinter sich. Im Mai 1943 wurde Buttersack in das Konzentrationslager Dachau deportiert, wo er zwei Monate vor der Befreiung durch die Amerikaner starb.

Im April meldete Rosa Emma die Firma ab. Von den unregelmäßigen Zahlungen Pfeiffers abgesehen, hatten sie von nun an kein Einkommen mehr. Ich blättere die Umsatzsteuererklärungen durch, denn die Zahlen sagen mehr als Worte. Der Umsatz der »Firma Fritz Beckhardt Speiseöl-, Fett- und Webwarenhandlung« betrug 1934, in dem Jahr, in dem Fritz die Firma übernommen hatte, 28 000 Reichsmark, verdoppelte sich 1935 auf 59 000 Reichsmark und stieg 1936 noch einmal auf 65 000, was zeigt, dass ein jüdischer Kaufmann bis dato durchaus einträglich wirtschaften konnte. Selbst 1937, im Jahr von Fritz' Verhaftung, betrug der Umsatz noch 41 000 und erst 1938 brach er auf 23 000 Reichsmark ein. Hinter den 5000 Reichsmark des Jahres 1939 verbarg sich der Notverkauf des Inventars und des Autos.

Im Juli 1939 sollte die Haftzeit enden. Einen Monat vorher schickte Direktor Luttenberg eine »Anzeige über die Entlassung von politischen Strafgefangenen« an die Geheime Staatspolizei, Frankfurt/M., Bürgerstraße 11. Der beiliegende »Bericht über die Führung während der Strafhaft, insbesondere Beobachtung über die politische Einstellung« wurde zweimal verschärft. Die erste Version lautete: »Beckhardt, der seit dem 7.1.1938 hier einsitzt, hat sich bisher in die Hausordnung gefügt, sich gegen die Beamten ordentlich und bescheiden benommen und die ihm übertragene Arbeit zufriedenstellend verrichtet. Er ist Jude, beabsichtigt auszuwandern und hat sich hier über seine politische Einstellung zum heutigen Staat nicht ausgelassen.«

Doch die Gestapo brauchte eine Aussage über Fritz' politische Einstellung. Also musste der Knastwärter, der den Bericht verfasst hatte, den letzten Satz verschärfen: »Er ist Jude und beabsichtigt auszuwandern, damit dürfte sich eine Stellungnahme über seine Einstellung zum nationalsozialistischen Staat erübrigen.« Da das Direktor Luttenberg immer noch zu lasch war, folgte ein dritter Versuch: »Er ist Jude und beabsichtigt auszuwandern, seine Einstellung zum nationalsozialistischen Staat dürfte damit ohne weiteres feststehen.« Das reichte.

Die Gestapo ordnete »Schutzhaft« an. Rosa Emma stellte ein zweites Gnadengesuch. Oberstaatsanwalt Quambusch antwortete wenig überraschend: »Ich habe keine Veranlassung gefunden, einen Gnadenerweis zu befürworten.«

»Um 15.00 der Polizei übergeben«, schrieb am 29. Juli ein Gefängnisbeamter auf den Entlassungsstempel in Fritz' Gefangenenakte. Fritz wurde in das Polizeigefängnis in der Frankfurter Klapperfeldstraße gebracht. Er stand jetzt nicht mehr unter der Aufsicht der Justiz, sondern befand sich als rechtloser Schutzhäftling im Machtbereich von Heinrich Himmler. Seit 1935 meldete die Justiz der Gestapo routinemäßig, wenn politische Strafgefangene entlassen wurden, damit man sie dauerhaft wegsperren konnte. Seit 1936 war zudem alles, was die Gestapo verfügte, per Gesetz den Nachforschungen der Justiz entzogen.

Drei Wochen nachdem Fritz in der »Schutzhaft« verschwunden war, schrieb ihm die Gerichtskasse, dass von den »Haftkosten« in Höhe von 1003,50 Reichsmark noch 180,– Reichsmark offen seien. Die Rechnung war an die Rüdesheimer Straße adressiert. Die Justiz tat so, als säße Fritz längst wieder friedlich zu Hause.

Am 23. September 1939 war Jom Kippur. Onkel Ludwig und Tante Martha beteten und fasteten wie jedes Jahr, als sie von Schlägen gegen die Wohnungstür aufgeschreckt wurden. Die Polizei verlangte die Herausgabe des Radiogeräts. Auf Anordnung Himmlers sammelte sie die Rundfunkgeräte von Juden ein, da die Radios »an anderer Stelle zum Nutzen des deutschen Volkes zweckdienlicher« eingesetzt werden könnten. Auch bei Rosa Emma, Hannchen und Emil kassierte die Polizei das Radio ein. Beinah apathisch waren sie daran gewöhnt, dass es jede Woche neues Unheil gab.

Hitlers Kampf richtete sich mittlerweile nicht mehr gegen den »jüdischen Bolschewismus«, denn der Begriff stand seit Abschluss des Hitler-Stalin-Pakts auf dem Index. Stattdessen schrieben die Zeitungen von der »jüdischen Plutokratie«. Plutokratie heißt »Herrschaft der Besitzenden«. Hatte es in Deutschland jemals reiche Juden gegeben? Eine Ewigkeit musste das her sein.

Seit Kriegsbeginn galt für Juden eine abendliche Ausgangssperre, im Winter mussten sie um acht, im Sommer um neun Uhr von der Straße sein. Einkaufen durfte Rosa Emma nur noch nachmittags zwischen drei und vier Uhr in einer Bäckerei, einer Metzgerei und in einem Lebensmittelgeschäft. »In den Geschäften muss kenntlich gemacht werden, dass während dieser Zeit arische Kunden die Geschäftsräume meiden«, ordnete die Kreisleitung der NSDAP an, denn »die Juden wirken allein durch ihre Anwesenheit provozierend. Keinem Deutschen kann zugemutet werden, sich zusammen mit einem Juden vor einem Geschäft aufzustellen.«

500 Juden gab es noch in Wiesbaden, die sich jeden Nachmittag um drei Uhr vor den drei Geschäften drängelten. Von den Inhabern, alle drei verdiente Parteigenossen, bekam Rosa Emma bisweilen zu hören, dass der Käse ausverkauft sei, während sie vor dem gefüllten Käseregal stand. Den Marktplatz durfte sie nur nach Verkaufsende betreten, wenn die Händler die Reste zusammenkehrten. An den Lebensmittelkarten mit dem »J«, die die Gemeinde aushändigte, waren abwechselnd die Marken für Fleisch, Gemüse, Obst, Butter, Reis oder Mehl abgeschnitten. Kleidung, Schokolade und süßes Gebäck gab es für Juden überhaupt nicht mehr.

Zu Hause drehte sich jetzt alles um das Thema Auswanderung. Wie gut, dass Kurt und Hilde schon in England waren. Rosa Emma beantragte für Fritz ein polizeiliches Führungszeugnis, »gültig für Auswanderungszwecke«, und Reisepässe, die Juden nur noch ausgestellt wurden, wenn sie auswandern wollten. Sie waren ein Jahr gültig und mit einem roten »J« gekennzeichnet.

Auch Emil und Hannchen kämpften um die Auswanderung nach Portugal, wie der interne Schriftverkehr im Finanzamt belegt. »Der Emil Israel Neumann und seine Ehefrau Johanna beabsichtigt nach eigener Mitteilung auszuwandern und beantragt eine Unbedenklichkeitserklärung«, schrieb die Verwaltung an die Finanzkasse und erhielt zur Antwort, dass Emil »nachteilig nicht bekannt geworden ist« und »gegen die Auswanderung bezüglich der Reichssteuern – einschließlich der Reichsfluchtsteuer – keine Bedenken« bestünden.

Die Reichsfluchtsteuer stammte aus der Zeit der Weimarer

Republik und war ursprünglich eine Maßnahme gegen Steuerflüchtlinge. Reiche Steuerzahler, die in Länder mit niedrigen Steuern auswandern wollten, sollten ein Viertel ihres Vermögens in Deutschland zurücklassen. Die Nazis machten aus der Reichsfluchtsteuer ein Instrument zur Enteignung der Juden, in dem sie die Bemessungsgrenze so weit absenkten, dass fast jeder Reichsfluchtsteuer zahlen musste. Außerdem durften Auswanderer nur 10 Reichsmark in bar ausführen. Das restliche Geldvermögen landete auf einem Sperrkonto und konnte nur durch die Deutsche Golddiskontbank (DEGO) in ausländische Währung getauscht werden. Dabei wurde die sogenannte DEGO-Abgabe fällig, die 1934 noch 20 Prozent betragen hatte, aber mit der steigenden Zahl ausreisewilliger Juden schrittweise erhöht wurde, bis sie im September 1939 bei 96 Prozent lag.

Das bedeutete: Das Vermögen eines Juden inklusive des Umzugsguts wurde vom Zoll geschätzt. Auswandern durfte, wer einen Geldbetrag, der 96 Prozent des geschätzten Vermögens entsprach, bei der DEGO-Bank einzahlte – vorausgesetzt, er fand ein Land, das einen bettelarmen Juden aufnahm. Die Judenvermögensabgabe, das Verbot der Erwerbsarbeit und der Krieg machten es den Juden mit jedem Tag schwerer, das Geld aufzubringen. Je länger sie in Deutschland festsaßen, umso tiefer saßen sie in der Falle.

Angelockt von dem Roman *Nackt unter Wölfen* des DDR-Schriftstellers Bruno Apitz, besuche ich im Sommer 1986 die Nationale Mahn- und Gedenkstätte Buchenwald auf dem Gelände des ehemaligen Konzentrationslagers bei Weimar. *Nackt unter Wölfen* gehört zu den Büchern, die ein Antifaschist gelesen haben muss. Apitz, der selbst Häftling in Buchenwald gewesen ist, beschreibt die dramatische Rettung eines jüdischen Kleinkindes durch selbstlose und aufopferungsvolle Kommunisten. Was davon Dichtung, was Wahrheit ist, bewegt mich nicht. Mein revolutionäres Weltbild, in dem die meisten Kommunisten per se zu den Guten zählen, hat nur wenige Kratzer.

Im Gegensatz zu Apitz' Roman versprüht die Ausstellung in der Gedenkstätte stromlinienförmige Langeweile. Die offizielle Geschichte des Lagers wird »judenrein« vermittelt, alles dreht sich um Ernst Thälmann, den »großen Sohn des deutschen Volkes« und »Führer der deutschen Arbeiterklasse«, der im August 1944 in Buchenwald ermordet wurde – und um das heldenhafte kommunistische Lagerkomitee. Jüdische Häftlinge gelten nur als Widerstandskämpfer, wenn sie Kommunisten waren.

Am 6. Oktober 1939 wurde Fritz in das Konzentrationslager Buchenwald eingeliefert. Für den Häftling mit der Nummer 8135 wurde eine Häftlingspersonalkarte angelegt: »Schutzhaft angeordnet am 29.7.39 durch Stapo Ffm. Bisherige Parteizugehörigkeit: keine. Vorstrafen: Verkehrsstrafe (Geldstrafe 30,–), Rassenschande (1J 9M Gef.). Einlieferungsgrund: Im Anschluss an Strafe wegen Rassenschande«.

Fritz zog sich in der Effektenkammer nackt aus und lieferte ab, was er am Leib trug: »1 Hut, 1 P. Schuhe, 1 P. Strümpfe, 1 Mantel, 1 Hose, 1 Weste, 1 Pullover, 1 Hemd, 1 Unterhose, 1 Binder. 1 Uhr weiß, 1 Ring«. Nachdem er die Abgabe der Kleidung handschriftlich quittiert hatte, erhielt er einen blauweiß gestreiften Häftlingsanzug und Holzpantinen.

Auf einem »Fragebogen der Effektenkammer« wurde Fritz den Kategorien Jude und Rassenschänder zugeteilt. Als weitere Häftlingskategorien standen zur Auswahl: »Vorbeugungshäftling – Schutzhäftling – Schulungshäftling – Rückfälliger Schutzhäftling – § 175 – Bibelforscher – Rückfälliger Bibelforscher – Arbeitsscheu – Ausweisungshäftling«. Die Schulungshaft war ähnlich wie die Schutzhaft eine Spezialität der Gestapo, die der Chef des Reichssicherheitshauptamtes SS-Obergruppenführer Reinhard Heydrich für zurückgekehrte Emigranten erfunden hatte. Sie sollte »dem Verständnis der neuen Verhältnisse in Deutschland« dienen, damit das betroffene »Menschenmaterial bei geeigneter Anleitung und Schulung wieder in den Volkskörper eingereiht« werden könne. Mit »Bibelforscher« waren die Zeugen Jehovas gemeint, und »§ 175« bezeichnete Homosexuelle.

Am Tag, als Fritz nach Buchenwald kam, kapitulierte die polnische Armee. Die SS baute für die Polen, die in den folgenden Tagen eingeliefert wurden, neben dem Appellplatz das sogenannte »Polenlager«. Zu dem Wenigen, was Fritz aus der Zeit in Buchenwald berichtete, gehörte die bestialische Behandlung der polnischen Intelligenz. Hitler hatte angeordnet, das eroberte Gebiet »von Juden, Polacken und Gesindel« zu säubern, und rief einen »Volkstumskampf« gegen die Polen aus. Heydrich ließ in der Aktion »Tannenberg« 60 000 namentlich bekannte polnische Akademiker, Lehrer und Priester gezielt ermorden.

»Die Polen mussten 48 Stunden auf dem Appellplatz strammstehen. Jeder, der umfiel, wurde erschossen«, erzählte Fritz. Etwa 100 Polen sperrte die SS hinter einen Drahtverhau im Freien. Als das »Polenlager« im Februar 1940 aufgelöst wurde, waren über 1000 Polen erschossen worden, verhungert oder erfroren.

Auch Fritz geriet mehrmals in einen Strafappell. »Einmal war ein Ferkel gestohlen worden«, erzählte er. »Da der Dieb sich nicht meldete, wurde abgezählt: du, du und du, raustreten! Die Abgezählten traten vor und wurden erschossen.«

Als jüdischer »Rassenschänder« wurde Fritz der Strafkompanie zugeteilt, die im Steinbruch arbeitete und in einem eigenen, mit Stacheldraht umzäunten Block hauste. Die Häftlinge brachen 7 Tage die Woche mit bloßen Händen Steine aus dem Fels und bekamen weniger zu essen als der Rest des Lagers. Fritz wurde wie alle Häftlinge der Strafkompanie fast pausenlos von der SS geprügelt. Er durfte sich kein Geld schicken lassen, nicht in der Lagerkantine einkaufen und nur alle drei Monate einen Brief schreiben.

Den SS-Männern brachte der Dienst im Steinbruch eine besondere Befriedigung. Manchmal wurde ein Häftling aus einer Laune heraus erschossen. Häftlinge, die die Tortur nicht ertrugen, begingen Selbstmord, in dem sie auf die Postenkette zugingen, bis die SS schoss. »Auf der Flucht erschossen« lautete die Todesursache.

Am 9. November 1939 erschoss die SS im Steinbruch 21 jüdische Häftlinge, weil am Tag zuvor der Schreiner Georg Elser versucht hatte, Hitler durch ein Bombenattentat zu beseitigen. Obwohl Elser ein nichtjüdischer Kommunist war, schob man die Tat dem »Weltjudentum« in die Schuhe.

Wann immer eine Karotte geklaut wurde, verhängte der Lagerkommandant SS-Standartenführer Karl Otto Koch für alle »den Entzug der Mittagskost«. Fritz war bald nur noch Haut und Knochen, aber er war zäh. Als er eingeliefert wurde, wog er 69 kg. Es blieb eine Frage der Zeit, wann er im Steinbruch zusammenbrechen würde, was die SS üblicherweise mit Genickschuss beantwortete.

Der Krieg gegen Polen hatte viel Geld verschlungen. Die »arische« Mehrheit spürte das. Mal gab es kein Fleisch, dann kein Mehl, dann wieder keine Butter. Der »Führer« hatte im letzten Krieg erlebt, wie negativ sich die schlechte Versorgung auf die Stimmung an der »Heimatfront« ausgewirkt hatte. Er brauchte dringend frisches Geld. Deshalb wurde die Judenvermögensabgabe auf 25 Prozent erhöht.

Emil und Hannchen hatten 800, Fritz und Rosa Emma 1500 Reichsmark nachzuzahlen, noch einmal den Jahreslohn eines Arbeiters. Das Amtsgericht ließ eine zweite Sicherungshypothek auf die Sonnenberger Häuser »zu Gunsten des Deutschen Reiches für dessen Anspruch auf Zahlung der weiteren Rate der Judenvermögensabgabe von Fritz Israel Beckhardt und der Emma Sara Beckhardt geb. Neumann« eintragen.

Emil bat den Kasseler Oberfinanzpräsidenten Heinrich Voß, ihm die Zahlung zu erlassen. Er hatte sämtliche Wertpapiere und die Lebensversicherung verkauft. Die Immobilien waren bis zum Äußersten mit Hypotheken belastet. Natürlich lehnte Voß ab. Emil und Hannchen saßen in der Falle. Hitler wollte Geld von ihnen, das sie nicht mehr hatten. An Auswanderung war vorerst nicht zu denken.

Am 5. Februar 1940 legte die Oberfinanzdirektion die Akte JS 1588 an. JS steht für »Justizsache«, aber ich lese es als »Judensache«, ein Begriff aus der Zeit des Feudalismus. JS 1588 war der Beginn der finalen »Arisierung«, der Enteignung meiner Familie bis auf die Haut.

Was Görings Judenreferenten mit der »Judenbuße« nicht erreicht hatten, erledigten sie nun ganz legal unter Zuhilfenahme des Devisenrechts. Die dazu nötigen Gesetze, das »Gesetz gegen den Verrat der deutschen Volkswirtschaft« und das »Gesetz über die Devisenbewirtschaftung«, stammten wie die Reichsfluchtsteuer aus der Zeit vor 1935, als es der Regierung noch primär um den Aufbau einer autarken Wirtschaft ging und weniger um die Aufbesserung des Staatshaushaltes durch den Zugriff auf jüdische Vermögen. Der Rückgriff auf das Devisenrecht gab den Beamten bei der Ausplünderung der Juden das wohlige Gefühl rechtsstaatlichen Handelns.

Am wirkungsvollsten war die sogenannte Sicherungsanordnung. Wer im Verdacht stand, Vermögen ins Ausland schmuggeln zu wollen, dessen Besitz konnte unter die Kontrolle eines staatlich eingesetzten Treuhänders gestellt werden. Die Finanzverwaltung stellte nun die Juden kollektiv unter den Verdacht der Kapitalflucht, so dass sie ihre finanzielle Autonomie vollständig verloren.

Die Sicherungsanordnung für Fritz kam per Postzustellungsurkunde von der »Devisenstelle S« – das »S« stand für Strafsachen. Fritz sollte innerhalb von fünf Tagen per Unterschrift bestätigen, dass er der »Anordnung des Oberfinanzpräsidenten Kassel (Devisenstelle S Frankfurt a. M.) vom 7. Februar 1940 (JS 34–1588)« Folge leisten werde. Rosa Emma schrieb zurück: »Mein Mann befindet sich z. Zt. im Konzentrationslager Weimar-Buchenwald und muss die Sicherungsanordnung dort unterzeichnen. Aus diesem Grund wird es mir nicht möglich sein, die gestellte Frist einzuhalten.« Einen zweiten Brief schickte sie nach Buchenwald: »Zu amtlichen Zwecken ist es erforderlich, dass mein Mann einliegendes Schreiben mit seiner Unterschrift versieht. Ich bitte den Herrn Lagerkommandanten diesem das Schreiben zur Unterschrift vorzulegen.«

Fritz unterzeichnete eine Vermögensaufstellung, wonach er und Rosa Emma über ein Bankguthaben von 5378 Reichsmark verfügten. Das Monatseinkommen lag bei knapp 100 Reichsmark, während sich die Ausgaben für Miete, Gas, Wasser, Strom und den Lebensunterhalt auf 217 Reichsmark summierten. Beigefügt war eine Bescheinigung der Dresdner Bank Filiale Wiesbaden, dass für Fritz Israel Beckhardt ein »beschränkt verfügbares Sicherungskonto« eingerichtet worden war. Ferner teilte Fritz auf einem von der Devisenstelle S vorformulierten Schreiben allen ehemaligen Geschäftspartnern mit, »dass ich Zahlungen nur noch auf meinem beschränkt verfügbaren Sicherungskonto bei der Dresdner Bank Filiale Wiesbaden entgegennehmen darf und dass Barzahlungen an mich oder zu meinen Gunsten an Dritte unzulässig sind«.

Jetzt war die Familie da, wo der Staat sie hinhaben wollte. Die Firma war aufgelöst, Pfeiffer zahlte nicht mehr, die Devisenstelle gewährte Fritz und Rosa Emma aus ihrem eigenen Vermögen einen monatlichen Freibetrag von 250 Reichsmark – unter günstigen Umständen würde das Geld noch zwei Jahre reichen. Danach würde es vier Sozialfälle mehr auf der Liste der jüdischen Wohlfahrt geben.

Am 17. Februar 1940 starb Fritz' Mutter Franziska. Sie hatte nach Abrahams Tod zehn Monate lang die Wohnung nicht mehr verlassen und zuletzt die Nahrung verweigert. Als sie zu Abraham ins Grab gelegt wurde, waren nur Tante Martha und Onkel Ludwig dabei.

Eine Woche später geschah, womit niemand gerechnet hatte. Fritz wurde »auf Anordnung des Lagerkommandanten SS-Standartenführer Koch auf Grund seiner Verdienste im Weltkriege (17 Abschüsse als Jagdflieger) aus der Strafkompanie entlassen«.

Berthold Guthmann hatte einen letzten Versuch unternommen, Fritz' Leben zu retten, und war nach Berlin gefahren, um

Fritz nach seiner Entlassung aus dem KZ Buchenwald, 1940

Göring im Reichsluftfahrtministerium aufzusuchen. Ob er ihn persönlich sprach oder einen indirekten Zugang zu ihm fand, ist nicht überliefert. Göring hütete sich, Notizen über seine Kontakte zu Juden anzulegen. Gut möglich ist, dass Guthmann Görings Staatssekretär Erhard Milch traf, der nach den Nürnberger Gesetzen ein Mischling ersten Grades war, aber von Göring »arisiert« worden war.

»Wer Jude ist, bestimme ich!« Der Spruch wird Göring angedichtet. Tatsächlich war Milch nur der prominenteste einer Reihe von »Nichtariern«, deren Stammbäume der Oberbefehlshaber der Luftwaffe schönen ließ, damit sie im Dritten Reich Karriere machen konnten. Dass er bei Fritz' Entlassung die Hand im Spiel hatte, hat Berthold Guthmanns Tochter Charlotte berichtet, die 1946 in die USA emigriert ist: »My father went to Berlin and petitioned Goering and Goering agreed to intervene. Beckhardt was released from Buchenwald at Goering's request.«

Nach der Entlassung aus der Strafkompanie blieb Fritz noch drei Wochen in Buchenwald. Die Gestapo bot ihm sogar an, sich »arisieren« zu lassen und in den Dienst der Luftwaffe zu treten. Andernfalls müsse er Deutschland auf schnellstem Wege verlassen. Mit welcher feinsinnigen Begründung hätte die NS-

Justiz das Rassenschande-Urteil wohl aufgehoben, hätte Fritz das Angebot angenommen? Am 16. März 1940, noch bevor der Schabbes zu Ende ging, war er wieder zu Hause.

Weglegen Eins

Am 4. Dezember 1940 verfasste Adolf Eichmann, der Leiter der Reichszentrale für jüdische Auswanderung, eine Denkschrift für einen Vortrag, den Himmler in seiner Funktion als »Reichskommissar für die Festigung deutschen Volkstums« bei einem Treffen der Gauleiter und Reichsleiter der NSDAP halten wollte. In den Augen der Gauleiter verliefen die Deportationen von Juden aus dem annektierten Westpolen zu schleppend angesichts einer halben Million »Volksdeutscher«, die die NSDAP dorthin umsiedeln wollte. Eichmann hatte errechnet, dass seit der Machtübernahme 341 975 Juden das Deutsche Reich verlassen hatten, aber die Zahl der Auswanderer ging zuletzt rapide zurück. Im zweiten Kapitel der Denkschrift ging es um 5,8 Millionen Juden, die zur »Umsiedlung aus dem europäischen Wirtschaftsraum des deutschen Volkes« vorgesehen waren. Zu ihnen zählten auch Emil, Hannchen, Fritz und Rosa Emma. Eichmann nannte das Kapitel »Die Endlösung der Judenfrage«.

Fritz saß noch in Buchenwald, da ging Rosa Emma auf die wichtigste Reise ihres Lebens. Sie suchte in Bremen den liberianischen Honorarkonsul Carl Seyfried auf, der ihr am 22. Januar 1940 ein sechs Monate gültiges Visum »for the Journey to the Republic of Liberia« in den Reisepass stempelte. Wie viel sie gezahlt hat, steht nicht in den Akten. Quittungen für Bestechungsgelder waren auch damals unüblich.

Rosa Emma hatte nie zuvor von der Republik gehört, die 1847 von ehemaligen afroamerikanischen Sklaven gegründet worden war. Neben der Südafrikanischen Union war Liberia der einzige unabhängige Staat Afrikas. Ob man in dem bettelarmen Agrarland, in dem kaum Weiße lebten, als Flüchtling existieren konnte, spielte keine Rolle. Konsul Seyfried besserte mit dem Verkauf von Visa die Staatsfinanzen auf – und für ihn blieb ein schönes Taschengeld. Die Reise nach Bremen war eine kleine Erlösung. Endlich konnte Rosa Emma den Behörden ein Auswanderungsziel nachweisen. Das Visum war der Stein, der alles Weitere ins Rollen brachte. Fritz meldete sich nach der Entlassung aus dem KZ jeden Morgen bei der Gestapo in der Paulinenstraße. Damit verbrachte er die ersten zwei Stunden des Tages. Die allmächtige Devisenstelle S bat er »ergebenst, den Freibetrag zu erhöhen, da ich am 16.3. nach hier zurück kehrte und infolge dessen sich die Ausgaben des seither 1 köpfigen Haushalts erhöhten«. Fritz und Rosa Emma einerseits, Emil und Hannchen andererseits wurden trotz gemeinsamer Wohnung als getrennte Haushalte betrachtet.

»War im Kzl. Buchenwald«, schrieb der Sachbearbeiter auf den Antrag und erhöhte den Freibetrag auf 400 Reichsmark. Kurz darauf erhielt Fritz die einmalige Freigabe von 500 Reichsmark, die er an eine Frankfurter Adresse überweisen ließ – für eine Schiffspassage in die USA.

Die Kriegsberichte in der Zeitung irritierten. War die Luftwaffe wirklich so überlegen, wie Göring behauptete? Warum hatte die Landung in England nicht längst begonnen, mit der die Propaganda ununterbrochen drohte. Hoffentlich waren Hilde und Kurt nicht in London. Eine der wenigen Anekdoten, die Rosa Emma aus dem Krieg erzählte, war die verzückte Reaktion eines Nachbarn, der eine Staffel deutscher Bomber am Himmel gen England fliegen sah und babbelte: »Des mescht uns kaaner nach!«

Als im Mai 1940 der »Westfeldzug« begann, ruhten Fritz' Hoffnungen kurze Zeit auf Frankreich. Doch er war schockiert, wie schnell die französische Gegenwehr zusammenbrach, die er im letzten Krieg zwar als verwundbar, aber letztlich unbesiegbar erlebt hatte. Was hatte Marschall »On-ne-passe-pas!«-Pétain doch immer wieder von der unüberwindbaren Maginotlinie geprahlt.

Der 16. Mai war ein sonniger Tag. Rosa Emma saß auf dem Balkon und hörte die Volksempfänger laute Jubelschreie ausstoßen. Die Wehrmacht hatte Paris eingenommen. Eine Nachbarin trat ins Freie und breitete die Arme aus: »Ist das nicht herrlich? Mein Sohn ist auch dabei.« – »Er ist dabeigeblieben«, ergänzte Rosa Emma die Geschichte. Nach dem Krieg trug die Nachbarin Schwarz.

Im Juni fielen die ersten Bomben auf Frankfurt. Auch die Einwohner von Wiesbaden verdunkelten jeden Abend die Fenster und lauschten dem Brummen der englischen Bomber, die über die Stadt hinwegflogen.

Vereinzelt hörte man von Selbstmorden. Der Apotheker Mayer aus der Taunusstraße hatte sich das Leben genommen, weil man beobachtet hatte, wie ihm ein »Arier« Eier zusteckte. Mayer hatte keine Eierkarte. Die Apotheke hatte man ihm schon 1935 weggenommen. Dagegen schienen Fritz und Rosa Emma Nerven wie Drahtseile zu haben. Dass die Schikanen des Alltags an ihnen zehrten, vor allem die Angst, Hitler könne triumphierend in London einziehen so wie jüngst in Paris, das sah man daran, dass sie blasser und hagerer wurden. Aber sie hatten zwei alte Leute zu versorgen, zwei Kinder im Ausland – und ein Visum. Das gab Kraft.

Im Juli wurde Juden auf Befehl des Reichspostministers der Telefonanschluss abgeklemmt. Gerüchteweise hieß es, dass sogenannte »Judenhäuser« eingerichtet würden. Das Mietrecht sorgte seit April 1939 dafür, dass »Arier« die jüdischen Mieter jederzeit rauswerfen konnten und jüdische Hausbesitzer zwangsweise jüdische Mieter aufnehmen mussten. Die Wiesbadener Gestapo führte eine Liste mit Häusern, die noch in jüdischem Besitz waren. Das Nachbarhaus Rüdesheimer Straße 16 sollte ein »Judenhaus« werden. Musste Fritz mit der Familie also bald umziehen? In Berlin, wo englische Bomben den für »Arier« verfügbaren Wohnraum bereits spürbar verknappten, hatte es erste Zwangsumzüge von Juden gegeben.

Emil konnte die letzte Rate der »Judenbuße« partout nicht aufbringen. Berthold Guthmann schrieb an den Oberfinanzpräsidenten und bat, die »Vermögensaufstellung« zu korrigieren, da die darin genannten Außenstände –Pfeiffers Schulden – schon in Fritz' Vermögen einberechnet worden waren. Sie zahlten die Judenvermögensabgabe sogar auf Schulden, die der »arische« Pächter bei ihnen hatte, also auf Geld, das sie weder besaßen noch je besitzen würden!

Mitte Juli legte die Devisenstelle S auch für Emil und Hannchen eine Akte an. Die Dresdner Bank Filiale Wiesbaden richtete ein Sicherungskonto ein, aus dem sie monatlich 295 Reichsmark erhielten. »Heil Hitler« grüßte der Bankmitarbeiter. So freundlich war man nur noch selten zu ihnen.

Berthold Guthmann machte die Eingabe beim Oberfinanzpräsidenten, da die Behörde sich weigerte, direkt mit einem Juden zu verkehren. »Der Jude«, der als Volksschädling galt, durfte nicht für sich selbst sprechen. Guthmann war als Vorsitzender des Bezirks Hessen-Nassau der Reichsvereinigung der Juden von der Obrigkeit als Fürsprecher der Juden bestimmt worden. Hinter ihm verschwand das Kollektiv »Jude«. Behördensprachlich waren die Juden bereits ausradiert.

Die Unterwürfigkeit zahlte sich aus. Oberfinanzpräsident Heinrich Voß gab dem Antrag Guthmanns statt. Emil brauchte nur noch 50 Reichsmark »Judenbuße« nachzuzahlen. Währenddessen suchten Fritz und Rosa Emma nach Wegen, um ins Ausland zu gelangen. Sie griffen nach jedem Strohhalm, Portugal, Liberia, sogar Palästina kam in Frage.

Bis zum Beginn des »Westfeldzugs« waren die USA der Favorit gewesen. Rosa Emmas Bruder Friedrich hatte von Lissabon aus 50 Dollar »Landegeld« an das Comité voor joodsche Vluchtelingen in Amsterdam geschickt. Das Geld verlangten viele Länder, bevor sie ein Einreisevisum ausstellten. Ohne ein solches Eintrittsgeld brauchte man als Flüchtling ein Schiff nach Amerika gar nicht erst zu besteigen.

Zum »Landegeld« kamen weitere 150 Dollar »Vorzeigegeld«,

die eine Helen Miller Davis aus New York an das gleiche Komitee überwiesen hatte. Das »Vorzeigegeld« diente als Nachweis für die finanzielle Unabhängigkeit eines Flüchtlings. Wer die freundliche Mrs. Davis war, habe ich nie erfahren.

Das Comité voor joodsche Vluchtelingen war eine Unterabteilung des Comité voor Bijzondere Joodse Belangen, das der niederländische Zionist David Cohen gegründet hatte, um den Flüchtlingen aus Nazideutschland eine Anlaufstelle zu bieten. Über das Komitee flossen Gelder des American Jewish Joint Distribution Committee (Joint) an mittellose jüdische Emigranten.

Doch die USA rückten für Fritz und Rosa Emma in immer weitere Ferne. Fritz' Vetter Paul bekam das Affidavit nicht, und ab Sommer 1940 ließen die USA außer prominenten Schriftstellern und Künstlern keine Juden mehr ins Land. Amerika fürchtete sich vor getarnten deutschen Spionen. Zudem ließ ein latenter Antisemitismus in der Bevölkerung und in Teilen der US-Administration keine übermäßige Hilfsbereitschaft aufkommen.

Auch in Lateinamerika schlossen immer mehr Länder ihre Tore. Die Reise nach Shanghai war zu teuer und Palästina auf arabischen Druck von den Briten dichtgemacht. Es blieb nur die Möglichkeit, mit Hilfe zionistischer Organisationen die britische Blockade Palästinas zu überwinden oder sich mit dem gekauften Visum eines fernen Landes Transitvisa für Spanien und Portugal zu verschaffen. Lissabon war das wichtigste Etappenziel für die Flucht nach Übersee. Dort hatte auch das Joint seinen Sitz. Unglücklicherweise hatte das Visum für Liberia am 22. Juli 1940 seine Gültigkeit verloren.

Fritz gab die USA-Pläne vorerst auf. Nachdem im Mai die Altstadt von Rotterdam durch deutsche Bomber zerstört worden war und die niederländischen Streitkräfte kapituliert hatten, schied Holland als Fluchtweg aus. Fritz schrieb an die Devisenstelle S: »Bei dem Comité voor joodsche Vluchtelingen wurden für mich 200 Dollar als Lande- bzw. Vorzeigegeld eingezahlt. Ich bin bemüht, meine Auswanderung, die durch die Schließung der holländischen Häfen seither unmöglich war, auf einem anderen Weg zu betreiben. Im Falle, dass mir dies gelingt, würde ich obige Dollar ihrer Bestimmung gemäß benötigen. Deshalb bitte ich ergebenst um Freigabe des Geldes zur Verwendung bei meiner Auswanderung.« – »Keine Bedenken«, kritzelte der Sachbearbeiter der Devisenstelle auf den Antrag.

Fritz und Rosa Emma ließen Ende August 1940 die Pässe verlängern und fuhren noch einmal zu Carl Seyfried nach Bremen. Der liberianische Honorarkonsul stellte zwei neue Visa, gültig bis zum 22. März 1941, aus. Die Prozedur ging von vorn los.

Im September 1940 setzte eine neue Welle judenfeindlicher Hetze ein. Der Film *Jud Süß* von Veit Harlan kam in die Kinos. Die Figur des Süß spielte auf den jüdischen Bankier Joseph Süß Oppenheimer an, der im 18. Jahrhundert in Diensten des Herzogs von Württemberg stand. Im Film verführt Süß den Herzog zu einem ruinösen Lotterleben auf Kosten des von Steuern gebeutelten Volkes. Süß wird immer mächtiger, zerrt unschuldige Mädels ins Bett und vergewaltigt die »arische« Blondine Dorothea, während er ihren Mann foltern lässt. Dorothea, durch den Juden entehrt, tötet sich. Ihr Mann zieht die Leiche aus dem Fluss, das geknechtete Volk erhebt sich, und der um sein Leben winselnde Süß wird wegen Sex mit Christinnen gehenkt.

Harlan packte alle antisemitischen Klischees bis zur »Rassenschande« in ein mitreißendes Melodram. Auf den Internationalen Filmfestspielen von Venedig, wo der Film uraufgeführt wurde, erhielt er überschwängliche Kritiken. »Ein ganz großer, genialer Wurf. Ein antisemitischer Film, wie wir ihn uns nur wünschen können. Ich freue mich darüber«, schrieb Goebbels in sein Tagebuch. Bei Kriegsende hatte jeder dritte Volksgenosse *Jud Süß* gesehen.

Einen Monat später legte Goebbels mit *Der ewige Jude* nach. Der »Dokumentarfilm über das Weltjudentum« lief allein in Berlin in 66 Kinos gleichzeitig an. Zerlumpte, zahnlose Jammergestalten aus den polnischen Ghettos grinsen in die Kamera. Bilder von frommen Juden werden mit Kanalratten unterschnitten. In einer erweiterten Fassung, vor der man Frauen und Kinder eindringlich warnte, wird der blutige Todeskampf von Rindern und Schafen gezeigt, dazwischen die lachenden Gesichter jüdischer Metzger. »Diese Bilder«, so der Kommentartext des Films, »enthüllen den Charakter einer Rasse, die ihre stumpfe Rohheit unter dem Mantel frommer Religionsausübung verbirgt.« *Der ewige Jude* verschwand bald wieder aus den Kinos. Er war so ekelerregend, dass das Publikum sich nicht unterhalten fühlte. Dennoch überzeugte Goebbels' mitreißende Propaganda die »Arier« davon, dass der Krieg ein von den Juden angezettelter Kampf zweier Weltanschauungen sei, der Krieg des »Weltjudentums« gegen das deutsche Volk.

Ende Oktober hörten Fritz und Rosa Emma zum ersten Mal von Massendeportationen in Deutschland. Obwohl die Presse das Thema totschwieg, verbreiteten sich die Berichte wie ein Lauffeuer und lösten in vielen jüdischen Familien Panik aus. Niemand hatte damit gerechnet. In Baden und der Pfalz wurden 7500 Juden mit Namensschildern um den Hals durch die Spaliere johlender Hitlerjungen zu den Güterbahnhöfen getrieben, in Züge gepfercht und abtransportiert. Jeder Deportierte durfte 50 Kilo Gepäck und 100 Reichsmark mitnehmen, keine Wertsachen, keinen Schmuck. Die Haustiere nahm die Gestapo »gegen Quittung« mit.

Die Aktion war präzise geplant. Zwischen dem Klopfen der Polizei an der Wohnungstür und dem Abtransport vergingen höchstens zwei Stunden. Es hieß, Baden sei jetzt »judenrein« und die Deportierten säßen irgendwo in Südfrankreich. Hannchen und Emil sprachen danach tagelang kaum ein Wort. Ich glaube, seit diesem Tag ahnten sie, was kommen würde.

»Die Reichsvereinigung der Juden in Deutschland, Abt. Wanderung, Zweigstelle Frankfurt a. M. (Hilfsverein), hält am Mittwoch, dem 6. November 1940, vormittags ab 10 Uhr in dem Büro der Fürsorgestelle der Israelitischen Kultusgemeinde Wiesbaden, Michelsberg 28, eine Beratung ab in allen Fragen der Auswanderung. Um Anmeldung der Interessenten im Büro der Fürsorgestelle wird bis Montag, den 4. November gebeten«, so lautete im Herbst 1940 eine typische Meldung im *Jüdischen Nachrichtenblatt*.

Fritz und Rosa Emma brauchten keine Beratung mehr. Im Dezember ging ihr Zug. Die Reichsvereinigung der Juden hatte verkündet, dass es in »langwierigen Verhandlungen« gelungen sei, »den Schienenweg nach Lissabon für die jüdischen Auswanderer aus Deutschland mit überseeischen Zielen zu öffnen. Der Reiseweg führt von Berlin über Paris, Hendaye (französisch-spanische Grenze), San Sebastián, Vilar Formoso (spanisch-portugiesische Grenze) nach Lissabon und umfasst 4 Reisetage. Für die Verpflegung der Reisenden wird von Paris ab durch die Mitropa gesorgt. Nach dem zweiten Reisetag wird den Reisenden eine Erholungszeit von 24 Stunden gegönnt, während deren sie sich in einem Hotel in San Sebastián aufhalten werden.« Die Fahrkarte kostete 200 Reichsmark.

Unterdessen führte Onkel Ludwig einen Prozess gegen »einen fiesen Nazi«, erzählt Kurt. Nach dem Tod von Abraham und Franziska hatte sich Karl Domis, der sich schon beim Novemberpogrom ausgetobt hatte, im Haus von Onkel Ludwig und Tante Martha breitgemacht. Er bewohnte zwei Wohnungen, nutzte Ludwigs ehemaliges Ladenlokal, aber Miete zahlte er, wann und wie es ihm gefiel. Schließlich reichte Ludwig eine Räumungsklage beim Amtsgericht ein. Er hatte Courage, das muss man ihm lassen. Während wenige Kilometer weiter südlich die pfälzischen Juden deportiert wurden, versuchte er einen »Arier« aus der Wohnung zu klagen. Natürlich wurde die Klage abgewiesen. Domis fand einen Handwerker, der bezeugte, dass es in der Wohnung eine feuchte Wand gebe. Das Gericht hielt eine Mietminderung in Höhe der Mietrückstände für angemessen.

Ein Hoffnungsschimmer flackerte auf, als die Nachbarin Magdalene Engel anbot, das Haus für den stolzen Preis von 19 000 Reichsmark zu kaufen. Doch der bereits notariell beurkundete Kaufvertrag wurde nicht genehmigt, weil, wie die mutige Frau Engel nach dem Krieg vermutete, ihre »antifaschistische Haltung« den Behörden bekannt gewesen sei und sie »Kontakt zu Juden« unterhalten habe.

Im Oktober stempelte die Polizei in Fritz' und Rosa Emma' Pass je einen »Sichtvermerk zur einmaligen Ausreise«: »Der Sichtvermerk kann zum Grenzübertritt bis zum 20. Dezember 1940 einschließlich benutzt werden.« Gebührenmarken über sieben Reichsmark kleben in den braunen Pässen mit dem Legionsadler, dem Hakenkreuz und dem roten »J«.
Fritz legte der Devisenstelle einen Ausreiseantrag vor, in dem er erklärte, dass er »noch im Dezember 1940« nach Liberia ausreisen wolle. Dazu gehörte eine Bescheinigung des Wiesbadener Oberbürgermeisters, dass »der Auswanderung und der Überführung des Umzugsguts ins Ausland keine gemeindesteuerlichen Bedenken entgegenstehen«. Es folgte eine 16-seitige Liste zum Inhalt der Umzugskisten, die im Jargon der Spediteure »Lift« hießen und bei den »arischen« Zöllnern »Judenkisten«. Die Umzugsliste hatte der Buchhändler Moritz Israel Liffmann zusammengestellt, der von der Gestapo »zur Anfertigung von Listen zugelassen« war. Der »Gestapojude« lebte in »privilegierter Mischehe«, wie die Nazis die Ehe zwischen einem Juden und einer »Arierin« nannten.
Liffmann hatte jeden Gegenstand aufgelistet, der sich in einem der sieben »Koffer als Passagiergut« oder der vier »Koffer als Handgepäck« befand. Die ersten zwei Koffer enthielten das Bettzeug, Decken, Kissen und Matratzen. Die Koffer Nr. 3, 4 und 5 enthielten Handtücher, Badetücher, Geschirrtücher, Bettbezüge, Decken, Schals, Schürzen, Kochtöpfe und Kochbücher, Blusen, Oberhemden, Nachthemden, Damen- und Herrenunterbekleidung für Sommer und Winter, Sportbekleidung, Handtaschen, Winterunterjäckchen, Handschuhe, Socken, Kniestrümpfe, Waschlappen, Handtücher, 1 Bindengürtel, 7 Damenbinden, 20 »Camelia«, Fotoalben, Familienbilder, Kaffeeservice, Teeservice, Essservice und Essbestecke in zahlreichen

Ausführungen, Porzellanplatten, Kuchengabeln, Schüsseln, Schalen, Vasen, 1 Zuckerzange und 6 »Karlsbader Kaffeefilter«.

Im 6. Koffer befand sich Fritz' und Rosa Emmas feine Garderobe, 2 Anzüge, 1 Smoking, 1 Cutaway, Krawatten und Schleifen, Kostüme, Winter- und Sommerkleider, Pullover, Mäntel, Hosen, Schuhe, Stiefel, Hüte, 1 Baskenmütze und ein Zylinder. In Koffer Nr. 7 befanden sich weitere Kleidungsstücke nebst diversen Taschen, ein Bügeleisen, eine Schreibmaschine, eine Nähmaschine und ein Schachspiel. Das Handgepäck enthielt noch einmal jede Menge Kleidung.

Es folgten zwei »Körperlisten«, auf denen Fritz und Rosa Emma angaben, was sie während der Reise am Körper tragen würden, vom Hüfthalter über den Hut bis zu Lippenstift, Taschenuhr und Ehering. Hinter jedem Gegenstand war das Anschaffungsjahr vermerkt, denn alles, was seit 1933 erworben worden war, wurde mit einer DEGO-Abgabe belegt.

Zu dem Antrag legte Fritz einen Brief an den Oberfinanzpräsidenten, aus dem hervorgeht, dass er auf den letzten Metern mit Schwierigkeiten rechnete. Noch einmal fühlte er sich bemüßigt, seinen Patriotismus herauszukehren. »Anliegend überreiche ich meine Umzugslisten mit der Bitte um baldige Genehmigung. Ich habe mein Visum nach Liberia und beabsichtige noch im Laufe des Novembers meine Ausreise anzutreten. Ich gestatte mir, Folgendes zu bemerken: Den Weltkrieg 1914/1918 habe ich von Anfang bis Ende mitgemacht und wurde wegen hervorragender Leistungen zweimal namentlich im Heeresbericht erwähnt, dem damaligen Kaiser auch zweimal persönlich vorgestellt. Von Dezember 1917 bis Kriegsende war ich als Jagdflieger und Flugzeugführer im Jagdgeschwader 3, Jasta 26, dem Geschwader des heutigen Herrn Reichsmarschalls Göring tätig. Ich habe ca. 500 Frontflüge hinter mir und bin im Besitz folgender Orden und Ehrenzeichen: Eisernes Kreuz II. Klasse, Hessische Tapferkeitsmedaille, Eisernes Kreuz I. Klasse, Badisches Militärverdienstkreuz, Verwundetenabzeichen, Hohenzollernorden mit Schwertern, Bayrisches Militärverdienstkreuz III. Klasse, Flugzeugführerabzeichen, Ehrenbecher mit Diplom für Sieger im Luftkampf, Ernst-Ludwig-Orden, Frontkämpferabzeichen. Ich zeichne ergebenst, Fritz Israel Beckhardt«.

Am 20. November 1940 setzte der Oberfinanzpräsident eine DEGO-Abgabe von 250 Reichsmark fest. Am 24. November schickte der »Gestapojude Liffmann«, wie Fritz ihn nannte, den Einzahlungsbeleg an die Devisenstelle S, die den Antrag »ohne Streichungen« genehmigte.

Währenddessen reisten Fritz und Rosa Emma nach Berlin, wo ihnen der portugiesische Konsul ein »visto de transito« ausstellte, das einen Monat gültig war. Im spanischen Konsulat bekamen sie ein »visado transito sin detenerse en España«, ein Durchreisevisum ohne Aufenthaltsrecht in Spanien. In dem spanischen Visum war der geplante Reiseweg beschrieben: »Punto de entrada en España: Aeropuerto Barcelona, Fecha 12.12.1940, Ruta: Madrid – Lisboa, Puerto de embarque: Lisboa 18.12.1940, Vapor: »Excalibur«. Demnach wollten Fritz und Emma nach Barcelona fliegen, über Madrid nach Lissabon weiterfahren und dort den Dampfer Excalibur mit Ziel New York besteigen, das gleiche Schiff, mit dem im September der Schriftsteller Lion Feuchtwanger in die USA entkommen war. Doch es kam anders.

Anfang Dezember brachten Fritz und Liffmann die sieben großen Koffer zum Zoll, wo sie in einer »Judenkiste« der Spedition Schenker verstaut wurden. Zur Ausfuhr waren nur Gegenstände des täglichen Gebrauchs erlaubt, alles, was sich im Ausland zu Geld machen ließ – Fotoapparate, Uhren, Schmuck, Kunstgegenstände, Bilder und Antiquitäten –, musste zurückbleiben. Da die Flüchtlinge auf Bargeld angewiesen waren, versteckten sie Wertsachen in den Koffern und bestachen die Zollbeamten bei der Abfertigung. Auch Fritz plante, einen Beamten zu bestechen, obwohl die Auswanderung bislang schon 3000 Reichsmark für DEGO-Abgabe, Schiffspassagen, Bahnfahrkarten, Visagebühren, Frachtkosten, Landegelder und Vorzeigegelder verschlungen hatte. Nachdem Liffmann die Umzugsliste fertiggestellt hatte, schob Fritz die Hagada zwischen die Fotoalben. In der Gemeinde hatte man ihm geraten, das Buch in Amerika zu Geld zu machen, da es ein Vermögen wert sei. Doch als die Zollbeamten am Frankfurter Hauptbahnhof die Koffer durchsuchten, durfte nur Liffmann bleiben. Fritz schickten sie fort.

Von nun an bewegten sich Fritz und Rosa Emma jeden Tag auf des Messers Schneide. Die Gestapo konnte unerwartet vor der Tür stehen und Fritz zurück ins KZ verschleppen. Eine neue Judensteuer konnte ihnen das letzte Geld nehmen. Ein Visum drohte abzulaufen, oder der Krieg machte ihnen einen Strich durch die Rechnung. Wenige Wochen später würde die Ausreise von Juden endgültig verboten werden.

Der starke Schneefall der ersten Dezembertage verhieß, dass auch der zweite Kriegswinter eisig werden würde. In Warschau wurde das jüdische Ghetto abgeriegelt.

In der Rüdesheimer Straße standen vier Koffer im Flur. Es herrschte eine traurige Abschiedsstimmung. Die alten Neumanns hatten kein Einkommen mehr. Es war eine Frage von wenigen Wochen, bis sie ganz auf die Fürsorge der Gemeinde angewiesen sein würden. Jeden Tag bettelten Juden vor dem Gemeindebüro um Kleidung und Nahrung. Emil hatte soeben seinen 73. Geburtstag hinter sich gebracht. Rosa Emma verlebte die letzten Tage mit den Eltern in dem Bewusstsein, sie bald hungernd und frierend zurücklassen zu müssen.

Am 5. Dezember 1940 setzte Fritz einen Brief auf, in dem er Emil die Außenstände verschiedener Schuldner in Höhe von 658,44 Reichsmark abtrat. »Die Abtretung erfolgt zur Sicherstellung ihres Unterhalts für die nächste Zeit mit Rücksicht darauf, dass meine Ehefrau und ich wegen unserer geplanten Auswanderung in Zukunft nicht mehr laufend werden zu ihrem Unterhalt beisteuern können.« In einem Schreiben an den Oberfinanzpräsidenten bat er, die Abtretungserklärung zu genehmigen: »Mein Schwiegervater steht im 74. Lebensjahr, seine Ehefrau im 71. Jahr; beide sind darauf angewiesen, mit Rücksicht auf ihren Unterhalt über die noch einbringlichen Beträge aus den mir zustehenden Forderungen nach meiner demnächstigen Auswanderung zu verfügen.«

Eine der wenigen Nichtjüdinnen, die noch zu Besuch kam, war Anna Baum. Sie stopfte und nähte für meine Großeltern bis zum letzten Tag. Rudolf Baum war, wie er es nannte, »als sozialdemokratisches Kanonenfutter« zur Wehrmacht eingezogen worden. Seit er seine Stelle als Gewerkschaftssekretär verloren hatte, ernährte Anna mit Nähen die Familie. Über den Hinterhof schlich sie ins Haus, denn als »Arierin« durfte sie nicht für Juden arbeiten. »Sie erzählte uns einmal, dass der Göring dem Fritz Beckhardt geholfen hat«, erinnert ihre Tochter Anneliese. Im November 1940 half Anna beim Kofferpacken, und eines Abends berichtete sie zu Hause: »Heute sind sie weggefahren, zum Bruder der Frau Beckhardt nach Lissabon. Hoffentlich kommen sie durch.«

Der 8. Dezember 1940 war ein Sonntag. Die Temperaturen pendelten um den Gefrierpunkt. Fritz hatte die Schwiegereltern gebeten, nicht mit hinaus in die Kälte zu kommen. Er hasste Abschiedsszenen.

Draußen stand wie vor eineinhalb Jahren ein Taxi mit laufendem Motor. Fritz trug die Koffer nach unten. An der Wohnungstür hielten Rosa Emma, Emil und Hannchen einander im Arm und weinten. Als Kurt und Hilde von den Großeltern Abschied genommen hatten, hofften die Alten noch, dass sie bald folgen würden. Dann begann der Krieg, und das Ersparte zerrann – und momentan sah es nicht danach aus, als ob noch Geld aufzutreiben wäre.

Fritz stolperte schwitzend die Treppe hinauf. Er trug einen Anzug, schwarze Lederschuhe mit Gamaschen, einen Wintermantel, Schal und Hut. »Das Gepäck ist verstaut«, sagte er. Rosa Emma schnäuzte sich. Fritz drückte erst Hannchen an die Brust. Dann nahm er Emils Hände und sagte mit Tränen in den Augen: »Papa, Hitler wird den Krieg verlieren. Ich verspreche dir, wir kommen zurück; auch nach diesen ›tausend Jahren‹ wird es noch Juden am Rhein geben.«

Der Nachtzug nach Berlin fuhr wegen der Verdunklung ohne Licht aus dem Frankfurter Hauptbahnhof hinaus. Rosa Emma hatte aufgehört zu weinen und war eingeschlafen. Fritz hatte ihr versprochen, dass er alles daransetzen werde, um nach England zu den Kindern zu kommen. Sie wusste nicht, dass das so gut wie unmöglich war, weil die Schiffe, die England anliefen, von deutschen Bombern und deutschen U-Booten gejagt wurden. Fritz starrte in die Nacht hinaus. Es quälte ihn, dass er Berthold Guthmann nicht mehr Lebewohl hatte sagen können. Er wusste, dass er dem Freund das Leben verdankte. Als Rechtsbeistand der Wiesbadener Juden verhielt sich Berthold wie der Kapitän auf einem sinkenden Schiff. Solange ein Jude seine Hilfe brauchte, verbot er sich jeden Gedanken an eine Ausreise. Dieses Pflichtgefühl lieferte ihn den Mördern aus. Ende 1942 wurden die Guthmanns als letzte »Volljuden« Wiesbadens nach Theresienstadt deportiert. Fritz sah Berthold nie wieder. Er wurde am 29. September 1944 in Auschwitz ermordet.

Am 10. Dezember 1940, als Himmler vor den NSDAP-Gauleitern über die »Endlösung der Judenfrage« referierte, verließen Fritz und Rosa Emma in einem versiegelten Waggon Berlin. Das *Jüdische Nachrichtenblatt* brachte am gleichen Tag einen Reisebericht, wonach die Fahrt nach Lissabon »viele kultur-historisch interessante Punkte« berühre und dem Reisenden »unauslöschliche Eindrücke« verschaffe. Die Reiseroute führe »über das besetzte Frankreich« nach San Sebastián, einem »der elegantesten Seebäder Europas mit schönen Promenaden und vornehmen Hotels«; weiter über Burgos, das im 14. Jahrhundert »eine der bedeutendsten jüdischen Gemeinden in Spanien« beherbergt habe, wobei der Autor nicht verriet, wohin die Gemeinde verschwunden war. Weiter ging es über Salamanca, den Sitz »der ältesten Universität Spaniens, gegründet 1346«, bis nach Lissabon. »Für den Auswanderer dürfte das

Hauptinteresse der Hafen von Lissabon in Anspruch nehmen, der als einer der schönsten der Welt gilt. Von hier aus führen die großen Schifffahrtslinien nach Südamerika, Westafrika und den Mittelmeerländern.« In Wahrheit interessierte keinen Emigranten die Schönheit des Hafens, aber Goebbels Zensoren amüsierte es, die Flucht der Juden als Lustreise anzupreisen.

Fritz und Rosa Emma kannten die Strecke. 1934 hatten sie sie noch im eigenen Wagen zurückgelegt. Am 11. Dezember 1940 passierten sie bei Maubeuge die französische Grenze. Frankreich hatte den deutschen Juden vor 150 Jahren die Bürgerrechte geschenkt. Nun waren die französischen Juden von französischen Nazikollaborateuren zu Bürgern zweiter Klasse degradiert. Jüdische Journalisten durften nicht schreiben, jüdische Professoren nicht lehren und jüdische Beamte ihrem Staat nicht mehr dienen. Man hätte die Texte des RjF von einst ins Französische übersetzen können, so wortgleich ähnelten sie den fassungslosen Reaktionen des französisch-jüdischen Bürgertums, deren Familien seit Jahrhunderten »in französischer Erde« begraben lagen. »Wir waren immer treue Diener des Vaterlandes, beteten immer für die Größe und den Ruhm Frankreichs. Die Religion hat uns nie von der Liebe zu unserer Heimat trennen können«, schrieb Oberrabbiner Isaie Schwartz an Premierminister Pétain.

Fritz betrachtete die wiederaufgebauten Dörfer und die flache baumlose Landschaft, in der er einst im Schützengraben gelegen hatte. Der Zug passierte Compiègne, wo im November 1918 der später von Rechtsradikalen ermordete Zentrumspolitiker Matthias Erzberger in einem Eisenbahnwaggon den Waffenstillstand unterzeichnet hatte. Im Juni hatte Generalfeldmarschall Keitel in demselben Waggon den Franzosen die Waffenstillstandsbedingungen diktiert.

Als sie um Mitternacht die Pariser Gare du Nord erreichten, durfte niemand den Zug verlassen. Die Mitropa servierte das Essen im Abteil. Die versiegelten Waggons wurden zum Bahnhof Austerlitz überführt. Der Zug setzte am Morgen die Fahrt fort und fuhr am Abend in den französischen Grenzort Hendaye ein. Die Fenster mussten geschlossen bleiben. Auf dem Bahnsteig patrouillierte die deutsche Grenzpolizei, denn die Atlantikküste gehörte nicht zu Vichy-Frankreich, sondern stand unter deutscher Besatzung. Fritz und Rosa Emma waren nervös. Hinter dem Bahnhof verlief der Grenzfluss La Bidassoa. Eine 100 Meter lange Eisenbahnbrücke trennte sie noch von der Freiheit.

Vor einem Monat hatten Hitler und Franco in Hendaye über einen Kriegseintritt Spaniens an der Seite der Achsenmächte verhandelt. Hitler wollte mit Francos Hilfe den britischen Flottenstützpunkt Gibraltar erobern, aber Franco zögerte, weil Deutschland nach einem Jahr Luftkrieg Großbritannien noch immer nicht in die Knie gezwungen hatte. Dass Hitler insgeheim die Pläne zur Landung in England längst aufgegeben hatte, wussten weder Fritz noch Franco.

Das Treffen in Hendaye im Oktober 1940 war das erste zwischen dem »Führer« und dem Caudillo, und es blieb das einzige. Nicht auszudenken, was es für die in Südfrankreich internierten Flüchtlinge, die auf ein Transitvisum nach Portugal hofften, bedeutet hätte, wenn Spanien der Achse beigetreten wäre. Ein kollektiver Seufzer der Erleichterung hallte durch die Pyrenäen, als Franco erklärte, Spanien werde neutral bleiben.

Etwa 50 Flüchtlinge passierten täglich die Grenze, sofern sie Pässe und ein Visum für Übersee hatten. Die Durchreise durch Spanien hatte auf schnellstem Wege zu erfolgen. In Hendaye wechselten die Reisenden nach der Zollkontrolle wegen der breiteren spanischen Gleise den Zug.

Am Abend des 12. Dezember fuhren Fritz, Rosa Emma und ihre vier Koffer in den Grenzbahnhof des baskischen Städtchens Irun ein. Eine halbe Stunde später erreichte der Zug San Sebastián. Das Maria Cristina, ein im Stil der Belle Époque erbautes Luxushotel, erwartete sie mit einem Abendessen unter Kronleuchtern. Danach fielen Fritz und Rosa Emma todmüde in die Betten. Für die verspielten Schränkchen, das Chaiselongue und die verspiegelten Zimmerwände hatten sie kein Auge.

Am nächsten Morgen spazierten sie als freie Menschen Arm in Arm über die Strandpromenade der Concha-Bucht. Die Pässe und die Bahnfahrkarten trug Fritz in der Manteltasche, denn die spanische Polizei kontrollierte auf den Straßen, und es hieß, dass auch die Gestapo in Spanien sei. Für Stunden saßen sie auf einer Bank am Meer und starrten auf die Isla de Santa Clara. Sie bummelten durch die Geschäftsstraßen und kehrten erst zum Dinner ins Hotel zurück. Um zehn Uhr abends machte sich der Südexpress auf die Reise zur 600 Kilometer entfernten portugiesischen Grenze.

Die Reisenden schliefen noch, als sie lautes Geschrei weckte. Bald darauf stand ihnen der Angstschweiß auf der Stirn. Auf dem Perron rannten Uniformträger auf und ab. Die spanischen Zollbeamten sagten, die Grenze sei geschlossen, weil die portugiesischen Kollegen sich weigerten zu arbeiten. Der Grund sei ein Fußballspiel. Die Mannschaft des kastilischen Ciudad Rodrigo habe die Mannschaft des portugiesischen Grenzstädtchens Vilar Formoso zu einem Fußballspiel eingeladen. Die Portugiesen hätten versucht, das Spiel mit unfairen Mitteln zu gewinnen. Es kam zum Streit. Portugiesische Spieler wurden von spanischen Zuschauern geprügelt. Am folgenden Tag begannen die 300-Jahr-Feiern zur Rückerlangung der portugiesischen Unabhängigkeit von Spanien. Antispanische Gefühle kochten hoch, und irgendein Grenzbeamter verfügte die Schließung der Grenze.

Einen Tag und eine Nacht standen die Waggons, von der spanischen Grenzpolizei bewacht, auf dem Gleis. Dann befahl eine höhere Stelle den Rücktransport der Flüchtlinge. Am 16. Dezember 1940 rollte der Zug in den Bahnhof von Hendaye. Draußen patrouillierten wieder die Deutschen.

Fritz und Rosa Emma waren plötzlich auf die »Via Dolorosa« geraten, wie die Flüchtlinge den Leidensweg von Konsulat zu Konsulat nannten. Die Wege der Zugreisenden trennten sich in Hendaye. Von nun an suchte jeder seinen eigenen Weg über die Grenze. Wessen Pass ungültig wurde, der floh nach Vichy-

Frankreich und landete in den Lagern Gurs oder Le Vernet, wo zehntausende Flüchtlinge auf Strohsäcken lagen und auf ein Wunder hofften. Der Schriftsteller Erich Maria Remarque verglich sie mit den »Juden beim Auszug aus Ägypten. Hinter uns die deutsche Armee und die Gestapo, zu beiden Seiten das Meer der französischen und spanischen Polizei, und vor uns das Gelobte Land Portugal mit dem Hafen von Lissabon ...«

Fritz und Rosa Emmas spanisches Visum »válido para un solo viaje« war durch den Stempel der Grenzpolizei ungültig geworden. Die Beschaffung eines neuen konnte Wochen dauern, denn der spanische Staat genehmigte Visa nur noch in Madrid. Der Fall des portugiesischen Generalkonsuls Aristide de Sousa Mendes, der zehntausenden Flüchtlingen mit großzügig erteilten Visa das Leben gerettet hatte, bis man ihn des Amtes enthob, hatte die spanischen Autoritäten aufgeschreckt.

Sie bezogen in einer Pension ein Zimmer mit knarrenden Dielen und einem durchgelegenen Drahtbett. Täglich gingen sie zum spanischen Konsulat, um den Stand der Dinge zu erfragen. In eine vergleichbare Situation war zwei Monate zuvor der Philosoph Walter Benjamin geraten. Er hatte das Kostbarste besessen, was ein Jude besitzen konnte: ein Einreisevisum für die USA. Aber als der Herzkranke unter Strapazen den Grenzort Portbou erreicht hatte, war das Transitvisum abgelaufen. Als die Spanier ihn zurück über die Grenze schicken wollten, nahm er sich das Leben.

Meine Großeltern durchlebten die Neujahrsnacht 1941 in banger Erwartung. Würden sie noch einmal spanischen Boden erreichen? Am 24. Dezember war das portugiesische Visum abgelaufen, ohne das sie kein spanisches bekamen. Rund um das portugiesische Konsulat in Bayonne kontrollierte die Polizei die Passanten. Fritz und Rosa Emma zeigten die Pässe mit dem deutschen Ausreisevisum: »gültig auch für Reisen nach oder durch Spanien«. Drinnen lagerten die Menschen auf dem Fußboden, die Luft schmeckte nach Schweiß. Mit dem deutschen

Pass in der Hand bahnten sie sich einen Pfad durch die Menge. Trotz des roten »J« wurde der braune Lappen ihr Lebensretter.

Am 15. Januar 1941 stellte der portugiesische Konsul zwei neue Visa »valido por trinta dias« aus. Friedrich Neumann hatte in Lissabon seine Beziehungen spielen lassen. Die Visa trugen den handschriftlichen Vermerk »per Telegramm durch die Staatspolizei für Sicherheit und Verteidigung autorisiert«. Die Polícia de Vigilância e Defesa do Estado (PVDE), die dem Innenministerium unterstand, hatte die Konsulate entmachtet. Jedes Visum wurde von ihr abgesegnet. Ohne PVDE-Vermerk wurden die Flüchtlinge an der Grenze abgewiesen. Noch am gleichen Tag erhielten Fritz und Rosa Emma das spanische Visum im Konsulat in Hendaye, »para atravesar España en tránsito para Portugal, Frontera Fuentes de Oñoro, sin detenerse« – zur Durchreise ohne Aufenthaltsgenehmigung.

Mit dem Morgenzug verließen sie Hendaye, abgefertigt von der deutschen Grenzpolizei: »ausgereist am 16. Jan. 1941, Zivilgrenzschutzposten Hendaye-Bahnhof«. Tags darauf überquerten sie bei Fuentes de Oñoro die portugiesische Grenze und erreichten Lissabon ohne einen Escudo in der Tasche. Der Zug fuhr am Ufer des Tejo entlang. Die Erinnerungen an das Frühjahr 1934 wurden wieder lebendig. Am Bahnhof Santa Apolónia stand Friedrich in einem eleganten grauen Anzug und breitete die Arme aus. Die Mäntel durchnässt von Freudentränen, fielen sie übereinander her.

Ihr Schiff, die Excalibur, war längst in See gestochen, doch das war kein Drama, denn Fritz hatte andere Pläne. »Passageiro em Trânsito« – Passagier auf der Durchreise – stempelte die Lissaboner Polizei in die Pässe. Die PVDE stellte eine Aufenthaltsgenehmigung für einen Monat aus. Das war die übliche Frist für »Durchreisende«. Wer danach von der Polizei aufgegriffen wurde, wurde eingesperrt. Kommunisten kamen ins Gefängnis, Juden in ein 70 Kilometer nördlich von Lissabon gelegenes Lager bei Caldas da Rainha, das eher einem bewachten Dorf glich. Wer von dort nach Lissabon fahren wollte, behauptete, dass er zum Zahnarzt müsse. Der Lebensunterhalt der Lagerbewohner von Caldas da Rainha wurde vom Joint und von der HICEM getragen.

Die HICEM war eine Vereinigung jüdischer Hilfsorganisationen aus Deutschland, Großbritannien und den USA, die wie das Joint ihre Europa-Zentrale nach Lissabon verlegt hatte und während des Krieges 90 000 Flüchtlingen bei der Beschaffung von Visa und Schiffspassagen mit Kontakten und Geld half. Zu den von der HICEM Unterstützten gehörten Schriftsteller und Intellektuelle wie Lion Feuchtwanger, Siegfried Kracauer, Hannah Arendt und Hans Sahl. Sahl schrieb über die Zeit in Lissabon: »Die Hicem bezahlte die Überfahrt, die Hicem bezahlte das Hotel und den Friseur, die Hicem bezahlte den Kuchen, den man in sich hineinschlang, das Obst, die Schokolade, alles Eßbare, bis man es erbrach. Die Hicem bezahlte den Arzt und die Apotheke, die Pillen gegen die Angst, die Schlaflosigkeit.« Hannah Arendt und ihr Mann, der Kommunist Heinrich Blücher, waren zur selben Zeit wie meine Großeltern in Lissabon eingetroffen – 20 Jahre später sollten sich ihre Wege noch einmal kreuzen. Auch Fritz und Rosa Emma ließen sich bei der HICEM registrieren.

Sie wohnten bei Rosa Emmas Bruder in der Avenida Elias Garcia 12' 2E, in der Nähe von Ohel Jakov, der einzigen aschkenasischen Synagoge auf der iberischen Halbinsel. Friedrich hatte einen Elektrofachhandel eröffnet, weil die Siemens Companhia de Electricidade ihn und die anderen Juden aus dem Management entlassen musste. Es tue ihm sehr leid, aber die Anweisung käme aus Deutschland, hatte Dr. Macarenhas, der Leiter der Finanzabteilung, gesagt.

Friedrich Neumann war in der jüdischen Gemeinschaft Lissabons fest verankert. 1925 hatte er HEHAVER gegründet, den zionistischen Bund der jüdischen Jugend Portugals. HEHAVER bereitete die »Chaluzim« auf die Einwanderung nach Palästina vor und vertrat Portugal im Keren Kayemet LeIsrael, dem Jüdischen Nationalfonds, der Land in Palästina kaufte. HEHAVER wurde zur führenden jüdischen Organisation Portugals, und Friedrich saß ab 1933 im Vorstand des neu gegründeten Flüchtlingskomitees.

Bereitwillig nahmen die Lissaboner Juden die Flüchtlinge auf. War eine Familie ausgereist, kam die nächste und legte sich in die noch warmen Betten. An den hohen Feiertagen mietete die Gemeinde für die Gottesdienste Hallen an.

Auf dem Höhepunkt der Fluchtwelle im August 1940 zählte die PVDE 15000 Emigranten. Wenn sie nicht gerade in der Warteschlange vor einem Konsulat standen, bevölkerten sie die Cafés am Rossio, lasen Zeitung oder vertrieben mit lauten Debatten die Angst, keinen Platz mehr auf einem der überbuchten Amerika-Dampfer zu ergattern. Die portugiesischen Männer mochten die Mitteleuropäer nicht, die den lieben langen Tag in Cafés und Bars herumlungerten und den Frauen den Hof machten. Zudem waren auch in Portugal die Lebensmittel rationiert, der Zivilschutz führte Übungen durch, und die Polizei verhängte Ausgangssperren.

Lissabon war der letzte kalte Kriegsschauplatz Europas. In den Nachtclubs saßen die Agenten des britischen Geheimdienstes MI6 und des deutschen SD an den Tischen, belauschten einander, schrieben Berichte und warben Überläufer an.

Fritz ging zur britischen Botschaft in der Rua de Sao Francisco de Borja und erkundigte sich nach den Adressen von Kurt und Hilde. Dann bat er um einen Termin beim Militärattaché.

Großbritannien hatte seit Kriegsbeginn die Flüchtlingspolitik radikal verändert. Rein humanitäre Gründe dürften im Krieg keine Rolle spielen, hatte Churchills Kabinett im September 1939 erklärt. Zudem würde man der Vertreibungspolitik der Nazis entgegenkommen, wenn man verstärkt Juden aufnähme. Alle Deutschen im Alter zwischen 16 und 60 Jahren mussten vor einem Tribunal für »Enemy Aliens« erscheinen, von dem sie in die Kategorien A, B oder C eingestuft wurden. A waren Nazis, C »Friendly Enemy Aliens« und B die Wackelkandidaten. Nur die Nazis kamen anfangs hinter Gitter.

Im Mai 1940 ordnete das Home Office auch die Internierung der B- und C-Ausländer an. Jetzt saßen Nazis und Nazigegner in den Lagern quasi Tür an Tür. Jüdische Flüchtlinge wurden als Sicherheitsrisiko eingestuft. Wie kam ein Jude in den Besitz eines deutschen Passes ohne Gefälligkeiten für das Regime? Das »J« galt in den Augen der Briten als perfekte Tarnung für Hitlers Agenten.

Im Frühjahr 1940 wurden tausende Flüchtlinge nach Kanada und Australien deportiert, bis das Home Office entschied, überhaupt keine Flüchtlinge mehr aufzunehmen, denn aus dem deutschen Machtbereich entkam niemand mehr, und wer ein neutrales Land wie Portugal erreicht hatte, galt nicht mehr als verfolgt. Von den 100 000 Menschen, die über Lissabon in die Welt hinaus flohen, schaffte es nur eine Handvoll nach Großbritannien. Fritz war einer davon.

Das Gespräch mit dem Militärattaché fand im Beisein eines Beamten des MI6 und eines Dolmetschers statt. Fritz ließ Namen fallen: Milch, Lörzer, Göring. Er sei im Besitz kriegswichtiger Informationen, könne die Standorte von Kasernen, Flugabwehrstellungen und Rüstungsbetrieben nennen. Er machte Andeutungen. Sobald er und seine Frau sicher in England seien, werde er auspacken, versprach er. Wieder war es der Name »Göring«, der ihm eine Tür öffnete. Die britische Botschaft teilte der portugiesischen Regierung mit, dass sie ein besonderes Interesse an Fritz habe. Die PVDE verlängerte daraufhin das Aufenthaltsvisum von Fritz und Rosa Emma jeden Monat aufs Neue, letztmalig am 5. Mai 1941. Schon im März kam das Okay aus London. Man werde ihn und Rosa Emma ausfliegen, sobald zwei Plätze frei seien, entschied das Air Ministry. Der MI6 hielt ihn für glaubwürdig. Im April stellte die PVDE ein Ausreisevisum nach »Inglaterra via aerea« aus. Von der »British Passport Control Lisbon« erhielten sie ein »Visa for United Kingdom. Validity two months. Port of entry: optional.«

Fritz hatte es geschafft. Welch ein unbeschreibliches Hochgefühl! Jetzt bekam er Oberwasser. Per Einschreiben schickte er einen Brief an Karl Pfeiffer, den Sonnenberger Pächter: »1939 wurde Ihnen der Betrag bekannt gegeben, den Sie laut Miet- und Pachtvertrag aus Warenforderungen der Firma Emil Neumann in Liqu. schulden. Als alleiniger Gläubiger dieser Firma teile ich Ihnen mit, dass ich zu gegebener Zeit diese Forderung an Sie realisieren werde.«

Zu gegebener Zeit! Gerade erst mit dem Leben davongekommen, drohte Fritz den Nazis: Wartet nur, ihr braunen Burschen, wenn das hier vorüber ist, kriege ich euch!

Am 25. November 1941 wurden Fritz, Rosa Emma, Kurt und Hilde ausgebürgert. An diesem Tag wurde die 11. Verordnung zum Reichsbürgergesetz erlassen, die besagte, dass Juden, die im Ausland lebten, die deutsche Staatsangehörigkeit sowie ihr gesamtes Vermögen verloren. Die Devisenstelle S schloss die Akte JS 1588 mit folgendem Vermerk:
1. Der Fritz Israel Beckhardt ist mit Familie am 10.12.40 nach Lissabon zur Abmeldung gelangt.
2. Die Sicherungsanordnung wird aufgehoben
3. Schreiben an Dresdner Bank Wiesbaden, da der Obengenannte am 10.12.40 ausgewandert ist: Die bei Ihnen bestehenden Guthaben und Depots sind nach den für Auswanderer geltenden Bestimmungen zu behandeln.
4. Das Verfahren wird eingestellt.
6. Judenkartei: Vermerk
7. JS-Liste
8. Akte weglegen

Friendly Enemy Aliens

Der Flug der British Overseas Airways Corporation (BOAC) von Lissabon nach Whitchurch war ziemlich turbulent. Die Piloten steuerten die zweimotorige Douglas DC2 in hohem Bogen auf den Atlantik hinaus, um dem Einflussbereich der Luftwaffe zu entkommen. Die Maschine sackte mehrmals durch. Die DC2 war zwar das erste Flugzeug, das mit einem komplett aus Metall bestehenden Rumpf gebaut wurde, besaß aber keine Druckkabine und konnte daher keine Schlechtwetterzonen überfliegen.

Außer Fritz und Rosa Emma waren 12 Passagiere an Bord. Die Tür zum Cockpit stand offen. Am Steuerknüppel saßen Piloten der niederländischen KLM, die beim Einmarsch der Deutschen ihre Flugzeuge nach England geflogen hatten. Fritz betrachtete die Instrumente. Es hatte sich viel verändert in den letzten 20 Jahren. Er war noch auf Sicht geflogen, einen Kreiselkompass und einen künstlichen Horizont kannte er nicht. Gerne hätte er vorn Platz genommen und mit den Piloten gefachsimpelt; vermutlich sprachen die Holländer Deutsch. Mit Engländern konnte er sich nur schlecht verständigen. Während er Rosa Emmas kalt-schweißige Hände hielt, betrachtete er die bleichen Gesichter der Mitreisenden. »Angsthasen!«, ein Lächeln huschte über sein Gesicht.

Die BOAC war seit Kriegsbeginn die einzige Fluggesellschaft, die England anflog. Die Passagiere waren Diplomaten, Militärs und Personen mit Sondergenehmigung der britischen Regierung. Mit Beginn der Luftangriffe auf London verlegte die BOAC den Flugverkehr nach Whitchurch bei Bristol.

Am Lissaboner Flughafen Portela hatten Fritz und Rosa Emma Szenen wie im Hollywood-Klassiker *Casablanca* erlebt. Während auf dem Flugfeld die Maschinen der BOAC friedlich neben denen der Lufthansa parkten, schlichen deutsche Agenten um die Abfertigungsschalter herum, bestachen das Bodenpersonal und berichteten nach Berlin, wer wann wohin flog. Jeder wusste, dass die Deutschen auch Zivilflugzeuge angriffen. Zwei Jahre später wurde eine DC3 der BOAC von deutschen Jagdfliegern abgeschossen. Agenten hatten gemeldet, Winston Churchill säße in der Maschine.

Die Polizei erwartete Fritz und Rosa Emma auf dem Flugfeld und brachte sie im sogenannten »Ghost Train« nach London.

Der »Ghost Train« war eine geheime Zugverbindung, auf der Regierungsmitglieder und andere wichtige Personen zwischen London und dem Flughafen Whitchurch pendelten. Rosa Emma wurde ins Frauengefängnis von Holloway gebracht, wo sie Zelle an Zelle mit Nazidamen saß, die das *Horst-Wessel-Lied* schmetterten. Fritz verbrachte die ersten Londoner Nächte in »His Majesty's Prison Wandsworth«, dem größten Männergefängnis Englands. Sechs sternförmig angelegte Trakte – für einen Moment dachte Fritz, er säße wieder in Frankfurt-Preungesheim. In den nahe gelegenen Royal Patriotic Schools, einem Gebäudekomplex aus der viktorianischen Epoche, unterhielt der MI5 eine Einrichtung mit dem hübschen Namen London Reception Center, in der während des Krieges über 30 000 Ausländer verhört wurden.

Das Protokoll, das Captain A. E. Acton Burnell über die Befragungen von Fritz erstellt hat, enthält diverse Adressen von Einrichtungen der Wehrmacht und der Luftwaffe, die Namen der Wiesbadener Gestapoführer und die Adressen ihrer Quartiere, Angaben zu Bewaffnung und Standorten von Flugabwehrstellungen sowie von Industrieanlagen und Getreidespeichern. Fritz half sein fotografisch-mathematisches Gedächtnis, Straßennamen, Hausnummern und geografische Besonderheiten zu speichern. Er konnte die Befehlsstruktur der Wiesbadener Gestapo und der NSDAP herunterbeten.

Der britische Geheimdienst gab solche Informationen an die eigenen Spione weiter, damit sie in Deutschland nicht als Fremde auffielen. Das Warenangebot der Geschäfte rund um das Wiesbadener Kaiser-Friedrich-Denkmal oder die detailgenaue Beschreibung des Wartesaals im Hauptbahnhof konnten Teil der Legende eines britischen Agenten werden und ihm im Notfall das Leben retten. Kriegsentscheidend war Fritz' Wissen sicher nicht.

Ende Juni fuhren Fritz und Rosa Emma in Begleitung dreier Polizisten nach Liverpool und bestiegen einen Dampfer, der sie auf die Isle of Man brachte. Am Victoria Pier in Douglas wurden sie erneut getrennt. Soldaten mit aufgepflanztem Bajonett eskortierten die Männer zum Hutchinson Square, einem kleinen Park am Rande des Stadtzentrums. Die hübschen mehrgeschossigen Häuser beiderseits des Platzes, in denen sich Ferienwohnungen befunden hatten, waren in ein Internierungslager für Männer umgewandelt worden.

Eine Doppelreihe Stacheldraht umzäunte die Häuser. Die Zimmer waren mit Etagenbett, zwei Schränken und zwei Kommoden ausgestattet. Auf jeder Etage befand sich eine Küche und im Erdgeschoss ein Speisesaal. Fritz bewohnte ein Einzelzimmer, denn im Sommer 1941 waren die meisten Internierten schon wieder in Freiheit.

Das Leben im Hutchinson Camp bot einige Annehmlichkeiten, die Fritz vergessen ließen, dass er ein Gefangener war. Die Verpflegung war hervorragend. Tür an Tür mit Fritz lebten Nobelpreisträger, Schauspieler und Musiker, die für die Internierten Klavierkonzerte gaben. Von dem Maler und Dichter Kurt Schwitters wird erzählt, dass er die Insel nicht freiwillig verlassen wollte, denn im Camp wurde er bekocht, malte den lieben langen Tag und fand am Abend ein dankbares Publikum, das seinen Geschichten lauschte. Wenn die Sommerhitze drückte, ließen sich die Internierten zum Strand eskortieren, und die Polizei gab den Bademeister.

Im Women Internment Camp Port Erin an der Südspitze der Insel wohnten die Frauen in den Küstenhotels und wurden zusammen mit den Touristen vom Personal bedient. Rosa Emma bekam ein Zimmer mit Meerblick im Seacliff Hotel. Port Erin war ein im Stil der Jahrhundertwende erbautes Seebad, in dem die Frauen sich frei bewegen durften. Die Einwohner brauchten Passierscheine, um das umzäunte Städtchen zu verlassen. Obwohl unter den Frauen Nazis waren, blieb das Verhältnis zur Bevölkerung entspannt bis freundschaftlich. Der Rotkreuzshop verkaufte Handarbeiten und Spielsachen, die die internierten Frauen hergestellt hatten. Im ganzen Ort klapperte es, denn alle trugen sie Clogs.

Im August 1941 wurden Fritz und Rosa Emma vom Tribunal für »Enemy Aliens« als »friendly« eingestuft. Die Polizei stellte ihnen ein Certificate of Registration aus, einen Personalausweis für Ausländer, auf dessen Rückseite die Bestimmungen des Ausländergesetzes abgedruckt waren. Vorn klebte ein Zettel, auf dem die Zusatzregeln in Zeiten des Krieges standen. Demnach durften sich Ausländer zwischen halb elf Uhr abends und sechs Uhr früh nicht von ihrer Meldeadresse entfernen, doch um die Vorschriften scherte sich niemand. »Keine Ahnung, was da draufstand«, sagt Kurt. »Ich hatte das Ding nie bei mir.«

Am 30. Oktober 1941 endete das Inselabenteuer. Ein Offizier der Ausländerpolizei von Douglas kritzelte mit roter Tinte in das Certificate, dass Fritz und Rosa Emma »bis auf Weiteres von der Internierung und den Restriktionen für Enemy Aliens befreit« seien.

Als der Zug in den Kopfbahnhof von St Pancras rollte, zählte Kurt die Sekunden. Er hörte sein Herz schlagen, während draußen die Häuser vorbeiflogen, die Zäune, Bäume und die Gleisschwellen schärfere Konturen annahmen, bis die Bremsen quietschten, bis er den Bahnsteig heranfliegen sah, bis der Zug ruckte, einmal, zweimal und dann stand. Kurt nahm den Koffer, stieg die Trittstufen, die zum Bahnsteig führten, hinab. Er hob den Blick. Eine Frau im Mantel lief auf ihn zu. Ein kleiner Mann hastete hinterdrein. »Ich konnte mich kaum rühren«, sagt Kurt. »Ich wusste nicht, wohin mit meinen Gefühlen.«

Rosa Emma erkannte ihn sofort, obwohl er nicht mehr der Knabe war, den sie in Frankfurt zum Zug gebracht hatte, sondern ein junger Mann auf Augenhöhe. Sie nahm ihn in die Arme und weinte tonlos. »Du hast bestimmt Hunger, Kurt?«, fragte sie. »Es gibt Kaffee und Kuchen bei den Frohweins. Kannst du dich an sie erinnern?« Kurt schüttelte den Kopf. Fritz strich ihm übers Haar.

Im Haus Nummer 1097, Finchley Road im Londoner Stadtteil Golders Green, hatte sich ein hessisch babbelndes Empfangskomitee versammelt, darunter Fred (Fritz) Frohwein, den Fritz nach Belgien geschleust hatte, der alte Salomon Frohwein und Freds Schwiegervater Moses Walter, die Kurt bald nur noch »Opa Frohwein« und »Opa Walter« nannte. Freds Frau Grete hatte deutschen Filterkaffee gekocht, der Kuchen stammte aus Charly Pestels Bäckerei.

Die Frohweins hatten binnen sieben Jahren ein Fleisch- und Wurstimperium aufgebaut. Mit eigener Hühnerfarm, einem koscheren Schlachthaus und einer Wurstfabrik versorgten sie die orthodoxen Juden der Gegend. Für den weiß-blauen Stempel von Kedassia, der Kaschrut-Abteilung der Union of Orthodox Hebrew Congregations, der Dachorganisation von über 100 Synagogen der Haredim im Norden von London, zahlten sie eine Stange Geld. Der Koscher-Stempel machte das Fleisch für fromme Juden genießbar, versorgte die Rabbiner mit einem Nebenverdienst und machte die Frohweins reich.

Kurt berichtete von Barham und vom Sheffield Blitz, von »war work« und von den Robertons, deren pazifistische Ansichten in der Kaffeerunde auf einhellige Ablehnung stießen. Die bohrenden Fragen der Frohweins nach den Besuchen in der Synagoge beantwortete Kurt mit einem Achselzucken. Fred dagegen interessierte, ob das Hostel der Robertons »ein gutes Kosthaus« gewesen sei; das Wort hatte Kurt noch nie gehört. Schließlich legte Fred den Arm auf Kurts Schulter und verkündete mit einer ausladenden Geste: »Hier werdet ihr wohnen.«

Da die Beckhardts in London keine Bleibe hatten, bot sich den Frohweins endlich die Gelegenheit, Fritz für die Rettung aus Deutschland zu danken. Sie überließen ihm die Wohnung über der Metzgerei und zogen selbst in eine feinere Gegend. Bis die Wohnung in der Finchley Road bezugsfertig war, bewohnten Fritz und Rosa Emma ein winziges Zimmer bei einer polnisch-jüdischen Familie. Kurt wurde vom Refugee Children's Movement in einem Kinderheim in Camden Town angemeldet. Dort kam ihm eine aufgeregt mit den Händen fuchtelnde Frau entgegen. Im Kinderheim war Impetigo ausgebrochen, eine ansteckende Hautkrankheit, die sich durch Blasen im Gesicht, an Armen und Beinen zeigt. »Ich habe nie etwas davon bemerkt«, sagt Kurt. Dennoch wurde er vorsorglich in das Eastern Fever Hospital in Homerton eingewiesen.

»Was fotografieren Sie hier?« Drei fromme Juden mit schwarzen Käppchen haben sich Kurt und mir genähert. Mit den Ziziot, den Schaufäden, die an ihnen baumeln, wirken sie auf mich wie schlecht erzogene Männer, denen Taschentücher aus der Hose hängen. Doch die Frage ist berechtigt: Warum in aller Welt fotografiert Kurt das rote Reihenhaus mit den weißen Schiebefenstern und »Frohwein's Kosher Butchers« im Parterre?

»Ich habe hier während des Krieges gelebt«, sagt Kurt und zeigt auf die beiden Obergeschosse. Ein Strahlen erleuchtet die Gesichter. Der neue Besitzer von »Frohwein's« legt Kurt den Arm um die Schulter und lässt die Erinnerungen sprudeln; der Chef von Moshe's Kosher Food bringt uns ein Fotoalbum voller Schwarz-Weiß-Aufnahmen, und der Besitzer der Templars Pharmacy hält Kurt einen Brief unter die Nase, auf dem er die Schrift erkennen möge. Keiner der drei kann sich an die deutschen Flüchtlinge erinnern, die hier vor langer Zeit gelebt haben, aber sie feiern uns, als seien Totgeglaubte heimgekehrt. Wie schnell man von wildfremden Juden adoptiert werden kann, habe ich seitdem oft erlebt – in London, Paris und New York. Nur die deutschen Juden sind scheu und verhalten sich, als stünde noch immer die Gestapo vor der Tür.

Wir steigen eine schmale, mit blauem Teppichboden ausgelegte Treppe hoch. »Geradeaus war die Küche«, sagt Kurt, »daneben das Bad. Der Raum mit den drei Fenstern zur Straße war unser Wohnzimmer. Darüber schliefen die Eltern. Hilde und ich hatten Zimmer nach hinten raus.«

Ich war 17 Jahre alt, als mir Kurt das Haus in der Finchley Road gezeigt hat. Seitdem kehre ich immer wieder dorthin zurück. Ich zelebriere es als Prozession mit virtueller Kranzniederlegung; die Fahrt mit der Northern Line zur Golders Green

Station, draußen die belebte Kreuzung mit den vielen Läden und Doppeldeckerbussen, der Fußweg durch ein bürgerliches Viertel, in dem unter den Passanten der Anteil perückentragender Frauen und schwarz gewandeter Männer mit jedem Meter, den ich nach Norden gehe, zunimmt, bis erneut Geschäfte auftauchen. Die Garage nebenan, in der Kurt Autos reparierte, ist heute ein Autohaus, aber die Metzgerei gibt es noch. Ich gehe um das Haus, blicke hoch zu Kurts Fenster, bis die Backsteine zu sprechen beginnen.

In den Akten des Refugee Children's Movement finde ich die Spuren eines zähen Ringens um Hildes Rückkehr in den Kreis der Familie. Kurt, Fritz und Rosa Emma zogen am 23. Juni 1942 in die Wohnung der Frohweins. Doch bis sich Hilde von Cornwall losreißen konnte, sollten noch eineinhalb Jahre vergehen. Ihre Akte zeugt von einer nervenaufreibenden Auseinandersetzung zwischen Fritz und Rosa Emma auf der einen Seite, der Pflegemutter aus Camborne und Dorothea Waley Singer, der Herrin von Kilmarth, auf der anderen. Die Zwölfjährige wollte um jeden Preis in Cornwall bleiben. Das neue Zuhause, die Freunde und die Pflegefamilie waren wichtiger als die Rückkehr zu den Eltern.

Im August 1943 endlich – Hilde war gerade 13 geworden – riet Mrs. Hardisty, die beim Refugee Children's Movement für Hilde zuständig war, Rosa Emma, sich beim Middlessex Education Committee wegen einer höheren Schule für Hilde zu melden.

Kaum war die Entscheidung gefallen, dass Hilde zu den Eltern ziehen werde, stand ein deutscher Rabbiner vor der Tür und drängte Fritz, die Tochter zum Religionsunterricht anzumelden. Werner van der Zyl hatte an der Hochschule für die Wissenschaft des Judentums in Berlin bei Leo Baeck studiert, war ebenfalls auf der Isle of Man interniert gewesen und hatte kürzlich die Alyth Gardens Synagogue übernommen, die einzige Reformsynagoge in Golders Green. Immerhin war er ein Liberaler, aber Fritz sträubte sich mit Händen und Füßen.

Bald entspannte sich das Verhältnis zwischen den Beckhardts und den Singers. Als im Sommer 1944 die ersten V1 in London einschlugen, schickten Fritz und Rosa Emma die Tochter nach Cornwall, wo sie vor den deutschen Raketen sicher war. Das Tauziehen um den Religionsunterricht ging unterdessen weiter. Hilde berichtete Mrs. Hardisty, dass die Schule ihr keine Zeit ließe, um zur Synagoge zu gehen. Mrs. Hardisty besuchte Rosa Emma; der Synagogenbesuch läge in Hildes eigenem Interesse, behauptete sie. Fritz schrieb Mrs. Hardisty, dass Hilde ja schon zweimal (!) den Unterricht des Rabbiners besucht habe, »but did not learn anything new«.

Der Job in der Waffenfabrik war Knochenarbeit. Kurt schleppte pausenlos Stangen aus Rohstahl auf den Schultern in die obere Fabriketage, wo der Stahl von Arbeitern in Akkordarbeit zerkleinert und geformt wurde. Seit Juli 1942 arbeitete er in Wembley bei R. G. Dixon, einer Firma aus Kapstadt, die in Südafrika, Indien, Australien und England moderne Haushaltsgeräte wie Bohnermaschinen und Staubsauger herstellte, die in einem Showroom an der Oxford Street ausgestellt wurden. Nachdem jedoch die British Army die Sten Gun entwickelt hatte, eine einfach zu bauende Maschinenpistole, war R. G. Dixon in die Rüstung eingestiegen und fertigte den Hebel, mit dem die Sten Gun von Einzelschuss auf Automatik umgeschaltet wurde.

Die erwachsenen Arbeiter erhielten, den Stückzahlen entsprechend, einen wöchentlichen Bonus, nur die Jungs, die den Stahl schleppten, gingen leer aus. Das passte Kurt nicht, und er überredete die anderen Lehrlinge, die Arbeit so lange niederzulegen, bis sie am Bonussytem beteiligt würden. Als die Fließbänder ins Stocken gerieten, ließ der leitende Ingenieur Kurt zu sich kommen. »Der hat mich ordentlich zusammengestaucht«, erinnert Kurt, »aber rausgeschmissen hat er mich nicht.«

Kurt war noch keine 16 und hatte den ersten Streik organisiert. Zum Jahresende bekam er einen Brief von Mr. Gordon, dem Chef der Fabrik: »We are satisfied with your out-put and are pleased to give you a higher bonus.« Handschriftlich ergänzte er: »next year more religious!«. Kurt grinst: »Mr. Gordon gehörte zu der Sorte Juden, die ich besonders mochte; machte mit Rüstung einen Reibach, zahlte schlecht und ermahnte mich zur Frömmigkeit.«

Dabei hatte Mr. Gordon durchaus einen Riecher. Er sah, dass es in Kurt rumorte, dass er die Welt um sich herum aufsog, dass er Fragen stellte. Was hat die Nazis stark gemacht? Warum ist unser Krieg gerecht? Wie soll die Welt nach Hitler aussehen? Die Antworten fand Kurt nicht in der Synagoge, sondern in der Fabrik, wenn er in der Pause das Butterbrot verspeiste, das Rosa Emma ihm geschmiert hatte, und dabei dem Gespräch der Kollegen lauschte.

»Drei Spanier, die gegen Franco gekämpft hatten, führten oft das Wort«, erzählt Kurt. Er lernte zwei deutsche Kommunisten kennen. »Einer hieß Karl, ein markanter Kopf, der andere Gustav Spreewitz.« Spreewitz war ein gelernter Metallarbeiter, der die KPD 1932 wegen ihres sektiererischen Kurses verlassen und sich der Sozialistischen Arbeiterpartei (SAP) angeschlossen hatte, der Partei Willy Brandts. Neben Spreewitz standen der Journalist Fritz Segall, ehemals Redakteur beim sozialdemokratischen *Vorwärts*, und die junge Emmy Gleinig am Band. Gleinig gehörte zum Internationalen Sozialistischen Kampfbund (ISK). Nach dem Krieg wurde sie in der Göttinger SPD aktiv, aber auf Kurt wirkte sie wie »eine glühende Kommunistin«. Segall war Mitglied im Londoner Ausschuss der SPD, dem auch der spätere SPD-Vorsitzende Erich Ollenhauer angehörte. SPD und ISK hatten sich mit der SAP und der KPD-Abspaltung »Neu beginnen« in der »Union deutscher sozialistischer Organisationen in Großbritannien« zusammengeschlossen.

»Der Segall berlinerte: ›Ick jeh nich zurück, ick nich!‹«, erinnert Kurt. »Die Emmy überredete mich, zur FDJ zu gehen.« In der 1939 gegründeten Londoner Sektion der Freien Deutschen Jugend (FDJ), der späteren Jugendorganisation der DDR, sammelten sich viele Juden, die mit den Kindertransporten nach England gekommen waren. Kurt besuchte die FDJ-Veranstaltungen in der Caxton Hall, auf denen die jungen Emigranten zum Eintritt in die britische Armee aufgerufen wurden. »Die meisten waren älter als ich, und ich verstand oft nicht, worum es ging«, sagt Kurt. Fest stand für ihn nur, dass er gegen Hitler kämpfen wollte.

Die Welt wusste, was in den von den Deutschen besetzten Gebieten mit den Juden geschah. Während sich im Januar 1943 Winston Churchill und US-Präsident Franklin D. Roosevelt auf einer Geheimkonferenz in Casablanca auf das Kriegsziel der »bedingungslosen Kapitulation« Deutschlands einigten, verfassten die »deutschen sozialistischen Organisationen« in der Caxton Hall eine Solidaritätserklärung für die Juden unter deutscher Besatzung.

»Wir deutschen Sozialisten teilen mit der ganzen zivilisierten Welt die Empfindungen des Schmerzes, der Abscheu und der Erbitterung über den beispiellos grausamen und unfassbar unmenschlichen Vernichtungsfeldzug des Hitlerregimes gegen die Juden in allen von Hitlerdeutschland okkupierten Ländern Europas. In der kaltblütigen, vorsätzlichen Ermordung von Millionen wehrloser Männer und Frauen, Greisen und Kindern offenbart sich von neuem der wahnwitzige Barbarismus der Nazidiktatur. In unserem Kampf gegen den Nationalsozialismus war die Gegnerschaft gegen das Rassen- und Herrenvolk-Prinzip der Nazis, das heute in der physischen Vernichtung des europäischen Judentums seinen brutalsten Ausdruck findet, eines der wesentlichsten geistigen und sittlichen Elemente unseres Widerstandes.«

Die Resolution wurde in der Caxton Hall offiziell an Szmuel Zygielbojm und Berl Locker übergeben. Locker war ein Funktionär der Jewish Agency und Mitglied der zionistischen Arbeiterpartei Poale Zion. Zygielbojm war Führer der polnisch-jüdischen Arbeiterpartei Bund und Mitglied des Warschauer Judenrats gewesen. In der BBC hatte er bereits 1942 über die

Lage der polnischen Juden informiert. Jetzt gehörte er der in London sitzenden polnischen Exilregierung an.

Zygielbojm kannte auch die Berichte Jan Karskis. Der Kurier des polnischen Untergrunds war in Lumpen gehüllt, mit dem gelben Stern auf der Brust durch einen Tunnel in das Warschauer Ghetto gekrochen und von Leon Feiner, einem der Führer des Bund, mit den Worten »Vergessen Sie nicht, was Sie gesehen haben«, durch das Ghetto geführt worden. Später verschaffte er sich in einer ukrainischen Uniform Zugang zum Vernichtungslager Belzec und wurde so zum Augenzeugen der Schoa.

Die *Times* druckte im Dezember 1942 Karskis Bericht über seine Erlebnisse in Warschau und Belzec. Den britischen Außenminister Anthony Eden und den amerikanischen Präsidenten Roosevelt traf er persönlich, doch die Alliierten hielten die Schilderungen des jungen Mannes für übertrieben. Obwohl die Welt wusste, dass sich täglich die Gaskammern füllten, konzentrierten sich Churchills Bomber weiter darauf, die Moral der Deutschen zu brechen, statt die Zufahrtswege der Vernichtungslager zu bombardieren.

Als die SS schließlich im Mai 1943 den Aufstand im Warschauer Ghetto niederschlug, drehte Szmuel Zygielbojm in seiner Londoner Wohnung den Gashahn auf. In seinem Abschiedsbrief »an die polnische Regierung, das polnische Volk, die Regierungen und Völker der Alliierten und an das Gewissen der Welt« schrieb er:

»From the latest reports received from Poland it is clear that the Germans are now destroying with terrible ferocity the remaining Jews still living there. Within the ghetto walls the last act of tragedy, unprecedented in history, is now being played: The responsibility for the crime of murdering the whole Jewish population of Poland rests in the first place upon the murderers themselves but indirectly it rests also upon all humanity, the governments and peoples of the Allied States which have not yet undertaken any concrete action to stop this crime. By passively watching the extermination of millions of defenseless children, women and men being tortured to death, those countries become accomplices of the murderers. ...

I cannot remain silent. I cannot go on living when the remnants of the Jewish people in Poland of whom I am a representative are being eliminated. My comrades in the Warsaw ghetto died with arms in hand in their last heroic stand. It was not my destiny to perish as they did and with them. But I belong to them and to their mass graves.«

An seinem 16. Geburtstag erhielt Kurt eine Vorladung vor das Enemy Aliens Tribunal. »Ich saß einer Gruppe alter Männer gegenüber, die wissen wollten, wie es mir in England gefiele, was ich beruflich vorhätte und ob ich bereit sei, später zur Armee zu gehen.« Nachdem amtlich festgestellt war, dass er englisch sprach und keine Gefahr für die nationale Sicherheit darstellte, wurde er als »Friendly Enemy Alien« eingestuft und erhielt ein Certificate of Registration.

Bald darauf kündigte er bei R. G. Dixon und wechselte zur Temple Fortune Garage, die direkt neben der Metzgerei der Frohweins lag. »Da wurden Panzer repariert. Das war schon eher eine Arbeit, aus der später ein Beruf werden konnte«, sagt Kurt. Bei Temple Fortune wurden Bren Gun Carriers gewartet, gepanzerte Fahrzeuge, die mit einem leichten Maschinengewehr, der Bren Gun, bewaffnet waren. »Wir haben die Panzer hochgebockt, die Ketten abgenommen und die Gummiteile erneuert. Nach und nach lernte ich die Motoren kennen.«

Dann – endlich! – wurde Kurt Cadet. »Natürlich ging ich zur Air Force, bei dem Vater kein Wunder«, sagt Kurt. Er schrieb sich in der Squadron 1478 des Air Training Corps ein. Es gab eine kleine Zeremonie mit einem Gelöbnis: »I Cadet Kurt Beckhardt, hereby solemnly promise on my honour to serve my Unit loyally and to be faithful to my obligations as a member of the Air Training Corps. I further promise to be a good citizen and to do my duty to God and the King, my Country and my Flag.« Die Loyalität zu König, Land und Flagge war für Kurt selbstverständlich, obwohl er kein britischer Staatsbürger war, nur mit Gott mochte er nicht warm werden.

Das Air Training Corps war 1941 gegründet worden, weil die Air Force über zu wenig erfahrenen Nachwuchs verfügte. Die Verluste unter den Jagdfliegern und Bomberpiloten waren hoch, und ohne freiwillige Piloten aus den USA war die Battle of Britain nicht zu gewinnen. Einmal pro Woche ging Kurt zum Dienst. »Wir wurden gedrillt, mussten antreten, strammstehen und marschieren – At ease! Attention! Right turn! By the left, quick march!« Er strahlte übers ganze Gesicht in graublauer Uniform mit Schiffchen, die Hände an der Hosennaht, wie einst Fritz in Feldgrau mit Pickelhaube.

Kurt lernte, wie schnell die eigenen und die feindlichen Flugzeuge flogen, wie sie bemannt und bewaffnet waren und woran man sie am Himmel erkennen konnte. Er schwamm, ruderte, spielte Fußball und Rugby und lernte schießen wie der Vater. »Ich war ein guter Schütze«, sagt Kurt, »und wäre der beste der Staffel geworden, wenn ich nicht beim Wettschießen dem neben mir stehenden Corporal Long einen Schuss geschenkt hätte. Der traf nie, also schoss ich auf seine Scheibe, um ihm eine Freude zu machen.«

Das Familienleben in Golders Green war das Kontrastprogramm zu dem verängstigten Dasein in der Rüdesheimer Straße. Dort zitterten alle bei jedem Klopfen an der Tür inmitten einer gutbürgerlichen Fassade aus Mahagoni und Nussbaum; hier lebten sie frei zwischen wackligen Stuhlbeinen und billigen Drahtbetten, ohne Personal, ohne Auto, ohne Radio. Rosa Emma kaufte ein, kochte, putzte, wusch und babysittete die Frohwein-Kinder. Fritz hatte unerwartet eine Leidenschaft für das Braten von Fleisch entwickelt.

In Edgware im Nordwesten Londons hatte er einen Job in einer Metallfabrik gefunden, aber die Anpassung an die britische Lebensart fiel ihm kolossal schwer. Es gab zu viele Chefs, denen er nicht gehorchen mochte, und eine Sprache, die ihm

Kurt (ganz links) im Air Training Corps der British Army, 1943

nicht ins Ohr wollte. Er quälte die weichen englischen Laute mit einem preußischen Kasernenhofstakkato. Auch sein Umgangston war wenig »british«. Die Kunst, Kritik mit Höflichkeit zu verpacken, lernte er nicht. Als sich die Ingenieure in seiner Gegenwart verrechneten, polterte er: »You are wrong!« Bald war er wieder auf Jobsuche.

An den Wochenenden fuhr Fritz mit der Familie wie früher ins Grüne, mit der Tube oder dem Bus zu den Royal Botanic Gardens in Kew, in den Richmond Park an der Themse oder nach Hampton Court zum Schloss Heinrichs VIII. Zu einem Wochenendausflug gehörte der Besuch eines Pubs oder Continental Restaurant, denn in den Gasthäusern konnte man sich ohne Lebensmittelmarken satt essen, während in den Läden Butter, Zucker, Tee, Käse, Eier, Milch und Konserven rationiert waren. Das Mutterland der Industrialisierung war mehr als jedes andere europäische Land auf Lebensmittelimporte angewiesen; die Hälfte des Fleisches, zwei Drittel des Zuckers und 90 Prozent des Getreides wurden eingeführt. Hitler hatte lange vergeblich versucht, England durch den U-Boot-Krieg auszuhungern. »Unsere Antwort darauf war der regelmäßige Besuch in unserem Stammlokal, einem Schweizer

Fritz, Rosa Emma und Sue (Hilde) im Regents Park

Restaurant in der Nähe des berühmten Swiss Cottage«, erzählt Kurt.

Fritz fand schließlich auch eine Arbeit, die ihm gefiel. Er röstete Kaffee in Twinings Tea Emporium in der Wigmore Street. »Ich röste Kaffee für den König«, pflegte er stolz zu sagen – mit Verweis auf das Königliche Wappen auf den Kaffeedosen: »By Appointment to His Majesty the King …«

Am Nachmittag des 6. Juni 1944 saß Kurt in Charly Pestels Bäckerei und lauschte der BBC. Churchill sprach vor dem Unterhaus. 170 000 britische, amerikanische und kanadische Soldaten waren mit 4000 Schiffen und 11 000 Flugzeugen in der Normandie gelandet. Die Jungs hätten schon ein paar Meilen gutgemacht, sagte Churchill. Sehr lange konnte der Krieg nicht mehr dauern.

Eine Woche später schlug die erste V1 in London ein. Das Kürzel »V« stand für »Vergeltungswaffe«. Die V1 war ein unbemanntes Flugzeug mit einem Düsenantrieb und einer Sprengladung von fast einer Tonne. Man nannte sie »doodlebug« wegen ihres Antriebsgeräuschs. Kurt bekam die Aufgabe, auf das Dach der Temple Fortune Garage zu klettern und die Ohren zu spitzen, sobald die Sirenen heulten. Die V1 flog langsam und niedrig. Bei klarem

Himmel sah man sie kommen und hörte ihr tiefes, sich langsam näherndes Blubbern. »Solange ich das ›Blobb-Blobb-Blobb‹ hörte, war keine Gefahr; wenn es aufhörte, kam irgendwo eine runter. Mit einer Hupe warnte ich die Nachbarschaft. Dann rannte ich nach unten, und wir gingen in Deckung«, erzählt Kurt. »Bei der V2 war es später umgekehrt, die schlug erst ein, und dann hörten wir den Überschallknall. Eine ist bei uns im Viertel explodiert, aber nur die Fenster gingen zu Bruch.«

Obwohl die englische Flak über die Hälfte der V1 abschoss, gelangten bis Kriegsende 2400 an ihr Ziel und töteten oder verwundeten über 20 000 Menschen. Die V2 schlug über 1000-mal in London ein, aber da man sie nicht kommen hörte, verbreitete sie weniger Schrecken.

Kurt ist ein anderer Mensch, wenn er durch die Straßen von London spaziert. Zum ersten Mal erlebe ich die Verwandlung, als er mich Ende der 1970er Jahre auf die Insel mitnimmt, um mir die Orte seines früheren Lebens zu zeigen. Wir wohnen in einem kleinen Hotel in Enfield im Norden Londons. Hier steht das Reihenhaus, in dem Hilde seit 20 Jahren lebt.

Hilde heißt jetzt Sue, ist Lehrerin von Beruf und seit 1954 britische Staatsbürgerin. Sie hat einen Polizisten namens Ron geheiratet, der mittlerweile zum Dozenten für Soziologie aufgestiegen ist, weil ihn der Polizeidienst unterfordert hatte. Sue und Ron haben drei Söhne, drei Katzen und jede Menge Schmetterlinge in einem Garten, in dem Brombeeren und Brennnesseln um die Wette wuchern. Ihr Haus ist das Kontrastprogramm zu meinem klinisch reinen Elternhaus: abgewetzte Polstermöbel, vergilbte Tapeten, graue Gardinen und Bücherstapel in jeder Ecke. Sue serviert Lamm »in mintsauce with baked potatoes«, köstlichen Assam-Tee mit Milch und ungenießbaren Instantkaffee.

Sue und Ron verbringen alle ihre Ferien im Lake District, einem Vogelparadies im Nordwesten Englands. Anfangs halte ich ihre Weigerung, die Insel zu verlassen, für eine englische Macke, bis ich begreife, dass mehr dahintersteckt. Zum ersten Mal im Leben treffe ich, ein mit sozialistischen Ideen infizierter Unterprimaner, auf den Typus des naturversessenen Intellektuellen englischer Prägung. Ron ist Mitglied in der Ecology Party, der Vorläuferin der Grünen. Der Naturschutz ist das Lebensthema der beiden, aber Rons Lieblingsthema ist das deutsche Wirtschaftswunder und dessen Ausbleiben in Großbritannien. »Wer hat eigentlich den Krieg gewonnen?«, fragt er immer wieder.

Wir spazieren an einem Sonntagvormittag zur Speaker's Corner am Hyde Park. »Hier stand ich sonntags mit Hilde. Von Golders Green war das ein zweistündiger Fußmarsch«, erzählt Kurt. »Ich hörte einem Redner der Socialist Party of Great Britain zu, der mich fasziniert hat.« Kurt wurde Mitglied einer marxistischen Splitterpartei, die die Idee, sich innerhalb der »bürgerlich-kapitalistischen Gesellschaftsordnung« an der Regierung zu beteiligen, vehement ablehnte.

Während wir durch die Straßenschluchten des Londoner Westends schlendern, betrachtet Kurt mit leuchtenden Augen die Fassaden, liest die Straßennamen, memoriert die Routen alter Buslinien, schiebt mich durch eine Drehtüre in das traditionsreiche Tee- und Feinkosthaus Fortnum & Mason und kommt erst zur Ruhe, als man ihm in einem Pub einen Steak and Kidney Pie serviert.

London ist seine Stadt. Warum ist er zurückgekehrt in das Reich der braunen Gespenster? Hundertmal hat er es mir erklärt, und hundertmal habe ich es nicht begriffen. England ist sein Land, womit die Grundannahme des Zionismus erschüttert wäre, der zufolge allein Israel das Gelobte Land der Juden sei. In der Coventry Street zeigt mir Kurt den Balkon, auf dem er am 8. Mai 1945 wie auf Drogen über der tanzenden Menge schwebte.

London bebte in einem Ausnahmezustand. Hitler hatte sich

vor einer Woche selbst gerichtet. In den Straßen lauschten die Menschen Churchills sonorer Stimme. Er verkündete, dass die deutschen Generäle einen »act of unconditional surrender of all German Land, sea, and air forces« unterzeichnet hätten. Offiziell werde der Krieg eine Minute nach Mitternacht beendet sein. »We may allow ourselves a brief period of rejoicing«, sagte Churchill und erinnerte daran, dass es in Asien noch einen Krieg gegen Japan zu gewinnen gäbe.

Kurt war mit seinem besten Freund Michael im Westend unterwegs. Michael wohnte eine halbe Meile von der Finchley Road im Hampstead Garden Suburb, einem Viertel mit viel Grün zwischen frei stehenden Einfamilienhäusern. Sein Vater fuhr Taxi, aber es reichte für die Miete in dieser feinen Gegend. Michael diente beim Air Training Corps in derselben Squadron wie Kurt und wurde später wegen seines Gardemaßes bei den Welsh Guards aufgenommen. Die rot-schwarz uniformierten »Guardsmen« mit ihren Bärenfellmützen gehören zur königlichen Leibgarde. Michael besaß einen schicken Austin 7, mit dem er und Kurt über Land fuhren, geschlafen haben sie auf Parkbänken bei diesen Ausflügen. »Es war eine gute Freundschaft«, sagt Kurt. »Samstags besuchten wir Tanzlokale, trafen Mädchen und hatten Spaß.«

Am 8. Mai 1945, dem »VE Day« (»Victory in Europe«) trug sie der Strom der Massen am Piccadilly Circus vorbei bis zum Lyons Corner House in der Coventry Street. Sie quetschten sich durch das Eingangsportal, kletterten in den 4. Stock und kämpften sich bis zum Balkon vor.

»Unten spielten Musikkapellen, und die Menschen tanzten. Sie riefen sich wieder und wieder ›The war is over!‹ zu, als ob sie es nicht glauben könnten«, erzählt Kurt. »Die Straßen sahen von oben aus, als wären sie mit Köpfen gepflastert.«

»Gab es keine Panik bei dem Gedränge?«, frage ich.

»In England gibt es nie Panik«, antwortet Kurt entrüstet. »Hier heißt es, ›take it easy, have a cup of tea‹.« Ich hätte ebenso gut fragen können, ob Engländer per se gute Menschen sind; er hätte es bejaht.

Während Kurt und Michael mit wildfremden Frauen am Piccadilly Circus tanzten, hielt Churchill auf einem Balkon im Regierungsviertel Whitehall seine kürzeste Kriegsrede: »This is your victory! It is the victory of the cause of freedom in every land. In all our long history we have never seen a greater day than this. Everyone, man or woman, has done their best. Everyone has tried. Neither the long years, nor the dangers, nor the fierce attacks of the enemy, have in any way weakened the independent resolve of the British nation. God bless you all.«

Die Bilder aus Deutschland schockierten Kurt. Sie zeigten, was die britischen Soldaten erlebten, als sie im April 1945 das Konzentrationslager Bergen-Belsen befreiten. Im Kino herrschte Totenstille. Eine monotone Stimme kommentierte die Filme. In den Sprechpausen knisterten die Lautsprecher. »Die Deutschen haben versucht, unsere Truppen wegen einer Typhusepidemie am Betreten des Lagers zu hindern«, sagt Kurt. Da lagen Leichen, nackt oder in Lumpen gehüllt, verstreut zwischen Bäumen, ineinander verkeilt, zu Hügeln aufgeschichtet. Die Gesichter der Toten sahen ihn seufzend an.

Mehr als 10 000 Leichen habe die Army gezählt, sagte der Sprecher. Zwischen ihnen saßen lebende Skelette, die apathisch auf den Tod warteten. Die noch einen Lebenswillen hatten, ergriffen die Hände der Befreier und küssten sie.

Die Ärztin des Frauenlagers, selbst eine Gefangene, berichtete, dass die Lebenden die Innereien der Toten gegessen hatten. Sie berichtete von Häftlingen, denen die SS-Ärzte Benzin in die Adern gespritzt hatten, und von Mädchen, denen sie aus purer Neugier die Eierstöcke entfernt hatten.

Die Army zwang die Bürger der umliegenden Orte, das Lager zu besichtigen. Kurt lief ein Schauer über den Rücken, als er in die teilnahmslosen Gesichter der wohlgenährten »Arier« blickte. Er sah, wie die einstigen KZ-Aufseherinnen und -Aufseher die Toten an den Händen und Füßen packten, sie über den Sand schleiften und in Massengräber warfen. Ein Bulldozer kippte Leichen in eine Grube. Die »sanitären Bedingungen« hätten den »Einsatz von schwerem Gerät« erfordert, sagte der Sprecher. Nach der Befreiung starben noch 14 000 Menschen, denen die britischen Militärärzte nicht mehr helfen konnten. »This was Bergen-Belsen«, sagte der Sprecher. Dass die meisten Opfer Juden waren, sagte er nicht.

Weglegen Zwei

Am 10. Dezember 1940, dem Tag, als Fritz und Rosa Emma im Zug nach Lissabon saßen, kam noch ein Brief des Oberfinanzpräsidenten in die Rüdesheimer Straße: Fritz dürfe seine Außenstände auf Emil übertragen »mit der Maßgabe, dass die auf der eingereichten Liste verzeichneten Schuldner von Ihrem Schwiegervater vorschriftsmäßig durch Einschreibebrief benachrichtigt werden, dass Zahlungen nur auf sein Sicherungskonto bei der Dresdner Bank erfolgen dürfen. Die Zweitschriften dieser Benachrichtigungen sind mit aufgeklebtem Posteinlieferungsschein mir zuzusenden.«

Draußen war es eisig. Emil ging nur noch zum Beten vor die Tür, Hannchen nur, wenn der Hunger sie auf die Straße trieb. Die Lebensmittelkarten mit dem »J« wurden stetig kürzer. Immer mal wieder waren willkürlich Abschnitte abgetrennt, mal gab es keinen Fisch, dann wieder keine Eier. Obst galt als »Mangelware« und wurde nicht mehr an Juden abgegeben.

Im Februar 1941 begannen die Deportationen gen Osten. Offiziell sprach man von »Arbeitseinsätzen« oder von »Evakuierungen«. Zuerst wurden 7000 Wiener Juden ins polnische »Generalgouvernement« abgeschoben, um, wie es Hitlers Staatssekretär Lammers ausdrückte, »der in Wien herrschenden Wohnungsnot« zu begegnen. In Wiesbaden füllten sich derweil die »Judenhäuser«. Bei Emil und Hannchen lebten noch die aus der Pfalz geflüchteten Hirschs als Untermieter, die immer die neuesten Gerüchte von der Straße mitbrachten.

Am 10. Mai flog Hitlers Stellvertreter Rudolf Heß nach Großbritannien. Was bedeutete das? Die Nazipresse nannte ihn einen Verräter. Gab es einen Machtkampf in der Clique um Hitler? In Nordafrika rollten Rommels Panzer Richtung Ägypten. Die Einwohner Tel Avivs bereiteten sich auf einen Angriff vor. Deutsche Luftlandetruppen besetzten Kreta, was Goebbels als Übung für die Invasion Englands verkaufte. Im Frühjahr 1941 gab es kein Fünkchen Hoffnung, dass der Krieg und damit Hitler bald am Ende sein könnte.

Im Juni wurden Emil und Hannchen in das »Judenhaus« Kaiser-Friedrich-Ring 80 eingewiesen, wo ihnen auf einer von mehreren Familien bewohnten Etage ein Zimmer zur Verfügung stand. Das Herrenzimmer schenkten sie Peter Bittmann, dem treuen Hosenschneider; über die restlichen Möbel machten sich die Nachbarn her.

Drei Wochen später begann der Angriff auf die Sowjetunion. Noch vor dem Winter sei der Krieg entschieden, hieß es. Fünf Millionen deutsche Soldaten stürmten angeblich von Sieg zu Sieg. Andererseits erzählten die neuen Nachbarn, dass Köln, das Ruhrgebiet und Berlin jede Nacht von englischen Fliegern bombardiert würden. Was war Hoffnung, was Wahrheit?

Im Juli holte Goebbels zu einem weiteren Schlag gegen die Juden aus. »Das Kriegsziel Roosevelts und der Juden: Völlige Ausrottung des deutschen Volkes«, titelte der *Völkische Beobachter*. Es ging um die wirren Thesen eines jüdischen Werbeagenten aus New Jersey namens Theodore N. Kaufman, der in den USA eine Broschüre mit dem Titel *Germany must perish* verbreitet hatte, in der die Sterilisierung aller deutschen Männer und die Aufteilung des deutschen Staatsgebietes an die Nachbarstaaten gefordert wurde. Goebbels dichtete Kaufman eine Beziehung zu Präsident Roosevelt an, womit feststand, dass die USA Deutschland vernichten wollten. Eine kommentierte

Ausgabe der Kaufman-Thesen wurde in Millionenauflage unters Volk gebracht. Offenbar war der »Führer« mit dem Angriff gegen den Bolschewismus dem Vernichtungsfeldzug der Juden gegen Deutschland um Haaresbreite zuvorgekommen.

Außerdem berichteten die Zeitungen täglich von Gräueltaten jüdischer Bolschewisten, die die Wehrmacht bei ihrem Vormarsch ans Licht brachte. Das deutsche Volk führte einen »Kampf auf Leben und Tod« gegen den jüdischen Bolschewismus. Was lag da näher, als den Feind im Innern endlich aus dem Weg zu räumen?

Am 1. September 1941 wurde die »Polizeiverordnung über die Kennzeichnung der Juden« veröffentlicht, nach der es Juden, die älter als 6 Jahre waren, ab dem 15. September verboten war, »sich in der Öffentlichkeit ohne Judenstern zu zeigen. Der Judenstern besteht aus einem handtellergroßen, schwarz ausgezogenen Sechsstern aus gelbem Stoff mit der schwarzen Aufschrift ›Jude‹. Er ist sichtbar auf der linken Brustseite des Kleidungsstücks fest aufgenäht zu tragen.« Die Sterne wurden von den Gemeindebüros gegen Quittung ausgegeben, auf der sich der Empfänger verpflichtete, »das Kennzeichen sorgfältig und pfleglich zu behandeln«.

Die Wiesbadener sahen Emil und Hannchen erstaunt ins Gesicht. Offenbar gab es noch Juden in der Stadt. Plötzlich waren sie für jedermann sichtbar. Schmähungen äußerten vor allem Jugendliche, die Masse der Volksgenossen sah weg, manche schämten sich. Es gab aber auch Nichtjuden, die »den Stern« aus Protest grüßten. Es gab Pfarrer, die ihn eine »Sünde« nannten, aber auch solche, die keine getauften Juden mehr in ihrer Kirche duldeten. Selbst in der oppositionellen Bekennenden Kirche kam das vor.

Insgesamt zeigte der »Judenstern« anfangs nicht ganz die erhoffte Wirkung, weshalb das Reichssicherheitshauptamt im Oktober 1941 den »Ariern« für »judenfreundliches Verhalten« bis zu drei Monate KZ androhte. Der Erlass wurde allen Haushalten mit der Lieferung der Lebensmittelmarken zugestellt. Einen Tag später ließ Goebbels die Busse und Bahnen mit Plakaten bekleben: »Die Juden sind unser Unglück. Sie haben diesen Krieg gewollt, um Deutschland zu vernichten. Deutsche Volksgenossen, vergesst das nie!«

Nachdem die Juden mit dem Stern »gekennzeichnet« waren, wurde ihnen verboten, den Wohnort »ohne schriftliche Erlaubnis der Ortspolizeibehörde« zu verlassen. Sie durften keine Speisewagen, Ausflugsschiffe oder Omnibusse benutzen, durften keine Orden mehr tragen, mussten Schreibmaschinen, Fotokameras, Fahrräder und Ferngläser abgeben und alle elektrischen Geräte anmelden. Nach ein paar Wochen hatten sich die Volksgenossen an die neuesten Formen der Ausgrenzung der Juden gewöhnt. Der dürre Protest verlagerte sich an die Küchentische. Doch auf Hannchen und Emil lastete durch das Stigma des Sterns eine Scham, die bis zum Ende schmerzte.

Seit der »Einführung« des »Judensterns« gaben die Behörden an Juden keine Pässe mehr aus. Die Auswanderung zählte nicht mehr zu den Zielen der Judenpolitik. Im *Jüdischen Nachrichtenblatt* stand, dass man den nach Polen Deportierten – offiziell hieß es, sie seien »in das Generalgouvernement verzogen« – Pakete schicken durfte, die allerdings, »soweit es sich um Geschenksendungen handelt«, nach dem Devisengesetz »genehmigungspflichtig« seien. Es wurde kein Geheimnis darum gemacht, dass auch die Wiesbadener Juden »evakuiert« werden sollten. Im »Judenhaus« machten Gerüchte über die »Arbeitseinsätze« im Osten die Runde. Mal spendete ein Nachbar Trost: Er habe gehört, die Unterkünfte seien sauber und geheizt. Dann berichtete ein anderer von Hunger und Erschießungen. Wem sollte man glauben?

Am 13. November 1941 hob der US-Kongress die Neutrality Acts auf, die Präsident Roosevelt bislang am Kriegseintritt gehindert hatten. Daraufhin schrieb Goebbels in der Wochenzeitung *Das Reich*, nun treffe des »Führers« Prophezeiung ein, dass das Judentum vernichtet werde, wenn es einen Krieg gegen Deutschland anzettele. »Es erfüllt sich damit am Judentum ein Schicksal, das zwar hart, aber mehr als verdient ist. Mitleid oder gar Bedauern ist da gänzlich unangebracht. Das Weltjudentum hat die ihm zur Verfügung stehenden Kräfte vollkommen falsch eingeschätzt, und es erleidet nun einen allmählichen Vernichtungsprozess, den es uns zugedacht hatte und auch bedenkenlos an uns vollstrecken ließe, wenn es dazu die Macht besäße. Es geht jetzt nach seinem eigenen Gesetz: ›Auge um Auge, Zahn um Zahn‹ zugrunde.«

Noch heute erkennt man den Antisemiten daran, dass er das biblische Gesetz des »Auge um Auge«, das verhinderte, dass einem Geschädigten mehr erstattet wurde, als ihm zustand, in eine jüdische Racheformel verdreht. Und was, frage ich mich, stellte sich die ahnungslose »arische« Mehrheit wohl unter einem »Vernichtungsprozess« vor?

Ab Dezember durften Juden keinen Pelz mehr tragen. Auch kleine Stücke mussten von der Kleidung abgetrennt werden. Es ging das Gerücht, dass die Wehrmacht warme Kleidung brauche, weil den Soldaten im russischen Winter die Gliedmaßen abfroren – ein ermutigendes Zeichen. Es hieß, die deutsche Offensive sei vor Moskau zum Stehen gekommen und die Rote Armee sei zum Gegenangriff übergegangen. Am 11. Dezember 1941 kam Hitler der drohenden amerikanischen Kriegserklärung zuvor, nachdem die Japaner am 7. Dezember die US-Pazifikflotte in Pearl Harbour versenkt hatten.

Das Finanzamt bezifferte Emils zu versteuerndes Einkommen auf 547,– Reichsmark und legte für 1942 eine vierteljährliche Vorauszahlung von 9,– Reichsmark fest. Da war immer noch ein Rest von Normalität im Leben, der hoffen ließ.

Das Jahr 1942 begann damit, dass man Juden verbot, öffentliche Fernsprecher zu benutzen, nachdem man bereits die privaten Telefonanschlüsse gekappt hatte. Bis auf das *Jüdische Nachrichtenblatt,* das neben Familienanzeigen nur noch antijüdische Verordnungen verlautbarte, durften Juden keine Zeitungen mehr kaufen. Es blieb das Geschrei der Volksempfänger, die in jedem Laden standen, und es gab immer ein paar freundliche »Arier«, die einen mündlich auf dem Laufenden hielten, insbesondere über den Fortgang des Krieges.

Immer mehr Juden versanken in Scham und Verzweiflung, wenn sie mit dem Stern, und sei es auch nur kurz, das Haus verließen. Daher wurde verboten, »Aktentaschen, Handtaschen, Halstücher oder sonstige Bekleidungsstücke in einer Weise zu tragen, dass hierdurch der Judenstern ganz oder teilweise verdeckt wird«. Wer von einem aufmerksamen Volksgenossen dabei beobachtet wurde, wie er den Stern verdeckte, dem drohte das KZ.

Emil und Hannchen wurden keinen Tag mehr satt. Es fehlte an Brot, Kartoffeln und Gemüse; Fett und Fleisch gab es überhaupt nicht mehr. Seit auch die »Arier« für jeden Zahnstocher eine Zuteilungskarte benötigten, blieb für die Juden nichts mehr.

In den »Judenhäusern« fanden ständig Hausdurchsuchungen statt. Jedes Mal, wenn die Glocke läutete, zuckten die Bewohner zusammen. Es folgten Gebrüll, Befehle, Beschimpfungen, Anspucken, Prügel, der Inhalt von Schubladen und Schränken wurde ausgekippt, Lebensmittel konfisziert, die Wohnung verwüstet; sofern Verbotenes entdeckt wurde, drohten Verhaftung, Polizeihaft, Konzentrationslager, Tod.

Bei einem der Überfälle nahm die Gestapo Fritz' Urkunden aus dem Weltkrieg mit, die er den Schwiegereltern zu deren Schutz hinterlassen hatte. Sie sollten den Patriotismus der Familie belegen, denn schon eine Flasche Wein oder eine Apfelsine reichten zur Verhaftung. Die häufigsten Postsendungen, die jüdische Frauen vom Staat erhielten, waren Urnen. Die einzige Möglichkeit, dem zu entgehen, war der Freitod durch Gas, Strick oder Veronal. In Wiesbaden brachten sich jede Woche ein Jude oder eine Jüdin um.

Im Februar wurden die Auswanderungsbüros der Reichsvereinigung der Juden geschlossen. Im März mussten Emil und Hannchen einen weißen Judenstern an der Zimmertür anbringen. Ab April durften sie keine öffentlichen Verkehrsmittel mehr benutzen, ab Mai keine Haustiere mehr besitzen. Im Juni wurde die jüdische Schule geschlossen. Jüdische Kinder wurden nicht mehr unterrichtet.

Das *Jüdische Nachrichtenblatt* listete auf, was die Juden abzugeben hatten, damit der »Führer« den von der Kriegswirtschaft geplagten »arischen« Mitbürgern eine Freude machen konnte: Heizöfen, Heizsonnen, Höhensonnen, Kochtöpfe, Kochplatten, Staubsauger, Föne, Bügeleisen, Plattenspieler, Schallplatten, Schreibmaschinen, Rechenmaschinen, Vervielfältigungsapparate, Fahrräder nebst Zubehör, Fotoapparate, Film-, Vergrößerungs- und Projektionsapparate, Belichtungsmesser und Ferngläser. Jede Verordnung zur Ablieferung jüdischen Vermögens endete mit dem Satz: »Verstöße gegen die Ablieferungspflicht werden mit staatspolizeilichen Maßnahmen geahndet.« Als »Warnung« wurde gemeldet, dass Juden in öffentlichen Verkehrsmitteln oder beim Kauf von »Mangelwaren« erwischt worden seien.

Anfang Juni forderte die Devisenstelle S Emil auf, seinen »Lebensunterhalt zu erläutern«. Daher weiß ich, dass er und Hannchen für das Zimmer monatlich 46,91 Reichsmark zahlten, außerdem 15 Reichsmark für Gas und Elektrizität, 18 Reichsmark für »Kleider, Schuhe, Wäsche, Instandsetzung«, 8 Reichsmark für Medikamente. Für »kleine Anschaffungen« benötigten sie 20,09 Reichsmark, für den »laufenden Lebensunterhalt« ca. 100 Reichsmark, einen Betrag von 12 Reichsmark ordnete er »Gelegenheitsspenden« zu. Spendeten sie noch immer der Jüdischen Winterhilfe? Oder schickten sie Päckchen an »Evakuierte«?

Die Ausgaben von 220 Reichsmark, die Emil angab, waren vermutlich zu hoch beziffert. Sie sollten verhindern, dass die Entnahmen vom Sicherungskonto weiter gekürzt wurden. Im Juli wurden »Geld- und Geschenksendungen in jeder Art und in jeder Form an Abgewanderte« verboten. Die Bettelbriefe der Verhungernden aus den Ghettos hatten offenbar überhandgenommen.

Im August 1942 bekamen Emil und Hannchen Post von der Bezirksstelle Hessen-Nassau der Reichsvereinigung der Juden in Deutschland. Ein Dr. Georg Goldstein schrieb »vertraulich«, dass »aus dem Rheinland und aus Westfalen in den letzten Wochen fast sämtliche Juden im Alter von 65 Jahren und darüber abtransportiert worden« seien, von »ähnlichen Transporten wird aus Bayern, Berlin und anderen Teilen Deutschlands berichtet«. »Dem Vernehmen nach sind die Transporte nach Theresienstadt in Böhmen gegangen«, schrieb Goldstein, auch die Wiesbadener Juden seien bald an der Reihe. Das Vermögen der »Abwandernden« werde vom Reich eingezogen.

Goldstein riet den beiden, sogenannte »Heimeinkaufsverträge« abzuschließen. Als ich die Verträge in der Hand halte, schießen mir die Tränen in die Augen. Die Reichsvereinigung verpflichtete sich darin »zur lebenslänglichen Gewährung von Heimunterkunft und Verpflegung«. Goldstein bat die beiden Alten, zur »Rücksprache« in die Bezirksstelle in der Bahnhofstraße zu kommen, in die Räume der früheren Kanzlei Berthold Guthmanns. Er unterließ die üblichen Übertreibungen, mit denen andernorts für ein Seniorenheim »an einem Park mit Seeblick« in der böhmischen »Kurstadt Bad Theresienstadt« geworben wurde, die »der Führer den Juden schenkt«.

In einem Erlass vom 21. Juli hatte das Reichswirtschaftsministerium die Vermögen der ins »Altersghetto Theresienstadt« umziehenden Juden auf die Reichsvereinigung übertragen. Mit den »Heimeinkaufsverträgen«, die jeder abschließen musste, der mehr als 1000 Reichsmark besaß, finanzierte das Reichssicherheitshauptamt die bevorstehenden Deportationen. Emil und Hannchen überwiesen 3080 Reichsmark.

Es folgte ein zweites Schreiben, in dem die Reichsvereinigung Emil und Hannchen »auf behördliche Anordnung« mitteilte, dass sie »zur Gemeinschaftsunterbringung außerhalb des Altreiches bestimmt« waren. »Siehst du, Liebes, jetzt gehen wir noch einmal zusammen am Schabbes zur Schul«, sagte Emil, als er las, dass sie sich am Samstag, dem 29. August 1942, zwischen 10 und 13 Uhr in der Synagoge in der Friedrichstraße einzufinden hätten. Die Eheringe und 100 Reichsmark durften sie mitnehmen. »Wertgegenstände, welche nicht mitgenommen werden, sind unter Beifügung eines Verzeichnisses in einen festen Umschlag oder Beutel zu tun und in das Sammlungslokal mitzubringen«.

An Reisegepäck war ein Koffer erlaubt (60 x 45 x 12 cm), »der lediglich das unbedingt Notwendige enthalten soll, eine Handtasche mit Reiseverpflegung für mehrere Tage, sowie ein Eßgeschirr nebst Löffel (jedoch kein Messer!) sowie Trinkbecher, 1 Kopfkissen mit Überzug, 1 wollene Decke mit Überzug und 1 Bettuch. Die Mitnahme bester, warmer, strapazierfähiger Kleidung, auch festen Schuhwerks, ist dringend zu empfehlen. Es ist gestattet, mehrere Anzüge und sonstige Kleidungsstücke übereinander anzuziehen. Die Wohnungen sind zu verschließen. Sie müssen sauber sein. Die Schlüssel sind mit Anhängeschild mit Namen zu versehen und bei der Ankunft in dem Sammlungslokal abzugeben.« Unterschrieben war der Brief von »Dr. Georg Goldstein« und »Dr. Berthold Guthmann«.

41 Wiesbadener Juden wählten nach Erhalt des Briefes den Freitod. Schon im Frühjahr waren 400 Juden aus Wiesbaden deportiert worden. Gerüchte über verhungerte Greise und Säuglinge, deren Köpfe die SS an Bäumen zertrümmert hatte, gingen von »Judenhaus« zu »Judenhaus«. Geschichten, mit denen sich stolze SS-Männer auf Fronturlaub vor den Nachbarn gebrüstet hatten.

Am 27. August 1942 verfügte Regierungspräsident Fritz Pfeffer von Salomon, dass »auf Grund des Gesetzes über die Einbeziehung kommunistischen Vermögens vom 26. Mai 1933 in Verbindung mit dem Gesetz über die Einziehung volks- und staatsfeindlichen Vermögens vom 14. Juli 1933 in Verbindung mit dem Erlass des Führers und Reichskanzlers über die Verwertung des eingezogenen Vermögens von Reichsfeinden vom 29. Mai 1941 das gesamte Vermögen des Emil Israel Neumann, geboren am 1.12.1867 in Wiesbaden-Sonnenberg, zuletzt wohnhaft in Wiesbaden, Kaiser-Friedrich-Ring Nr. 80 II, zugunsten des Deutschen Reiches eingezogen« werde.

Zwei Tage später hingen sich Emil und Hannchen je »ein Pappschild in der Größe von 18 x 7 cm« um den Hals, auf das sie »mit unverlöschbarer Tinte« ihre Namen und die Nummern ihrer Kennkarten geschrieben hatten. Den Koffer in der einen, die »Heimeinkaufsverträge« in der anderen Hand, stellten sie sich im Innenhof der Synagoge in die Warteschlange, in der auch Kurts Freund Herbert Levitta mit seinen Eltern stand. Ein Polizist strich auf einer Liste ihre Namen durch und nahm ihnen den Beutel mit den Wertsachen, die Lebensmittelkarten und die Wohnungsschlüssel ab. Vor der Synagoge stand Walter Bodewig, der »Judenreferent« der Wiesbadener Gestapo; festlich herausgeputzt – Anzug mit Schleife und blank polierte Schuhe –, die Hände in den Hüften, betrachtete er sein Werk.

Am Abend feierten Emil und Hannchen die Hawdole, das Ende des Schabbes. Sie umarmten sich, und die Mitbeter und wünschten sich »a gut Woch«. Die kommenden Nächte lagerten sie auf dem Fußboden des Betraums oder hockten auf Schemeln zwischen den Kleiderbündeln. Niemand durfte die Synagoge verlassen. Die Luft füllte sich mit dem Geruch von Schweiß und Urin. Gemeindemitglieder, die noch nicht zum Transport vorgesehen waren, brachten Brot und Wasser.

»Vorwärts, alles raus hier! Bewegt euch, ihr Judenschweine!« Am 1. September 1942 trieb sie die SS auf die Straße. Für die Kranken standen LKW bereit, der Rest ging zu Fuß zur Viehverladerampe des Schlachthofs hinter dem Hauptbahnhof. Mit Sternen auf der Brust und Pappschildern um den Hals zogen 356 Juden am helllichten Tag durch die Wiesbadener Innenstadt. Die Arbeiter des Schlachthofs hatten einen freien Tag. Durch die Gitter, durch die sie sonst das Vieh trieben, trieb die SS die Juden in die Waggons.

Einen Steinwurf entfernt lag die ehemalige jüdische Schule. Hannchen holte Fotos aus der Tasche. Sie betrachtete Fritz und Rosa Emma mit den Kindern bei einem Sonntagsausflug im Taunus: Kurt in kurzen Hosen, mit Pausbacken, eine Locke hing ihm in die Stirn; Hilde im Sommerkleid auf dem Balkon in der Rüdesheimer Straße. In Frankfurt hängte die Reichsbahn die Waggons an den Sonderzug DA 509 an. 588 Frankfurter und 356 Wiesbadener Juden lösten jeder eine Fahrkarte für 25 Reichsmark. Als Transport Nummer XII/2 traf der Zug am nächsten Tag am Bahnhof Theresienstadt ein. Bis zum Lager war es ein 3 Kilometer langer Fußmarsch mit Gepäck.

»Arbeit macht frei« stand über dem schmiedeeisernen Tor. Emil kannte den Spruch von Fritz' Erzählungen aus Buchenwald. Auch dort hatte der Satz über dem Eingang gestanden. Ein SS-Mann kippte den Inhalt des Koffers und der Handtasche auf einem Tisch aus und wühlte darin. Die Fotos von Fritz, Rosa Emma, Kurt und Hilde warf er mit routinierter Handbewegung auf einen Berg aus Briefen und Fotos, der am Boden lag.

Theresienstadt war eine habsburgische Festung aus dem 18. Jahrhundert mit Kasematten und Backsteinkasernen. Im September 1942 hatte das Ghetto wegen der aus ganz Deutschland eintreffenden Transporte mit 60 000 Bewohnern die höchste Belegung des Krieges erreicht. Die Menschen wurden wie Ölsardinen in die Zimmer, Keller und Mansarden gequetscht, in denen es keine Möbel gab. Sie lagerten auf dem Fußboden oder auf Strohsäcken, die sich wegen der grassierenden Darminfektionen mit flüssigem Kot vollsogen. Flöhe, Läuse und Wanzen fielen über die ausgemergelten Alten her. Ratten schlichen um die Latrinen und schleppten Krankheiten ein, gegen die die jüdischen Ärzte keine Medikamente hatten. Das Essen bestand aus schimmeligem Brot, faulen Kartoffeln und einer undefinierbaren Brühe, in der Rübenbrocken schwammen. Ringsumher lagen Sterbende in ihren Exkrementen.

Da Emil und Hannchen aus Altersgründen nicht mehr in der Gärtnerei oder in der Rüstungsfabrik arbeiten konnten, erhielten sie kaum etwas zu essen, so dass sie auf der Straße bettelten und vor der Lagerküche die Abfälle durchwühlten. Wer nicht arbeitet, soll auch nicht essen, lautete ein Leitspruch der SS. Täglich verhungerten mehr als 100 Menschen. Drei Wochen nach der Ankunft in Theresienstadt, an Jom Kippur des Jahres 5703, starb Hannchen. Die Leiche wurde in eine Holzkiste gelegt und auf die Straße gestellt, wo sie ein Junge mit einem Leiterwagen abholte. »She was buried in the Jewish cemetery near Terezin but the exact place of her grave is unknown«, schreibt mir Eva Němcová, die Archivarin von Terezin. Emil saß Schiwe für seine Johanna, zerriss sein letztes Hemd, weinte und betete zum Ewigen um ein baldiges Ende.

In den Gaskammern von Treblinka starben seit dem 23. Juli 1942 täglich 5000 Bewohner des Warschauer Ghettos. Den ersten und den letzten Tag der Deportationen wählte die SS mit Bedacht. Zwischen Tischa be Aw, dem Gedenktag an die Zerstörung des Tempels in Jerusalem, und Jom Kippur vergaste sie 265 000 Juden. Nachdem die Gaskammern wieder Kapazitäten frei hatten, begannen die Transporte aus Theresienstadt.

»Erst mussten sie ihre Habseligkeiten in Koffer packen«, erzählt Berthold Boldes, ein Onkel meiner Mutter, der Theresienstadt überlebte. »Die Koffer wurden in den Viehwaggons auf dem Boden gestapelt, mindestens drei Schichten waren es immer. Darüber wurden pro Waggon bis zu 70 Menschen reingequetscht. Die wurden reingedrückt wie Fische in ein Fass. Drinnen konnten sie nicht aufrecht stehen, sondern nur gebückt. Die Letzten wurden regelrecht reingepeitscht.«

Die Archivarin Eva Němcová schreibt: »Emil Neumann was sent to Treblinka in Poland on 29. 9. 1942 in a transport of 2000 persons. No deportee from this transport returned after the war.«

Am 1. Oktober schloss die Devisenstelle S die Akte JS 6914 mit einem Brief des Oberfinanzpräsidenten an die Wiesbadener Filiale der Dresdner Bank:

»Ich mache darauf aufmerksam, dass das Vermögen nachgenannter Personen zugunsten des Deutschen Reiches eingezogen ist: Emil Israel Neumann und Frau Johanna Sara Neumann, Wiesbaden, Kaiser-Friedrich-Ring 80.

– Evakuierung auf Mappe vermerken
– In Judenkartei eintragen
– Karteivermerk (Registratur)
– Die Sicherungsanordnung ist erledigt
– Akte weglegen.«

Einen Monat nach Emils Ermordung überwies die Dresdner Bank dessen Restguthaben von 470 Reichsmark an die Finanzkasse Wiesbaden »als dem Reich verfallenes Vermögen«. Weitere drei Wochen später legte das Finanzamt eine Akte »zur Verwertung des jüdischen Grundstücks Langgasse 9, Wiesbaden-Sonnenberg«, an: »Die jüd. Eheleute Emil Israel Neumann und Johanna Sara Neumann, geb. Mayer, zuletzt wohnhaft Wiesbaden, Kaiser-Friedrich-Ring 80 II, sind am 1. 9. 1942 nach Theresienstadt abgeschoben worden. Ihr Vermögen ist zugunsten des Deutschen Reiches eingezogen worden.« Im Januar 1943 folgte ein »Verzeichnis des zugunsten des Deutschen Reiches eingezogenen unbeweglichen Vermögens des am 1. 9. 1942 nach Theresienstadt abgeschobenen Juden Emil Israel Neumann«.

Im April setzte das Finanzamt für »Emil Israel Neumann« eine Vermögenssteuer von 35 Reichsmark fest, verzichtete allerdings für 1943 auf die üblichen Vorauszahlungen mit der Bemerkung »nach dem Osten abgeschoben«. Emil war da schon ein halbes Jahr tot.

Im Juli beantragte das Finanzamt beim Amtsgericht, die Grundstücke des »Emil Israel Neumann« auf das Deutsche Reich umzuschreiben. Im August antwortete der Oberfinanzpräsident, dass seitens des Reiches »kein Interesse an dem Erwerb des eingezogenen, unbeweglichen Vermögens des obengenannten Juden« bestünde: »Ich bitte, den Verkauf bis nach Kriegsende zurückzustellen und das Grundstück einstweilen zu angemessenem Preis zu vermieten.«

Zu den »Gunners«

Eines Tages lernte Kurt in einem Pub Frank Bartrop kennen. Frank war ein Selfmademan aus einfachen Verhältnissen. Er hatte vor dem Krieg eine reiche Lady durch London chauffiert, die ihm dafür ein hübsches Sümmchen vererbt hatte. Da Frank nur etwas von Autos verstand, eröffnete er eine Werkstatt unter der Bahnstation Kentish Town West, eine dunkle, feuchte Garage, über die pausenlos die Züge hinwegdonnerten. Frank besaß ein Haus, das sein Stolz war, und eine Freundin, die er gerne vorzeigte.

Panzer wurden nicht mehr gebraucht. In Franks Garage wurden Taxis der Marken Austin und Beardmore repariert. Das hatte Zukunft. Kurt kündigte bei Temple Fortune und heuerte bei Frank an. »Wir haben Vorkriegsware repariert«, erzählt Kurt. »Die Taxis blieben oft liegen. Wir fuhren raus und machten sie wieder flott. Außerdem mussten sie jährlich gewartet werden.«

Das englische Leben meinte es gut mit Kurt. Mit einem Rennrad erkundete er die Umgebung bis hinunter zur Seaside nach Brighton, wo er mit den Freunden Michael und Eddy in den Vergnügungsparks die »einarmigen Banditen« traktierte und dabei Berge von Fish & Chips vernichtete. Nur vor Krabben ekelte ihm. »Krabben in der Tüte, frisch gebrüht und spottbillig, gab es überall an der See«, sagt Kurt. »Ich ärgere mich noch heute, dass ich sie nicht angerührt habe.«

Kurt hatte Eddy bei »Arthur & Maisie« kennengelernt, einer Tanzschule in Hendon. Eddy arbeitete als Verkäufer bei Appenrod's, einem Delikatessenladen, der einem Stuttgarter Juden gehörte. »Eddy hatte während des Krieges immer ein paar extra Zuteilungen für uns, für die wir keine Lebensmittelmarken brauchten«, erinnert Kurt.

Bei »Arthur & Maisie« lernten Kurt, Michael und Eddy ihre ersten Freundinnen kennen. Michael verliebte sich in Betty, heiratete sie und verschwand. »Seit er Betty geheiratet hat, habe ich ihn nie mehr gesehen«, sagt Kurt. Von nun an verbrachte er fast jedes Wochenende mit Eddy, abwechselnd beim Tanzen oder beim Fußball.

Nachdem die Spieler aus dem Krieg zurückgekehrt waren, nahm die First Division den Spielbetrieb wieder auf. Da das Stadion des FC Arsenal nur eine Meile von Frank Bartrops Garage entfernt lag, schlossen sich Kurt und Eddy den »Gunners«

an. Der Club war 1886 von Arbeitern einer Rüstungsfabrik gegründet worden und trägt eine Kanone im Wappen. Der FC Arsenal war der Spitzenclub des englischen Fußballs, der Vorzeigeclub der Londoner City, wo schon damals das Geld saß. Die Gunners hatten in den 1930er Jahren fünfmal die Meisterschaft gewonnen und wurden in der Provinz so sehr geliebt, gehasst und beneidet wie heute in Deutschland der FC Bayern München.

Kurt und Eddy trafen sich jeden zweiten Samstag vor dem Arsenal-Stadion in Highbury. »Ich war eines der ersten Mitglieder im Arsenal-Fan-Club und hatte eine niedrige Mitgliedsnummer«, sagt Kurt. »Die Atmosphäre war toll, es wurde viel gesungen, gab kein Gegröle und kaum Schlägereien.« Dann zählt er die Mannschaft auf, die 1948 den 6. Titel holte. »Im Tor George Swindin, in der Abwehr Walley Barnes, der Kapitän der walisischen Nationalmannschaft, Joe Mercer als Kapitän im Mittelfeld, Ronnie Rooke war unser Scorer ...« Zu jedem Spieler hat Kurt eine Anekdote. »Rooke war völlig schmerzfrei. Der ging, ohne zu zucken, in jeden Zweikampf. Beim Abstoß des gegnerischen Torwarts stand er im Strafraum und sprang hoch. Einmal traf ihn der Ball mit voller Wucht am Kopf und ging direkt ins Tor.« Sie alle, Rooke, Mercer, Mortensen, Matthews, waren als Soldaten im Krieg gewesen. »Bis auf das Spiel gegen die Wolverhampton Wanderers, in dem Jahr, als sie Pokalsieger wurden, habe ich alle Heimspiele von Arsenal gesehen«, sagt Kurt.

»Warst du krank an dem Tag?«, frage ich.

»Wo denkst du hin«, sagt er. »Ich kam zu spät, und es war ausverkauft.«

Der Samstag gehörte den »Gunners«, der Sonntag den »Speakers«. Bei den Ausflügen in den Hyde Park lernte Kurt »Prince Monolulu« kennen, einen Schwarzafrikaner, der an der Speaker's Corner über Pferde predigte. »›I got a horse‹, so begann er seine Reden«, erinnert Kurt. Prince Monolulu verkaufte

Tipps für Pferdewetten. Kurt besuchte die Pferderennen in Ascot und Epson und die Windhundrennen in White Lane und Wembley. Ein einziges Mal begleitete ihn Fritz. »Er sah zu, während ich zu den Buchmachern rannte und meinen Lohn verspielte«, erzählt Kurt. »Dann stand er auf, wettete und gewann.«

Kurt sah sich die Eishockeyspiele der Wembley Lions an: »Das ging mir zu schnell.« Er besuchte die Cricketspiele bei Lord's: »Das war mir zu kompliziert.« Er lieh sich ein Ruderboot im Regent's Park: »Das hat Spaß gemacht.« Bei den Olympischen Spielen von 1948 sah er die Läufe von Emil Zatopek, der »tschechischen Lokomotive«, besuchte mit Fritz die Ringkämpfe und das Endspiel im Fußball, das Schweden gegen Jugoslawien mit 3:1 gewann. Aber nichts erfüllte ihn so sehr wie die Liebe zu Arsenal.

1947 wechselte Kurt zur Garden Suburb Garage, einer renommierteren Autowerkstatt hinter der Golders Green Station, wo er einen gut bezahlten Job bekam. Er wurde der Mann für spezielle Aufgaben. »Ich habe einen 6-Zylinder-Daimler und einen Rolls-Royce, Baujahr 1925, runderneuert«, erzählt Kurt. »Wenn ein teurer Wagen reinkam, hieß es: ›Kurt, you can do that.‹«

Allerdings bekam er plötzlich Schwierigkeiten mit »labour exchange«, dem Arbeitsamt, das dem staatenlosen Flüchtling jeden Jobwechsel genehmigen musste. Seit die Armee »demobbed« war, drängten die Soldaten zurück auf den Arbeitsmarkt. Einem Briten dürfe er nicht den Job wegnehmen, hieß es. Kurt erkundigte sich, wie er Staatsbürger werden könne. »Die Voraussetzungen hatte ich längst erfüllt«, sagt er, »aber sie wollten mich in die Army stecken, denn in Birma wurde noch gekämpft. Gegen Hitler hätte ich gekämpft, aber nicht gegen die Japaner oder Birmanen.«

Im November 1945 eröffneten die Siegermächte des Weltkriegs in Nürnberg, der Stadt der Reichsparteitage, eine Serie von Prozessen gegen die Nazis. Dabei trat Generalfeldmarschall Erhard Milch als Entlastungszeuge für Hermann Göring auf. Auf Milchs Rat fragten Görings Verteidiger eines Tages bei Fritz an, ob er bereit sei, auszusagen, dass Göring Juden gerettet habe. »Das lohnt nicht«, antwortete Fritz. »Der ist doch so gut wie tot.«

Er verfolgte die Berichte aus Deutschland mit großem Interesse. Im Juni 1947 verfassten die Ministerpräsidenten der deutschen Länder einen Aufruf »an alle Deutschen, die durch den Nationalsozialismus vertrieben wurden, in ihre Heimat zurückzukehren«. Es werde »alles getan, um gerade ihnen ein neues Heim zu schaffen«. Die Emigranten mögen »kommen und mit uns ein besseres Deutschland aufbauen«.

Fritz behielt die Gedanken, die ihn bei solcher Lektüre bewegten, stets für sich. Die deutsche Sprache und Kultur war ihm auch nach sieben Jahren im Exil näher als die englische. Die Wirkung des Aufrufs muss ungeheuer gewesen sein, obwohl er sich wohl kaum an Juden richtete, denn zu den Verbrechen, die die »arische« Mehrheit begangen oder geduldet hatte, gab es kein Wort. Dass zeitgleich ein Antisemitismus-Report der US-Militärregierung erschien, wonach nur 15 Prozent der Deutschen eine Rückkehr jüdischer Emigranten wünschten, hätte Fritz, wenn er es je zur Kenntnis genommen hätte, in seinem Glauben an die Heimat nicht erschüttert.

Am 10. November 1947 erließ der amerikanische Militärgouverneur Lucius D. Clay das Militärgesetz Nr. 59, das die »Rückerstattung des aus rassischen, religiösen oder politischen Gründen entzogenen oder geraubten Vermögens« anordnete. Die Deutschen hatten dafür plädiert, eine Härteklausel für »loyale Arisierungen« und »gutgläubige Erwerber« einzufügen. Der Begriff der »loyalen Arisierung« sollte der Welt weismachen, es habe im Dritten Reich faire Rechtsgeschäfte zwischen Juden und »Ariern« gegeben. Als »gutgläubiger Erwerber« galt, wer jüdisches Eigentum »nur« aus zweiter Hand erworben hatte. Die Amerikaner widersprachen der geplanten Härtefallklausel und verhinderten so, dass das Dritte Reich nachträglich in einen Rechtsstaat umgetauft wurde.

Auf das amerikanische Rückerstattungsgesetz hatte Fritz gewartet. Hessen-Nassau lag in der US-Besatzungszone. Im Januar 1948 reiste er nach Wiesbaden und bezog ein Zimmer im Hotel Schwarzer Bock. Am nächsten Morgen spazierte er durch den von Bombentrichtern zerfurchten Kurpark nach Sonnenberg. Pfeiffer fuhr der Schrecken in die Glieder, als Fritz quicklebendig vor ihn trat und seine Rückkehr ankündigte. Den Drohbrief aus Lissabon hatte er nicht vergessen.

Dann fuhr Fritz nach Wallertheim. Peter Bittmann war von den Amerikanern zum Bürgermeister ernannt worden. Er wollte das Herrenzimmer zurückgeben, das ihm Emil und Hannchen vor dem »Umzug« in das »Judenhaus« geschenkt hatten, aber Fritz weigerte sich, es anzunehmen. Im nahe gelegenen Alzey erfuhr er, dass seine Schwester Martha mit ihrem Mann Ludwig, dessen Eltern und den in der Stadt verbliebenen Juden am 23. September 1942 »zusammengetrieben und nach Mainz befördert« worden war. Vier Tage später ging der Transport über Theresienstadt nach Auschwitz.

Karl Domis, der »fiese Nazi«, lebte noch immer im Haus von Martha und Ludwig. Er ging zum Finanzamt, dem die Amerikaner die Verwaltung des verwaisten jüdischen Eigentums übertragen hatten, und verlangte, Domis zu kündigen. Dieser behauptete: »Ich habe mit den früheren Besitzern des Hauses in freiwilliger Übereinkunft einen Mietvertrag abgeschlossen.« Als die Finanzverwaltung erklärte, der »Einspruch von Domis besteht zu Recht«, schrieb Fritz an die amerikanische Militärregierung des District Alzey: »Da ich selbst noch bis Dezember 1940 in Deutschland lebte, sind mir die gemeinen Handlungen des Domis in Erinnerung. In nicht wiederzugebender Weise und in der schmutzigsten, gehässigsten Naziform quälte Domis meine Eltern und Geschwister von dem Moment an, als er im Besitze der Wohnung war. Den Mietvertrag, auf den er sich heute beruft, hielt er nie ein, so dass mein Schwager ihn mehrmals verklagen musste. Dem

Gedenken meiner gemordeten Lieben gegenüber ist es meine Pflicht, dafür zu sorgen, dass Domis die Wohnung verlässt.«

Fritz brachte Geschenke mit. Rosa Emma bekam eine Halskette, Kurt und Hilde je eine Armbanduhr. Dann kam er ohne Umschweife zur Sache: »Wir bekommen das Haus wieder. Wir gehen zurück!«

Fritz war keinen Widerspruch gewohnt, doch er hatte die Rechnung ohne Hilde gemacht. Sie war dem Vater charakterlich zu ähnlich, als dass sie ihm bedingungslos gefolgt wäre. »Ich bleibe«, sagte sie in festem Ton. Sie hatte eine Ausbildung zur Medizinisch-Technischen-Assistentin begonnen. Sie sprach besser Englisch als Deutsch, trank Tee mit Milch und hasste Sauerkraut. Sie hatte englische Freunde und kannte Deutsche nur in Uniform. Fritz versuchte sie mit einem Medizinstudium zu ködern, das er ihr in Deutschland finanzieren würde.

»Deutschland – niemals!«, antwortete Hilde.

Auch Rosa Emma war eine Lady geworden. Sie sprach akzentfrei Englisch und bewegte sich in London wie ein Fisch im Wasser. Aber sie war den Gehorsam gewohnt und hätte Fritz niemals widersprochen.

Kurt schließlich sah sich zwar als Brite, aber als Staatenloser befürchtete er Probleme bei der Jobsuche. »In England mussten wir jeden Penny umdrehen«, sagt er. »In Deutschland, glaubte mein Vater, bekämen wir zurück, was man uns genommen hatte. Nicht mehr, aber auch nicht weniger.«

»Wir werden wieder eine wohlhabende Familie sein«, sagte Fritz. Er sammelte die Zeitungsartikel über den Wiederaufbau in Deutschland. Im November 1949 hielt er triumphierend einen Bericht über Theodor Heuss in der Hand. Heuss war Deutschlands neues Staatoberhaupt. In einem Interview mit *United Press* hatte er erklärt, er »begrüße die Rückkehr der Juden nach Deutschland, namentlich solcher Juden, die noch eine geistige Verwandtschaft mit Deutschland fühlen und die dort wirtschaftliche Interessen haben«.

Fritz fühlte sich persönlich angesprochen. Dass der Bundespräsident an der Legende strickte, auch die »arische« Mehrheit sei Hitlers Opfer gewesen, ignorierte er. Im Dezember sagte Heuss – ausgerechnet in Wiesbaden: »Das Schlimmste, was Hitler uns angetan hat – und er hat uns viel angetan –, ist doch dies gewesen, dass er uns in die Scham gezwungen hat, mit ihm und seinen Gesellen den Namen Deutsche zu tragen.« »In die Scham gezwungen« hatte Heuss sich selbst, als er als Reichstagsabgeordneter der Liberalen im März 1933 mit seinem »Ja« zum Ermächtigungsgesetz der Errichtung der Diktatur zugestimmt hatte.

Kurt, jung, naiv und guter Hoffnung, hatte von alldem keinen Schimmer. »Ich konnte meine alten Eltern nicht im Stich lassen«, sagt er. Eines Tages lud ihn die Frau seines Chefs zum Essen ein, um ihm in bester Absicht ihre Tochter Enid vorzustellen. Kurt mochte Enid, sie war hübsch, intelligent und tanzte bezaubernd. Als Schwiegersohn hätte er eine florierende Autowerkstatt geerbt. Ein Traum wäre wahr geworden. Dennoch beging er »den größten Fehler meines Lebens«. Enids Mutter gestand er: »I have to inform you that sooner or later I will return to Germany.«

»Tu es nicht!«, rufe ich ihm zu, doch es ist schon zu spät.

V

»In Wiesbaden sehr bekannter Fall«

Ich ziehe ein Foto aus einer blechernen Keksdose. Ein alter kranker Mann steht am Ufer des Rheins, neben ihm eine Frau im schwarzen Kleid, die sorgenvoll in die Kamera blickt. Der alte Mann reckt die Brust heraus. Die grauen Haare zaust der Wind. Der kranke Mann lehnt an der Karosserie eines Ford Taunus 12M. Es ist Frühjahr 1955. So also sieht Heimat aus.

Ist das der Mann, der mit einem klapprigen Fluggerät 17 Engländer und Franzosen vom Himmel schoss? Der Hitler-Deutschland mit den national gesinnten Juden zu versöhnen suchte? Der Freunde vor der Gestapo rettete? Der Kaffeeröster des englischen Königs – ist er das?

Ernst Oehmichen war seit 1937 der Steuerberater der Familien Beckhardt und Neumann gewesen. 1941 war der Bücherrevisor Oehmichen mit der »Vertretung von Juden in Steuerangelegenheiten« beauftragt und zu ihrem »Helfer in Steuersachen« ernannt worden. Nachdem die Amerikaner am 28. März 1945 Wiesbaden von den Deutschen befreit hatten, versuchte Oehmichen mit den Neuen klarzukommen.

Bereits im April, als Hitler noch lebte, aber sein Berliner Rattenloch kaum mehr verließ, unterzeichnete US-Präsident Truman die Direktive »Joint Chiefs of Staff 1067«, die die US-Militärs anwies, als neue Machthaber die »Rückerstattung des wegen rassischer, politischer oder religiöser Verfolgung entzogenen Vermögens« voranzutreiben. Am Tag der deutschen Kapitulation trat das Militärgesetz Nr. 52 in Kraft, welches das Vermögen des Dritten Reichs und der NS-Organisationen unter »Vermögenskontrolle« stellte.

Rosa Emma und Fritz im Rheingau, 1955

In seiner Eigenschaft als Verwalter der Immobilien von Fritz und Emil sandte Oehmichen eine »Meldung nach dem Gesetz 52« an »Captain Tibbits, Amerikanische Militärbehörde, Eigentumskontrolle«: »Die Eigentümer sind seit 1930 meine Geschäftsfreunde und zur Zeit unbekannten Aufenthalts. Fritz Beckhardt und Familie ist außer Landes gegangen. Emil Neumann und Frau wurden von der Partei verschleppt. Die Grundstücke sind von der nationalsozialistischen Regierung als nichtarisches Eigentum beschlagnahmt worden. Das aus den Mieteingängen entstandene Guthaben habe ich trotz Verlangen des Finanzamts nicht abgeführt.« »Trotz Verlangen des Finanzamts« – wie alle »Arier« war auch Oehmichen über Nacht zum Widerstandskämpfer geworden.

Die Regierungsgewalt für ganz Deutschland lag in den Händen des Alliierten Kontrollrats, in dem die vier Besatzungsmächte vertreten waren. Er hob am 20. September 1945 die Nürnberger Gesetze auf und legte fest, dass als »NS-Verfolgter« gelte, wer aus »rassischen, religiösen oder politischen Gründen« verfolgt worden war.

Nicht auszudenken, wie unser Leben verlaufen wäre, hätten sich die Amerikaner mit ihren Entwürfen für die zukünftige deutsche Sozialgesetzgebung im Kontrollrat durchgesetzt. NS-Verfolgte und ihre Angehörigen sollten ein »Recht auf Fürsorge durch das deutsche Volk« erhalten. Sie sollten unabhängig von geleisteten Versicherungsbeiträgen in den Genuss der vollen Leistungen der Krankenkassen kommen, jeder sollte die höchstmögliche Rente beziehen.

Die Idee versprühte einen Hauch von Gerechtigkeit, aber der Widerstand der »arischen« Mehrheit war enorm. In den Verhandlungen zwischen den vier Besatzungsmächten blieb nichts von ihr übrig, nicht zuletzt weil die Russen bei den NS-Verfolgten zwischen »aktivem Kämpfer« und »passivem Opfer«, also zwischen Kommunisten und Juden, unterschieden. Auf diesem Weg kam die Verachtung der kommunistischen Kämpfer für die entmenschlichten jüdischen Kreaturen in den KZs in die Welt zurück. Die Befehle der Sowjetischen Militäradministration in Deutschland Nr. 64 und Nr. 82 vom April 1948 überführten »arisierte« Vermögen in der Sowjetischen Besatzungszone in »Volkseigentum« und entzogen Emigranten den Zugriff darauf. Die SED führte diese Politik nahtlos fort. So baute die im kommunistischen Denken tief verankerte Zusammengehörigkeit von Judentum und Kapitalismus eine Brücke von der nationalsozialistischen Volksgemeinschaft zur sozialistischen Gesellschaftsordnung. Auf die Rückerstattung jüdischen Eigentums konnte verzichtet werden.

Im Mai 1946 erkundigte sich die US-Militärregierung bei der »Reichsbankstelle Wiesbaden« nach den Eigentümern der Sonnenberger Häuser und erhielt zur Antwort: »Emil Neumann, formerly at Wiesbaden-Sonnenberg, Langgasse 9, now unknown.« Ein Jahr nach Kriegsende wussten die Behörden also weder vom Schicksal Emils und Hannchens noch vom Verbleib der Überlebenden. Das Wiesbadener Finanzamt schickte weiterhin Steuerbescheide an Oehmichen, als ob nichts gewesen wäre. Der Oberbürgermeister teilte dem Finanzamt mit: »Der Mieter Pfeiffer ist Pg. seit 1932 und zahlt angeblich monatlich insgesamt 160 RM Miete.« »Pg.« bedeutete »Parteigenosse der NSDAP«.

Nachdem im November 1947 das Rückerstattungsgesetz von der Militärregierung erlassen worden war, sabotierten die deutschen Behörden die Umsetzung durch »Dienst nach Vorschrift«. Die Beamten in den Wiedergutmachungsämtern sahen die Rückerstattung als Ausdruck »alliierter Siegerjustiz«, erfüllt vom Gedanken der »Kollektivschuld des deutschen Volkes«. In ihren Augen waren die schuldlos zur Rückerstattung gezwungenen »Arier« die eigentlichen Naziopfer, während die Juden sich vor dem Bombenterror aus dem Staub gemacht hätten und andernorts längst wieder zu Reichtum gekommen seien. Vertreter von Wirtschaftsverbänden drohten, die Maßnahmen der Amerikaner brächten die »in der deutschen Bevölkerung noch vorhandenen antisemitischen Gefühle zum Wiederaufflackern«. Die USA sollten das Ausmaß der Rückerstattung auf ein für den deutschen Fiskus erträgliches Maß begrenzen. Die »arische« Mehrheit erkannte, wie viel Wahres in den Prophezeiungen des »Führers« gesteckt hatte: Sollte der Krieg verloren gehen, fielen die Juden über Deutschland her.

Im Spätsommer 1948 reichte Fritz den ersten Rückerstattungsantrag ein. Es ging um die Wertpapiere, die Wohnungseinrichtung aus der Rüdesheimer Straße, den Adler-PKW, die Häuser Langgasse 9 und 11 und die Schulden, die Pfeiffer bei ihm hatte: »Karl Pfeiffer erfüllte seine Forderungen nur willkürlich, so wie es damals üblich war. Die Forderungen aus der Vertragsnichterfüllung beziffere ich auf 10 000,– Goldmark. Ich beabsichtige, 1949 meinen Besitz und mein Geschäft wieder zu übernehmen, mit dem Mieter und Pächter habe ich darüber im Februar des Jahres anlässlich meiner Anwesenheit in Wiesbaden verhandelt. An den Kaufmann Heinz Krahn, der die Lebensmittel-Großhandlung Fritz Frohwein, Mainz übernahm, habe ich eine Forderung in Höhe von 3000,– Goldmark aus der nicht erfolgten Lieferung eines Kontingents in Ölen und Fetten aus der Zeit bis zur Zwangsliquidierung meiner Großhandlung.« Zudem beantragte er »die Wiedereintragung der

OHG Emil Neumann in das Handelsregister und die Registrierung meiner zwangsliquidierten Fa. Fritz Beckhardt, Lebensmittel-Großhandel, Öle & Fette in Wiesbaden, zuletzt Moritzstr. 15.« Fritz glaubte, dass er wieder anknüpfen könne, wo er vor 15 Jahren hatte aufhören müssen.

Zähflüssig setzte sich der Apparat in Bewegung. Das »Zentralmeldeamt für Rückerstattung« reichte Fritz' Antrag an das Wiesbadener »Amt für Vermögenskontrolle und Wiedergutmachung« weiter, mit dessen Leitung die Amerikaner den früheren Oberbürgermeister Georg Krücke betraut hatten. Im Dezember 1948 teilte Krückes Amt Pfeiffer mit, dass »der frühere Eigentümer« die Rückerstattung beantragt habe.

Im Januar 1949 beauftragte Fritz den Rechtsanwalt Dr. Gero Sautermeister, einen Erbschein für das Vermögen von Emil und Hannchen zu beschaffen. Im März übersandte die Rhein-Main-Bank eine Liste der Wertpapiere, die als Judenvermögensabgabe von Emils Konto »im Auftrag des Kontoinhabers an die Preußische Staatsbank Berlin übertragen« worden waren, sowie der Beträge, die an das Deutsche Reich und die Reichsvereinigung der Juden überwiesen worden waren. »Im Auftrag des Kontoinhabers« hieß im Klartext: Der Jude hatte es so gewollt.

Im April ergänzte Rechtsanwalt Sautermeister Fritz' Rückerstattungsantrag in juristisch korrekter Form. Pfeiffer solle das Haus räumen und einen Teil der Gewinne der Fa. Emil Neumann erstatten. Der »noch nicht ermittelte Erwerber des 1938 veräußerten Adler Standard Personenkraftwagens (12/60 PS, km-Stand 30.000)« müsse nachzahlen. Die Rückerstattung der Wohnungseinrichtung und der Wäsche der deportierten Eheleute Neumann machte er »gegen den oder die noch nicht ermittelten Erwerber« geltend. Das Land Hessen schließlich habe Emils »Wertpapiere und Guthaben gemäß Rhein-Main-Bank« zurückzuerstatten.

Fritz' Antragsgegner war der hessische Finanzminister Werner Hilpert (CDU), ein Mann, von dem Fritz Verständnis erwartete, denn Hilpert und er saßen zeitgleich als Häftlinge in

Buchenwald. Hilpert war Gründer und Vorsitzender der hessischen CDU. Er genoss ein hohes Ansehen und wurde als Kandidat für das Amt des Bundeskanzlers gehandelt. Aber selbst Hilpert vergaloppierte sich im politischen Gezänk um die Wiedergutmachung, als er effekthascherisch die prognostizierte Gesamtsumme der Rückerstattung mit dem Faktor 10 multiplizierte und behauptete: »Wenn wir diese Summe aufzubringen hätten, müssten wir alle den Gashahn aufdrehen.«

Im Juni 1949 schrieb Parteigenosse Karl Pfeiffer nach London. Fritz sei zwar in der »derzeitigen stärkeren Position«, könne aber nicht verlangen, »dass ich schließlich noch mein Hemd ausziehe«. Er habe »durch den Geschäftsrückgang infolge des Boykotts in den beiden ersten Jahren unerwartet stark zu kämpfen« gehabt und nur deshalb den Wert der übernommenen Waren nicht nach unten korrigiert, »um Ihnen in der damaligen Lage keine mehr Schwierigkeiten zu machen«. Zudem habe er »mit jüdischen Unternehmen bis 1938 in sehr guten Beziehungen gestanden«. Nach dem Fliegerangriff im Februar 1945, bei dem unser Haus beschädigt worden war, habe er mit seinem »alten Vater von früh bis zur Dunkelheit bei dauerndem Alarm mit Schippe, Hammer und Säge an der Ruine gearbeitet«. Dann schlug er einen kollegialen Ton an. »In Kurzwaren führen wir noch die gleichen Artikel wie ehemals die Fa. E. Neumann. Eine Sparte haben wir sicher mehr ausgebaut, das Wollgeschäft, bedingt durch die zur besonderen Mode gewordene Wollbekleidung. Sie werden sicher ebenfalls nicht darauf verzichten wollen.«

Der Mann rührt mich. Die armselige Krämerseele war so unscheinbar, dass Kurt keine Erinnerung an ihn hat. Die Übernahme unseres Geschäfts war sein größter Erfolg gewesen. Dass er unter den Folgen des Boykotts von 1933 gelitten habe, war eine Schutzbehauptung. Kein »deutsches Geschäft« hatte darunter gelitten, dass es zuvor einem Juden gehört hatte – im Gegenteil! Pg. Pfeiffer konnte Fritz' geschäftlichen Erfolg unter der nationalsozialistischen Planwirtschaft nicht fortsetzen. Womöglich fehlte ihm dazu das Talent. Nun war der »Führer« tot, die Parteimitgliedschaft hatte nichts Zählbares erbracht, durch die Entnazifizierung war er durchgerutscht, und plötzlich stand der Jude vor ihm. Es blieb nur die Flucht in den kollektiven Wahn der »arischen« Mehrheit: Er stilisierte sich zum Boykottopfer und Widerstandskämpfer (»mit jüdischen Unternehmen in sehr guten Beziehungen«).

Zur selben Zeit schrieb der aus dem Exil zurückgekehrte Philosoph Theodor W. Adorno an Thomas Mann über seine Begegnungen mit den Nachkriegsdeutschen: »Ich habe, außer ein paar rührend marionettenhaften Schurken von altem Schrot und Korn, noch keinen Nazi gesehen, und das keineswegs bloß in dem ironischen Sinne, dass keiner es gewesen sein will, sondern in dem weit unheimlicheren, dass sie glauben, es nicht gewesen zu sein.«

Am 1. April 1949 trat in der amerikanischen Besatzungszone auf Drängen der Militärregierung das »Gesetz zur Wiedergutmachung nationalsozialistischen Unrechts« in Kraft. Es ging um die Entschädigung für »Schäden an Leben, Körper, Gesundheit, Freiheit sowie an Eigentum, Vermögen und wirtschaftlichem Fortkommen«. Diesmal gelang es der deutschen Seite, direkte Ansprüche der Opfer gegen die Täter auszuschließen. Der bayerische Justizminister und CSU-Vorsitzende Josef Müller, genannt »Ochsensepp«, ein leidenschaftlicher Gegner der Wiedergutmachung, prophezeite eine »Hexenjagd«, sollte eine zivilrechtliche Wiedergutmachungspflicht für »Arisierer« und Denunzianten eingeführt werden. Das Gesetz sah 150 Mark pro Monat KZ-Haft als Entschädigung vor. Das Geld sollte aus den Länderhaushalten kommen, also aus Steuergeldern, womit ein Dauerkonflikt zwischen den NS-Opfern und den Entschädigungsbehörden vorprogrammiert war.

Im Januar 1950 stellte Fritz noch von London aus einen »Antrag auf Grund des Gesetzes zur Wiedergutmachung nationalsozialistischen Unrechts (Entschädigungsgesetz)«. Er erhielt die Register-Nr. 02764. Da die »arische« Mehrheit seine Familie über einen Zeitraum von mehreren Jahren schrittweise ausgeplündert hatte, erinnerte Fritz erst nach und nach, was ihnen genommen worden war. Den Wert des Geraubten setzte er, warum auch immer, stets zu niedrig an. In die Spalte »Schaden an Eigentum und Vermögen« trug er ein: »Das Gepäck, das in Frankfurt bei der Fa. Schenker stand, wurde von der Gestapo beschlagnahmt. Bis zur Freigabe entstanden 100 Dollar Kosten, für Transport über Spanien nach England weitere 500 Dollar.« In die Spalte »Schaden im wirtschaftlichen Fortkommen« schrieb er: »Seit 1933 Boykott meiner Fa. Emil Neumann, da Jude, so dass zum Verkauf genötigt; Boykott meiner 1934 erworbenen Firma Berthold Kahn in Wiesbaden sowie meiner Firma Fritz Beckhardt, Wallertheim, die ich ebenfalls verkaufen musste.« Die Lebensversicherung, die »während meiner Haftzeit von meiner Frau unter Verlust zurückgekauft werden« musste, ordnete er unter »Schaden im wirtschaftlichen Fortkommen bei Versicherungs- und Rentenanstalten« ein. Die Spalte »Schaden an Körper und Gesundheit« ließ er leer. Dass er im Knast und in Gestapohaft gesessen und im Steinbruch von Buchenwald geschuftet und gehungert hatte, erwähnte er nicht. Körperliche Schwächen mochte er nicht zugeben.

Ende 1949 erklärte das Amtsgericht Wiesbaden Emil und Hannchen »mit Wirkung vom 8. Mai 1945 für tot« und erteilte einen gemeinschaftlichen Erbschein für Rosa Emma und ihren Bruder Friedrich. Daraufhin bat die »Abteilung Wiedergutmachung« im »Amt für Vermögenskontrolle und Wiedergutmachung« die »Abteilung Vermögenskontrolle« im »Amt für Vermögenskontrolle und Wiedergutmachung«, »das Hausgrundstück aus der Vermögenskontrolle zu entlassen«. Ende Januar kam ein Brief von Rechtsanwalt Sautermeister: Die Sonnenberger Häuser gehörten wieder unserer Familie.

Jetzt mussten Fritz, Rosa Emma und Kurt wieder Deutsche werden, denn das Entschädigungsgesetz galt nur für Deutsche. Ausländer mussten ihre Ansprüche über die eigene Regierung an Deutschland stellen; ab Oktober 1951 konnten sie sich an die Conference on Jewish Material Claims against Germany (Claims Conference) wenden, die die Interessen der außerhalb

Israels lebenden jüdischen NS-Verfolgten vertrat. Eine Wiedereinbürgerung war durchaus keine Formsache, denn es gab Beamte, die noch vor Kurzem Juden ausgebürgert hatten und nach wie vor der Ansicht waren, »ein Jude könne nicht wieder Deutscher werden«. Peter Bittmann, der Bürgermeister von Wallertheim, stellte Fritz eine Geburtsurkunde aus. Fritz erklärte vor einem englischen Notar »an Eides statt, dass ich Jude bin und meinen Wohnsitz 1940 ins Ausland verlegte. Eine andere Staatsangehörigkeit erwarb ich nicht.« Nachdem das Landgericht Wiesbaden Fritz' Gefängnisstrafe wegen »Rassenschande« aufgehoben hatte, erklärte der hessische Innenminister Heinrich Zinnkann (SPD): »Es bestehen in politischer Hinsicht keine Bedenken. Der Antrag, die Ausbürgerung für nichtig zu erklären, ist nach dem Gesetz über die Staatsangehörigkeit von Ausgebürgerten vom 23. 3. 1948 rechtlich begründet und wird von hier aus befürwortet.« Der Wiesbadener Polizeipräsident erhielt »die Staatsangehörigkeitsurkunden für die Familie Fritz Beckhardt mit der Bitte um Weiterleitung«. Im Februar 1950 schließlich stellte das britische Home Office für jeden der drei ein »Certificate of Identity, issued for Repatriation« aus.

Ich habe einen »Traum«.
Es ist der 25. März 1950, Kurts 23. Geburtstag. Fritz, Rosa Emma und Kurt beziehen zwei Zimmer im Hotel Singer. »Wir bleiben nur ein paar Tage, bis wir in unser Haus zurückkehren«, sagt Fritz. Kurt bestellt Frankfurter Würstchen und Kartoffelsalat wie vor elf Jahren auf der »Europa«. »Staubig ist es hier«, denkt er. Fritz kauft an der Hotelrezeption die aktuelle Ausgabe des Wiesbadener Kuriers. »Für jüdische Heimkehrer in Wiesbaden Hilfe in Sicht«, lautet die Schlagzeile. Die Bundestagsfraktion der FDP fordert, ein Referat für Entschädigungsfragen im Bundesfinanzministerium einzurichten. »Eine Entschädigung für die Juden, die wenigstens im Ansatz ihren Namen verdiene«, sei »nur finanzierbar durch Eingriffe in die Vermögenssubstanz« von 60 Millionen Deutschen.

Weiter unten folgt ein Beitrag über die »Vertriebenen« aus den ehemaligen deutschen Ostgebieten. »Da der Anspruch der Heimatvertriebenen auf einen gerechten Ausgleich der Kriegslasten auf die Grundsätze des Christentums gegründet ist, sollte er angesichts des Leids der überlebenden Juden, die aus dem Rest der Welt auf uns blicken, mit Bescheidenheit vorgetragen werden«, und unter der Überschrift »Newman dankt der Regierung für die reibungslose Eingliederung jüdischer Heimkehrer« bedankt sich der Vertreter der Besatzungsmächte, Landeskommissar James R. Newman, bei den hessischen Gemeinden für die unbürokratische Bereitstellung »erstrangigen Wohnraums« für Juden, die sich seit Kriegsende »ihrer alten Heimat wieder zugewandt« haben. Weiter hinten im Blatt findet Fritz schließlich eine Spalte, in der, nach Gemeinden getrennt, die 3000 Wiesbadener Juden aufgelistet sind, über deren Verbleib – Auswanderung, Deportation, Ermordung, Rückkehr – noch immer nichts bekannt ist.

Beim Frühstück am nächsten Morgen tritt ein Herr im Anzug an unseren Tisch und überbringt einen Brief von Oberbürgermeister Hans Heinrich Redlhammer. Eine Stunde später sitzen Fritz, Rosa Emma und Kurt im Rathaus dem Oberbürgermeister gegenüber. Redlhammer lässt Kaffee und Gebäck reichen und berichtet, dass die Stadt in Zusammenarbeit mit der Landesregierung und den Besatzungsmächten in den Villen oberhalb des Nerotals, die bis Kriegsende NSDAP-Funktionären gehört haben, dauerhaften Wohnraum für jüdische Heimkehrer requiriert habe. Der OB erklärt, er wolle nicht hinter seinem Kollegen, dem Frankfurter Oberbürgermeister Walter Kolb, zurückbleiben, der in der Neujahrsansprache 1947 »an unsere einstigen Mitbürger jüdischer Konfession« gesagt habe: »Wir versprechen von ganzem Herzen, Sie aufzunehmen, und sichern Ihnen feierlich zu, unser Bestes zu tun, dass Sie sich in der alten Heimat wohlfühlen werden.« Kurt ist beeindruckt, Fritz nickt, genauso hat er sich das vorgestellt.

Schon am nächsten Tag ziehen Fritz, Rosa Emma und Kurt in die geräumige Jugendstilvilla ein, in der ich Jahre später geboren werde. Obwohl Pfeiffer den Laden in Sonnenberg längst verlassen hat, legt Fritz die Pläne, im Alter von 61 Jahren noch einmal neu anzufangen ad acta, was ihm durch die großzügige, lebenslange Rente erleichtert wird, die ihm und Rosa Emma zugesprochen wird.

Einen Monat später belegt Kurt einen Förderkurs für Rückkehrer, denen auf Grund von »rassischer, religiöser oder politischer Verfolgung« ein ordentlicher Schulabschluss verwehrt worden ist, und macht im Alter von 25 Jahren sein Abitur. Nach einem Ingenieurstudium in Frankfurt bekommt er einen Job im Siemens-Konzern, wo sein Onkel Friedrich mittlerweile einen Direktorenposten innehat.

Die Geschichten aus dem Familienleben in den Jahren nach der Rückkehr, die mir Kurt mit einem zufriedenen Grinsen erzählt, sind ein wunderbarer Kontrast zu der Zeit der Ausgrenzung, der Vertreibung und des Mordes. Fritz nötigt die unkomplizierte Art, wie man ihm und den anderen Juden entgegenkommt, Respekt ab. »Ich hatte befürchtet, ich müsse noch einmal kämpfen«, sagt er. »Wer hätte gedacht, dass die Mehrheit der Deutschen trotz der Kriegsschäden, der Heimatvertriebenen und der vermissten Soldaten uns so offenherzig und verständnisvoll gegenübertritt?«

Auch Rosa Emma zehrt den Rest ihres Lebens von der zuvorkommenden Art, mit der ihr die Nachbarn begegnen. »In Sonnenberg haben viele ihre Söhne im Krieg verloren«, sagt sie, »aber allen ist das Schicksal meiner Eltern bewusst, und niemand nennt beides in einem Atemzug.«

Bis weit in die 1950er Jahre hinein werden die Mitglieder der NS-Organisationen zu Hilfsdiensten in den Haushalten der überlebenden Juden verpflichtet. Kurt erzählt von einem Blockwart aus dem Nerotal, der uns einmal wöchentlich den Garten macht; von einem SA-Obersturmführer aus Biebrich, der Fritz, als der nicht mehr gut zu Fuß ist, als Chauffeur dient, und von der ehemaligen Sekretärin des NSDAP-Kreisleiters, die für uns kocht und putzt.

Ich wache auf. Die Fotos von Fritz, Rosa Emma und Kurt stehen auf dem Nachttisch. In meinen Ohren rauscht es. Die schönen Worte des Frankfurter Oberbürgermeisters Walter

Kolb habe ich in einer Zeitung gelesen. Der Rest ist ein Traum, der wahr werden wollte.

Am 25. März 1950 rollte der Zug in den Wiesbadener Hauptbahnhof ein. Kurt erinnert vor allem eins: Staub. Es staubte aus den Ruinen. Staub lag auf den Straßen, auf allem, was man berührte, und in allem, was man atmete, war Staub. Auf den Straßen fuhren gasbetriebene staubige Omnibusse aus den 1930er Jahren. Fritz, Rosa Emma und Kurt bezogen zwei Zimmer im Hotel Singer. »Wir bleiben nur ein paar Tage, bis wir in unser Haus zurückkehren«, sagte Fritz. Kurt bestellte Frankfurter Würstchen und Kartoffelsalat wie vor elf Jahren auf der »Europa«. Es war sein 23. Geburtstag.

Deutschland war wieder eine Demokratie. Im August 1949 war in den westlichen Besatzungszonen ein Parlament gewählt worden, in dem liberale und konservative Parteien die Mehrheit hatten. Die SPD, die damit gerechnet hatte, wie vor 1933 stärkste Partei zu werden, lag knapp hinter der CDU, die von dem früheren Zentrumspolitiker Konrad Adenauer geführt wurde, den Fritz noch immer für einen verkappten Separatisten hielt. Adenauer war mit einer Stimme Mehrheit zum Bundeskanzler gewählt worden.

Das Wahlverhalten der Deutschen hatte sich kaum verändert; die klassischen Arbeiterparteien SPD und KPD bekamen wie zu Zeiten der Weimarer Republik zusammen ein gutes Drittel der Stimmen. Da die NSDAP verboten worden war, mussten sich die Nazis auf die neuen Parteien aufteilen. Ein paar von ihnen regierten schon wieder. Fritz Pfeffer von Salomon, der SA-Obergruppenführer und frühere Regierungspräsident, der die Deportation von Emil und Hannchen angeordnet hatte, war jetzt in der Deutschen Partei aktiv, die zusammen mit Adenauers CDU regierte. Ein Abgeordneter der Koalition erklärte drei Monate nach der Wahl: »Man macht zu viel Aufhebens von der Hitlerbarbarei gegen das jüdische Volk. Ob das Mittel, die Juden zu vergasen, das gegebene gewesen sei, darüber kann man geteilter Meinung sein. Vielleicht hätte es andere gegeben.«

Fritz kaufte die aktuelle Ausgabe des *Wiesbadener Kuriers*. »Für Besatzungsgeschädigte in Wiesbaden Hilfe in Sicht«, lautete eine Schlagzeile. Die Bundestagsfraktion der FDP fordere, im Finanzministerium ein »Referat für Besatzungsgeschädigte« einzurichten. Bürger, deren Häuser von der Besatzungsmacht beschlagnahmt worden waren, durften sich Hoffnungen machen, ihren Besitz zurückzuerhalten. Da das Haus seiner Frau seit 16 Jahren durch die Nazis beschlagnahmt war, wähnte Fritz sich in einer umso hoffnungsvolleren Lage.

Auf der Titelseite forderten die »Vertriebenen« einen »gerechten Lastenausgleich durch Eingriffe in die Vermögenssubstanz« der restlichen 60 Millionen Deutschen: »Der Anspruch der Heimatvertriebenen auf einen gerechten Ausgleich der Kriegslasten ist auf die Grundsätze des Christentums gegründet.« Schau an! Die »arische« Mehrheit hatte das Christentum reanimiert. Mit den »Vertriebenen«, so viel war klar, waren nicht Fritz, Rosa Emma und Kurt gemeint, denn sie waren ja freiwillig ausgewandert.

Zehn Millionen Deutsche waren aus den jetzt zu Polen, der Tschechoslowakei und der Sowjetunion gehörenden Ostgebieten geflohen oder verjagt worden. In ihren Vereinen und »Landsmannschaften« sammelten sich die Funktionäre der NSDAP und der SS. Zehn Millionen »arische« Volksgenossen waren zu Kriegsopfern geworden. Das waren zehn Millionen Wähler. Wie viel Juden gab es noch? 10 000? 20 000? Ein paar Viehwaggons hätten für sie gereicht.

Sie wurden öffentlich auch nicht mehr »Juden« genannt, sondern »heimatlose Ausländer«. Damit waren mehrere Millionen »Displaced Persons« gemeint, ehemalige KZ-Häftlinge, Kriegsgefangene, Zwangsarbeiter, unter ihnen 200 000 Juden, die die Schoa überlebt hatten. 1950 hatten die meisten Juden Deutschland längst Richtung Israel oder USA verlassen. Übrig blieb ein armseliges Häufchen, das verdammt schien, unter den braunen Gespenstern zu leben. »Newman fordert von Regierung Plan zur Eingliederung heimatloser Ausländer«, las Fritz. Der Landeskommissar forderte, an die »noch in Lagern lebenden Heimatlosen die gleichen Unterstützungssätze zu zahlen wie an deutsche Unterstützungsempfänger«.

Was stand noch in der Zeitung? Die Bundesregierung steckte 330 Millionen Mark in ein Arbeitsbeschaffungsprogramm für »Flüchtlingsbetriebe«. Hessen vermisste noch 95 000 Wehrmachtssoldaten. Eine »Zweckvereinigung der Entlasteten« hatte sich zur »gerechten Wahrnehmung ihrer Interessen bei den Bundes-, Länder- und Anstellungsbehörden« gegründet. »Entlastete« waren Nazis, denen man außer der Mitgliedschaft in der NSDAP vorerst kein weiteres Verbrechen nachweisen konnte. Weiter hinten im Blatt fand Fritz eine Spalte, in der, nach Gemeinden getrennt, die Zahlen der »noch in Gefangenschaft befindlichen oder als vermisst gemeldeten ehemaligen Angehörigen der Wehrmacht« aufgelistet waren.

Fritz war süchtig. Die deutsche Heimat war sein Heroin, sonst hätte ihm spätestens bei der Zeitungslektüre dämmern müssen, dass die Reise über den Ärmelkanal als Bruchlandung enden würde. Rosa Emma schwieg, und Kurt ahnte noch nichts. »Ich dachte, ich bekomme einen guten Start ins Leben.« Der FC Arsenal gewann zum dritten Mal das Pokalfinale im Wembley-Stadion durch ein 2:0 gegen Liverpool. Der erste von vielen glücklichen Momenten, die Kurt nun verpasste.

Am nächsten Morgen trat ein Hotelmitarbeiter an ihren Tisch und überbrachte einen Brief vom Gericht. Pfeiffer hatte eine einstweilige Verfügung erwirkt. Er durfte so lange in unserem Haus bleiben, bis er sich anderweitig etabliert habe. Fritz stürmte mit hochrotem Kopf in Sautermeisters Kanzlei, doch der klärte ihn darüber auf, dass man einen Nazi nicht aus einem jüdischen Haus verjagen könne, nur weil er Nazi sei. Umgekehrt sei das möglich gewesen, aber die Zeiten hätten sich geändert.

Nach einer Woche mussten Fritz, Rosa Emma und Kurt die Zimmer verlassen, weil sie pleite waren. Fritz ließ die Koffer im Hotel unterstellen und führte sie in die Adelheidstraße. Im

Hinterhaus der Nr. 18 befand sich die Käserei und Molkereigroßhandlung Hammacher & Schmidt. »Das hier ist jetzt unser Zuhause«, sagte Fritz. Kurt betrachtete die oberen Stockwerke. Warum eigentlich nicht, dachte er, in London über einer Metzgerei, in Wiesbaden über einer Käserei. »Nicht dort«, erklärte Fritz, der seinem Blick gefolgt war: »Wir wohnen im Lager.« Fritz und Herr Hammacher kannten sich von früher. Nachdem Fritz verdaut hatte, dass die Familie vorerst nicht nach Sonnenberg umziehen könne, hatte er den alten Geschäftsfreund um Hilfe gebeten.

»Ohne Hammachers Käseladen wären wir obdachlos geworden«, sagt Kurt. »Unten im Hauptlager, wo sich die Kühlhäuser befanden, schliefen die Eltern zwischen Butter, Quark und Käse. Ich schlief oben beim Handkäse auf einem Notbett, das ich jeden Morgen abschlagen musste.« Fritz hatte einen gusseisernen Kohleofen organisiert, auf dem Rosa Emma kochte. »Der Ofen und unsere Habseligkeiten hatten in einer fensterlosen Kammer neben dem Lastenaufzug Platz. Hier konnten wir uns tagsüber bei schlechtem Wetter aufhalten, ohne die Arbeiter zu stören. Morgens um 7 Uhr, wenn der Betrieb losging, mussten wir raus«, sagt Kurt.

Fritz musste Geld beschaffen, was ohne eine Meldeadresse unmöglich war. Während einer Einladung zum Kaffee bei Claire, der Witwe Berthold Guthmanns, erzählte Fritz von der Notlage seiner Familie. Claire war mit ihrer Tochter Charlotte im Sommer 1945 aus Theresienstadt zurückgekehrt. »Paul starb kurz vor Kriegsende in Mauthausen«, sagte sie, als Kurt nach dem Sportkameraden fragte, an dessen Purzelbäume er sich gut erinnerte. Kurt war im Sportbund Schild der kleinste, Paul der größte Turner gewesen. »Beim Purzelbaumschlagen rollte ich schnell von der Matte, wenn Paul hinter mir war«, erzählt Kurt, »sonst schlug er mir mit seinen langen Beinen auf den Hinterkopf.«

»Ihr könnt euch bei uns anmelden«, sagte Claire. Offiziell wohnten sie nun in der Bahnhofstr. 25, wo die Bezirksstelle der Reichsvereinigung der Juden ihren Sitz gehabt hatte. Hier hatten Emil und Hannchen die »Heimeinkaufsverträge« für Theresienstadt unterschrieben. »Nur gut, dass wir das damals nicht wussten«, meint Kurt.

Fritz hatte es eilig und ging mit dem Meldezettel in der Hand direkt zur »Städtischen Betreuungsstelle für politisch, rassisch und religiös Verfolgte«, um einen »Antrag auf Gewährung einer Notstandsbeihilfe« zu stellen. In die Zeile »Zu vermutender Anspruch gemäß Entschädigungsgesetz« trug er 57 350 D-Mark ein. Das war die Forderung, die er in den bisherigen Anträgen geltend gemacht hatte. Unter »Persönliche Daten« gab es eine Zeile, in die man die Religion eintragen sollte. Fritz schrieb: »gottgläubig«.

Der Beirat der Betreuungsstelle gewährte ihm, Rosa Emma und Kurt »unter besonderer Berücksichtigung der Notlage der Antragsteller« eine Notstandsbeihilfe von monatlich 250 Mark für die Monate April bis September. »Beckhardt ist seit März 1950 in Wiesbaden, aus Emigration zurückgekommen und ist vollkommen mittellos; in Wiesbaden sehr bekannter Fall.«

Im April erhielten sie von der Betreuungsstelle blassrote »Sonderausweise« für NS-Verfolgte, die auf der Vorderseite ein auf der Spitze stehendes rotes Dreieck trugen, das Kennzeichen für politische Häftlinge in den Konzentrationslagern. Der Ausweis trug die Stempel der Betreuungsstelle, des Polizeipräsidenten und des Innenministers, was ihm Autorität verleihen sollte. In deutscher, englischer, französischer und russischer Sprache stand darin, dass Kurt »10 Jahre in der Emigration in England zugebracht« und sich »sonst einwandfrei betragen« habe. Daher habe man ihn »bei allen Amtsstellen bevorzugt zu betreuen und ihm weiterzuhelfen«. So weit die Theorie. Die wahre Geschichte von Kurts rotem Sonderausweis ist schnell erzählt, denn er kam nur ein einziges Mal zum Einsatz.

Kurt wollte Mitglied der gesetzlichen Krankenversicherung werden. Die Allgemeine Ortskrankenkasse (AOK) wollte den Arbeitslosen nicht aufnehmen. Der Leiter der AOK-Verwaltungsstelle Sonnenberg, ein Sozialdemokrat namens Stein, bat Kurt, ihm den Sonderausweis zu geben. »Ich kümmere mich darum, Herr Beckhardt«, sagte Stein mit siegesgewissem Lächeln. Der Genosse Stein mochte nicht glauben, dass die AOK einen mittellosen NS-Verfolgten abgewiesen habe. Nach einer Woche brachte er den Ausweis zurück. »Tut mir leid, die nehmen Sie nicht auf«, sagte Stein, »da sitzen noch die alten Nazis.« Kurt blieb der Zutritt zu einer gesetzlichen Krankenkasse verwehrt. Den roten Ausweis benutzte er nie wieder. Er war der Judenstern der Nachkriegszeit.

Kurt hatte elf Jahre fast nur Englisch gesprochen. Jetzt fehlten ihm buchstäblich die Worte. Er hatte Hemmungen, fremde Menschen mit schlechtem Deutsch anzusprechen. Ziellos streunte er durch die Stadt und beobachtete die Passanten. Die Mädchen taten ihr Bestes, um zu gefallen, er aber übersah sie. Zum Ausgehen fehlte ihm das Geld; bisweilen gönnte er sich ein Schaschlik oder eine Gulaschsuppe in einer der Buden, die sich der Flächen bemächtigten, die der Krieg in die Stadt gesprengt hatte. Da saß er auf einer Holzbank und träumte von den Leuchtreklamen am Leicester Square.

Wenn Kurt, aus dem Käselager kommend, links in die Adelheidstraße einbog, traf er auf die Adolfsallee. Am Haus der Levittas betrachtete er die Klingelschilder. Wo war Herbert? Auch die Familie, die in der Mansarde gelebt hatte, war verschwunden. Der Sohn hatte einmal mit einer Rotte Hitlerjungs Kurt aufgelauert und ihn verprügelt.

Die Tage tröpfelten wie Novemberregen dahin. Ein Farbklecks kam in den Alltag, als Kurt durch eine Fahrprüfung seine driving licence anerkennen lassen musste. Der Fahrlehrer fuhr in einem alten Citroën mit Gitterschaltung vor, rutschte auf den Beifahrersitz, starrte auf Kurts englischen Führerschein und schwieg. Seine Miene fragte nach der Herkunft der ungewöhnlichen Fahrerlaubnis, und wie der junge Deutsche sie mitten im Krieg in London habe erwerben können. Kurt fuhr um einen Häuserblock und hatte die Prüfung bestanden. »Das war eine der aufregenderen Aufgaben, die ich in den ersten Monaten zu bewältigen hatte«, grinst er.

Verdrängt hat Kurt, wie er auf die Idee verfallen war, die jüdische Gemeinde aufzusuchen: »Ich glaube, ich wollte meinem Vater helfen, und suchte Rat in Sachen Wiedergutmachung.« Zum ersten Mal betrat er die Räume in der Friedrichstraße, in denen sein orthodoxer Freund Paul Nathan gebetet hatte, in denen Rosa Emma ihn und Hilde für die Kindertransporte angemeldet hatte, in denen die Großeltern die letzten Stunden vor der Deportation verbracht hatten – aber das ahnte er nicht.

Kurt setzte sich in einen Warteraum, in dem Menschen auf Stühlen an der Wand saßen und an einem Tisch eine über Papiere gebeugte Frau, die nach einer Weile den Kopf hob und ihn stirnrunzelnd ansah. »Sind Sie Mitglied in der Gemeinde?«, fragte die Frau. Kurt hatte Mühe, ihr Jiddisch zu verstehen.

»Nein«, antwortete er, »aber ich bin Jude und suche Hilfe.«

Die Menschen im Raum starrten ihn an. Der junge Mann, der behauptete, Jude zu sein, sprach einen hessischen Dialekt wie die Deutschen, wie die Nazis – oder die ehemaligen Wiesbadener Juden, von denen es kaum noch welche gab. Die neuen Gemeindemitglieder waren gestrandete Osteuropäer, die kein Aufnahmeland gefunden hatten. Sie sprachen Polnisch, Russisch, Jiddisch.

»Schreiben Sie Ihren Namen, wo Sie wohnen und was Sie wollen«, sagte die Frau und gab ihm ein Blatt Papier. Kurt nahm es und ging hinaus. Er war irritiert.

Bei nächster Gelegenheit fragte er Claire Guthmann, wo die Gemeinde war, zu der er einst gehört hatte? Gab es sie noch? Claire hatte nach der Rückkehr aus Theresienstadt eine auf ihrem Dachboden versteckte Torarolle in die Friedrichstraße getragen, mit der ein amerikanischer Rabbiner damals die erste Synagoge in der US-Besatzungszone eröffnet hatte. Das war im Sommer 1945 gewesen. An den hohen Feiertagen fanden wieder Gottesdienste statt. Claire hatte einen Funken jüdischen Lebens nach Wiesbaden zurückgebracht, einen Funken des liberalen deutschen Judentums, der endgültig erlosch, als die Ostjuden die Regie übernahmen.

Claire lief rot an vor Wut. »Die Polacken haben unsere Synagoge verscherbelt und das Geld nach Amerika geschafft«, sagte sie. »Die Ostjuden, diese Gauner!«, hätten das Grundstück mit der Ruine der Hauptsynagoge verkauft und wollten mit den Erlösen verschwinden, behauptete sie. »Dass die Beamten uns gegenüber so abweisend waren, habe ich anfangs auf diese Leute zurückgeführt«, sagt Kurt.

Doch die Stimmung gegenüber den Entschädigungsansprüchen der NS-Verfolgten hatte sich fünf Jahre nach der Niederlage auch ohne fremdes Zutun von schuldbewusster Akzeptanz in aggressive Ignoranz gedreht. Die »arische« Mehrheit mochte nicht länger im Büßerhemd posieren. Ein Sinnbild dafür war die Umwidmung des Tags der »Opfer des Faschismus« in den Tag der »Kriegsopfer«, die Bundesinnenminister Gustav Heinemann (CDU) betrieb. Zwar war der Begriff der »Opfer des Faschismus« zu einer SED-Kampffloskel im Kalten Krieg verkommen. Dennoch stellte Heinemann mit der Umbenennung einen KZ-Häftling und einen Nazi, dessen Villa einen Bombenschaden erlitten hatte, moralisch auf eine Stufe. Hinzu kam der Versöhnungsterror, mit dem die Christen die Juden in die Zange nahmen: Reicht uns die Hand und erkennt an, dass auch wir gelitten haben!

Während Fritz, Rosa Emma und Kurt im Käselager auf die Rückgabe ihres Hauses warteten, sammelten sich die »Judengeschädigten« in der »Bundesvereinigung für loyale Restitution«. Ihre Zeitschrift *Die Restitution* wurde zum Sprachrohr von Hausbesitzern, Kaufleuten, Richtern und Politikern, die sich gegen die Rückerstattung jüdischen Eigentums austobten. Das Blatt leistete jedem Beistand, der vor einer Wiedergutmachungskammer einem Juden, der sein Eigentum zurückforderte, gegenübertreten musste.

Die »Judengeschädigten« machten aus der »Arisierung« einen Akt der Nächstenliebe: Was hätte es den Juden genutzt, wenn wir ihre Habseligkeiten nicht gekauft hätten, wo sie das Geld doch zur Ausreise brauchten? Ohne uns wäre manch einer von denen statt in Amerika in Auschwitz gelandet. Beliebt war auch der Rückzug auf die wertfreien Regeln kaufmännischen Handelns: Die Juden waren in einer Zwangslage gleich einem Kaufmann, dem der Konkurs droht. Ist es verwerflich, bei einer Zwangsversteigerung etwas zu erwerben? Konnte man den kaufmännisch Handelnden für die Not der Juden verantwortlich machen?

Es gab auch besonders ehrliche »loyale Erwerber«, die in der »Arisierung« die eigentliche Wiedergutmachung sahen, da sie der Abwehr jüdischer Spekulanten gedient habe, die in der Inflationszeit »in großem Umfang Immobilien zu Spottpreisen errafft« hätten. Den Juden im Ausland riet man zur Mäßigung, sonst hätten es die Juden in Deutschland auszubaden. Fritz kam das bekannt vor.

Als Haftentschädigung für zweieinhalb Jahre Knast, Gestapohaft, KZ, Steinbruch, Hunger, Prügel und Scheinhinrichtungen bot der Wiesbadener Regierungspräsident Heinrich Nölle Fritz 4200 Mark an. Zwar gab es erwerbstätige Nachkriegs»arier«, die weniger im Sparstrumpf hatten, aber die wieder eingesetzten NS-Beamten verdienten in einem Jahr ein Vielfaches. Es war ein Ablasshandel. Sie hatten Fritz ausgeplündert, deshalb musste er ihr Geld nehmen. Sie waren Wohltäter, er ein Jude.

Seine Freude über den Geldfluss währte indes nicht lange. Die Landesregierung misstraute den lokalen Betreuungsstellen für Naziverfolgte, da sie annahm, dass sich dort eine bestimmte Sorte Menschen engagierte. Goebbels hatte sie »intellektuelle und gesellschaftliche Schichten« genannt, die beim Anblick des Judensterns »ihr Humanitätsgefühl für die armen Juden« entdeckten. Allerdings hatte die Besatzungsmacht den Straftatbestand des »judenfreundlichen Verhaltens« einkassiert. Folgerichtig setzte die Landesregierung einen »Allgemeinen Vertreter des Landesinteresses bei den Fachbehörden« ein, einen Aufseher, der das Wohltätertum kontrollieren sollte. Er legte gegen die Haftentschädigung ein Veto ein, da Fritz, Rosa Emma und

Kurt nicht, wie es das Gesetz forderte, am 1. Januar 1947 in Deutschland gewohnt hatten.

Noch einmal genehmigte die Betreuungsstelle eine Notstandsbeihilfe von 3000 Mark wegen des »am 1.2.1934 durch Boykott stillgelegten Geschäfts«. Wieder verhinderten die Behörden die Auszahlung, da es »unter Umständen zu einer Ablehnung des Haftentschädigungsanspruches kommen wird«.

Jetzt riss den Mitarbeitern der Betreuungsstelle der Geduldsfaden. Ein Herr Cipriani, der Fritz als Reichsbannermann noch in guter Erinnerung war, schrieb an den Regierungspräsidenten: »Beckhardt ist deutscher Jude und war jahrzehntelang in Wiesbaden ansässig. Er ist mit seiner Familie ausgewandert, nachdem man ihn vorher im KZ Buchenwald inhaftiert hatte. Dem Unterzeichneten sind die persönlichen Verhältnisse der Familie Beckhardt seit 30 Jahren bekannt. Es handelt sich um eine vollkommen einwandfreie Persönlichkeit. Herr Beckhardt ist aus England zurückgekehrt und beabsichtigt, sein ihm durch die Nazi-Maßnahmen 17 Jahre lang entzogenes Geschäft wieder zu übernehmen.«

Wehe dem, der keinen Cipriani hatte. Die Moralpredigt zeigte Wirkung. Die Strafanstalt Frankfurt-Preungesheim bestätigte Fritz' Haftzeiten, das Rote Kreuz schickte die Häftlingsakten aus Buchenwald, und der Regierungspräsident genehmigte die Notstandsbeihilfe als »Vorauszahlung auf die Haftentschädigung«. Schließlich erklärte das Innenministerium Fritz' Entschädigungsantrag für »zulässig«. Damit war es amtlich: Fritz war Jude und Naziverfolgter. Ob ihm Deutschland etwas schuldete, stand auf einem anderen Blatt.

Bis zum 8. Mai 1945 galten Juden in den Augen der »arischen« Mehrheit ausnahmslos als reich. Tags darauf mussten sie beweisen, jemals etwas besessen zu haben. Für jeden Zahnstocher musste Fritz Kaufbelege vorzeigen. Peter Bittmann schrieb den Behörden, dass er ihn und sein Eigentum gekannt habe. Der Spediteur beschrieb das Umzugsgut von 1934, und die ehemalige

Haushaltshilfe beeidete, dass die Familien Beckhardt und Neumann »aufs beste und reichlichste ausgestattet waren«. Fritz gab eine eidesstattliche Erklärung nach der anderen ab über sein früheres Einkommen, über die Wohnungseinrichtung (»sehr gediegene Möbel, wie sie in einem gutbürgerlichen Haushalt üblich sind«), über das Weinlager im Wert von einigen tausend Mark.

»Wie bei vielen religiös lebenden Juden war für das Osterfest eine complette Küchen & Speisegeschirreinrichtung ein Extra-Bestandteil unseres reichen Kücheninventars«, schrieb er. »Ein besonders wertvolles Buch muss ich hervorhebend erwähnen: 1 Hagada aus der Mitte des 13. Jahrhunderts auf Pergament handgeschrieben in Teutsch und Hebräisch. Dieses Buch war ausschließlich im Besitze der Beckhardts und vererbte sich stets auf den ältesten Sohn mit einer Widmung des Vaters versehen.«

Als Erbin von Emil und Hannchen stellte auch Rosa Emma einen »Antrag auf Grund des Gesetzes zur Wiedergutmachung nationalsozialistischen Unrechts« beim »Hessischen Staatsministerium des Innern, Abt. VI – Wiedergutmachung«. Meine Großeltern ahnten nicht, welche Folterwerkzeuge die Wiedergutmacher in ihren Gesetzesschubladen versteckten. Das gröbste war die Rolle der Bittsteller, in die man sie drängte; das nächst gröbere die Beweispflicht, etwas besessen zu haben; das schmerzhafteste war die Lebenszeit, die verrann, ohne dass etwas geschah. Im November 1950 machte ein Mitarbeiter des Regierungspräsidiums einen behördeninternen Vermerk: Man habe entschieden, den Fall »bis auf eine bundesgesetzliche Regelung ruhen zu lassen«.

Die SA trägt wieder Zivil

Anneliese Bach, geborene Baum, saugt an der Zigarette. »Nein, über die Vergangenheit haben wir nie gesprochen. Aus Angst, Kurts Gefühle zu verletzen, hätte ich das nicht gewagt.« Dass es eine Zumutung für Kurt und Rosa Emma gewesen sein könnte, nach Sonnenberg zurückzukehren, sei ihr nie in den Sinn gekommen. »Warum sollten sie nicht nach Hause kommen? Es war ihr Geschäft und ihre Heimat.«

Rudolf Baum war 1945 wieder Ortsvorsteher der SPD geworden. »Nach und nach«, sagt Anneliese, »kamen die Nazis angekrochen und stammelten etwas von Entschuldigung.« Bei ihrer Hochzeitsfeier stand Helfrich, der Wirt der Nazikneipe »Krone«, mit einer Flasche Wein in der Hand vor der Haustür. Anneliese schüttelt sich, als habe sie ein Juckreiz befallen. »Mein Vater öffnete und sagte: ›Ich glaube, das ist keine gute Idee‹ – und schickte ihn weg.« Über die Nazis aus dem Dorf will sie »nach so langer Zeit« nicht mehr reden. Nur Walter Mäurer, den Turnerführer, der Fritz aus dem Verein gejagt hat, nennt sie »einen bösen Kerl«.

Sonnenberg hatte sich während der Abwesenheit von Fritz und Rosa Emma kaum verändert; ein Dutzend Bauernhöfe, eine Handvoll Gastwirtschaften und Läden. In der »Hubertushütte« im Goldsteintal wurden immer noch Rippchen, Kraut und Äbbelwoi serviert; beim »Köhler« traf sich der sonntägliche Frühschoppen; im »Burggraf« hockten die Sozis wie einst im Hinterzimmer, und in der »Krone« soff die SA jetzt in Zivil.

»Als ich die Sonnenberger erblickte, war ich geschockt«, stammelt Kurt. Der Erste, der ihm begegnete, schob ein rostiges Fahrrad den Kreuzberg hinauf, trug eine Schiebermütze und eine blaue Schürze. Ihm folgte ein Bauer auf einem Pferdekarren. Die Frauen trugen Knoten unterm Haarnetz und steckten in geblümten Kitteln. »Ich dachte wehmütig an das Völkergemisch in der Londoner U-Bahn, an die Inder und Afrikaner, mit denen ich am Band gestanden hatte.«

Am 8. Oktober 1950 gab der amerikanische Hohe Kommissar John McCloy ein Radiointerview, in dem er betonte, dass die Alliierten in Sachen Wiedergutmachung nicht mit sich reden lassen würden. Mc Cloy sah sich zu der Klarstellung durch die fortgesetzten Debatten im Bundestag veranlasst, in denen vor allem Abgeordnete der CDU/CSU-Fraktion von der Regierung forderten, die alliierten Gesetze durch deutsche zu ersetzen, um »offenkundige Härten« gegenüber den Rückerstattungspflichtigen abzumildern. Bundesjustizminister Thomas Dehler (FDP) entgegnete, dass »die Rückerstattungsgesetzgebung bei aller ihrer Strenge nicht annähernd die den rassisch und politisch Verfolgten durch die nationalsozialistische Gewaltherrschaft zugefügten Vermögensschäden wiedergutzumachen vermag«. Er sollte recht behalten.

Im Oktober 1950 kehrten Fritz, Rosa Emma und Kurt in ihr Haus zurück, dem seit dem Fliegerangriff vom Februar 1945 das komplette Obergeschoss fehlte. Das Asyl im Käselager und das Betteln vor den Behörden hatte schwer an Fritz' Nerven gezehrt. Er wollte wieder Kaufmann sein, selbstbewusst und erfolgreich wie einst. Um das Dach zu reparieren und die Regale mit Ware zu füllen, nahm er ein Darlehen bei der Rhein-Main-Bank auf, einer Teilbank der Dresdner Bank, die die Alliierten in regionale Banken zerlegt hatten.

Pfeiffer, der auf der gegenüberliegenden Straßenseite einen Laden angemietet hatte, bekam bald eine Lungenkrankheit und machte sich ohne ein Wort davon. Die ahnungslose Tochter erschrak, als sie 50 Jahre später seine Geschichte in der Zeitung las. »Mein Vater war kein Nazi«, schrieb sie in einem Leserbrief.

Kurt rudert mit den Armen, um die Wucht des Ereignisses zu beschreiben. »Ich war Anfang 20 und kam aus einer der aufregendsten Metropolen der Welt in das enge Kaff mit seinen holprigen Gassen, durch das die Bauern den Mist kutschierten.« Elementare Formen der Höflichkeit hatten den Krieg nicht überlebt. Keiner sprach ihn an, keiner stellte sich vor. »Wir waren die einzigen Juden, die zurückgekehrt waren. Jeder kannte mich, aber ich kannte keinen«, sagt Kurt. »Es war ein primitiver Menschenschlag.«

Einmal fuhr ihn ein Bauer mit einem Pferdegespann voller Milchkannen fast über den Haufen. Der Bauer brüllte: »No, kannste nit ›Gude‹ saa über die Leut? Dein Vadder seehts joh aach.« (Kannst du nicht Guten Tag sagen zu den Leuten? Dein

Vater sagt es auch.) Von Rosa Emma erfuhr er, dass er dem NS-Ortsbauernführer in die Quere gekommen war. Ein anderes Mal verfluchte ihn eine Frau auf offener Straße, deren Mann in Afrika gefallen war, weil »ihr Engländer meinen Hans auf dem Gewissen habt«. Für den Bauern war Kurt ein frecher Judenbengel, für die Witwe ein feindlicher Engländer. Die Mehrheit hielt sich an das Bild von den Juden, die sich im Ausland gesundgestoßen hatten und nun an die Deutschen Forderungen stellten. »Warum seid ihr zurückgekommen?« und »Was wollt ihr hier?« waren die häufigsten Fragen, die ihm gestellt wurden.

Selbst wohlmeinende Gesten hatten einen faden Beigeschmack. Rudolf Baum lud Kurt zu einer Veranstaltung der SPD zum Volkstrauertag ein, doch »die trauerten ausschließlich um ihre Kriegstoten«, erinnert Kurt. In den Kneipen wurde er, als er schließlich ein paar Freunde gefunden hatte, schenkelklopfend in das aktuelle Liedgut eingeführt. Zur Melodie von »In der Heimat, in der Heimat, da gibt's ein Wiedersehn« sang die Runde: »In Jerusalem am Bahnhof, da kannste Judde sehn«.

Natürlich gab es Ausnahmen. Karl Bach, der Chorleiter der Arbeitersänger, fragte Kurt, ob er im Volkschor »Vorwärts« mitsingen wolle. Die Arbeiterlieder, die er aus England kannte, wärmten ihm das Herz. Annette Huth, genannt »das Nettchen«, die resolute Dame, die der SA beim Boykott 1933 die Leviten gelesen hatte, kam als eine der Ersten ins Geschäft, war glücklich, Fritz und Rosa Emma wiederzusehen, und blieb zeitlebens eine treue Kundin. Schließlich die »Kunze-Brüder«, die sie zum Kaffee einluden; Adolf, der Jüngste, hatte Kopf und Kragen riskiert, weil er Emil und Hannchen im »Judenhaus« besucht hatte. Voller Scham berichtete er, wie die beiden Alten am Tisch saßen, auf dem ein verschimmelter Blumenkohl lag. Adolf brachte ihnen frisches Gemüse: »Die alde Leudscher hadde so'n Hunger.« »Die ›Kunze-Brüder‹ waren schlichte Arbeiter und hochanständige Menschen«, sagt Kurt. Hochanständig – den Orden hängt er wenigen um.

Lebende Gespenster, die man mit Worten, mit Argumenten, mit dem Blick menschlicher Augen nicht mehr rühren kann«, so charakterisierte Hannah Arendt die Deutschen nach dem Krieg. »Überall fällt einem auf, dass es keine Reaktion auf das Geschehene gibt, aber es ist schwer zu sagen, ob es sich dabei um eine irgendwie absichtliche Weigerung zu trauern oder um den Ausdruck einer echten Gefühlsunfähigkeit handelt.« Nachdem die Philosophin mit Fritz und Rosa Emma in Lissabon das Flüchtlingsschicksal geteilt hatte, war sie in die USA emigriert. Dort erschien der Bericht ihres Deutschlandbesuchs, den kein deutscher Verleger anfassen mochte.

Als meine Familie 1950 zurückkehrte, lebte Arendt in Wiesbaden. Sie war ein radikaler Freigeist, keiner Nation, keiner Religion oder Tradition, sondern allein dem Urteil ihres Verstandes verhaftet. Sie arbeitete für die Jewish Cultural Reconstruction, die sich um die Rückgabe der von den Nazis aus Synagogen und Bibliotheken geraubten Kultgegenstände bemühte.

»Die Gleichgültigkeit, mit der sie sich durch die Trümmer bewegen, findet ihre Entsprechung darin, dass niemand um die Toten trauert«, schrieb Arendt. Sie verspürte einen »allgemeinen Gefühlsmangel«. Wenn man sich den Deutschen als Jude zu erkennen gebe, werde man mit »Schweigen, Herzlosigkeit oder billiger Rührseligkeit« konfrontiert; kein »Anzeichen von Mitleid«, stattdessen das Bedürfnis, »die Leiden der Deutschen gegen die Leiden der anderen aufzurechnen«.

Mit einem Stoßseufzer (»Warum muss die Menschheit immer nur Krieg führen?«) suche der »Durchschnittsdeutsche die Ursachen des letzten Krieges nicht in den Taten des Naziregimes, sondern in den Ereignissen, die zur Vertreibung von Adam und Eva aus dem Paradies geführt haben«. Dabei sei »die Geschäftigkeit ihre Hauptwaffe bei der Abwehr der Wirklichkeit geworden«.

Hierin glich Fritz seinen Nachbarn aufs Deutscheste.

Am 11. Mai 1951 trat das »Gesetz zur Regelung der Wiedergutmachung nationalsozialistischen Unrechts für Angehörige des öffentlichen Dienstes« in Kraft, das erste Bundesgesetz, das sich um die Interessen der NS-Verfolgten kümmerte. Interessanterweise brauchte es keinerlei Druck von Seiten der Besatzungsmacht, denn die deutschen Behörden betrieben die Entschädigung der durch das »Gesetz zur Wiederherstellung des Berufsbeamtentums« Geschädigten mit stillem Eifer. Auf den ersten Blick sah es aus, als läge den »arischen« Beamten das Schicksal der jüdischen Kollegen besonders am Herzen. Sie erhielten eine Entschädigung erster Klasse. Auf der gleichen Gehaltsstufe, die sie bei einer ununterbrochenen Karriere erreicht hätten, stiegen sie wieder in den Staatsdienst ein, oder sie erhielten die entsprechende Pension.

Der Eifer der Beamten wurde durch den Artikel 131 des im Mai 1949 verabschiedeten »Grundgesetzes für die Bundesrepublik Deutschland« angestachelt: »Die Rechtsverhältnisse von Personen einschließlich der Flüchtlinge und Vertriebenen, die am 8. Mai 1945 im öffentlichen Dienste standen, aus anderen als beamten- oder tarifrechtlichen Gründen ausgeschieden sind und bisher nicht oder nicht ihrer früheren Stellung entsprechend verwendet werden, sind durch Bundesgesetz zu regeln.« Im Klartext hieß das: Das Recht auf Entschädigung für eine halbe Million Nazibeamte, die von den Alliierten aus dem Staatsdienst entfernt worden waren, hatte Verfassungsrang erreicht, während es für NS-Verfolgte bislang nur alliierte Militärgesetze gab. Gleichwohl konnte die junge deutsche Republik vor den Augen der Weltöffentlichkeit nicht Hitlers willfährige Beamte mit Wohltaten segnen, solange die aus dem Amt gejagten Juden auf ihre Entschädigungen warteten. Die Rechnung war billig: 10 000 Juden gegen eine halbe Million Nazis.

Das Entschädigungsgesetz für die Beamten zeigte, was für die Juden drin gewesen wäre, hätten die Amerikaner die Wohlfahrt der »arischen« Mehrheit insgesamt mit der Entschädigung der NS-Opfer verknüpft. Ein Wink mit dem Zaunpfahl hätte gereicht. Die Besatzungsmacht hätte den Millionen Nazis mit Enteignung drohen müssen, den Handwerkern mit Zwangsarbeit in den ehemals besetzten Ländern, den Bauern mit Arbeitseinsätzen in israelischen Kibbuzim. Welche ungeheure Wirkung hätte das gehabt! Stattdessen begriff die »arische« Mehrheit die Alliierten zunehmend als Papiertiger, nachdem ihr dämmerte, dass die Horrorgeschichten vom alliierten Rachefeldzug, mit denen Goebbels sie in den totalen Krieg getrieben hatte, bloße Propaganda waren.

Während die jüdischen und nationalsozialistischen Staatsbediensteten von der gleichen Hand gestreichelt wurden, erhielten die jüdischen Kaufleute nur Ohrfeigen. So schrieb Regierungspräsident Nölle, dass Fritz wegen des früheren Londoner Wohnsitzes »keine Ansprüche gegen das Land Hessen« habe. Erneut trat ihm der tapfere Herr Cipriani zur Seite und beantragte »übergesetzliche Leistungen aus dem Härtefonds«.

»Härtefonds« nannte man die Näpfe, aus denen das Land die Juden fütterte. Es gab sie in der gesamten Republik – eine geniale Konstruktion, ersonnen im Geist der Judenvermögensabgabe. Anstelle der legalen Rückgabe reichte man den Juden ihr Hab und Gut bröckchenweise, als Almosen etikettiert. Fritz bekam 1525 Mark »aus Mitteln des Härtefonds zum Ausgleich der Härte, die für Sie dadurch entstanden ist, dass Ihnen aufgrund des Entschädigungsgesetzes ein Haftentschädigungsanspruch nicht zusteht«.

Im Mai 1948 rief David Ben-Gurion in Tel Aviv den Staat Israel aus. Ein halbes Jahr zuvor hatte eine Zweidrittelmehrheit der Generalversammlung der Vereinten Nationen für die Gründung eines jüdischen und eines arabischen Staates im westlich des Jordans gelegenen Teil Palästinas gestimmt. Im östlichen Teil Palästinas hatten die Briten schon 1923 einen arabischen Staat geschaffen, das spätere Königreich Jordanien.

Die arabische Führungsschicht Westpalästinas lehnte den Teilungsplan der Vereinten Nationen ab, und die Armeen der arabischen Staaten griffen den jüdischen Staat an. Für Israel begann der Unabhängigkeitskrieg, dessen Anfänge siegreich verliefen, aber dessen Ende bis heute nicht absehbar ist. Die arabische Bevölkerung Palästinas zahlte für die Selbstüberschätzung der Bruderstaaten einen hohen Preis. So wie drei Jahre zuvor Schlesien zu Polen gekommen war, so kam nun Galiläa zu Israel.

Der jüdische Staat hatte wechselnde Verbündete, anfangs Russen und Tschechen, später die Franzosen, schließlich die Amerikaner. Da der Krieg die Staatskasse leerte, nahm Ministerpräsident Ben-Gurion geheime Verhandlungen mit Deutschland auf, um finanzielle Unterstützung für die Integration der Opfer der Schoa zu bekommen. Bevor er es wagte, sich in Israel zu den Verhandlungen mit den Deutschen zu bekennen, brauchte er eine öffentliche Anerkennung der Verbrechen an den Juden. Nicht zufällig wählte Kanzler Adenauer den 27. September 1951, kurz vor Rosch Haschana, für Juden eine Zeit der Versöhnung, um vor dem deutschen Bundestag zu erklären, er beabsichtige »gemeinsam mit Vertretern des Judentums und des Staates Israel, der so viele heimatlose jüdische Flüchtlinge aufgenommen hat, eine Lösung des materiellen Wiedergutmachungsproblems herbeizuführen, um damit den Weg zur seelischen Bereinigung unendlichen Leides zu erleichtern«.

In Israel lebten eine Million Juden. Ihr Regierungschef wollte mit deutschem Geld Waffen kaufen, damit die Araber nicht an den Juden vollzögen, was die »Arier« hatten unterbrechen müssen. Doch trotz der militärisch heiklen Lage lehnte die rechtsnationale Opposition Israels das deutsche »Blutgeld« ab und randalierte vor der Knesset.

Auch die Juden in Deutschland hätten besser randaliert, denn nun durfte sich die Bundesrepublik mit Hilfe der Israelis vor der Welt rehabilitieren, ohne sich um die Juden im eigenen Land kümmern zu müssen. Adenauer hatte in seiner Bußrede behauptet, dass »die große Mehrheit des deutschen Volkes« sich »des unermesslichen Leides bewusst« sei, »das in der Zeit des Nationalsozialismus über die Juden gebracht wurde«. Zwar seien »im Namen des deutschen Volkes unsagbare Verbrechen begangen« worden, aber die Täter waren verschwunden. »Das deutsche Volk hat in seiner überwiegenden Mehrheit die an den Juden begangenen Verbrechen verabscheut und hat sich an ihnen nicht beteiligt.« Das wussten die Juden besser.

Fritz nahm den Kanzler beim Wort und schrieb an den Regierungspräsidenten, um eine »Lösung des materiellen Wiedergutmachungsproblems herbeizuführen«. Das Geld aus dem Härtefonds war für Essen, Kleidung und die Beseitigung der Bombenschäden an Mutter Neumanns Haus draufgegangen. Die »Firma Emil Neumann – gegründet 1829« hatte kaum Kunden. Der Winter nahte, und Fritz, Rosa Emma und Kurt hatten buchstäblich nichts zu beißen. Fritz bat »um die Gewährung eines Darlehens, um mein Warenlager aufzufüllen und mein Ladengeschäft zu modernisieren. Hierbei kann es sich nicht einmal um die volle Entfaltung handeln, vielmehr überhaupt darum, dass ich wieder einigermaßen in geordnete Verhältnisse komme.« Er legte ein Schreiben der Wiesbadener Betreuungsstelle bei: »Der Antrag wird von hier aus befürwortet.«

Fritz war kurz nach der Rückkehr wieder der Edeka beigetreten, obwohl die Genossenschaft 1933 keinen Finger gerührt hatte, um ihm beizustehen. Er wusste, dass die selbstständigen Kaufleute zum harten Kern der NSDAP-Wähler gehört hatten, denn die Nazis hatten dem deutschen Kaufmann die Konkurrenz vom Hals geschafft, als sie die Lebensmittelabteilungen der Kaufhäuser schlossen und die Konsumgenossenschaften der Arbeiterbewegung in die Deutsche Arbeitsfront eingliederten.

»Schwamm drüber!«, sagte Fritz. Er teilte der Edeka mit, dass er anlässlich seiner 25-jährigen Mitgliedschaft die übliche Ehrung erwarte, die er, verbunden mit einer Jubiläumsfeier in Sonnenberg, werbewirksam nutzen wolle. Die Antwort verschlägt mir die Sprache. »Welches Jubiläum? Sie sind 16 Jahre nicht da gewesen«, beschied die Hamburger Edeka-Zentrale kaltschnäuzig, und Direktor Paul König weigerte sich, die Jubiläumsurkunde zu unterzeichnen. »Irgendjemand«, erinnert Kurt, »hat später dann doch noch unterschrieben.«

Die Regierungspräsidien stellten nach dem Krieg die höchste Regierungsebene dar. Die Alliierten achteten darauf, dass in der ersten Zeit nur Nazigegner in das Amt kamen. Doch die Frage, ob ein Beamter unter Hitler gedient hatte, geriet bald in den Hintergrund. Im beginnenden Kalten Krieg durfte ein westdeutscher Beamter wieder offen Antisemit sein, vorausgesetzt, er war auch Antikommunist. Heinrich Nölle war von 1933 bis 1943 Regierungsdezernent gewesen, trat nach dem Krieg der CDU bei und wurde 1948 Regierungspräsident in Wiesbaden. Über seine Haltung zu Juden vor 1945 ist mir nichts bekannt, umso mehr über die Zeit danach.

Fritz saß wie versteinert im Wohnzimmer, als er Nölles Antwort gelesen hatte. Dass Fritz durch die Nazis ein Schaden entstanden sei, bestritt Nölle nicht, aber der Schaden, schrieb der gewiefte Jurist, »gründete sich auf Entzug, nicht auf Verdrängung aus einer gewerblichen Tätigkeit«. Zwar habe man Fritz das Geschäft genommen, er habe aber andernorts als Kaufmann arbeiten können. Demnach habe er Anspruch auf Rückerstattung, nicht aber auf Entschädigung. Die Rückerstattung eines Unternehmens sei jedoch im amerikanischen Militärgesetz geregelt – und seinen Laden, so schwingt es zwischen Nölles Zeilen mit, hatte der Jude doch zurückerhalten. Was also wollte er noch?

Nölles Haltung war weit verbreitet unter den Beamten, denen der Schutz des »arischen« Volksvermögens vor den Ansprüchen der Juden immer schon eine Herzensangelegenheit gewesen war. Es gehörte bürokratisches Geschick dazu, die Juden, die man einst so wunderbar schikanieren konnte, im neuen Deutschland auflaufen zu lassen, als wäre nichts geschehen, außer dass in den Amtsstuben statt des Führerbildes das Konterfei des Bundespräsidenten hing.

Nölle betrachtete den Boykott von 1933 als eine Maßnahme der Bevölkerung, mit der weder der Staat noch die NSDAP etwas zu tun gehabt hätten. Fritz sei schließlich »aus seinem Beruf nicht durch eine Staats- oder Parteidienststelle verdrängt« worden. Außerdem könne Fritz nicht erwarten, »dass der frühere Zustand der Tätigkeit bzw. ihr Umfang wiederhergestellt werden muss. Der Verfolgte muss vielmehr eine allgemeine Veränderung der wirtschaftlichen Verhältnisse auch gegen sich gelten lassen.« Im Klartext: Deutschland hatte einen Krieg verloren. Alle mussten Maß halten, nur die Juden schienen das nicht kapiert zu haben.

Was die Deutschen über die Opfer von Krieg und Verfolgung dachten, erforschte die amerikanische Hohe Kommission im Oktober 1951. Wer sollte entschädigt werden und wer nicht? Fünf Opfergruppen standen zur Auswahl. Mit 96 Prozent Zuspruch bekamen die »Kriegswitwen und Kriegswaisen« die Solidarität aller Deutschen; dicht dahinter folgten die »Luftkriegsopfer« und die »Vertriebenen«. Eine Entschädigung für die »Angehörigen des Widerstands vom 20. Juli 1944« lehnte jeder vierte Deutsche ab. Am Ende standen die Juden. Jeder Dritte hielt sie nicht einmal für Opfer der Nazidiktatur. Und die Hälfte derer, die Juden immerhin zu den Verfolgten rechneten, war der Ansicht, dass sie »teilweise selbst dafür verantwortlich waren«, was ihnen im Dritten Reich widerfahren sei.

Im Dezember lehnte Nölle auch Rosa Emmas Antrag auf Entschädigung für die Ermordung Emils und Hannchens ab. Sie tat sich schwer, für den Verlust der Eltern Geld zu verlangen, aber Fritz bestand darauf, weil er wusste, wie dringend die Familie es brauchte. Nölle spielte die alte Leier. »Wiedergutmachungsansprüche« gebe es nur »nach dem amerikanischen Militärregierungsgesetz«. Rosa Emma möge auf Rückerstattung klagen. Aber wie klagt man auf die Rückerstattung der Eltern?

Sie konnte die Damen und Herren verklagen, die die Fa. Emil Neumann in den Ruin getrieben, die den Vater zum Verkauf der Wertpapiere und der Lebensversicherung gezwungen hatten, die die Möbel aus dem »Judenhaus« geschleppt hatten; sie konnte sie alle verklagen, vorausgesetzt, sie konnte die Namen nennen. Der Staat hatte nichts damit zu schaffen.

Hat ihr der Ruin des Vaters geschadet? Stünde sie besser da, wenn die Eltern noch lebten? Das sei unerheblich, befand Nölle, denn Rosa Emma sei bei Hitlers Machtantritt kein Kind mehr gewesen. »Wiedergutmachungsansprüche aus Schaden im wirtschaftlichen Fortkommen gehen nur insoweit auf die Erben über, als diese hierdurch einen Ausfall im Bezug auf Unterhalt, Ausstattung oder Versorgung erlitten haben. Da die Antragstellerin im Zeitpunkt der aus rassischen Gründen erfolgten Boykottierung des väterlichen Geschäftes bereits im Alter von 30 Jahren stand, kann nicht angenommen werden, dass sie einen Ausfall der vorgenannten Art erlitten hat. Die Ansprüche sind somit abzulehnen.«

Geradezu großzügig zeigten sich die Entschädiger gegenüber Kurt, der 5000 Mark für die entgangene Schulbildung erhielt. 5000 Mark dafür, dass er Autos repariert hatte, statt zu studieren. Kurt wäre ein guter Ingenieur geworden. Vielleicht wäre er auch am Theater gelandet, denn seine Liebe galt der Dichtkunst. Charles Dickens, George Bernard Shaw und William Shakespeare verschlang er. Was Laertes, der Sohn des Polonius und Kämmerer Hamlets, an väterlichem Ratschlag von England mitnahm, zitiert er bis heute in fehlerfreiem Early Modern English: »Give thy thoughts no tongue, Nor any unproportion'd thought his act ...« Zu Deutsch: Sag nicht alles, was du denkst! Lerne, echte von falschen Freunden zu unterscheiden! Höre allen zu, aber rede keinem nach dem Mund! Urteile nicht vorschnell und vergiss nicht: Beim Geld hört die Freundschaft auf!

Im Januar 1952 beauftragte Fritz einen Anwalt namens Göbel, beim Landgericht Wiesbaden eine Entscheidung in der Entschädigungsfrage herbeizuführen. Regierungspräsident Nölle schoss prompt zurück. Er habe eine »Doppelmeldung« aufgedeckt: Unter unserem Namen sei »ein zweiter Wiedergutmachungsantrag in Mainz eingereicht« worden. Will der Jude betrügen? Fritz habe als »Erbe seiner umgekommenen Schwester Martha Koch Wiedergutmachungsansprüche in Rheinland-

Pfalz gestellt«, klärte das Mainzer Landesamt für Wiedergutmachung auf. »Eigene Ansprüche hat er nicht gestellt.«

Am 27. März 1952, es war Fritz' 63. Streuselkuchentag, explodierte in München eine Paketbombe und tötete einen Sprengmeister der Polizei, der im Begriff war, einen Buchdeckel aufzuklappen. Eine Gruppe namens Jüdische Partisanen hatte einen Band des *Kleinen Brockhaus* mit 500 Gramm Sprengstoff scharf gemacht, in Packpapier gewickelt und an »Bundeskanzler Dr. Konrad Adenauer, Bundeshaus, Bonn« adressiert. Dahinter steckten rechte Zionisten, die die Verhandlungen zwischen Ben-Gurion und Adenauer sprengen wollten. Einer von ihnen hatte das Päckchen zwei Buben in die Hand gedrückt mit der Bitte, es bei der Post aufzugeben. Doch die braven Buben misstrauten dem Fremden und lieferten die Sendung bei der Polizei ab, was Sprengmeister Karl Reichert das Leben kostete.

Adenauer regiere weiter. Sein Staat wurde im Mai drei Jahre alt; zum Geburtstag der jungen Republik fuhr Bundesfinanzminister Fritz Schäffer eine Breitseite gegen das »Weltjudentum«. Seine Argumentation folgte dabei einem Muster, das mir noch heute begegnet. Er sagte »Israel«, meinte aber die Juden.

Drei Tage zuvor war Otto Küster zurückgetreten. Küster war Staatsbeauftragter für die Wiedergutmachung in Baden-Württemberg und Mitglied der Delegation, die in Den Haag mit Israel und der Claims Conference über die deutschen Entschädigungszahlungen verhandelte. Da er einer der Autoren der Entschädigungsgesetze war und mit einem Mitglied der israelischen Delegation die Schulbank gedrückt hatte, galt er in den Augen der Israelis als ein glaubwürdiger Antifaschist.

Küster und der deutsche Delegationsleiter Franz Böhm (CDU) drängten den Kanzler, den Israelis konkrete finanzielle Zusagen zu machen, während Adenauers Finanzberater Hermann Josef Abs Geldzuwendungen an Israel in ein Globalabkommen über Deutschlands gesamte Kriegsschulden integrieren wollte. Abs hatte Hitler als Vorstand der Deutschen Bank bei der »Arisierung« jüdischer Unternehmen geholfen. Nun leitete er die Regierungsdelegation, die in London mit den Siegermächten über Deutschlands Schulden verhandelte. Abs orakelte, Deutschland werde durch die Sonderverhandlungen mit Israel seine Kreditfähigkeit im Ausland verlieren. Und Schäffer warnte Adenauer davor, die »hoch gespannten Erwartungen des Weltjudentums zu erfüllen«.

Als die Israelis schließlich das Geschachere abbrachen, trat Küster zurück. In einem Radiointerview sagte er, dass »das deutsche Volk wissen muss, in welchem Geist in Bonn die Entscheidung gefallen ist, dass das Unrecht der Hitlerzeit ungetilgt bleiben und sich auf unsere Söhne und Enkel forterben soll«. Der »Geist in Bonn« sei »eine Verlängerung desjenigen Geistes, der die Untaten des nationalsozialistischen Regimes ermöglicht habe«.

Schäffer konterte am Geburtstag der Republik. »Jeder aufrechte Mann, der mit seinem Herzen und mit seiner ganzen Überzeugung an die Not und Belastung des deutschen Volkes denkt und der der Wortführer und Vertreter des deutschen Volkes in seiner Not und in seiner Belastung gegenüber dem gesamten Ausland ist, muss es in Kauf nehmen, in diesem politischen Dschungelkrieg als Antisemit verschrien zu werden.« Damit hatte Schäffer den richtigen Ton getroffen. Die »arische« Mehrheit klatschte der »mannhaften Antwort an Herrn Küster« in der Zuhörerpost Beifall, weil er »in der Judenfrage deutsch« geredet und »mit harter Hand die Gespinste der Nachkriegszeit« zerrissen habe; »die jüdische Weltpresse« habe mit ihrer »Hetzpropaganda gegen Deutschland und Hassorgien gegen das deutsche Volk« die Diskriminierung der Deutschen »bis zur Siedehitze« angestachelt, und die Juden trügen somit auch die Schuld am Schicksal der Ostvertriebenen.

Nur mit Mühe konnten die Beamten des Finanzministeriums Schäffer davon abhalten, eine Untersuchung über die »von den Juden begangenen Devisenzuwiderhandlungen« aus der Schublade zu ziehen, in der stand, dass »die Juden einen

Gesamtschaden von 10 Milliarden DM verursacht haben«. Als der Bericht an die Öffentlichkeit kam, sah sich Schäffer gezwungen, seinen Ministerialrat Friedrich Kuschnitzky, einen »Volljuden«, wie er betonte, zu den Israelis nach Den Haag zu senden. Dort wurden die Gespräche wieder aufgenommen, nachdem Adenauer die Summe von drei Milliarden Mark als Verhandlungsgrundlage angeboten hatte.

Irritierte Blicke treffen mich im holzgetäfelten Lesesaal der Wiesbadener Landesbibliothek, als mein Lachen die konzentrierte Stille zerreißt. Die Festschrift *600 Jahre Stadtrechte in Sonnenberg* vom Juli 1952 ist ganz großes Kino. Im »Willkommensgruß« empfing der Vorsitzende des Heimatvereins die Sonnenberger, die »seit Jahren ihren Wohnsitz in anderen Orten unseres Reiches haben«. Drei Jahre nach Gründung der Bundesrepublik Deutschland stemmte sich in meinem Heimatdorf das Deutsche Reich gegen den Untergang. Weiter bemerkte der Vorsitzende, dass »die Heimat uns zusammenhält und die Volksgemeinschaft fördert«. Einen Gruß richtete er auch an die »Sonnenberger, die hier ihre Kinder- und Jugendzeit verbracht haben«. Ich ahne, dass er Kurt damit nicht gemeint hat.

Der stand auf dem Burghof inmitten der Sänger des Volkschors »Vorwärts« und sang Goethes Gedicht *Beherzigung* (»Sehe jeder, wo er bleibe«) und Schillers *An die Freunde* – vertont von dem NS-Komponisten Gerhard Schwarz: »Liebe Freunde! Es gab schönre Zeiten, als die unsern – das ist nicht zu streiten! Und ein edler Volk hat einst gelebt. Könnte die Geschichte davon schweigen, tausend Steine würden redend zeugen, die man aus dem Schoß der Erde gräbt. Doch es ist dahin, es ist verschwunden, dieses hochbegünstigte Geschlecht. Wir, wir *leben*! Unser sind die Stunden, und der Lebende hat recht.«

Die Festschrift enthielt »Geleitworte«, das Programm und die Namen der Mitglieder der neun mit Männern besetzten Festausschüsse, darunter der Ehrenausschuss, der Dekorations-

und der Vergnügungsausschuss. Es folgten die Damen des Frauenausschusses, deren Verantwortungsbereich sich vermutlich auf das Abräumen der Biertische und das Spülen der Gläser beschränkte. Die Mehrheit der Festausschussmitglieder gehörte der SPD an. Die zweitstärkste politische Gruppe stellten die Exmitglieder der NSDAP – Verhältnisse wie bei den Kommunalwahlen im Oktober 1929.

Der evangelische Pfarrer listete in seiner Denkschrift zu Sonnenbergs tausendjähriger Geschichte penibel jeden Dorfschulzen und Pfarrer auf, freilich ohne zu erwähnen, wie sehr sein Amtsvorgänger das Braunhemd schätzte. Das Dritte Reich umschiffte er gekonnt. Aus heiterem Himmel »brach der zweite Weltkrieg über uns herein. Vergessen sind nicht die schweren Opfer der langen Kriegsjahre, die Schrecken der unheimlichen Bombennächte. Vergessen sind nicht die Toten, die in unserem Ort ihr Leben lassen mussten.« Auch die Juden, die als Händler den Jahrmarkt besucht hatten, erwähnte er. Das war im 18. Jahrhundert – danach war nichts Nennenswertes mehr geschehen ...

Dann läuteten die Glocken, und die Pfarrer beider christlicher Konfessionen gedachten der »Opfer, die feindliche Luftangriffe gefordert haben«, und »derer, die gefallen sind im Kampfe. Sie zogen aus, um die Heimat zu schützen. Ihr Tod schützte unser Leben, ihre Namen bleiben unvergessen, ihr Leben und Sterben stand im Dienste der Gesamtheit.« Kurt wurde übel.

Am Abend zeigte man schließlich ein Stück über Gräfin Irmengard von Sonnenberg aus der Feder des Dorfschullehrers Heinrich Neumann, Der Wiesbadener Theaterintendant Axel Ivers höchstselbst inszenierte die Uraufführung. NS-Turnfreund Mäurer gab den Burgvogt.

Finanziert wurde das Fest von 137 Sponsoren, deren Annoncen drei Viertel der Festschrift füllten: Tageszeitungen, Geschäfte, Gaststätten, Handwerker und Fuhrunternehmer. Neben den Namen des Ehrenausschusses entdecke ich die Anzeige »Preise preisen Neumann – seit 1829«. Texten gehörte nicht zu

Fritz' Talenten. Das Logo mit dem großen »N« hatte er selbst entworfen; es prangte auch auf der Eingangstür zum Laden. »Seit 1829« – das war sein ganzer Stolz. Nur die Annonce des *Wiesbadener Tagblatts* war größer als seine. War das Größenwahn oder Realitätsverlust? Kein anderer Sonnenberger Kaufmann warb mit günstigen Preisen. Den Preis als verkaufsförderndes Argument hatte die nationalsozialistische Planwirtschaft aus den Köpfen der Konkurrenten getilgt. Fritz wollte noch einmal angreifen.

Am Abend war die Burgruine in warmes Scheinwerferlicht getaucht. Im Festzelt spielte Blasmusik. Ein Fackelzug zog am Haus von Fritz und Rosa Emma vorbei – ohne Uniformen diesmal. Sonnenberg machte die Nacht zum Tag. In der Morgendämmerung fuhr Kurt aus dem Schlaf. Glas splitterte, Steine flogen in die Schaufenster. Die Nachbarn spielten Kristallnacht. Vom Alkohol geölte Männerstimmen grölten: »Hier wohnt de Judd Neumann, de Bormass von Summerich« (Hier wohnt der Jude Neumann, der Bormass von Sonnenberg).

Der jüdische Kaufmann Julius Bormass hatte 1892 eines der ersten Warenhäuser Wiesbadens eröffnet. Es hatte eine reich verzierte Fassade und trug einen Globus mit dem Schriftzug »Bormass« über dem Eingangsportal. Gegen Bormass hetzten die Nazis noch, als das Kaufhaus schon längst zum »arischen« Karstadt-Konzern gehörte. Am 25. März 1927, Kurts Geburtstag, finde ich eines der letzten Inserate von Julius Bormass im *Wiesbadener Tagblatt*: »Frühjahrsmäntel, Damen und Kinderhüte, letzte Modeschöpfungen in entzückender Auswahl zu unseren bekannt billigen Preisen«.

Kurt träumte noch immer von London, von der Karriere als »motor mechanic« und vom englischen Fußball. Rosa Emma schwieg verbissen, während sie sah, wie Fritz sich veränderte: die Schultern vorgezogen, das Haar ergraut und die Stimme etwas brüchig. Den Rückweg nach England hatte er sich selbst verbaut, den Weg nach Deutschland versperrten andere. Der Turn- und Sportgemeinde, aus der man ihn ausgeschlossen hatte, saß noch immer Walter Mäurer vor. Er hatte den Verein judenrein gemacht und lehnte es ab, Fritz wiederaufzunehmen. Die Volksgemeinschaft sperrte die Juden aus.

Im September 1952, zwei Monate nach der Sonnenberger Kristallnacht, unterzeichneten Bundeskanzler Adenauer, der israelische Außenminister Scharet und der Präsident des Jüdischen Weltkongresses Goldmann das »Luxemburger Abkommen«, in dem sich die Bundesrepublik Deutschland verpflichtete, Israel Waren im Wert von drei Milliarden Mark zu liefern sowie 500 Millionen Mark an die Claims Conference zu zahlen. Daraufhin brach die Arabische Liga die wirtschaftlichen Beziehungen zur Bundesrepublik ab.

SS-Offiziere, die sich in arabischen Ländern als Berater niedergelassen hatten, und die Lobby der ehemaligen »Ariseure« mobilisierten die Öffentlichkeit, um die Ratifizierung des Abkommens durch den Bundestag zu verhindern. Der CSU-Abgeordnete Franz Josef Strauß warnte vor dem Bruch der »deutsch-arabischen Freundschaft«. Verkehrsminister Hans-Christoph Seebohm (Deutsche Partei) forderte, vor den Juden zuerst die Vertriebenen zu entschädigen. Die Kampagne hatte Erfolg. Fast die Hälfte der Abgeordneten der Regierungskoalition und die Fraktion der KPD verweigerten die Zustimmung. Nur durch das geschlossene Votum der SPD-Fraktion konnte der Vertrag in Kraft treten.

Wiederjudmachung

Mehr als 40 Jahre lang ist Fritz ein Toter. Doch dann geschieht ein Wunder. Eines Tages steht er lebendig vor mir. Alles passt zu dem Bild, das in Rosa Emmas Wohnzimmer gehangen hat: der Mund, die Stirn, die Augen und sogar der Bürstenhaarschnitt. Seit es einem Rabbiner vor 2000 Jahren gelungen sein soll, aus dem Grab zu steigen, glauben über zwei

Milliarden Christen weltweit, dass ein Jude von den Toten auferstehen könne – aber ausgerechnet Fritz?

Erst als ich näher trete, erkenne ich feine Unterschiede. Er ist größer, das Gesicht etwas länglicher, die Nase spitzer. Er heißt Werner und ist der Sohn von Fritz und Lina, das Kind der »Rassenschande« von 1934. Onkel Werner ist nicht nur äußerlich »ganz der Vater«; er hat vier Söhne mit drei Frauen.

Niemand von uns wusste je von seiner Existenz. Nur Rosa Emma kannte den Grund von Fritz' Verhaftung im Oktober 1937. Aber als Werner im April 2004 auftaucht, ist sie schon lange tot.

Das Telefon klingelt. Kurt erinnert, dass Werner ihn gefragt habe, ob er mit jenem Friedrich Beckhardt verwandt sei, der in der Rüdesheimer Straße gewohnt habe.

»Das war mein Vater«, antwortet Kurt.

»Dann bin ich Ihr Bruder«, sagt Werner.

An seinem 70. Geburtstag hat Werner den Entschluss gefasst, die Spur wieder aufzunehmen. Das Herz hat keine Kraft mehr, fünf Bypässe machen das Treppensteigen zur Qual. Viel Zeit bleibt nicht mehr, um etwas über den Mann herauszufinden, von dem Lina behauptet hat, dass er der Vater sei.

Eine Woche nach dem Telefonat treffen sich Kurt und Werner in einem Mainzer Café. Werner hat eine Geburtsurkunde dabei, weil er fürchtet, Kurt werde ihn für einen Scharlatan halten. Aber Kurt erkennt den Bruder auf Anhieb. Ein Puzzle aus Kindheitsbildern fügt sich zusammen. Satzfetzen beginnen sich zu reimen. Kurt fährt mit dem Vater aufs Land. Sie besuchen ein fremdes Dorf, Hühner scharren auf der Straße, es riecht nach Kuhmist. Mit Fritz betritt er ein weiß getünchtes Haus. Eine stämmige Frau mit Knoten im Haar und Kittelschürze steigt eine Holztreppe herab. »Jetzt weiß ich, das war deine Großmutter«, sagt Kurt zu seinem Bruder.

Werner wurde im Juni 1934 geboren, zwei Wochen nachdem Fritz und Rosa Emma aus Portugal zurückgekehrt waren. Fritz

Kurt (links) und Werner bei einer Gedenkfeier für die jüdischen Mitglieder der Turn- und Sportgemeinde Sonnenberg, 2011

hatte Lina nie aus den Augen verloren. Wenn er geschäftlich in Mainz zu tun hatte, trafen sie sich in der Wohnung, die er ihr eingerichtet hatte, und liebten sich. Bis zur Verhaftung zahlte er ihr Unterhalt.

Als Werner heranwuchs, wurde das Leben unerklärlich. Weder durfte er Mitglied im Jungvolk werden noch an den Festspielen teilnehmen, die jährlich im Mainzer »Herbert-Norkus-Stadion« stattfanden, dem späteren Fußballstadion »Am Bruchweg«. Norkus war ein von Kommunisten getöteter Hitlerjunge, den die Nazis als »Blutzeugen der Bewegung« verehrten. Sein Leben wurde unter dem Titel *Hitlerjunge Quex* verfilmt.

»Dein Vater war Sozialdemokrat und ist ins Ausland geflohen«, antwortete Lina, wenn Werner fragte, warum er bei den Gleichaltrigen nicht mitmachen durfte. Dass Sozialdemokraten tragische Figuren waren, wusste er.

Eines Tages im Sommer 1944 kam Werner freudestrahlend aus der Schule. »Mama, ich darf aufs Gymnasium gehen«, jubelte er. Lina kamen die Tränen. »Es geht nicht«, sagte sie, »wir haben kein Geld.«

Tags darauf jubilierte Werner erneut. Er hatte »dem Fräulein Lehrerin« von der Notlage erzählt. »Mama«, sprudelte er los, »das Fräulein hat gesagt, für begabte Buben wie mich gebe es

Bücher, die nichts kosten.« Lina wurde zornig: »Nein, es geht nicht und damit Schluss!« Werner kroch verstört auf sein Zimmer. »Du bekommst keinen Ariernachweis, mein Junge«, hauchte Lina tonlos und weinte.

Während des Krieges wurden Lina und Werner mehrmals aus ihren Wohnungen gebombt. Nach dem Großangriff der Royal Air Force auf die Mainzer Altstadt im August 1942 floh Lina zu den Eltern ins rheinhessische Steinbockenheim, wo die »Judenhure« aus der Stadt jedoch nicht gelitten war. Sobald die Brände gelöscht waren, schickte die Familie sie mit ihrem »Bankert« zurück in die Trümmer. »Anfangs gab es gebrauchte Möbel auf Bezugsschein«, sagt Werner, »aber als wir im Februar 1945 das letzte Mal ausgebombt wurden, nicht mehr.« Drei Wochen später besetzten die Amerikaner Mainz. »Jetzt kommen bessere Zeiten für dich«, sagte ein Onkel. Werner verstand nicht, was vor sich ging: »Der Großvater sagte statt ›Bankert‹ plötzlich ›lieber Werner‹ zu mir.«

Anfangs schliefen sie auf verwanzten Strohballen in einer Kaserne, bis Werner vom ersten selbst verdienten Geld Betten kaufte. Zum Glanzpunkt des Monats wurde die Straßenbahnfahrt ins Grüne mit Picknickkorb und Wolldecke.

Werner absolvierte eine Spengler-Lehre und fand eine Stelle bei einem Gasuhrenhersteller, der eine Stiftung für begabte Jugendliche gegründet hatte. Er wurde gefördert, besuchte Mathematikkurse in der Volkshochschule, holte das Abitur nach und studierte Betriebswirtschaftslehre.

Lina arbeitete als Putzfrau. »Das Dienen lag ihr im Blut«, sagt Werner. Die spätere Anstellung als Waggonreinigungskraft bei der Bahn wurde zum Höhepunkt ihrer beruflichen Karriere.

Eines Tages stand Lina bleich und mit Schweißperlen auf der Stirn in der Küche. »Ich bin mit der Straßenbahn am Bahnhof vorbeigefahren«, wisperte sie, »und habe deinen Vater auf der Straße gesehen.« Nie wieder hat Werner die Mutter in solcher Erregung erlebt. Sie zitterte, schlug die Hände vors Gesicht und atmete schwer. Werner packte sie sanft bei den Schultern.

»Bist du sicher?«, fragte er.

Lina nickte.

Werner spürte, wie ihm der Magen schwer wurde. »Wie heißt er?«, fragte er.

Lina schwieg.

»Mama, bitte, wie ist sein Name?«

»Wozu willst du das wissen?«, hauchte sie.

»Mama, sag mir, wie er heißt!« Er erschrak. Noch nie hatte er sie angeschrien.

Die Adresse von Friedrich Beckhardt stand im Telefonbuch. Werner nahm den Bus nach Wiesbaden, stieg in der Innenstadt um und stand eine Stunde später vor unserem Geschäft. Es war ein heißer Sommertag im Jahr 1952. Werner stürzte durch die Ladentür. Eine Frau im Kittel stand hinter der Theke.

»Ist Herr Beckhardt zu sprechen?«, fragte er.

Die Verkäuferin nickte. Werners Ohren glühten. Er spürte den Pulsschlag im Hals. Plötzlich stand Fritz vor ihm, grauhaarig, mit Krawatte unter der Wolljacke. »Was kann ich für Sie tun?«

»Mein Name ist Lahr«, stammelte Werner. »Ich wollte Ihnen nur mal ›Guten Tag‹ sagen.«

Fritz fixierte den Jungen mit der Hornbrille. Nach wenigen Schrecksekunden hatte er sich im Griff. »Mit der Sache habe ich nichts mehr zu tun«, sagte er.

»Er drehte sich um und ließ mich stehen«, erinnert Werner. Er stolperte auf die Straße hinaus. Der Bus stand noch an der Haltestelle. Der Diesel wummerte. Werner blickte nicht zurück. In seinen Ohren rauschte es. Bis zur Dämmerung taumelte er durch die Straßen der Mainzer Innenstadt. Als er in die Wohnung schlich, hörte er Linas ruhigen Atem.

»Er kam mir groß vor«, sagt Werner, »obwohl er einen Kopf kleiner war als ich.« Noch 60 Jahre nach der Begegnung mit dem Vater steigen ihm die Tränen hoch. Der Schmerz war so mächtig, dass er es nicht gewagt hat, Fritz noch einmal aufzusuchen.

Der Mutter gegenüber erwähnte er die Begegnung nie. In Linas Träumen suchte Fritz unablässig nach ihr. Nur widrige Umstände hielten ihn davon ab, sie wieder in die Arme zu nehmen. Zeitlebens hat sie kein anderer Mann interessiert – außer Werner.

Beim Sonntagsspaziergang hakte sie sich bei ihm unter und genoss es, wenn fremde Männer den Hut vor ihm zogen. Werner war Prokurist der Blendax-Werke, und die Angestellten wünschten dem »Chef« einen »Schönen Tag«. Durch Werner erfuhr sie, wie es sich anfühlte, geachtet zu werden. Nachdem sie den letzten Bahnwaggon gereinigt hatte, reiste er mit ihr nach Wien und führte sie in die Oper. Sie hatte ihm von den Ausflügen mit Fritz erzählt, und er wusste, dass sie jede Oper wie das Vorspiel einer Liebesnacht erlebte.

Hatte die Politik der Vertreibung, die der Boykott vom April 1933 eingeleitet hatte, den Juden geschadet? Zwanzig Jahre nach Hitlers Ernennung zum Reichskanzler war die Frage noch immer umstritten. Der Fall des Kaufmanns Fritz Beckhardt, den das Landgericht Wiesbaden 1953 verhandelte, schien der »arischen« Bürokratie jedenfalls geeignet, die Frage mit einem »Nein« zu beantworten.

Da Regierungspräsident Nölle den Anschein erweckte, als habe er keine Kenntnis von den Hintergründen der Boykottmaßnahmen, schilderte Rechtsanwalt Göbel noch einmal die Ereignisse. Vor Neumanns Geschäft seien fünf SA-Männer aufmarschiert, »die zweifelsohne nicht aus eigenem Antrieb gehandelt haben. Diese SA-Posten forderten die Kunden auf, das Geschäft nicht zu betreten, bzw. hinderten sie daran.« Als Zeugen nannte Göbel den NSDAP-Ortsgruppenleiter, dessen Sekretär und den Hilfsarbeiter Christian Seher.

»Die Familie hat in Sonnenberg eine Gemischtwarenhandlung betrieben. Seit 1829 war das Geschäft handelsgerichtlich eingetragen.« Fritz habe das Geschäft nicht »aus freien Stücken aufgegeben«. Göbel schrieb, Fritz' Forderungen seien »in Anbetracht der früheren Bedeutung und des früheren Umfangs des Geschäfts außerordentlich gering. Man muss berücksichtigen, dass der Antragsteller 1950 geradezu mit nichts sein Geschäft wieder angefangen hat.«

Fritz gab zu Protokoll, dass »der Boykott gegen mein Sonnenberger Geschäft schon seit 1932 zu spüren« gewesen sei, »und als dann die sogenannte Machtübernahme erfolgte, war der Umsatz wie abgeschnitten«.

Das Gericht wies die Klage ab. Die Urteilsbegründung der Wiedergutmachungskammer zergeht mir auf der Zunge: »Der Antragsteller behauptet, der Umsatz des Geschäfts« sei »infolge des antisemitischen Boykotts stark zurückgegangen.« Jedoch könne »eine amtliche, gegen den Antragsteller persönlich gerichtete Verfolgungsmaßnahme« nicht bewiesen werden. Auch »eine Berufsverdrängung oder eine Auferlegung wesentlicher Beschränkungen« könne »nicht festgestellt werden. Der Antragsteller ist nicht von der Ausübung seines Berufes ausgeschlossen worden. Derartige Anordnungen sind erst aufgrund der Verordnung über die Ausschaltung der Juden aus dem Wirtschaftsleben vom 12.11.1938 ergangen.«

Der Boykott sei keine »wesentliche Beeinträchtigung« gewesen, da er »nur während eines einzigen Tages durchgeführt wurde«, fabulierte das Gericht und kam dann zum Punkt: »Der Antragsteller selbst hat erklärt, dass sich die antisemitische Propaganda bereits seit 1932 auf sein Geschäft ausgewirkt habe. Hieraus ist zu entnehmen, dass sein Geschäft bei der Bevölkerung des Vororts Sonnenberg bereits vor 1933 als jüdisches Unternehmen bekannt war, ohne dass es erst durch die Aktion der SA am 1.4.1933 als solches gekennzeichnet werden brauchte.« Insofern beruhe der Umsatzrückgang »auf dem Umstand, dass sich ein Teil der Bevölkerung, wenn auch gewiss unter dem Eindruck der begriffsverwirrenden Propaganda, anderen Geschäften zugewandt hatte«. Im Klartext: Die Leute mochten Fritz nicht, weil er Jude war. Das könne man ihnen nicht verübeln. Der »begriffsverwirrenden Propaganda« der Nazis habe es nicht bedurft, stellte der Richter fest. Er hatte recht.

Fritz war außer sich. Er flog Angriff um Angriff auf das Regierungspräsidium und legte es in Schutt und Asche. Er jagte die Beamten mit seinem ratternden MG durch die Straßen, bis sie auf die Knie fielen. Aufgewacht aus den Tagträumen, stürmte er die Wiedergutmachungsbehörde, um verzweifelt zu belegen, dass ein Jude im Dritten Reich benachteiligt wurde. »5000,– RM Judenvermögensabgabe haben meine Eltern Abraham und Franziska Beckhardt entrichtet«, gab er lautstark zu Protokoll. »Alleinerbin meiner verstorbenen Eltern war meine Schwester Martha Koch. Diese ist im KZ Auschwitz umgekommen. Als Alleinerbe meiner Schwester habe ich einen Wiedergutmachungsantrag gestellt.«

Doch Worte wie »Auschwitz« kamen nicht gut an. »Der Jude nervt« stand in den Gesichtern der Beamten. Wen der kleine Mann mit dem Bürstenhaarschnitt, immer korrekt in Lackschuhen, Anzug und Weste, im Büro heimsuchte, dessen Tag war verdorben. Fritz wurde in ein Zimmer mit leerem Schreibtisch am Ende des Ganges geschickt. In dieser Gummizelle für schwer erziehbare Juden ließ man ihn eine gefühlte Ewigkeit warten. Ein Beamter erschien, erkundigte sich nach Fritz' Anliegen, verschwand wieder und kehrte nach einer weiteren Ewigkeit mit einem leeren Ordner zurück. Wie bei jedem Besuch wurde Fritz nach Dokumenten gefragt, die seine Sache stützen könnten. Immer fehlte eine Quittung oder eine eidesstattliche Erklärung. Bei jedem Besuch saß dort ein neuer Ahnungsloser, dem Fritz die Geschichte von Anbeginn erzählen musste, bis sich der Beamte erhob, den Ärmelschoner zurechtzupfte, sich für nicht zuständig erklärte und das Gesuch weiterzuleiten versprach. Kurt erinnert, wie Fritz einmal aufsprang, als ein Beamter nach Dokumenten fragte, die belegen sollten, dass die Nazis nicht nett zu ihnen waren. »Ich habe nichts zu beweisen«, brüllte er. »Suchen Sie in Ihrem Aktenkeller!«

Im Juli 1953 schlug Regierungspräsident Nölle zurück. Für die Rückerstattung von Wertsachen, die Fritz und Rosa Emma bei der Ausreise zurücklassen mussten, sei das Deutsche Reich nicht zuständig. Der »geltend gemachte Wiedergutmachungsanspruch wegen Beschlagnahme einer Zimmereinrichtung, von Gold- und Silberwaren, sowie von Kunstgegenständen kann dem Antragsteller nicht zuerkannt werden, da es sich hierbei um den Entzug feststellbarer Vermögenswerte handelte.« Sie hätten in Erwartung der »Arisierungen« fein säuberlich von jedem Zahnstocher Quittungen aufheben müssen, um ihr Eigentum später einmal zurückfordern zu können, vorausgesetzt, sie hätten überlebt und könnten die neuen Besitzer ausfindig machen. Einen Rückerstattungsanspruch gab es nicht, da der Staat die Sachen nicht einbehalten, sondern lediglich versteigert hatte.

Ebenso wenig könnten die »RM 9000,– Judenvermögensabgabe dem Antragsteller zuerkannt werden«. Fritz hatte schließlich 1938 auf seine Häuser eine Hypothek aufgenommen und die »Judenbuße« bar gezahlt. Bargeld jedoch galt als nicht »feststellbarer Vermögenswert«.

Wenn es allerdings der Sache diente, wurde die Auslegung der alliierten Gesetze auch mal in ihr Gegenteil verkehrt. Im Fall von Fritz' Eltern schrieb die Behörde, er hätte »nicht nachgewiesen, dass die Abgabe durch Hingabe von Geld, d.h. also nicht durch Entzug feststellbarer Vermögenswerte geleistet worden ist«.

Der Regierungspräsident bezweifelte sogar die Zahlung der Reichsfluchtsteuer, weil Fritz keine Quittung vorlegen konnte, als ob je ein Jude ohne deren Zahlung das Deutsche Reich habe verlassen können. Außerdem sei »nicht nachgewiesen«, dass Fritz »durch amtliche Maßnahmen einer Dienststelle oder eines Amtsträgers des nationalsozialistischen Staates oder nat. soz. Partei in der Ausübung seiner beruflichen Tätigkeit wesentlich beschränkt worden ist«.

Das Geschäft kam nicht auf die Beine. Fritz ließ sich nicht anmerken, wie sehr es ihn quälte, dass die alten Kunden bei der Konkurrenz kauften. Derweil griff Kurt in seiner Verzweiflung auf die Methode zurück, mit der er als Knabe für Emil Kunden geworben hatte. Er kaufte ein Fahrrad, baute einen Anhänger mit einer verschließbaren Holzkiste, fuhr von Haus zu

Haus, um Bestellungen einzuholen und lieferte Ware aus. Dabei hasste er es, sich bei Menschen anzubiedern, die ihm die Tür vor der Nase zuknallten: »Danke, wir sind versorgt. Bitte, kommen Sie nicht mehr zu uns!«

Doch seine Eltern hatten auch mit hausgemachten Problemen zu kämpfen, denn Mutter Neumanns Geschäftsmodell erwies sich als nicht mehr zeitgemäß. Die Kombination von Lebensmitteln mit Stoffen und Kleidung hatte Fritz einst groß gemacht, zumal er modische Trends sehr früh erkannte. Das bewies er auch jetzt noch einmal, als er der Sonnenberger Damenwelt die ersten Nylonstrümpfe mit Naht und Strumpfhalter anbot. Eine Zeit lang standen die Damen vor seinem Schaufenster und damit vor der Qual der Wahl: beim Juden kaufen oder modisch ins Abseits geraten. Zwar gab es die Nylons bald überall, aber niemand bot sie preiswerter an als Fritz. Einmal im Monat fuhr er zu jüdischen Großhändlern nach Frankfurt und durchstöberte deren Lagerhallen nach günstiger Importware.

Allerdings blieben die Nylons, mit denen Fritz einen Hauch von Welt nach Sonnenberg brachte, eine einsame Erfolgsgeschichte. In den 1950er Jahren nahm das Leben Fahrt auf. Die Konsumgüterindustrie spuckte immer rasanter immer größere Warenberge aus, die Autos wurden schnittiger, und die Düsenflugzeuge flogen in weniger als einem halben Tag nach New York. Die Zeit wurde ein knappes Gut. Je jünger die Kunden, umso geringer war die Lust auf ein Schwätzchen mit dem alten Mann hinter der Theke.

Kurt sah, dass der Verkauf von Stoffen Zeit fraß. Als ihn der Vater aufforderte, das Schneiderhandwerk zu erlernen, weigerte er sich und schlug stattdessen vor, die Stoffballen durch frisches Obst und Gemüse zu ersetzen. Fritz wurde zornig und nannte Kurt einen »Schlemihl«. »Ich hatte noch nie im Leben eine Papierspitztüte gefaltet«, sagt Kurt. »Es überforderte ihn, mich ernst zu nehmen.«

16 Geschäfte gab es in Sonnenberg, mehr als vor dem Krieg. Ein paar einsame Kriegerwitwen unterhielten in ihren Privat-

wohnungen kleine Hinterzimmerläden, die gut besucht waren. Tote deutsche Helden ehrte man, in dem man bei ihren Frauen kaufte. Tote Juden waren keine Werbung. Sie wirkten auf die »arische« Kundschaft fast so abschreckend wie lebendige.

Bei der Bundestagswahl im September 1953 zogen 129 ehemalige NSDAP-Mitglieder, die bei anderen Fraktionen untergekrochen waren, in den Bundestag ein. Am 1. Oktober trat das Bundesergänzungsgesetz in Kraft, das das Entschädigungsgesetz der US-Zone »ergänzte« und die Ländergesetze vereinheitlichte. Die Westalliierten hatten Adenauer zu einer bundeseinheitlichen Regelung gedrängt, wobei die Regierungsparteien bis zuletzt versuchten, NS-Opfer und »Rückerstattungsgeschädigte« über einen Kamm zu scheren. Unter einem »Rückerstattungsgeschädigten« verstand man beispielsweise einen »Arier«, der eine Wohnzimmereinrichtung, die er in einem verlassenen »Judenhaus« ersteigert hatte, zurückgeben musste, obwohl er sie in dem guten Glauben erworben hatte, es habe sich um eine Gefälligkeit des Führers gehandelt, die rein zufällig zeitlich mit der Deportation der jüdischen Nachbarn zusammenfiel.

Das Gesetz beendete die Hoffnungen der NS-Verfolgten, man werde ihnen einen Anspruch auf Schadensersatz gegenüber den »arischen« Nachbarn einräumen, die sich an ihnen bereichert hatten. Adolf-Normalverbraucher durfte das jüdische Familiensilber behalten. Statt seiner werde der Staat einspringen, wenn auch nur zu einem Teil. Ein Fußgänger, der 1953 von einem Polizisten versehentlich angefahren wurde, wurde höher entschädigt als ein Demokrat, der 1935 von einem Polizisten absichtsvoll ins KZ gefahren worden war. Am härtesten traf es die Kommunisten. Wer die »Freiheitlich-demokratische Grundordnung« (FDGO) bekämpfte, wurde von jeder »Wiedergutmachung« ausgeschlossen.

Die allgemein verbreitete Ansicht, dass »der Jude« selbst die Ursache des Antisemitismus sei, da er ihn durch sein Verhalten erst heraufbeschwöre, war Kurt und seinen Eltern geläufig. Ihr Besuch auf dem Stiftungsfest des Volkschores »Vorwärts« war ein eindrücklicher Beweis dafür. Fritz, Rosa Emma und Kurt saßen im Kaisersaal der Gastwirtschaft Köhler am Ende eines Biertisches, an dem noch reichlich Platz war, gleichwohl sich trotz der Enge im Saal niemand zu ihnen setzte, bis der Chorleiter Karl Bach mit einem Korb voller Lose für die Tombola vorbeikam. Drei Lose kosteten eine D-Mark. Dafür musste ein Arbeiter eine halbe Stunde malochen. Folglich war es für viele eine Kaufentscheidung, die überlegt sein wollte.

Fritz spürte die Blicke der Umstehenden. Er verlangte für alle im Saal gut vernehmbar »30 Lose«, zog die Geldbörse heraus und reichte Karl eine Banknote. Rosa Emma warf Kurt einen sorgenvollen Blick zu. Wie würden die Nachbarn reagieren? Bloß keinen Risches! Die Chance, den Tag ohne Aufsehen zu beenden, hatte Fritz vermasselt. Ihm fehlte das Gespür für die Momente, in denen sich Juden besser unauffällig verhielten.

Als die gezogenen Losnummern verlesen wurden, reckte Fritz ein ums andere Mal den Arm nach oben. Nachdem er viel nutzlosen Kram und einen Kupferkessel gewonnen hatte, stellte sich eine Frau Belz vor die drei hin, stemmte die Hände in die Hüften und rief: »Wenn ich gewusst hätt', dass ihr des gewinnt, hätt' ich des nit gespendet.« »Ich fühlte mich wie ein begossener Pudel«, sagt Kurt.

Begegnungen dieser Art streifte die Familie bei Ausflügen ins Grüne ab. Kurt steuerte den Ford Taunus 12M, und sie entdeckten Dörfer, in denen sie keiner kannte, und Lokale, in denen man sie nicht anstarrte. Kurt hielt die Momente des Glücks mit einer Kodak Retina fest: Rosa Emma auf einer Wiese in einem Wiesenblumenkleid; Fritz, der auch im Hochsommer Krawatte trug, stand hinter ihr, damit er größer wirkte. Er lächelte sogar. Deutschland war schön, solange man den »Ariern« aus dem Weg ging.

»Antideutsch war ich nie«, behauptet Kurt, als ich ihn nach dem 4. Juli 1954 frage. In der Rambacher Gaststätte »Waldlust« habe er mit Freunden ferngesehen. Im Endspiel der Fußballweltmeisterschaft standen sich Deutschland und die favorisierten Ungarn gegenüber. Das Ergebnis ist Geschichte.

Bis zum Endspiel hatte sich Kurt die Spiele im Haus seines Freundes Dieter Kunz angesehen. »Die Eltern waren ausgesprochen freundlich zu mir«, erinnert er. »Ich glaube, das war eine Art Wiedergutmachung, denn der Vater war bei der SS gewesen.«

Kurt hatte Dieter auf dem Fußballplatz kennengelernt. Fußball war unpolitisch. Beim Fußball konnte er vergessen. Die Kraft des Fußballs, politische Gegner zu einen, verkörperte niemand besser als Sepp Herberger – eben noch Reichstrainer und Nazi, jetzt Bundestrainer und Demokrat. Sein Spruch »Der Ball ist rund und ein Spiel dauert 90 Minuten« besagte, dass nichts im Fußball vorhersehbar sei und man bis zum Schluss das Ergebnis in der Hand habe. »Nach dem Spiel ist vor dem Spiel« meinte, dass im Fußball die Vergangenheit keine Bedeutung habe. Das durfte man auch politisch verstehen.

Auf dem »Spitzkippel«, dem Sonnenberger Fußballplatz, durfte jeder mitreden, Bildung und Einkommen spielten keine Rolle. Es war egal, ob einer Jude, Christ, Nazi oder Kommunist war, solange er sich fair verhielt. Kurt hatte sich anfangs die Spiele des SV Wiesbaden angesehen, der damals in der zweithöchsten Liga spielte, aber das fußballerische Niveau enttäuschte ihn. Fortan besuchte er die Spielvereinigung Sonnenberg e.V. und feuerte die Jungs aus der Nachbarschaft an. Als der Vereinsvorsitzende ihm die Mitgliedschaft anbot, sagte er zu. »Die Jungs gefielen mir«, sagt er. »Es hatte alles ein angenehm niedriges Niveau.«

Selbst gegen den Ball zu treten, wagte er der Verletzungsgefahr wegen nicht, denn im Geschäft war er unverzichtbar geworden. Dieter, der später sogar höherklassig spielte, gab den »beinharten linken Verteidiger«, erinnert Kurt. Willi Reis, der Anstreicher von gegenüber, »stand lauffaul im gegnerischen Strafraum und machte die Tore«. Der Rechtsanwaltsgehilfe

Walter Best führte die Mannschaft, und Kurt begleitete die Jungs nach dem Schlusspfiff zur Spielanalyse in die Kneipe. Noch ein paar Bier, und schon wähnte er sich im Pub.

Als die deutsche Nationalmannschaft die Ungarn besiegte, jubelte Kurt. »Nur bei Spielen gegen England war ich unentschlossen«, sagt er. Der Gewinn der Fußballweltmeisterschaft war die endgültige Wiederauferstehung Deutschlands aus den Ruinen des Dritten Reiches. Die Fußballfreunde sangen die Nationalhymne und begannen aus alter Gewohnheit mit der ersten Strophe: »Deutschland, Deutschland über alles, über alles in der Welt«. »Begeistert war ich davon nicht«, sagt Kurt. »Ich nahm das zur Kenntnis.«

Im Juli 1954 hielt Bundespräsident Heuss eine Rede zum 10. Jahrestag des missglückten Attentats, das Wehrmachtsoffiziere im Angesicht der drohenden Niederlage auf Hitler verübt hatten. Wieder verwendete er die Formel von der »Scham«. Dem Eid auf den »Führer«, der Millionen Soldaten verpflichtet habe, bis zum bitteren Ende zu kämpfen, stellte er »das stolze Sterben« der Offiziere gegenüber: »Die Scham, in die Hitler uns Deutsche gezwungen hatte, wurde durch ihr Blut vom besudelten deutschen Namen wieder weggewischt.« Weg war sie – die Scham.

Zum dritten Mal wechselte Fritz den Anwalt. Der neue hieß Goldberg und hatte seine Kanzlei in der Bahnhofstraße, so wie einst Berthold Guthmann. Die Jahre 1954 und 1955 verbrachten Fritz und Goldberg im Dauergefecht mit der Frankfurter Oberfinanzdirektion. Hauptstreitpunkt war die Rückerstattung des Eigentums von Emil und Hannchen, das nach der Deportation versteigert worden war. Fritz sollte eine Liste der »entzogenen Wohnungseinrichtungsgegenstände« vorlegen und den »Entziehungsvorgang präzise darlegen«. Die Behörde verlangte Einsicht in Emils Konten, um zu prüfen, ob die Juden nicht vielleicht doch alles rechtzeitig verkauft hatten. Es war immer die gleiche Masche. Die »arischen« Beamten gaben sich ahnungslos und verlangten von den Juden Beweise für die Naziverbrechen. Ebenso gut hätte man sie zur Vorlage von Hitlers Geburtsurkunde auffordern können – als Beweis dafür, dass das Dritte Reich existiert habe. Alles, was Fritz vorbrachte, wurde angezweifelt. Die Oberfinanzdirektion sprach beharrlich von der »angeblichen Entziehung von Wertpapieren und Wohnungseinrichtung«.

Eines Tages brachte ein Kollege Fritz im Auto von einer Versammlung der Edeka nach Hause. Er hatte einen Schlaganfall erlitten. Ein Arzt hatte ihm noch vor Ort eine Spritze gegeben. Auf Kurts Schulter gestützt, schleppte er sich die Treppe herauf und sank ins Bett, wo er drei Tage lag, bis die Sprache zurückkam. Am nächsten Tag stand er wieder im Laden, als wäre nichts gewesen. »Wir wussten nicht, dass der Schlaganfall ein Wink mit dem Zaunpfahl war«, sagt Kurt.

Von nun an konnte Fritz kein Auto mehr steuern. Das traf ihn härter als der körperliche Verfall, den er ignorierte, solange es ging. Er war 65 Jahre alt.

Sonnenberg wuchs im Wirtschaftswunder der Nachkriegszeit. Ärzte, Anwälte, Unternehmer und ein Dutzend Adlige errichteten Villen auf den Hügeln ringsum. Die Einwohnerzahl wuchs von 4000 bei Kriegsende auf über 6000 an. Die Neubürger retteten das Geschäft, denn sie interessierte die Vergangenheit wenig. Fritz plante eine Modernisierung, da er noch immer Mutter Neumanns Mobiliar nutzte. In der *Lebensmittel-Zeitung* wurde ein neues Geschäftsmodell angepriesen, das sich in der Branche breitmachte: Selbstbedienungsläden. Ein schwäbisches Unternehmen bot an, althergebrachte Bedienläden so umzurüsten, dass sich die Kunden fertig abgepackte Ware selbst aus den Regalen nehmen konnten. »Anfangs erschien uns das unvorstellbar. Wie würden die Kunden reagieren, wenn wir sie nicht mehr bedienten?«, fragte sich Kurt.

Fritz lieh sich noch einmal Geld bei der Bank, ließ sich von Kurt ins Schwäbische fahren und erwarb eine Regalinsel, die frei im Raum stehen sollte, Wandregale, ein Kühlregal für Milchprodukte, eine Kühltheke für Wurstwaren und einen Kassentisch. Für den Umbau schloss er das Geschäft und eröffnete stattdessen eine Gerüchteküche. »Die Kunden standen vor dem Laden und fragten, was wir vorhätten«, erzählt Kurt, »aber wir wussten es selbst nicht genau.« Fritz' Initiative war zum Dorfgespräch geworden. Stolz eröffnete er auf nur 40 Quadratmetern das erste Selbstbedienungsgeschäft Wiesbadens.

Kurz darauf folgte ein weiteres Erfolgserlebnis. Der Bundestag beriet zehn Jahre nach Kriegsende ein Gesetz, durch das alle Heimkehrer und die Hinterbliebenen der NS-Opfer entschädigt werden sollten. Unter dem Druck der öffentlichen Debatte gab Regierungspräsident Nölle überraschend nach. Für die beruflichen Nachteile, die er im Nationalsozialismus erduldet hatte, erhielt Fritz zusätzlich zu den bereits ausbezahlten Vorschüssen eine Restzahlung von 9000,- Mark. Zum ersten Mal seit fünf Jahren konnte er einen Teil der Bankschulden tilgen.

Doch die Freude währte kurz. Ein zweiter Schlaganfall machte Fritz klar, dass ihm die Zeit davonlief. Im Streit um das Eigentum der Schwiegereltern ging es nicht voran. Anwalt Goldberg hatte eine detaillierte Auflistung von Emils Wertpapieren eingereicht, Schadensersatz für die »vollständige 6-Zimmerwohnungseinrichtung« sowie eine Entschädigung für die Haft in Theresienstadt gefordert. Die Oberfinanzdirektion konterte, der »Entziehungsvorgang« werde noch immer nicht überzeugend geschildert. Die Zermürbungstaktik der Behörde war es, gebetsmühlenartig nach Ereignissen zu fragen, die außer den Deportierten niemand beantworten konnte: »In welcher Weise hat das Deutsche Reich die Eigentümerstellung an der Wohnungseinrichtung erlangt, und war die gesamte Einrichtung im Zeitpunkt der Deportation der Eheleute Neumann noch vorhanden?«

Solche Zumutungen trafen nicht nur Fritz und Rosa Emma. Für Rückerstattungsverfahren, bei denen es um das Eigentum ermordeter Juden ging, schien es behördeninterne Handreichungen für die Beamten zu geben, in denen ihnen eingebläut wurde, dass sie mit der Unterstellung zu arbeiten hätten, die Juden hätten ihr Eigentum vor der Deportation verhökert. Die Erben konnten das Gegenteil nicht beweisen, denn sie hatten nur überlebt, weil sie zum Zeitpunkt der Deportation nicht in Deutschland waren.

Goldberg schrieb der Oberfinanzdirektion dreimal im Abstand weniger Wochen in allerhöflichstem Ton, dass Rosa Emma nicht wisse, »in welcher Weise das Eigentum an den Möbelstücken auf das Deutsche Reich übergegangen ist. Dem Vernehmen nach wurden die Möbel durch das Finanzamt Wiesbaden versteigert.«

Fritz verlor die Geduld. »Der entschuldigt sich noch dafür, dass er geboren wurde«, schimpfte er. Er nannte Goldberg einen »Schwächling« und entzog ihm das Mandat: »Ich werde die Sache jetzt selbst weiterführen.« Dass das Landesamt für Vermögenskontrolle und Wiedergutmachung kurz darauf die »Oberfinanzdirektion Frankfurt/Main« dazu verpflichtete, Emils Wertpapiere zu erstatten, bestätigte die Richtigkeit der Entscheidung.

Fritz schien wieder der Alte zu sein. Peter Bittmann schrieb in einer eidesstattlichen Erklärung, »dass ich ungefähr 8–10 Tage vor der Abreise der Eheleute Neumann in ihrer Wohnung Kaiser-Friedrich-Ring 80 zu Besuch gewesen bin und die Wohnung noch vollständig in Ordnung war«. Fritz ergänzte, »dass alle Objekte, die in der Wohnung der Eheleute Neumann waren, vor der Deportation von der damaligen Behörde gelistet wurden und den Neumanns verboten wurde, irgendetwas davon zu verkaufen«.

Natürlich wussten die Mitarbeiter der Oberfinanzdirektion, wie die »Arisierungen« abgelaufen waren, hatten sie sie doch selbst durchgeführt. Dennoch blieben sie bei ihrer Linie: Hatten die alten Neumanns bei ihrem »Umzug« in das »Judenhaus« wirklich die »Möbel mitgenommen«, oder hatten sie sie nicht doch verkauft? »Bevor wir auswanderten, mussten wir einen

Treuhänder bestellen, der unsere Interessen wahren sollte«, antwortete Fritz. »Dabei wurde notariell festgelegt, dass wir freiwillig nie unsere Zustimmung zu einer Veräußerung, weder Grundbesitz noch anderer Sachen geben würden. Emil Neumann nahm alle Möbel mit und hat sie auch nicht veräußert. Bis Mai 1941 stand ich in laufender Korrespondenz mit unseren Eltern.«

Mit dem Jahr 1956 begann Fritz' letzte Etappe. Im ersten Entschädigungsantrag hatte er neben der Wohnungseinrichtung das »gut sortierte Weinlager« und die Hagada erwähnt, die letzten ihnen 1940 verbliebenen Besitztümer, die er nicht nach England hatte retten können. Seit sechs Jahren war in der Angelegenheit nichts passiert. Abgesehen von der Haftentschädigung und einer Zahlung für die zerstörte berufliche Karriere hatte Fritz keine »Wiedergutmachung« erfahren. Drei Anwälte waren verschlissen, die Korrespondenz mit den Behörden füllte mehrere Aktenordner, der Umsatz des Geschäfts lag immer noch unter dem Niveau von 1932, und er selbst war ein kranker Mann ohne Krankenversicherung und Rentenanspruch. In dieser Situation schlug er das letzte Kapitel auf.

Im Auftrag des Landesamts für Wiedergutmachung bezifferte ein »beeideter und öffentlich bestellter Schätzer« den Wert der Wohnungseinrichtung auf 26315,50 Mark. Die Oberfinanzdirektion konterte: »Für das Weinlager hat der Antragsteller einen Wert von DM 2400,– angegeben. Diese Zahl scheint stark überhöht, wenn man sich die Umstände im Zeitpunkt der Entziehung 1941 vergegenwärtigt. Schmuck und Silber können 1941 nicht mehr vorhanden gewesen sein, da sie bereits im Februar 1939 hätten abgeliefert werden müssen.«

Nachdem »in den Unterlagen der ehemaligen Ankaufsstelle des Reiches« eine »Aufzeichnung über die Ablieferung von Schmuck und Silbersachen durch Herrn Neumann« aufgetaucht war, erkannte die Behörde die »Schadensersatzpflicht des Deutschen Reiches wegen der Entziehung der angegebenen

Gold- und Silbergegenstände« an. Als Fritz an Eides statt versicherte, Rosa Emmas Vater habe 1930 seinem Neffen Jakob Lebrecht »etwa M. 3000,– als kurzfristiges Darlehen« geliehen und nach der Pleite von dessen Firma in Bingen als Gegenwert 6 Kisten Wein erhalten, »und zwar nur 11er und 17er Spitzen aus dem Rheingau und Bingen« zum damaligen Listenpreis von »über M. 5000,–« erkannte die Oberfinanzdirektion auch den Wert des Weinlagers an. Das war im Mai 1956. Im August war noch kein Pfennig überwiesen. Fritz ließ sich von Kurt zur Oberfinanzdirektion fahren. Er forderte eine Zahlung »im Umfange der bisherigen Anerkenntnisse«. Im Oktober entschied das Landesamt, dass das »Deutsche Reich betr. die Wohnungseinrichtung« Fritz' Forderungen anerkennen müsse.

»Wir hatten immer noch Theodor Heuss im Ohr, der uns zur Rückkehr aufgefordert hatte«, sagt Kurt. Erst spät begriff er, dass der übermächtige Vater blind gewesen war, getrieben von der unerwiderten Liebe zur Heimat. »Tief im Innern warf er sich vor, dass er uns zur Rückkehr gedrängt hatte. Er fühlte sich schuldig an unserer Misere, aber er sprach nie darüber.«

Je mehr Fritz sich zusammenriss, um den körperlichen Verfall zu verdrängen, umso jähzorniger wurde er. Niemand machte es ihm recht. Dabei schulterte Kurt, der »Schlemihl«, längst die Hauptlast im Geschäft, während Rosa Emma ihren Platz an der Kasse gefunden hatte und sich von Fritz ihres ruhigen Wesens wegen eine »Schlafmütze« schimpfen ließ.

Was die Hagada betraf, so hatte die amerikanische Militärregierung die Verantwortung für die Rückgabe von NS-Beutekunst an die rechtmäßigen Eigentümer 1949 den deutschen Behörden übertragen. Die zuständige Treuhandverwaltung für Kulturgut München teilte Fritz im Februar 1956 mit, dass »über den Verbleib« der Hagada »nichts bekannt ist«. Vielleicht hatte der Gestapo-Helfer Liffmann, der bei der Ausreise von Fritz und Rosa Emma im Dezember 1940 die Koffer zum Zoll gebracht hatte, als Buchhändler den Wert des Buches erkannt, es selbst entwendet oder den Beamten einen Hinweis gegeben. Die Zollfahndungsstellen hatten das in Bahnhöfen lagernde Umzugsgut der Juden systematisch durchsucht und darin befindliche Wertsachen oft in Eigenregie versteigert. Einen großen Teil der geraubten Kulturgüter hatten die Nazis in der Schweiz verkauft, um sich Devisen zu beschaffen.

Der Hamburger Auktionator und Kunstsachverständige Ernst Hauswedell sollte im Auftrag des Landesamtes für Wiedergutmachung den Wert der »Hagada aus dem 13. Jahrhundert« ermitteln. Die Besitzer von Auktionshäusern waren die geborenen Experten in Rückerstattungsfragen: Sie hatten das Hab und Gut der Deportierten oft höchstselbst versteigert und konnten nun die eigene Unbescholtenheit zur Schau zu stellen, indem sie den Erben der Ermordeten zur Seite standen und bezeugten, was »bei der Evakuierung nach dem Osten« noch vorhanden gewesen war.

Hauswedell, der in diesem Fall unbeteiligt war, kam zu dem Urteil, das Buch müsse »außergewöhnlich wertvoll« gewesen sein. Fritz ergänzte »an Eides statt«: »Das Buch wurde in einem Kloster im Elsass geschrieben. Name des Schreibers, Datum und Ort waren auf einem besonderen Blatt vermerkt: Abroham ben Jehuda übergab 1259 seinem Sohne Jehuda ben Abroham mit der seither üblichen Widmung die Hagada. Anlässlich seines 80. Geburtstages übergab mein Vater, dessen jüdischer Name der gleiche war wie der des Erstbesitzers, sie mir, und mein Name ist der gleiche wie der des Erst-Erben 1259. Dieser seltsamen Duplizität verdanke ich die Erinnerung.«

Fritz war kein Lügner. Wenn er der Wahrheit aus dem Weg gehen wollte, tat er das, in dem er schwieg. Der Stress der Wiedergutmachungsbürokratie zehrte an seinen Nerven, so dass er die Dinge durcheinanderbrachte. Sein jüdischer Name war nicht Jehuda, sondern Joseph. Doch es blieb nicht bei harmlosen Irrtümern. Im Juli 1956 beschrieb er die Hagada als »in 3 Sprachen handgeschrieben, mit den noch heute üblichen Zeichnungen versehen, in Leder gebunden, mit 5 silbernen

Swastikas im Kreise beschlagen. Vor meiner Auswanderung ersuchte ich die Devisenstelle in Frankfurt um Erlaubnis, das Buch mitnehmen zu dürfen. Auf Grund meiner Auszeichnungen (Pour le Mérite) wurde mir dies auch gestattet.« Vor der Ausreise habe man ihm »6000,– Dollar geboten mit dem Hinweis, den sicher bedeutenden Mehrbetrag mir in Amerika auszuzahlen. Ich habe die Mitnahme der Hagada erwirkt aufgrund meiner Kriegsauszeichnungen. Ich bin Träger des Pour le Mérite.«

War er so verzweifelt, dass ihm sein preußisches Ritterkreuz zu klein erschien? Er war mitnichten »Träger des Pour le Mérite«, denn der Orden wurde nur an Offiziere verliehen.

Vom Landesamt für Wiedergutmachung erneut um die »Schätzung eines mittleren Wertes« der Hagada gebeten, schrieb Hauswedell: »Wenn den Angaben des Antragstellers Vertrauen entgegengebracht werden kann, sollten Sie den Wert, den er angibt, für die Entschädigung zugrunde legen.« Der Frankfurter Literaturwissenschaftler Hanns Wilhelm Eppelsheimer schloss sich als zweiter Gutachter dieser Meinung an. Die Oberfinanzdirektion bot daraufhin 15000 Mark, während Fritz 120000 Mark für angemessen hielt, weil die Versteigerung einer Hagada aus dem 15. Jahrhundert in London 200000 Mark erbracht hatte.

Bei der letzten Verhandlung im Landesamt ließ sich das Deutsche Reich vom Rückerstattungsreferenten der Oberfinanzdirektion Börner vertreten. Fritz drohte ein nervenaufreibendes Verfahren, denn die offizielle Marschroute, die das Bundesfinanzministerium den Rückerstattungsreferenten mit auf den Weg gab, lautete: Selbst bei eindeutiger Aktenlage sollten die historischen Fakten standhaft geleugnet werden, da es allein Aufgabe der Gerichte sei, die Wahrheit herauszufinden.

Nachdem Börner nicht bereit war, auf Fritz' Forderung einzugehen, gab das Landesamt den Fall an die Wiedergutmachungskammer des Landgerichts Frankfurt ab. »Das war ein Hoffnungsschimmer, denn es gab in der amerikanischen Besatzungszone die Vorgabe, dass wenigstens einer der drei Richter einer Wiedergutmachungskammer ein NS-Verfolgter sein solle. Faktisch gab es aber weder genug jüdische noch genug unbelastete Richter, so dass Fritz trotz allem damit rechnen musste, es wie üblich mit NS-Juristen zu tun zu bekommen«.

Im März 1957 brach Fritz erneut zusammen. Die rechte Körperhälfte blieb von nun an gelähmt. Er konnte anfangs weder gehen noch sprechen. Erst nach einem Monat verließ er das Bett, gerade rechtzeitig, um an der Gerichtsverhandlung in der »Rückerstattungssache Beckhardt ./. Deutsches Reich« teilzunehmen. Kurt nahm an der Rückwand Platz und lauschte. Börner fragte, warum Fritz die dritte Schriftsprache der Hagada anfangs nicht erwähnt habe und worauf sich die Wertangabe gründe? Fritz stotterte, dass er den jiddischen Text vergessen habe. Als er merkte, dass er sich in Widersprüche verstrickte, halbierte er die Forderung auf 60 000 Mark.

Die Kammer lud den Frankfurter Antiquar August Hase als weiteren Sachverständigen. Hase bezweifelte, dass es im 13. Jahrhundert eine dreisprachige Hagada gegeben habe, und bezifferte den Wert »nach den vorhandenen spärlichen Unterlagen« auf 40 000 Mark. »Das war weniger, als wir erhofft hatten, aber genug, um unsere Schulden zu tilgen«, sagt Kurt.

Der Gegenseite blieb nur noch ein Ausweg: Sie musste Fritz' Glaubwürdigkeit zerstören. »Für alle Angaben des Antragstellers werden keine anderen Beweismittel angeboten als eigene widersprechende Erklärungen und die in entscheidenden Punkten unrichtige eidesstattliche Versicherung«, die ohnehin nur ein »zweitrangiges Beweismittel« sei. Im Fall von Fritz Beckhardt aber sei ihr selbst »dieser Beweiswert noch abzusprechen«.

Solchen Angriffen war Fritz nicht gewachsen. Bei der zweiten mündlichen Verhandlung hatte er sein Pulver verschossen. Börner fragte, warum die Hagada nicht in den Umzugslisten aufgeführt sei. Zudem behauptete er, dass es im 13. Jahrhundert kein schriftliches Jiddisch gegeben habe. Fritz erwiderte sichtlich konsterniert, dass »ich erst die Erlaubnis erhielt, die Hagada mitzunehmen, nachdem das Verzeichnis abgegeben worden war. Auf Grund meiner Kriegsauszeichnungen bekam ich Erlaubnis von der Devisenstelle Frankfurt, die Hagada mitzunehmen.« Später schrieb er dem Gericht: »Infolge meiner Krankheit konnte ich der Verhandlung leider nicht so folgen, wie ich es wünschte.«

Der von der Kammer noch einmal befragte Gutachter Hase erklärte nunmehr, es habe erst im 16. Jahrhundert jiddische Literatur gegeben, und er halbierte seine frühere Wertschätzung auf nur noch »10 000 bis 20 000 Mark«. Doch Hase irrte. Der »Wormser Machsor«, ein Gebetbuch der Gemeinde Worms aus dem Jahr 1272, enthält die jiddische Widmung, dass demjenigen »ein guter Tag beschieden« sei, »der diesen Machsor in die Synagoge trage«. Und in den »Cambridger Handschriften«, einer Sammlung jüdischer Literatur aus dem 13. Jahrhundert, findet sich das Gedicht »Avro'om Ovinu« (Unser Vater Abraham) in jiddischer Sprache.

Von alldem hatte Fritz keinen Schimmer. Er beharrte auf den Wertschätzungen der Gutachter Hauswedell und Eppelsheimer und auf der Widmung mit der Jahreszahl 1259, während die Oberfinanzdirektion bestritt, dass das Buch »überhaupt einen außergewöhnlichen Wert« gehabt habe.

Fritz war zu krank, um das Haus zu verlassen. Doch es flackerte in ihm noch ein Funken Hoffnung. Würde das Gericht zumindest anerkennen, dass ihm Unrecht geschehen war? Zur Urteilsverkündung schickte er Kurt mit einer Vollmacht: »Infolge Krankheit bin ich nicht in der Lage, den Termin wahrzunehmen.«

Je länger Fritz an das Krankenlager gefesselt über den Prozess sinnierte, desto stärker wuchs in ihm die Angst, er habe zu hoch gepokert und die Nazibeamten lachten sich darob eins ins Fäustchen. »Er wollte ein Urteil, selbst um den Preis, dass wir leer ausgingen«, erinnert Kurt. »Ich hatte das verstanden.

Als das Gericht fragte, welches schlussendlich unsere Forderung sei, nannte ich noch einmal die 60 000 Mark, zeigte mich aber zu einem Vergleich bereit.« Börner, der gewiefte Rückerstattungsreferent, bot 1000 Mark.

Am 7. Oktober 1958 verurteilte die 1. Wiedergutmachungskammer des Landgerichts Frankfurt das Deutsche Reich auf Zahlung von 15 000 Mark. Das Urteil ist unterzeichnet vom Vorsitzenden Richter Dr. Otto Ortweiler, einem Juden. Ortweilers Vater war vor der Deportation an einem Schlaganfall gestorben, die Mutter starb in Theresienstadt in der gleichen Woche wie Hannchen. Der Sohn überlebte, weil er in »privilegierter Mischehe« mit einer Christin verheiratet war. Zwei Monate nachdem er unserer Familie Gerechtigkeit hatte widerfahren lassen, starb Otto Ortweiler im Alter von 64 Jahren auf dem Weg ins Gericht an einem Herzinfarkt.

Brigitte ist 69 Jahre alt, als ich sie nach Jahrzehnten wiedertreffe. Ihre Wangen sind noch immer so rosig wie die Fleischwurst, die sie den Kindern über die Ladentheke gereicht hat. »Als ich bei euch anfing, wurden die Waren noch lose verkauft«, erzählt sie. »Da stand das Ölfass über dem Heringsfass, und man musste beim Abfüllen aufpassen, dass das Öl nicht in den Hering tropfte. Sultaninen, Hülsenfrüchte, Mehl und Zucker habe ich gewogen, gepackt und in die Regale geräumt.« Wasserkästen schleppte sie, Bündelholz und Butterkisten. Ihre kräftigen Oberarme lassen die Gewichte ahnen, die sie gestemmt hat.

Eines Tages hatte Kurt bei dem Bauern gegenüber an der Tür geklopft und gefragt, ob die Tochter Verkäuferin werden wolle. Brigitte war der zupackende Frauentyp der Wirtschaftswunderjahre, dem kein Handgriff zu schwer und kein Weg zu weit war. Sie wurde eine Verkäuferin aus Leidenschaft. Die Eltern lebten bescheiden von kleinen Getreide- und Kartoffeläckern, einem halben Dutzend Kühen, Schweinen und drei Pferden. »Jeden Monat warteten sie zu Hause auf das Geld, das ich verdient habe«, sagt Brigitte.

An den Duft, der durchs Dorf strömte, wenn Fritz Kaffee röstete, erinnert sie sich. Fritz und Kurt hätten sich oft gestritten, »weil dein Opa, auch als er schon krank war, immer das Kommando haben wollte. Auch mich hat er korrigiert, wenn ich mit Kunden sprach. Und als er wegen der Krankheit nicht mehr flüssig reden konnte, ist er einmal vor Aufregung vom Stuhl gefallen.« Brigitte packte den kleinen Mann und setzte ihn wieder hin, worauf Fritz vor Schreck die Sprache wiederfand: »Du bist aber stark!«

Seit Fritz' drittem Schlaganfall führte Kurt die Bücher. Die Familie hatte keinen Pfennig auf der hohen Kante, lebte buchstäblich von der Hand in den Mund, aber sie waren die Schulden los. Den Laden hielten sie von Montag bis Samstag 52 Wochen im Jahr geöffnet. Urlaub machten andere.

Fritz saß meist oben in der Wohnung, aß, schlief oder las Zeitung. Sie hatten wieder eine Haushälterin, eine hagere Person mit einem Haarknoten, die das Mittagessen kochte und sich um den zornigen Alten kümmerte. An sonnigen Tagen stellte Kurt einen Klappstuhl auf das Trottoir, von wo aus Fritz die Kundschaft und den Verkehr im Blick behielt.

Kurt setzte die Geschäftspolitik des Vaters fort, machte nun selbst »aktive Preise«. Grundnahrungsmittel wie Mehl, Zucker, Schmalz und Butter mussten billiger sein als bei der Konkurrenz. Zusätzliche Sonderangebote lockten die Kunden ins Geschäft. »Bevor wir zurückkamen, hatte es in Sonnenberg so gut wie keine Preisbewegung gegeben«, sagt Kurt. Bis Kriegsende hatte der Reichsnährstand die Preise diktiert, denn die Preisstabilität bei Lebensmitteln war Teil der nationalsozialistischen Sozialpolitik gewesen.

Kurt nahm Stoffe und Textilien aus dem Sortiment und ließ es stattdessen nach Erdbeeren, Pflaumen und Aprikosen duften. Jeden Morgen um halb sechs fuhr er mit einem himmelblauen Ford Taunus mit weißem Dach zum Großmarkt. Dass er das Obst betastete und den Preis verhandeln wollte, empörte die Großhändler. Ein deutscher Händler handele nicht, wiesen

Fritz vor dem Geschäft, 1960

sie ihn zurecht: »Beim Adolf hatten wir Ruhe vor euch. Jetzt macht ihr wieder die Preise.« Da Kurt noch ein Knabe gewesen war, als der *Nassauer Beobachter* seinen »Aufklärungsfeldzug gegen jüdisches Geschäftsgebaren« geführt hatte, begriff er lange nicht, was ihm die »arischen« Gemüsehändler sagen wollten. Ähnlich hartnäckig hielt sich das Gerücht, dass Juden keine Steuern zu zahlen brauchten. Ein Sonnenberger Lebensmittelhändler hatte es gestreut, um den Kunden zu erklären, warum »der Neumann« die Ware preiswerter anbot. »Ihr zahlt ja keine Steuern« war ein Satz, den Kurt oft zu hören bekam.

Brigitte erinnert ihn als entspannten Juniorchef. »Einmal stieß ich mir den Ellenbogen«, erzählt sie. »Der hieß bei uns ›Juddeknoche‹, frag nicht warum! Ich schreie auf, dein Vater sieht mich an. Da rutscht mir der Satz raus: ›Ich hab mer de Juddeknoche gestoße.‹ Gott, war das peinlich, aber dein Vater hat gelacht.«

Ich frage Brigitte, ob alle im Dorf außer mir wussten, dass wir Juden waren? Sie antwortet mit drei Begebenheiten aus den 1960er Jahren.

»Die Elbermanns waren eine Arbeiterfamilie aus der Nachbarschaft. Eines Tages kommt der junge Klaus Elbermann ins Geschäft und sagt zu mir: ›Ich hätt' gern drei Stückscher.‹ Da musst du zum Bäcker gehen, sage ich, wir haben keine Stückscher. Darauf sagt der Bub: ›Nein, die Mama hat gesagt: Geh bei'n Judd und hol drei Stückscher!‹«

»Wie hätten Fritz und Rosa Emma reagiert, wenn sie das gehört hätten?«, frage ich.

«Geschmunzelt hätten sie«, antwortet Brigitte und fährt fort: »Einmal hatten wir Hühnerschenkel zu einem sehr guten Preis im Angebot. Da höre ich, wie eine Kundin zur anderen sagt: ›Bei den Juden wird das bestimmt Hühnerklein sein.‹ Ein anderes Mal zog mich ein Kunde am Ärmel. In der Hand hielt er ein Huhn aus der Tiefkühltruhe und zeigte auf das Etikett: ›Woher will denn der Jude wissen, dass das genau 480 Gramm wiegt?‹«

Am 29. Juni 1956, elf Jahre nach Kriegsende, verabschiedete der Bundestag das Bundesentschädigungsgesetz. Die Präambel enthielt das Geständnis, dass »unter der nationalsozialistischen Gewaltherrschaft Unrecht geschehen« sei – immerhin. KZ-Häftlinge und Juden, die den Stern hatten tragen müssen, durften einen »Freiheitsschaden« geltend machen. Der Boykott eines Geschäfts fiel in die Kategorie »Vermögensschaden«. Zwangsabgaben wie die »Judenbuße« wurden unter »Schaden durch Zahlung von Sonderabgaben« zusammengefasst. Der Mord an Familienangehörigen hieß »Schaden an Leben«. Einen solchen hatte Rosa Emma, wie es offiziell hieß, als »Tochter der in Auschwitz verbliebenen Eheleute Emil und Johanna Neumann« erlitten. »In Auschwitz verblieben« war der »arische« Euphemismus für »in Auschwitz ermordet«.

Fritz forderte nach dem neuen Gesetz eine Kompensation für die entgangenen Gewinne der Firma Emil Neumann, die Einrichtung der Geschäftsräume in der Moritzstraße, den erzwungenen Rückkauf der Lebensversicherungen, den Zwangsverkauf der Adler-Limousine, für die Jahre der Arbeitslosigkeit sowie die Aus- und Rückwanderungskosten. Da er nicht mehr schreiben konnte, diktierte er Rosa Emma die Korrespondenz. »Um Ihnen die Dringlichkeit meiner Anträge bekannt zu geben, teile ich Ihnen höflichst mit, dass ich im 69. Lebensjahr stehe und infolge eines Schlaganfalls rechtsseitig gelähmt und erwerbsunfähig bin.« Dann unterschrieb er mit zittriger Hand: »Ergebenst Beckhardt«.

Täglich kam der Hausarzt an Fritz' Bett und gab ihm eine blutverdünnende Spritze. Beim Hinausgehen nahm er Kurt zur Seite: Fritz müsse in ein Krankenhaus verlegt werden, damit er Infusionen erhalte. Doch nach wie vor weigerten sich die Krankenkassen, die Familie Beckhardt zu versichern. »Die Arztrechnungen fraßen unsere Ersparnisse auf«, sagt Kurt und schildert den Besuch in einer Klinik, wo er dem Chefarzt offenbarte, dass er eine Rechnung über 690 Mark nicht begleichen könne. Er trug das Anliegen mit ruhiger Stimme vor. Das Poltern des Vaters ging ihm gegen den Strich. Der Arzt verstand die Situation und verzichtete auf das Geld – eine Ereignis, das Kurt ein Leben lang erinnert.

Vom Staat kam das Übliche. Der Regierungspräsident verlangte eine Geburtsurkunde Rosa Emmas, um »festzustellen, ob die Antragstellerin jüdischer Abstammung ist«. Das war starker Tobak, aber es kam noch stärker. Im Februar 1958 teilte uns der Regierungspräsident das Ergebnis seiner Nachforschungen zum Schicksal Emils und Hannchens mit: »Die von mir durchgeführten Ermittlungen erbrachten nicht die Feststellung, dass die Verstorbenen deportiert wurden.« Rosa Emma möge Belege bringen, »wann die Deportation durchgeführt und erstmalig eine Verhaftung vorgenommen wurde«.

Im gleichen Tonfall lehnte das Landgericht Mainz Fritz' Entschädigungsanspruch auf das Vermögen seiner Schwester ab. »Der Begriff der Deportation«, so der Richter, sei »vom Kläger offensichtlich falsch verstanden worden. Dieser Begriff ist vom Gesetzgeber im Zusammenhang der Ausweisung gebraucht worden, bezieht sich also nicht auf die Einweisung in ein KZ oder Ghetto, sondern auf zwangsweise Verbringung in ein Gebiet außerhalb des damaligen deutschen Machtbereichs. Die Verfolgte kam im KZ Auschwitz um. Auschwitz befand sich zum Zeitpunkt des Todes der Verfolgten innerhalb des deutschen Machtbereichs. Von einer Deportation im Sinne des Bundesentschädigungsgesetzes kann daher keine Rede sein.«

Fieberhaft suche ich in den Akten nach einem Dokument, das mir den Druck von der Seele nimmt. Erleichterung brächte eine Anzeige wegen Körperverletzung, in der Kurt vorgeworfen würde, den Regierungspräsidenten oder einen Mitarbeiter geohrfeigt zu haben. Stattdessen setzt sich der quälende Schriftverkehr zwischen jüdischem Bittstellertum und »arischer« Willkür fort.

Zwar bestätigte der Regierungspräsident, dass Fritz im Dritten Reich einen »Schaden im beruflichen Fortkommen« erlitten habe, und gewährte eine Zahlung von 8835 Mark, entschied aber, dass »die Umzugskosten von Sonnenberg nach Wiesbaden nicht entschädigt werden können, da der Umzug nicht auf Veranlassung von SS-Stellen verursacht wurde«.

Zum Jahresende 1958 rang sich das Regierungspräsidium wider Erwarten doch zu der Erkenntnis durch, dass Emil deportiert worden war, denn die jüdische Gemeinde habe mitgeteilt, »dass der Verstorbene am 1.9.1942 evakuiert wurde. Es ist als erwiesen anzusehen, dass der Erblasser ab 19.9.1941 gemäß Polizeiverordnung über die Kennzeichnung der Juden den Judenstern getragen hat und ab 1.9.1942 seiner Freiheit beraubt war, das sind insgesamt 43 volle Monate zu je 150,– DM.« Rosa Emma bekam 6450 Mark für die »Freiheitsbeschränkung und Freiheitsentziehung« des Vaters, nicht jedoch für den Mord: »Über sein weiteres Schicksal ist nichts bekannt.«

130 Jahre waren vergangen, seit Moses Neumann, der Urgroßvater Rosa Emmas, mit einem »Ellenwaarenhandel« nach Sonnenberg gezogen war. Da Fritz das 125-jährige Jubiläum hatte verstreichen lassen müssen, wollte er das 130-jährige feiern und

teilte das Ereignis der Stadt Wiesbaden, der Industrie- und Handelskammer und der Edeka mit. Kurt ließ Flugblätter im Dorf verteilen: »130 Jahre Emil Neumann«. Üblicherweise gratulierten die Stadt und die IHK mit einer Zeitungsanzeige zu einem Firmenjubiläum, schickte die Edeka ein vorzeigbares Präsent. Doch nichts geschah. Die Hamburger Edeka-Zentrale, die Fritz schon die Urkunde zur 25-jährigen Mitgliedschaft verweigert hatte, schwieg. Auch die IHK und die Stadt unter dem Oberbürgermeister und ehemaligen SS-Standartenführer Erich Mix (FDP) hüllten sich in Schweigen.

Kurt saß nun öfter an Fritz' Schreibtisch und versuchte einen Überblick über die offenen Forderungen an das »Dritte Reich« zu bekommen. Dabei stieß er auf Ungereimtheiten. Er beantragte für Fritz eine »Neuberechnung der Entschädigung wegen Schaden im beruflichen Fortkommen bei Einstellung in den gehobenen Dienst«. Um die Nachteile zu beziffern, die die Juden durch die Verdrängung aus dem Wirtschaftsleben erlitten hatten, stuften die Behörden sie formal in eine der vier Beamtenlaufbahnen ein. Fritz war im mittleren Dienst gelandet, was seinem militärischen Dienstgrad am Ende des Ersten Weltkriegs entsprach. Kurt jedoch war der Ansicht, dass der Vater sich danach beruflich weiterentwickelt hatte.

Auch für Emil forderte er eine Entschädigung wegen eines Berufsschadens. Emil war als Rentner eingestuft worden, doch in Wahrheit hatte er noch im Alter arbeiten müssen. Ein Beamter protokollierte: »Es soll nachgewiesen werden, dass der Erblasser auch noch im Jahre 1937 berufstätig war. Nach den Angaben des Bevollmächtigten war sein Großvater nach der Verpachtung des ursprünglich betriebenen Geschäfts noch weiterhin erwerbstätig. Er soll an jüdische Mitbürger von seiner Wohnung aus Waren verkauft haben.«

Fritz' Zustand wurde schlechter. Tagsüber lag er auf dem Sofa, ein Kissen im Rücken, und schaute aus dem Fenster. Das Sprechen fiel ihm schwer. Briefe diktieren konnte er nicht mehr. Obwohl ihr der Kontakt zu den »arischen« Beamten zuwider war, gab Rosa Emma im Regierungspräsidium eine eidesstattliche Erklärung ab: »Mein Mann ist infolge eines Schlaganfalls schwer krank und nicht gehfähig. Meine beiden Kinder hatte ich bereits im Sommer 1939 durch die Jüdische Gemeinde Wiesbaden mit einem Kindertransport nach England vorausgeschickt. Die Kosten habe ich bezahlt. Im Dezember 1940 habe ich mit meinem Mann Wiesbaden verlassen, und wir sind über Berlin nach Paris und von dort nach Portugal gereist. Bis Mai 1941 blieben wir in Lissabon und sind dann mit einem Flugzeug nach England gebracht worden. Das Gepäck wurde nach Lissabon dirigiert. Infolge der Kriegsverhältnisse blieb es dort über 2 Jahre eingelagert und gelangte erst 1943 auf Umwegen nach England. Über den Verkauf der Einrichtungsgegenstände von Büro und Lager der Fa. F. Beckhardt, Moritzstr., die ich liquidiert habe, kann ich heute nach so langer Zeit keine Angaben mehr machen. Die Sachen sind offensichtlich stehen geblieben.«

Im August 1961, vier Monate vor meiner Geburt, entzifferte Fritz zum letzten Mal bei klarem Bewusstsein ein Schreiben der Entschädigungsbehörde. Als »Alleinerbe der geschädigten Martha Koch, geb. Beckhardt«, stünden ihm für den Schmuck und den Hausrat der Schwester 22 000 Mark zu.

»Er hat zum Schluss viel geweint«, sagt Brigitte. »Immer wenn er von seiner Schwester sprach, dann hat er sehr geweint.«

VI

Liebe

Im Februar 1961 heiratet Kurt die 25-jährige Melitta Hillbrenner, eine getaufte Jüdin aus der westfälischen Kleinstadt Marl am nördlichen Rand des Ruhrgebiets. Das kam so: Ein Jahr vor der Hochzeit präsentiert Rosa Emma dem Sohn das Foto einer jungen Frau mit blauen Augen und schulterlangem dunkelblondem Haar. Kurt hat bislang kein Glück mit den Frauen. Er hätte Enid heiraten sollen, damals, kurz vor der unseligen Rückkehr nach Deutschland. Seit er die Hand der Tochter seines letzten Chefs in England ausgeschlagen hat, läuft es nicht mehr, obwohl Kurt auch in Deutschland reizende Bekanntschaften macht. Doch entweder wissen die Damen, dass er Jude ist, und halten von vornherein Abstand, oder sie erfahren es und nehmen dann Reißaus.

Rosa Emma hat das zu lange mit angesehen. Kurt ist 33 Jahre alt, und sie wird ihm auf die Sprünge helfen. Sie engagiert – ohne Kurts Wissen – einen Schadchen, der eine Annonce in eine jüdische Zeitung setzt. Die Annonce liest Edith Hillbrenner, Melittas Mutter, die für die Tochter einen Juden sucht. Edith schickt – ohne Melittas Wissen – dem Schadchen ein Foto der Tochter. Kurt schließlich gefällt die Frau auf dem Bild, das ihm Rosa Emma zeigt. Der Rest ist schnell erzählt.

Kurt schickt Edith einen Brief mit Bild und bittet höflichst, die Bekanntschaft der Tochter machen zu dürfen. Edith zeigt Melitta Kurts Foto und schlägt ihr vor, den jüdischen Kaufmann einzuladen. Melitta stimmt zu, obwohl sie die Anzahl ihrer Verehrer für ausreichend hält, was Edith jedoch völlig anders sieht. Sie glaubt, Melitta werde ihr Glück nur in der Ferne finden.

Im April 1960 fährt Kurt ins Westfälische. »Ich war fürchterlich aufgeregt«, erinnert Melitta, »als ein Auto mit Wiesbadener Kennzeichen in unsere Straße einbog.« Kurt drückt die Klingel. Melitta öffnet. »Unter einem Gabardine-Mantel trug er einen Anzug mit Glencheck-Muster, und ich dachte, ›oh Gott, ist der konservativ‹.«

»Es gab Sauerbraten mit Klößen«, erinnert Kurt. Er bittet Edith um die Erlaubnis, einen Kloß liegen lassen zu dürfen, denn »ich bekam vor Aufregung kaum einen Bissen runter«. Später serviert Edith Hefezopf und Frankfurter Kranz. Kurt begreift Letzteren als Anspielung auf seine hessische Herkunft, aber er irrt. Die Buttercremetorte mit den Krokantsplittern, die den Tageskalorienbedarf eines Kaltblutpferdes deckt, gehört zur Standardausstattung von Ediths Kaffeetafel.

Nach der Buttercreme zeigt Melittas Vater Willi dem Hoffnungsträger seine Taubenzucht. Während Kurt artige Fragen stellt, wirft Edith Willi fragende Blicke zu: Wird Melitta mit dem Dialekt zurechtkommen?

Am Nachmittag spazieren Kurt und Melitta durch den Ort. Zaghaft nimmt er ihre Hand. Für die Nacht hat Edith dem Schwiegersohn in spe ein Hotelzimmer besorgt.

Tags darauf besucht Kurt Melitta noch einmal. Ihn beeindruckt das weitläufige Haus, die bürgerliche Atmosphäre, vor allem aber Ediths reicher Wortschatz, den er für Weltgewandtheit hält. »Ihr Stil hat mir imponiert«, sagt Kurt. Zurück in Wiesbaden, schreibt er Melitta einen Brief.

Im Juni reist Melitta nach Wiesbaden. Kurt hat ihr ein Zimmer im Bierstadter Hof besorgt. Er zeigt ihr den Kurpark und das Jagdschloss Platte. Der Blick vom Neroberg auf die elegante Kurstadt lockt die junge Frau. »Wiesbaden hat mir gefallen«, sagt sie, »aber das Haus in Sonnenberg war ein Schock. Ein rostiges Tor, ein verwahrloster Hof, drinnen fehlte die Heizung.« Fritz habe kaum noch sprechen können, erinnert sie. Rosa Emma habe sie sofort ins Herz geschlossen. »Sie war eine sympathische ruhige Person.«

Im August fährt Kurt ein zweites Mal nach Marl und wird enttäuscht, denn Melitta hat sich während eines Urlaubs an der See die Haare kurz geschnitten. »Die wachsen doch wieder«, tröstet sie ihn. Doch schneller als die Haare wachsen Melitta die Zweifel. Ist Kurt der Richtige?

»Ihre Briefe wurden distanzierter«, erinnert Kurt. Sie habe seit der Kindheit Asthma, schreibt sie, er hingegen wünsche sich doch sicher eine gesunde Frau. »Ich glaube, das wird nichts mit uns.«

Kurt hat nach dem Brief »ein, zwei schwere Tage«, dann erwacht sein Kampfeswille. Jetzt will er sie, komme, was wolle.

»Ich hatte oft mehrere Freunde gleichzeitig«, kokettiert Melitta, »und plötzlich sollte ich mich entscheiden.« Sie zeigt dem Onkel, Ediths Bruder Bubi, die Fotos der aktuellen Verehrer. »Welchen soll ich nehmen?« Melitta glaubt, Bubi habe auf Kurt gedeutet, weil er Jude war. »Aber das spielt keine Rolle«, sagt sie. Kurt sei der erste Mann gewesen, der nicht direkt mit ihr ins Bett habe steigen wollen. Das habe ihr imponiert.

Ein paar Mal treffe ich sie, aber niemand verrät mir, wer sie wirklich ist. Martha Boldes verbringt die letzten Lebensjahre im Leo-Baeck-House, einem jüdischen Altersheim in London. Wenn sie ihre Nichte Edith besucht, steckt sie in einem langen Mantel, der ihre rundliche Figur verbirgt. Die Haare hält ein Haarnetz. »Tante Martel hat überlebt, weil sie als Haushaltshilfe bei einer reichen Familie in England gearbeitet hat«, erinnert Melitta. Die einzigen erwachsenen Juden, die Großbritannien vor dem Krieg einreisen ließ, waren weibliche Haushaltsgehilfinnen und ihre Ehemänner gewesen. Martha Boldes ist die einzige Überlebende ihrer Generation.

Ich bin der erstgeborene Urenkel ihres Bruders Rudolf. Martha, die selbst keine Kinder hat, freut sich über meine Geburt, als wäre ich ihr eigener Sohn. Sie strickt mir Babysachen, obwohl sie schlecht sieht, und schenkt mir ein silbernes Kinderbesteck, das ich hüte wie einen Schatz, seit ich weiß, dass Familiensilber die Erinnerung an unsere Toten wachhält.

Paula Boldes mit Enkelkind Melitta und Schwägerin Martha, 1936

Im Haus meiner westfälischen Großeltern tauchen schwere Eichenmöbel die Wohnräume in ein dunkles Licht. Bett und Schrank im Schlafzimmer von Edith und Willi, die Truhe in der Diele und das Wohnzimmer hat Marthas Bruder Rudolf geschreinert, der bis 1937 ein Möbelgeschäft in Marl-Hüls unterhielt. Rudolf und Paula Boldes waren Ediths Eltern. Porträts von ihnen hängen in ovalen Fotorahmen über einem Telefontisch in der guten Stube, so dass Edith sie bei jedem Telefonat im Blick hat. Da sie an der Wand hängen, sind sie tot, denn die Bilder der Verstorbenen hängen im Wohnzimmer. Diese Familientradition kenne ich von zu Hause.

Rudolf kam 1884 im polnischen Leszno als Kind des Viehhändlers Louis Boldes und dessen Frau Fanny zur Welt. Leszno hieß damals Lissa und war eine Kleinstadt in der preußischen Provinz Posen, aus der auch Deutschlands berühmtester Rabbiner Leo Baeck stammt. Später zog die Familie in die schlesische Festungsstadt Glogau und eröffnete eine koschere Metzgerei.

Als emanzipierter Jude brach Rudolf mit der Familientradition, erlernte das »christliche« Handwerk des Möbelschreiners und reihte sich Anfang des 20. Jahrhunderts in den Strom von hunderttausenden, meist polnischstämmigen Schlesiern ein, die in das Ruhrgebiet einwanderten, wo der Steinkohlebergbau Millionen Menschen Arbeit versprach.

Rudolf kannte Westfalen, denn er hatte den Militärdienst in Münster abgeleistet. Er ließ sich in Recklinghausen nieder, wo er 1910 Paula heiratete. Im Jahr darauf kam Edith zur Welt. 1912 zog die Familie Boldes nach Hüls, in ein Dorf mit einer mittelalterlichen Wassermühle, wo seit Kurzem in der nach des Kaisers Gattin benannten Zeche »Auguste Victoria« Kohle gefördert wurde. Auf den Äckern um das Bergwerk entstanden Bergarbeitersiedlungen mit gleichförmigen Reihenhäusern, deren raue Fassaden sich vom Staub der Kohle grau färbten.

Während des Weltkrieges gebar Paula die Kinder Herbert, Günther und Ruth. Rudolf lag als »Wehrmann der 5. Kompanie des Gelsenkirchener Landsturmbataillons I« an der Westfront. Er wurde dreimal verletzt und kämpfte bis zum bitteren Ende. Nach dem Krieg erwarb er ein Haus mit eleganter Fassade mitten im Zentrum von Hüls, wo er sich eine Werkstatt und Verkaufsräume einrichtete. »Möbel Boldes« stand auf einem in die Straße hineinragenden Schild, auf der Hauswand darüber: »Wohnungseinrichtungen, Polsterwaren, Herde, Waschmaschinen, Kastenwagen, Kinderwagen«. Die Glasscheiben dreier mit Waren dicht bepackter Schaufenster trugen den Schriftzug »Rudolf Boldes – Teilzahlung gestattet«.

»Möbel Boldes« war ein Begriff, denn Rudolfs Geschäft war schon der Größe wegen ein beeindruckendes Möbelhaus. Jeder am Ort kannte es, viele kauften dort. Rudolf wusste um die Geldnöte der Bergarbeiter. Großzügig gewährte er ihnen Kredit. Er stellte einen Geschäftsführer ein, beschäftigte Schreinergesellen, Verkäuferinnen, eine Haushaltshilfe und ein Kindermädchen. Bald kaufte er Betten, Schränke und Kommoden aus Möbelfabriken hinzu, denn die Nachfrage wuchs schneller, als er schreinern konnte.

1923 brachte Paula als fünftes Kind Berthold, genannt Bubi, zur Welt. Die Familie pflegte einen entspannten Lebensstil. Rudolf war ein allseits beliebter und geachteter Bürger. Er besaß ein Auto, mit dem die Familie am Wochenende zu Verwandten nach Frankfurt fuhr. Paula reiste zur Erholung an die Mosel. Die Söhne gingen aufs Gymnasium, damit aus ihnen einmal Anwälte und Ärzte würden. Die Töchter besuchten ein Lyzeum, eine »höhere Töchterschule«. Nachmittags half Edith im Geschäft, während die Brüder zu den Kunden radelten, um Teilzahlungen zu kassieren. Am Schabbes tischte Paula ein mehrgängiges Menü auf, und die Familie sang und lachte bis spät in den Abend. Samstags betete Paula in der Recklinghäuser Synagoge. Bubi radelte, Günther spielte Fußball, und Edith traf Freunde auf dem Tennisplatz.

Willi Hillbrenner war kein politischer Mensch. Statt Intellekt besaß er eine Reihe deutscher Sekundärtugenden wie Fleiß und Ordnungsliebe, aber vor allem war er mutig. Von den Nazis und ihren Ideen ließ er sich nicht beeindrucken. Die Juden mochten Deutschlands Unglück sein, da maßte er sich kein Urteil an. Die Jüdin Edith Boldes aber war sein Glück.

Er hatte sie beim Tennis gesehen und war von der ersten Sekunde an unsterblich in sie verliebt. Das war im Sommer 1928. Edith war 17 und eine Schönheit. Wenn sie in Rock und eng anliegender Bluse über den Platz schwebte, vergaßen die Herren, den Ball zu retournieren. Auch Willi gefiel Edith. Er war groß, schlank, blond, blauäugig und voller tiefer, aufrichtiger Gefühle für sie. Die beiden waren ein Paar, nach dem man sich auf der Straße umdrehte. Spätestens 1932 wollten sie heiraten. Edith, die die höhere Handelsschule in Gelsenkirchen besuchte, wäre dann volljährig, und Willi hätte auf der Zeche die Ausbildung zum kaufmännischen Angestellten beendet.

Doch Anton Hillbrenner, Willis Vater, der als Abteufer der Zechenschächte nach Hüls gekommen war, verweigerte die Zustimmung zur Hochzeit, weil er eine Jüdin als Schwiegertochter nicht ertrug. Dabei war Anton kein Antisemit, sondern nur katholisch. Politik interessierte ihn wenig, aber in religiösen Fragen duldete er keinen Kompromiss. Fünf Jahre, sagt Edith, habe Willi mit dem Vater um das »Ja« gekämpft, bis sie schließlich anbot, sich taufen zu lassen. »Ich tat es seinem Vater zuliebe, der sonst nie eingewilligt hätte.«

Im Gegensatz zum frommen Anton spielte es für Ediths Vater keine Rolle, in welchem Kontext seine Tochter künftig zu Gott beten würde. Vorausschauend schrieb Rudolf der Tochter ins Poesiealbum: »Wenn Menschen Dich verlassen, wenn Glück wie Glas zerbricht, dann musst Du Gott umfassen, denn der verlässt Dich nicht.«

Ediths Taufe und die Hochzeit waren für Oktober 1933 geplant, aber plötzlich brach Hektik aus. Paul Eichmann, ein Freund der Familie, brachte die Nachricht, dass die Nazis Ehen zwischen Juden und Nichtjuden verbieten wollten. Paul hatte bei »Möbel Boldes« eine kaufmännische Ausbildung gemacht und war in einer ebensolchen »Mischehe« mit Ediths Freundin Martha Rosenthal verheiratet. Angeblich weigerten sich wenige Wochen nach der Regierungsübernahme der Nazis bereits die ersten Standesbeamten, Juden und Nichtjuden zu trauen – ohne dass es dazu eines Gesetzes bedurft hätte. Kurz entschlossen zogen Edith und Willi die standesamtliche Trauung auf Juni vor. Im Oktober folgte Ediths Taufe und die kirchliche Trauung. Willi galt fortan als »jüdisch versippt« und die Ehe mit Edith als eine »privilegierte Mischehe«, sofern das Paar Kinder bekommen und diese im christlichen Glauben erziehen würde. Das war im März 1935 der Fall, als Melitta geboren und zur Freude des katholischen Großvaters umgehend getauft wurde.

In der »privilegierten Mischehe« überstand Edith anders als die Geschwister die nächsten Jahre ohne Schikanen, wenn man davon absieht, dass sie in vielen Geschäften nicht mehr bedient wurde, weshalb Willi, der als Angestellter auf »Auguste Victoria« arbeitete, nach Feierabend den Einkauf zu erledigen hatte. Den jüdischen Alltag erlebte Edith, sobald sie das Geschäft des

Edith und Melitta auf Juist, 1938

Vaters betrat. »Die Nazis standen vor der Tür und sagten zu den Leuten: ›Ihr kauft doch nicht etwa bei Juden!‹«, erinnert sie. Ediths jüngster Bruder Bubi erlebte als 13-Jähriger, dass »den ganzen Tag kein Kunde das Geschäft betreten hatte, weil die SA vor der Ladentür stand. Mein Vater und ich waren in der Möbelwerkstatt im Keller. Es war schon Feierabend und die Ladentür abgeschlossen, da schellte es am Nebeneingang. Als ich öffnete, wurde ich von zwei SA-Männern in Uniform weggeschubst: ›Wo ist dein Vater?‹ Mein Vater kam herauf und fragte, was los sei, da wurde er gleich angerempelt. Die SA-Männer schuldeten uns Geld. Sie forderten eine Quittung darüber, dass sie alles bezahlt hätten. Mein Vater sagte: ›Wie komme ich dazu? Ihr schuldet uns schließlich noch was.‹ Da zog ein SA-Mann einen Revolver und drohte: ›Gib uns die Quittung, oder ich erschieße dich!‹ Mein Vater antwortete: ›Ihr Grünschnäbel, glaubt ihr, ihr könnt mir mit eurem Revolver Angst machen? Ich habe im Weltkrieg vier Jahre für mein Vaterland gekämpft. Ich habe vielen Kugeln entgegengesehen. Erschießt mich doch!‹ Da haben sie ihn geohrfeigt und gebrüllt: ›Geld aus der Kasse! Sofort!

Alles, was du hast!‹ Mein Vater sagte: ›Ihr habt doch den ganzen Tag vor dem Laden gestanden. Es war kein Kunde da, also ist auch kein Geld in der Kasse.‹

Da kam zufällig meine Großmutter herein und fragte: ›Rudolf, was ist hier los?‹ Als er ihr die Situation erklärt hatte, sagte sie zu den SA-Männern: ›Mein Schwiegersohn hat kein Geld.‹ Da bekam sie einen Schlag ins Gesicht, dass sie die Kellertreppe runterstürzte. Sie war schon über 70 Jahre alt. Nun schickte mich mein Vater hoch in den zweiten Stock, wo ein Polizist zur Miete wohnte. Ich bat den Beamten, er möchte doch runterkommen, aber der hat sich keinen Deut bewegt. Als die SA-Männer schließlich einsahen, dass nichts zu erreichen war, sagten sie: ›Wir gehen jetzt nebenan ein Bier trinken. In einer Stunde kommen wir wieder. Dann hast du Geld, du Saujude.‹ Sie gingen fort, aber kamen nicht zurück.«

Im Juli 1937 wurde Rudolf von einem Nachbarn denunziert und in »Schutzhaft« genommen. »Man hat ihm angedichtet, er hätte mit arischen Kundinnen was gehabt«, erzählt Edith. Da sich keine Zeuginnen fanden, wurde die Anklage auf Verstoß gegen das »Heimtückegesetz« geändert. Laut dem im Dezember 1934 erlassenen Gesetz konnte mit Gefängnis bestraft werden, »wer öffentlich gehässige, hetzerische oder von niedriger Gesinnung zeugende Äußerungen über leitende Persönlichkeiten des Staates oder der NSDAP, über ihre Anordnungen oder die von ihnen geschaffenen Einrichtungen macht«. Nachdem Rudolf vier Wochen in Recklinghausen von der Gestapo verhört worden war, ohne dass es ein Gerichtsverfahren gegeben hatte, stand er eines Tages wieder vor der Tür. Hüls war jetzt kein Ort mehr, an dem sie noch sicher leben konnten.

Bubi erinnert, dass die Familie keinen Pfennig mehr besaß, weil »die SA drei- bis viermal pro Woche vor der Ladentür stand und keinen Kunden reinließ. Also haben meine Eltern mich zu den Kunden zum Kassieren geschickt. Ich war damals 14 Jahre alt. Von den Kunden wurde ich ausgelacht: ›Was willst du noch?

Wir brauchen nicht mehr zahlen.‹ Andere haben mich ausgelacht und mir 50 Pfennig in die Hand gedrückt. Natürlich habe ich das Geld genommen, denn wir mussten davon leben.«

Als Rudolf keine Rechnungen mehr zahlen konnte, nahm er eine Hypothek auf das Haus auf. Der unvermeidlichen Zwangsversteigerung folgte der Umzug nach Recklinghausen. Edith, die mit Willi und Melitta in einem Haus der Zechensiedlung lebte, besuchte die Eltern jedes Wochenende. »Zuerst hatten sie eine nette Wohnung«, erzählt sie, »aber dann bekam der Hausbesitzer Ärger, weil er sie aufgenommen hatte. Er bot ihnen ein unvermietetes Ladenlokal an, das ihm gehörte. »Mein Vater hat den Raum mit Brettern in eine Küche, einen Schlafraum und einen Wohnraum unterteilt. So lebten sie bis 1938.«

Als Erster verließ Ediths ältester Bruder Herbert das Land. Seine Freundin Hilde hatte wie Rudolfs Schwester Martha eine Stelle als Haushaltshilfe bei einer Familie in England ergattert. Die Ehemänner durften den Frauen hinterherreisen, sofern sie Juden waren oder einen anderen plausiblen Fluchtgrund vorweisen konnten. Hilde heiratete Herbert und rettete ihm so das Leben. Das war im Sommer 1938.

Zu dieser Zeit lernte Ediths Schwester Ruth den vier Jahre jüngeren Bernd Königsbuch kennen, einen fanatischen Zionisten. Er machte ihr den Hof und drängte sie und ihren Bruder Günther zur Flucht nach Palästina. Doch Günther weigerte sich, er nannte Bernd einen »Luftikus«. Von der Schwester verlangte er, die Verbindung zu beenden. Auch bei Rudolf stieß Bernds Zionismus auf Granit. Deutschland zu verlassen war jenseits seiner Vorstellungskraft. Zudem gab es noch ehrliche Kunden, die ihre Raten zahlten, und in Hüls hatte er ein Ladenlokal in einer Nebenstraße angemietet, wo er die restlichen Möbel zum Verkauf anbot.

»Günther und ich fuhren jeden Morgen auf dem Moped von Recklinghausen nach Hüls«, erzählt Bubi. »Er hat mich ins Geschäft gestellt und ist kassieren gefahren. Wenn ein Kunde kam, musste ich die Adresse aufschreiben. Nach Feierabend sind wir dann zu dem Kunden gefahren, um das Geschäft abzuschließen.«

Ein letztes Mal fuhren Günther und Bubi an einem Donnerstag ins Geschäft, es war der 10. November 1938. Schon von weitem sahen sie den Rauch. »Vor dem Haus stand niemand mehr«, erinnert Bubi, »aber das Feuer brannte noch. Kein Möbel war mehr zu gebrauchen. Da begriff ich als damals 15-jähriger Junge: Hier endet das Leben.«

Noch am Abend wurden alle jüdischen Männer verhaftet und ins Gefängnis gebracht. »Es standen Züge bereit«, erzählt Günther, »mit denen man uns in ein Lager bringen wollte. Aber der Polizeipräsident hatte es nicht eilig, weil es hieß, die Lager seien überfüllt. Das war unser Glück.« Nach zwei Wochen durften die Männer das Gefängnis unter der Bedingung verlassen, dass sie sich täglich bei der Polizei meldeten und Nachweise brachten, dass sie sich um eine Ausreise bemühten.

Im Februar 1939 saß die Familie ein letztes Mal vollzählig zusammen und feierte die Verlobung von Ruth und Bernd. Am Tag darauf begaben sich Ruth, Bernd und Günther auf Hachschara nach Havelberg in eines der Schulungszentren, in denen die Zionisten auswanderungswillige Juden auf ein Leben in Palästina vorbereiteten. »Es war ein landwirtschaftliches Gut mit drei großen Herrschaftshäusern«, erinnert Günther, »umgeben von Feldern und Ställen mit Kühen, Hühnern und Ziegen. Abends nach der Arbeit hielt mein Schwager Bernd eine Vorlesung über Palästina. ›Palästina wird eure Heimat‹, sagte er, und wir müssten stolz sein, dass wir Zionisten das Land aufbauen würden. Da habe ich widersprochen: Natürlich seien wir dankbar, ausreisen zu dürfen, aber er solle nicht glauben, dass wir Deutschland freiwillig verließen. Ich sagte: ›Wir gehen nach Palästina, um unser Leben zu retten, und nicht, weil wir Zionisten sind.‹« Bernd habe daraufhin gedroht, dass man ihn nicht mitnehmen werde, denn nur Zionisten dürften nach Palästina reisen. »Doch die Herren vom Palästinaamt haben beim Aufbau des jüdischen Staates nicht auf mich verzichten wollen«, lacht Günther.

Verlobung von Ruth und Bernd, Recklinghausen, 1939, hintere Reihe von links: Willi, Melitta, Herbert, Bubi, Günther; vordere Reihe: Rudolf, Paula, Ruth, Bernd, Edith

Bubi ging als Letzter. Bernd schickte den 16-Jährigen im Mai 1939 zur Hachschara in die israelitische Gartenbauschule Ahlem bei Hannover. Im August wurde Bubi in ein Transitlager nach Dänemark gebracht, doch der Ausbruch des Krieges verhinderte die Weiterreise nach Palästina. Bubi blieb in Dänemark und arbeitete bei einem Bauern, bis er im Oktober 1943 von der SS verhaftet und nach Theresienstadt deportiert wurde.

Bubi geht auf Hachschara, neben ihm Melitta, Recklinghausen, 1939

»Die Erinnerung ist das Paradies, aus dem man nicht vertrieben werden kann«, lautet der letzte Eintrag in Ruths Poesiealbum, geschrieben von einer »Chawera« aus der Hachschara. Am 11. Oktober 1939 kehrten Ruth und Bernd ein letztes Mal nach Recklinghausen zurück, um zu heiraten. Tags darauf gingen sie mit Günther auf einen illegalen Transport nach Palästina. Illegal war dabei nicht die Ausreise aus Deutschland, sondern die Einreise nach Palästina, denn die Briten ließen nach mehreren arabischen Aufständen keine Juden mehr ins Land.

»Als wir Berlin verließen«, erzählt Günther, »war der Polenkrieg gerade vorbei. Auf den Straßen sahen wir Militärlastwagen mit Transparenten: ›Von Warschau nach Paris und London!‹ Unser Zug fuhr nach Wien, wo Ruth und Bernd die Eheringe aus dem Fenster warfen, weil es hieß, wir würden gefilzt. Wir durften ja kein Edelmetall bei uns haben.« Weiter ging es per Schiff, erst auf der Donau, dann übers Schwarze Meer. »Hinter den Dardanellen schnappten uns die Engländer«, erzählt Günther und lacht. »Sie schleppten uns in den nächsten britisch kontrollierten Hafen, und das war ausgerechnet Haifa, wo wir am 20. Januar 1940 ankamen.« Ein halbes Jahr lebten Günther, Ruth und Bernd im Internierungslager Atlit, dann wurden sie getrennt. Günther landete in Deganya, dem ältesten Kibbuz des Landes. »Wir mussten anfangs alle in Kibbuzim leben«, sagt Günther. »Die Zionisten haben uns verschwiegen, dass man auch in Tel Aviv oder anderen Orten wohnen konnte.«

Nach Kriegsbeginn erhielt Willi einen Gestellungsbefehl, obwohl der Bergbau als kriegswichtig galt, weshalb Mitarbeiter von Zechen vorerst nicht zur Wehrmacht eingezogen wurden. Edith erinnert, man habe Willi gegenüber durchblicken lassen, dass er dem Krieg entgehen könne, wenn er sich von seiner jüdischen Frau trenne.

Willi wurde in das Kriegsgefangenlager »Stalag XX A« im polnischen Thorn versetzt, wo er englische Kriegsgefangene bewachte. Inzwischen hatte das Oberkommando der Wehrmacht

Edith, Willi und Melitta in Thorn, 1940

einen Befehl erlassen, wonach »jüdisch Versippte« aus der Armee entlassen werden sollten. Doch Willis Vorgesetzte kannten seine familiären Verhältnisse nicht. Als im Mai 1940 die Bombenangriffe auf das Ruhrgebiet begannen, bekam er die Erlaubnis, die Familie zu sich zu holen. Edith war wieder schwanger.

Melitta war fünf Jahre alt. Die Zeit in Thorn gehört zu ihren frühesten Kindheitserinnerungen. »Es war eine gute Zeit«, sagt sie. Die Versorgung mit Lebensmitteln war besser als zu Hause, die Eltern waren nah und der Krieg weit. Mit Edith und dem im November 1940 geborenen Bruder Ulrich wohnte sie in einer Einzimmerwohnung auf dem südlichen Weichselufer. Für die Nacht stellte ihr Edith einen Eimer ans Bett, damit sie die Notdurft nicht auf dem Plumpsklo hinter dem Haus verrichten musste. Tagsüber schaukelte sie auf dem Hinterhof oder spazierte an Ediths Hand über den Markt von Thorn.

Im Sommer 1941 fuhr Melitta zur Kur nach Bayern, denn sie wurde von Asthmaanfällen gequält, deren Ursache pure Angst war. Sie fühlte die Gefahr, in der die Familie lebte, sah das Flackern in Ediths Augen, spürte das Vibrato in der Stimme, wenn Edith von einem Treffen mit Willi zurückkehrte. »Wenn wir in einem Café saßen und die Feldgendarmen kamen, musste man seinen Ausweis vorzeigen«, sagt Edith. »Ich habe den so gehalten, dass sie das J nicht sehen konnten, sonst wäre die Hölle los gewesen. Stell dir vor, was passiert wäre! An der Tür stand ›Nicht für Juden‹, und ich saß da mit einem Soldaten, auch wenn es mein eigener Mann war.« Edith nahm sogar an Feiern teil, zu denen Willis Vorgesetzte eingeladen hatten. »Die Offiziere waren sehr spendabel«, erinnert sie. »Da war immer mächtig was los.« Als Jüdin in einer »privilegierten Mischehe« trug sie keinen Stern, und niemand vermutete eine Jüdin inmitten deutscher Soldaten.

Meine Lieblingsgeschichte aus jener Zeit ist ein Sonntagsspaziergang im Park. Edith schiebt Ulrich im Kinderwagen, Willi hält Melitta an der Hand, als ihnen ein SS-Mann in schwarzer Uniform mit Totenkopf am Revers entgegenkommt. Er beugt sich zu Melitta herunter, hebt sie auf den Arm, betrachtet die blauen Augen und blonden Zöpfe und ruft voller Bewunderung: »So sieht ein deutsches Mädel aus. Dich würde ich sofort adoptieren.«

Die Gebrüder Alsberg AG, der drittgrößte Kaufhauskonzern hinter Hermann Tietz (Hertie) und Rudolf Karstadt war längst »arisiert«, die Familie Alsberg war längst enteignet, deportiert, ermordet – doch Edith sprach zeitlebens vom »jüdischen Kaufhaus Alsberg«. In Recklinghausen besaßen die Alsbergs nicht nur ein Kaufhaus, sondern auch ein Privathaus, in das Paula und Rudolf umziehen mussten. Es war eines von fünf »Judenhäusern« in der Stadt.

Wie alle jüdischen Männer verrichtete Rudolf Zwangsarbeit. Er trug die Reste der zerstörten Synagoge ab. Für jeden sauber vom Mörtel befreiten Stein bekam er zwei Reichspfennige. Später mussten die Männer in einer Schwefelgrube arbeiten, aber Rudolf hatte zum Glück eine leichtere Arbeit gefunden. Er schreinerte Holzkisten, sogenannte »Lifts«, wie sie auch Fritz und Rosa Emma bei der Ausreise benutzt hatten.

Melitta erinnert, sie habe die Großeltern noch ein paarmal besucht. »Sie lebten in einer Kammer, die sie mit Brettern in eine Koch- und in eine Schlafecke unterteilt hatten«, erzählt sie. »Es gab Hühnersuppe und einen frischen Mohnzopf.« Paula hatte zum Schabbes die Kerzen angezündet und den Tisch eingedeckt. So saßen sie beisammen, beteten und aßen.

Wenn ich Melitta immer wieder nach ihren Besuchen im »Judenhaus« frage, obwohl sie kaum mehr als jene Szene erinnert, weint sie, während sie Paula und Rudolf in der winzigen Kammer sieht. Melitta ist der einzige Mensch, der die beiden Alten noch sehen kann, ihre Stimmen hören, ihre Wärme fühlen – und in Melittas nassen Augen spiegeln sie sich, bis auch ich sie sehen kann.

Zum letzten Mal begegneten sie sich Weihnachten 1941. Willi brachte Melitta erneut zur Kur nach Bayern. »Ich weiß es noch wie heute«, sagt Edith. »Mein Vater und ich begleiteten den Willi und die Melitta zum Bahnhof. Da hat mein Vater bitterlich geweint und gesagt: ›Das Kind sehe ich nie wieder.‹ Sie warteten ja täglich darauf, dass sie wegkamen. Doch sie haben gedacht, sie kommen in ein Arbeitslager.«

»Gab es keine Informationen über die Lager?«, frage ich.

»Bei uns noch nicht«, sagt Edith, »meine Tante und mein Onkel in Berlin haben sich erhängt, als sie abtransportiert werden sollten. Aber das war ein Jahr später.«

Edith geriet in eine schwere Gewissensnot. Solange wie irgend möglich wollte sie bei den Eltern bleiben, aber die Bewohner des »Judenhauses« drängten sie zu gehen. »Sie sagten: ›Niemand kennt den Tag und die Stunde, zu der sie uns holen werden‹«, erzählt Edith. »›Wenn man Sie hier findet, nimmt man Sie auch mit. Außerdem wissen Sie nicht, wie lange Ihr Mann noch in Thorn bleiben kann. Vielleicht kommt er nach Russland an die Front. Entscheiden Sie sich: Ihre Eltern oder Ihr Mann!‹ Da bin ich mit dem Uli, der ein Jahr alt war, zurück nach Thorn gefahren.«

Am 12. November 1941 erteilte Heinrich Himmler den Befehl, die Juden Rigas zu ermorden, um Platz für Juden aus Deutschland zu schaffen. Lettische Soldaten trieben die Bewohner des Ghettos in den Wald von Rumbula, wo russische Kriegsgefangene Gruben ausgehoben hatten. Wer zu fliehen versuchte oder transportunfähig war, wurde noch in der Wohnung erschossen. Im Wald stellten die Juden ihre Taschen ab, zogen sich nackt aus, stiegen eine Erdrampe hinab und legten sich mit dem Gesicht nach unten auf die noch warmen Leichen. Die Familien umarmten sich. Die Väter und Mütter nahmen die Kinder bei den Händen und legten sich mit ihnen nieder. Zwölf Scharfschützen, die bis zur Dunkelheit im Schichtbetrieb arbeiteten, schossen jedem eine Kugel in den Hinterkopf.

Der Bericht an das Reichssicherheitshauptamt nennt die Zahl von 27 000 lettischen Juden. »Judenaktionen« wie die von Riga fanden seit Beginn des Russlandfeldzugs in allen dort von den Deutschen besetzten Gebieten statt. Himmler, der sich um die seelische Gesundheit der Mörder sorgte, schrieb den SS-Kommandeuren, sie hätten »dafür Sorge zu tragen, daß keiner unserer Männer, die diese schwere Pflicht zu erfüllen haben, jemals verroht«. Ein Tag mit Massenexekutionen könne »durch kameradschaftliches Beisammensein am Abend des Tages« beendet werden, jedoch »niemals mit Alkoholmißbrauch!«. Man möge »in bester deutscher häuslicher Form zu Tisch« sitzen. »Musik, Vorträge und das Hineinführen unserer Männer in die schönen Gebiete deutschen Geistes- und Gemütslebens« – so lautete das Wellnessprogramm der SS.

Während die Jagd auf die bisherigen Bewohner des Ghettos noch im Gange war, kamen die ersten Juden aus Deutschland an der bei Rumbula gelegenen Bahnstation an. Die SS schickte sie direkt in den Wald. Als das Ghetto schließlich geräumt war und die deutschen Juden die leeren Wohnungen der lettischen Juden betraten, stand deren Mittagessen noch warm auf dem Tisch.

Am 24. Januar 1942 bot sich der »arischen« Bevölkerung Recklinghausens ein bizarres Schauspiel. Seit dem Morgen standen mehrere Dutzend Juden, überwiegend ältere Menschen, in Wintermänteln, mit Koffern bepackt, auf dem Bürgersteig. Jeder Jude trug 20 Kilogramm Gepäck inklusive Werkzeug bei sich, denn es hieß, sie würden zu einem Arbeitseinsatz gebracht. Keine zehn Minuten nachdem sie auf die Straße getreten waren, erschien die SA und versiegelte die »Judenhäuser«. Gegen 16 Uhr fuhren Lastkraftwagen vor, und sie bestiegen die Ladeflächen. Die LKW brachten sie zu einem Zelt auf dem Wildenbruchplatz in Gelsenkirchen, wo binnen drei Tagen Juden aus dem Ruhrgebiet zusammengepfercht wurden.

Am 27. Januar 1942 mussten Paula und Rudolf mit ihren Glaubensbrüdern und -schwestern in einen Personenzug steigen. Während der sechstägigen Fahrt von Dortmund über Berlin, Danzig und Königsberg nach Riga gab es weder Essen noch Trinken, so dass die durstigen Zuginsassen die eigenen Ausdünstungen ableckten, die an den Fensterscheiben gefroren waren.

Am 2. Februar hielt der Zug in Skirotava, einem Vorort von Riga. Draußen herrschten minus 38 Grad. Die SS prügelte die von Hunger und Durst apathischen Menschen aus dem Zug. Wer die fünf Kilometer ins Zentrum von Riga nicht aus eigener Kraft laufen könne, sollte auf bereitgestellte LKW steigen. Doch die SS brachte die Fußlahmen nicht in die Stadt, sondern direkt in den Hochwald von Bikernieki vor die Erschießungskommandos.

Rudolf und Paula zwängte man mit 700 anderen Menschen in ein mehrstöckiges Haus, in dem in jedem Raum 20 Menschen lebten, die sich zum Schlafen übereinanderlegten. Paula wurde zur Arbeit in das Heeresverpflegungsmagazin abkommandiert, wo sie die Habseligkeiten der Erschossenen sortierte. Die Männer bereiteten alte Batterien wieder auf, wobei sie mit bloßen Händen Bleiplatten aus der Säure hoben; sie leerten Schrott aus Wehrmachtswaggons und säuberten das Flugfeld auf dem nahen Luftwaffenstützpunkt. Rudolf war durch die Mangelernährung bald zu schwach zum Arbeiten, so dass ihm die »Aktion Dünamünde« gerade recht kam. Die SS bot den älteren Ghettobewohnern an, sie könnten in einer Fischkonservenfabrik nahe der Mündung der Düna einer »sitzenden Beschäftigung bei guter Verpflegung« nachgehen. Der jüdische Sanitätsdienst begleitete den Transport, um die Alten zu beruhigen. Rudolf und Paula bestiegen einen Lastkraftwagen. Die Fahrt nach Dünamünde dauerte etwa 30 Minuten, doch schon nach 20 Minuten kamen die LKW leer zurück. Tage später brachte man blutverkrustete Kleidung mit Einschusslöchern zurück. Die Arbeiterinnen in der Wäscherei erkannten die Kleider der Angehörigen. Eine Fischkonservenfabrik hat es in Dünamünde nie gegeben.

Auf dem Bild, das oval gerahmt im Wohnzimmer hing, sehen die beiden gut aus. Es ist eine Postkarte, adressiert an »unsere lieben 3 Hillbrenners, z. Zt. Thorn während des Krieges 1940«. Paula schrieb in feinem Sütterlin: »Euch lieben Kindern zur besten Erinnerung an unseren 30jährigen Hochzeitstag gewidmet. In Liebe, Eure Eltern und Großeltern. Recklinghausen, 10. 10. 1940«.

»Wir haben noch ein paar Briefe bekommen«, erzählt Edith. »Der Willi hat den Eltern geschrieben, sie sollten sich keine Sorgen machen, solange er lebe, würde mir nichts passieren. Mein Vater hat geantwortet: ›Ich bin im Ersten Weltkrieg an vorderster Front gewesen. Ich habe keine Angst. Wir kommen wieder.‹ Dann kam noch eine Karte aus Tilsit, das letzte Lebenszeichen. Meine Mutter schrieb: ›Ich wünsche mir nur noch eins: Wenn das alles vorbei ist, zehn Jahre mit Euch zusammen zu sein.‹«

Am 30. November 2001, 60 Jahre nach der Räumung des Ghettos, an meinem 40. Geburtstag, wurde im Wald von Bikernieki ein Mahnmal errichtet. Ein Gedenkstein trägt in vier Sprachen ein Wort aus dem Buch Hiob: »Ach Erde, bedecke mein Blut nicht, und mein Schreien finde keine Ruhestatt!«

Im Herbst 1942 wurde Willi auf einen Unteroffizierslehrgang geschickt. Man wollte ihn zur »Frontbewährung« nach Russland versetzen, wo die »Schlacht um Stalingrad« tobte. Willi war in heller Aufregung. Ihn schreckte nicht die Ostfront, sondern das ungewisse Schicksal Ediths und der Kinder, wenn er fallen sollte. Ohne den Schutz der »privilegierten Mischehe« drohte ihnen das gleiche Schicksal wie den Schwiegereltern.

Doch Edith wusste Rat. Ihre Freundin Martha Eichmann hatte

Paula und Rudolf Boldes, 1940

ihr erzählt, dass man Paul als »wehrunwürdig« aus der Wehrmacht ausgestoßen hatte, weil er »jüdisch versippt« sei. »Dich müssen sie auch entlassen«, folgerte Edith. Als Willi seinem Vorgesetzten gestanden habe, dass er mit einer Jüdin verheiratet sei, habe der getobt, erzählt sie: »Du Schwein hast das doch schon lange gewusst. Hältst dich wohl für zu schade, um dich totschießen zu lassen?«

»Ich gehe an die Front«, habe Willi geantwortet, »wenn Sie mir versprechen, dass meine Frau, wenn ich falle, wie jede andere Soldatenfrau behandelt wird.« Der Offizier, sagt Edith, sei so ehrlich gewesen, dass er das nicht versprechen könne. Am 24. Dezember 1942 wurde Willi aus der Wehrmacht entlassen und kehrte auf die alte Arbeitsstelle bei »Auguste Victoria« zurück.

»Beinah jede Nacht gab es Fliegeralarm«, erinnert Melitta. Am Bett lag ein Trainingsanzug, in den sie schlüpfte, wenn Edith sie weckte. Mit der Mutter, die den dreijährigen Ulrich auf dem Arm trug, rannte sie zu einem Luftschutzkeller. »Das Dröhnen der Tiefflieger«, sagt sie, »höre ich noch heute.« Das Ruhrgebiet war fast täglich Angriffsziel der alliierten Bomberverbände.

Am Morgen des 19. September 1944 klopfte es an der Hintertür. »Da standen zwei Beamte in Zivil und sagten: ›Wir müssen Sie zum Polizeipräsidium bringen‹«, erzählt Edith.

»Da sage ich: ›Das können Sie doch nicht machen. Und warum überhaupt?‹

›Das können wir Ihnen nicht sagen. Wir haben Befehl, Sie zu holen. Machen Sie bitte keine Dummheiten! Packen Sie sich was zusammen, und kommen Sie mit!‹

›Da habe ich gesagt, ich müsse meinen Mann benachrichtigen, und bin zu den Nachbarn gegangen. Die hatten ein Telefon. Dann habe ich meine sieben Sachen gepackt. Melitta war in der Schule. Uli brachte ich zu den Schwiegereltern. Willi hat mich begleitet.«

»Hattet ihr eine Ahnung, was passieren würde?«, frage ich.

»Also der Willi hat mich unterwegs gefragt: ›Sollen wir beide nicht Schluss machen?‹ Ich antworte: Das können wir nicht der Kinder wegen. Wenigstens du musst bleiben.«

»Ihr wolltet euch umbringen?«

»Natürlich, wir rechneten schließlich damit, dass ich nicht wiederkomme.«

Die Kriminalbeamten, sagt Edith, seien nett gewesen. In der Straßenbahn, mit der sie zum Präsidium fuhren, habe sie ungestört mit Willi sprechen können. Die erste Nacht verbrachte sie mit der gleichfalls verhafteten Martha Eichmann im Gerichtsgefängnis von Recklinghausen. Am Morgen brachte Willi eine Tasche mit Kleidung und Lebensmitteln. »Dann musste er zusehen, wie man uns auf einen Laster verfrachtet und zum Bahnhof gebracht hat«, sagt Edith. Mit der sogenannten »Mischlingsaktion« vom Herbst 1944, in der Kinder eines jüdischen Elternteils, sogenannte »Mischlinge 1. Grades«, und die jüdischen Partner aus »privilegierten Mischehen« verhaftet wurden, verschwanden die letzten Juden aus dem Blickfeld der »arischen« Mehrheit.

Der Zug war voll, die Abteile verschlossen. »Dann ging es ab nach Kassel«, sagt Edith, wo sie und Martha erneut hinter Gittern schliefen. Kassel sei schwer bombardiert worden in jener Nacht. Am Morgen trennte die Polizei die Geschlechter und brachte die Frauen zu einem Dorf namens Elben, wo die Organisation Todt, eine paramilitärische Truppe, die in ganz Deutschland Arbeitslager unterhielt, eine unterirdische Fabrikationsanlage für Henschel-Flugzeugmotoren errichtete. Die 200 Zwangsarbeiterinnen wurden in Zelten untergebracht, durch die der Regen sickerte, lagen auf Strohsäcken und wuschen sich mit Regenwasser, dass sie in Eimern auffingen. Als Erstes bauten sie sich Holzbaracken, eine Waschbaracke und ein Plumpsklo. Morgens um 7 Uhr traten die Frauen zum Appell an. Bis zur Dämmerung schaufelten sie Sand und schleppten Steine. Die Arbeit war anstrengend, aber keine meldete sich krank, denn es ging das Gerücht, dass Kranke in das Jüdische Krankenhaus von Berlin verlegt würden – das Synonym für eine Reise ohne Wiederkehr.

Nachdem Edith verhaftet war, brachte Willi die Kinder zu katholischen Nonnen nach Dülmen, die ein Waisenhaus unterhielten. »Bei Fliegeralarm rannten wir aus der Schule«, erzählt Melitta, »und sobald wir die Tiefflieger hörten, warfen wir uns hinter die Büsche.« Eines Morgens nach dem Gottesdienst hat sie eine Erscheinung. Edith habe in der Kirche ein paar Reihen hinter ihr gesessen. Sie hätten sich umarmt, sagt Melitta. Mehr erinnert sie nicht. Edith hat die Begegnung nie erwähnt. Womöglich war es ihr gelungen, das anfangs unbewachte Lager für kurze Zeit zu verlassen, denn erst als Dorfbewohner sich über umherstreunende Zwangsarbeiterinnen beschwerten, erschienen dort belgische und französische SS-Männer zur Bewachung.

Als im März 1945 die Front näher rückte, tauchte deutsche SS in Elben auf. Es hieß, man werde die jüdischen Zwangsarbeiterinnen vor dem Eintreffen der Amerikaner deportieren. »Der Lagerleiter war ein anständiger Mensch«, erzählt Edith. »Er sagte: ›Ich tu euch nichts, wenn ihr den Amerikanern sagt, dass ich gut zu euch war.‹ – ›Selbstverständlich sagen wir das‹, antworteten wir, ›denn Sie waren ja wirklich gut zu uns.‹«

Am nächsten Tag sagte Edith zu Martha: »Mir ist es hier zu mulmig. Lass uns abhauen!« Die zwei Frauen in Lagerkluft, die auf die vor den Amerikanern zurückweichende Front zumarschierten, erregten die Aufmerksamkeit der deutschen Soldaten. Sie boten eine warme Mahlzeit aus der Gulaschkanone gegen Sex. Doch Edith und Martha hungerten lieber und fanden schließlich Zuflucht in einem Krankenhaus der Vinzentinerinnen bei Naumburg. »Wir durften putzen«, erzählt Edith, »deren Personal war abgehauen.«

Dann war der Krieg vorbei. Englische Wortfetzen flogen wie eine frische Brise durchs Fenster. Ediths Gesichtszüge entspannen sich: »Die Amerikaner hatten Truthähne dabei, denn es war Ostern, und wir aßen und aßen.« Am nächsten Tag zeigten sie den Amerikanern das Lager. »Die Amis haben den Dorfbewohnern befohlen, die Frauen zu versorgen«, berichtet Edith stolz.

Noch eine Woche blieben sie in Elben, dann marschierten sie wieder los und erreichten in der ersten Nacht Brilon. »Wir gaben uns als Flüchtlinge aus, damit uns die Leute bei sich schlafen ließen«, erzählt Edith. Am zweiten Tag hielt unterwegs ein amerikanischer Lastwagen. »Wir stiegen hinten ein, die Soldaten saßen vorn, aber nach einer Weile sollte eine von uns nach vorn kommen, und ein Soldat wollte sich nach hinten setzen. Da habe ich gesagt: ›Komm, Martha, schnell runter hier!‹«

In der zweiten Nacht erreichten sie Arnsberg, in der dritten Unna. In Dortmund war Martha mit den Kräften am Ende und setzte sich apathisch auf eine Mauer. Die Blasen an den Füßen waren offen, und das rohe Fleisch brannte. »Geh allein weiter!«, wimmerte sie. Edith stoppte einen vorbeifahrenden US-Jeep. »Drin saß ein Offizier, der Deutsch sprach«, erzählt sie, »ein Jude, der als junger Mann aus Deutschland geflohen war.« Nachdem Edith ihm die Situation geschildert hatte, hielt der Offizier einen zweiten Jeep an und befahl den Soldaten, die Frauen nach Hause zu bringen.

»Martha setzten sie in Recklinghausen ab und mich in Hüls vor dem Haus meiner Eltern«, erzählt Edith. »Da sprach mich ein Bekannter an: ›Wo kommst du denn her?‹ Ich fragte zurück: ›Sag mir, lebt meine Familie noch?‹ – ›Klar‹, sagte er. ›Dein Mann ist jetzt Bürgermeister und sitzt im Amt.‹ Na, habe ich gedacht, da kann ja nicht viel passiert sein.« Sie lacht.

Vor dem Amt warteten Menschen in einer langen Schlange.

Edith stolzierte in der zerlumpten Lagerkleidung an ihnen vorbei. »Die schimpften wie die Rohrspatzen, ich hätte gefälligst zu warten, aber ich ging einfach weiter«, sagt sie. »Im Vorzimmer saß eine Dame, die das Geschrei gehört hatte. ›Sie können sich nicht vordrängeln‹, sagte sie zu mir. ›Doch, kann ich‹, sagte ich und zeigte auf die Tür hinter ihr, ›denn ich bin Frau Hillbrenner und dadrin sitzt angeblich mein Mann.‹

Als ich in der Amtsstube stand, fiel dem Willi die Zigarette aus dem Mund. Er sprang auf, umarmte mich, küsste mich, nahm Mantel und Hut vom Haken und marschierte mit mir im Arm schnurstracks an den wartenden Bürgern vorbei. ›Für heute ist geschlossen‹, sagte er. Die Blicke hättest du sehen sollen!

Zu Hause warteten die Kinder. Es war der 17. April 1945. Ich weiß das so genau, weil es der Geburtstag meines Vaters war.«

Das Wohnzimmer der Antifaschisten

»Eines Tages stand die Frau des Bäckers vor unserer Tür und hat gejammert«, erzählt Edith. »Dass sie mir verboten hätten, bei ihnen zu kaufen, sei unter Druck geschehen. Wir wüssten doch, dass sie keine Nazis wären. Der Willi sagte: ›Die fürchtet, dass sie dran ist, wenn der Krieg zu Ende geht.‹ Das war im Sommer 1944, noch bevor ich ins Lager kam.« Nachdem die Amerikaner am 1. April 1945 Hüls besetzt hatten, stand die Bäckersfrau tatsächlich mit Brot vor der Tür, aber Willi schickte sie fort. »Die wollten uns mit Lebensmitteln überhäufen«, sagt Edith, doch der Willi sei eisern geblieben. »Die sollen später nicht behaupten, wir hätten uns bestechen lassen«, habe er gesagt.

Mein Großvater saß auf dem Dach und flickte einen Bombenschaden, als ein amerikanisches Militärfahrzeug vor dem Haus hielt. Drei Soldaten stiegen aus und winkten ihn herunter. Willi rutschte das Herz in die Hose. Hatte ihn jemand angeschwärzt? Wenn ja, weswegen?

»Are you Wilhelm Hillbrenner?«, fragte ein Amerikaner. Willi nickte.

»All right«, fuhr der Amerikaner fort, »we will make you Bürgermeister.«

Das Wort »Bürgermeister« hatte Willi zwar verstanden, aber nicht, was sie von ihm wollten. Erst als er wenig später einem Deutsch sprechenden Offizier gegenübersaß, begriff er, dass man ihn zum Bürgermeister von Hüls ernannt hatte. Ihm war nicht wohl dabei. Er fürchtete, der Aufgabe nicht gewachsen zu sein und noch mehr den Neid der Besiegten.

Doch die Beförderung vom Zechenangestellten zum Bürgermeister war ein Befehl. Noch standen kämpfende, deutsche Truppenteile unter Hitlers Kommando. Die Amerikaner brauchten unbescholtene Deutsche, die ihnen halfen, die Ordnung aufrechtzuerhalten – und irgendwer hatte Willis Namen genannt. Seine Hauptaufgabe sei, die Verteilung des knappen Wohnraums zu organisieren, sagte der US-Offizier.

»Warum ich?«, fragte Willi.

»Stimmt es, dass Sie eine jüdische Frau haben?«, fragte der Offizier mit einem Lächeln.

Kaum sei Willi Bürgermeister gewesen, seien die Denunzianten aus den Löchern gekrochen, erzählt Edith. »Ich war noch im Lager, da kamen die Ersten und zeigten mit dem Finger auf die Nachbarn. Diese und jene seien Nazis und sollten baumeln, forderten sie. ›Wenn ich erfahre, dass meine Frau nicht mehr lebt, kommen die dran. So lange kann ich warten‹«, habe Willi geantwortet.

Nach ein paar Wochen bemerkten die Amerikaner, dass es das Amt des Bürgermeisters von Hüls nicht gab. Hüls war ein Teil von Marl, und das Amt des Marler Bürgermeisters hatten die Amerikaner ausgerechnet mit Paul Eichmann besetzt. Paul berief Willi zum Polizeichef von Marl. Der Konfrontation mit den Nazis konnte er nun nicht mehr ausweichen.

Auf »Auguste Victoria« hatten während des Krieges russische Kriegsgefangene als Zwangsarbeiter geschuftet. Nun galt es, den

Ediths Geburtsurkunde mit Randvermerken

ausgemergelten Russen, die in verlausten Baracken lebten, ein Stück Menschenwürde zurückzugeben. Willi ließ aus den Ehefrauen einer Reihe stadtbekannter Nazis eine Putzkolonne für das »Russenlager« zusammenstellen. Sofort stand einer der Ehemänner in der Amtsstube und jammerte, seine Frau müsse bei den Russen die Klos reinigen. Willi antwortete: »Was meinen Sie, was meine Frau im Lager tun musste, ohne dass sie sich etwas zuschulden hat kommen lassen. Lassen Sie Ihre Frau ruhig bei den Russen putzen. Das wird ihr guttun.«

Im September ließ Edith den Vornamen Sara wieder streichen. Der Standesbeamte Dreseler hatte am 17. Dezember 1938 auf ihre Geburtsurkunde gekrakelt, sie habe »zusätzlich den Vornamen Sara angenommen«. Jetzt schrieb der gleiche Mann darunter: »Der vorstehende Randvermerk wird hiermit auf Anordnung des Oberpräsidenten der Provinz Westfalen von Amts wegen gelöscht.«

»Wie sind dir die Leute auf der Straße begegnet?«, frage ich Edith.

»Alle waren Gott weiß wie freundlich, versuchten zu grüßen und sagten: ›Wir haben doch immer bei Ihren Eltern gekauft.‹ Aber ich habe mich nie auf solche Gespräche eingelassen«, sagt Edith, »ich hoffte anfangs noch, dass meine Eltern zurückkommen.«

Das Wohnzimmer der Antifaschisten in der Bachstraße 3 in Marl-Hüls ist das zweite Zuhause meiner Kindheit. Tagelang kauere ich auf dem Ledersofa neben Willis Stereoanlage und lausche seinen Platten. Anfangs bitte ich ihn noch, die Platten aufzulegen, bis er mir nach langem Betteln den selbsttätigen Zutritt zu seinem Heiligtum erlaubt. Im Rückblick markiert die Verantwortung, die er mir damit überträgt, den Übergang von der Kindheit zur Jugend.

Das Abhören einer Schallplatte aus Willis Plattensammlung ist ein sakraler Akt, den ich mit Konzentration und Ehrfurcht vollziehe. Die Musikauswahl ist überschaubar: populäre Operettenmelodien, gesungen von Rudolf Schock und Anneliese Rothenberger, Ouvertüren von Rossini, der »Happy Sound« der James Last Band und ein Dutzend Schlagersänger. Behutsam ziehe ich die Schallplatte aus der Innenhülle, balanciere sie über den Plattenteller, bis ich die Position über dem Stift ertastet habe, an dem herab sie auf die Gummiunterlage rutscht. Niemals verlasse ich den Platz vor dem Dual-Plattenspieler, bevor nicht der Tonarm wie von Geisterhand nach links schwenkt und der Tonabnehmer sich auf den Rand der Scheibe senkt. Willi hat mir eingeschärft, die Nadel nicht aus den Augen zu verlieren, bis sie sicher in der Rille aufgesetzt hat. Erst dann falle ich erleichtert auf das Sofa und lege mir das Plattencover auf die Knie, um Alexandras kaum verhüllte Brüste zu betrachten, während sie von »Sehnsucht« und »Illusionen« singt.

Doch Alexandra ist nicht des erotischen Fotos wegen meine Favoritin, sondern weil ihre dunkle Stimme aus dem Jenseits kommt. Als ich 7 Jahre alt bin, stirbt sie bei einem Autounfall.

Die Stimme der Toten, die *Mein Freund, der Baum ist tot* singt, verwandelt das Wohnzimmer mit den letzten verbliebenen Eichenmöbeln aus Rudolfs Möbelgeschäft in einen spirituellen Ort.

Edith provoziert. Anders als Rosa Emma ist Edith nie um ein Wort verlegen, aber auch sie scheint den Mord an den Eltern, für den die »arische« Mehrheit die Verantwortung trägt, zu verdrängen. Kein öffentlicher Zorn, keine anklagenden Gesten, eine Jüdin, der man gerne die Hand reicht, weil sie die Vergangenheit ruhen lässt. In jedem Geschäft, das ich an ihrer Seite betrete, wird sie in freundliche Gespräche verwickelt. Die Herren auf der Straße ziehen den Hut vor ihr. Wem sie in der Öffentlichkeit die Hand reicht, der kann kein Nazi gewesen sein.

Anders als Fritz schwimmt sie im Strom der »arischen« Mehrheit, als gehöre sie dazu. Ihre Kaffeetafel ist ein magischer Ort. Wer an ihr Platz nimmt, erhält die höheren Weihen des Nazigegners. Ständig kommt Besuch, stehen Hefezopf und Frankfurter Kranz auf dem Wohnzimmertisch. Der evangelische und der katholische Pfarrer erscheinen im steten Wechsel, zwischendurch schaut der Amtsbürgermeister nebst Gattin vorbei. An Ediths Kaffeetafel treffen sich Ingenieure des Chemischen Werks, Geschäftsleute, Ärzte und Akademiker. Wenn ihre Klassenkameradinnen zum Kartenspiel eintreffen, streichen sie mir übers Haar, und Alexandra hat ein paar Stunden lang Auftrittsverbot.

Im Juli 1945 übernahm Willi die Ämter für Wohnraumbeschaffung und Ernährung und die Aufsicht über das Elektrizitätswerk. Bald darauf wurde er zum Sozialdezernenten der Stadt ernannt und blieb es bis 1957. Doch zu Hause hatte Edith das Kommando. Als die im Ruhrgebiet mit absoluter Mehrheit regierende SPD Anspruch auf Willis Posten erhob und ihn aufforderte, in die Partei einzutreten, drängte sie Willi zum Rücktritt: »Die sollen dich halten, weil du deine Arbeit gut machst und nicht, weil du das richtige Parteibuch hast. Früher durften wir in keiner Partei Mitglied werden, und heute wollen wir nicht.«

Der Satz erschüttert mich. »Dass zwischen der SPD und der NSDAP ein gewisser Unterschied bestand, war euch schon klar?«, frage ich Edith.

»Ja, aber ich habe mir gesagt, wenn das wieder losgeht, dass die Posten an die verteilt werden, die zufällig die Mehrheit haben, dann hört der Willi auf. Außerdem hatte er nicht die Ellenbogen, sich in einer Partei durchzusetzen. Natürlich hat es die SPD gestört, dass er mit 49 Jahren in Pension ging. Sie haben ihm sogar einen besser bezahlten Posten angeboten, wenn er in die Partei eintritt. Aber ich habe gesagt: Lass dich nicht darauf ein! Das ist eine Falle.«

Willi wird Pensionär, schafft sich Tauben an und züchtet Rosen. Meine Großeltern leben nach einem auf die Minute geplanten Tagesablauf, in dem das Frühstück, der Einkauf, die Gartenarbeit, das Mittagessen mit anschließendem Mittagsschlaf, der Spaziergang, das Abendessen und das Fernsehprogramm ihren unverrückbaren Platz haben. 1971 kommt mit der ZDF-Quizshow »Dalli Dalli« das monatliche Hochamt hinzu. Die Sendung wird von Hans Rosenthal moderiert, einem freundlichen Männchen, das durch das Fernsehstudio hüpft, als stünde es unter Strom. Rosenthal lacht, scherzt, springt in die Luft und ruft »Das ist Spitze!« ins Publikum, während Edith und Willi an seinen Lippen hängen und die Belanglosigkeiten wie die Botschaft eines Sektengurus aufsaugen. Rosenthal ist Überlebensfreude pur.

Durch einen glücklichen Zufall suchte ihn die SS, als er deportiert werden sollte, an einem falschen Ort. Dann versteckten ihn drei Frauen in einer Berliner Laubenkolonie. Bei Kriegsende war er der einzige Überlebende seiner Familie.

Das Fernsehpublikum kennt nur den Spaßmacher. Auch ich ahne nichts vom wahren Leben des Dauergutgelaunten. Kaum springt er aus der Kulisse, entspannen sich Ediths Gesichtszüge, und Willi eröffnet den Fernsehabend mit dem rätselhaften Satz: »Der ist auch a Jid.«

Weglegen Drei

Nach der Verlobung von Kurt und Melitta im Oktober 1960 reisen Edith und Willi erstmals nach Wiesbaden und nehmen das neue Heim der Tochter in Augenschein. »Hier kommt eine Wand hin, hier eine Tür, der Rest wird rausgerissen!«, beschließt Edith, als sie das unbeheizte Außenbad entdeckt. Das Geld für den Umbau fließt nicht zum letzten Mal aus Ediths und Willis Schatulle. Auch die Möbel für das Schlafzimmer spendieren sie zur Hochzeit. Ein geräumiger Kleiderschrank, ein schickes Bett und ein Spiegelschrank, alles sehr modern in glänzendem Lack, erstanden zu Einkaufspreisen bei Paul Eichmann, der nur ein Jahr lang Bürgermeister von Marl geblieben war und sich als Möbelhändler selbstständig gemacht hat.

Auch Paul und Martha Eichmann treffe ich an Ediths Kaffeetafel. Dass die Jüdin Martha den gleichen Familiennamen wie der Nazi Adolf trug, hat mich lange Zeit irritiert und schließlich gelehrt, jeder allzu simplen Wahrheit zu misstrauen. Wahr ist, dass ich in Paul Eichmanns elegantem Bett gezeugt werde, während Adolf Eichmann, der Protokollführer der »Wannseekonferenz«, die Schlagzeilen der internationalen Presse beherrscht. Eichmann ist vom israelischen Geheimdienst Mossad in Argentinien gekidnappt und nach Israel entführt worden. Melitta ist mit mir im zweiten Monat schwanger, als in Jerusalem der Prozess gegen ihn beginnt. Der erste Nazi, der vor einem jüdischen Gericht steht – ein guter Zeitpunkt, um geboren zu werden.

Der 30. November 1961 ist ein grauer Tag. Die Wolken hängen tief, und die Temperaturen kommen nicht über 5 Grad Celsius hinaus. Melitta hat sich in eine Klinik namens »Augenheilanstalt« begeben, um mich zu gebären. Die Ärzte sagen, ich sei spät dran. Der Eichmann-Prozess ist wieder auf die hinteren Seiten der Zeitungen gerutscht. Die »arische« Mehrheit mag das Thema nicht. Stattdessen beherrscht eine Mauer in Berlin die Schlagzeilen. Bundeskanzler Adenauer, leitartikelt der *Wiesbadener Kurier*, werde die Bundeswehr schneller aufrüsten und »vom deutschen Volk Opfer verlangen, die dem Ernst der Lage entsprechen«, während US-Präsident John F. Kennedy dem »Kreml einen Berlin-Korridor abringen« wolle.

Gegen 7 Uhr morgens schaue ich raus. Melitta stöhnt. Ich sei vier Kilo schwer gewesen und habe ausgesehen wie ein zwei Wochen altes Baby, sagt sie. In der Zeitung steht noch, dass die Preise für Weihnachtsbäume steigen. Die Bundesbahn fettet die Weichen gegen den Frost, und der 1. FC Nürnberg kämpft gegen Fenerbahce Istanbul um den Einzug ins Viertelfinale des Europapokals. Heute wird der einstige Hitler-Anhänger Martin Niemöller zum Präsidenten des Weltkirchenrats gewählt. Ich stöhne auch.

Als ich nach Hause komme, bleiben Fritz und mir noch sechs gemeinsame Wochen. Melitta trägt mich in die Stube. Fritz richtet sich auf, während Rosa Emma ihm ein Kissen in den Rücken schiebt. Er will mich auf den Arm nehmen, aber er ist zu schwach. Er weint. »Es waren Freudentränen«, sagt Kurt.

Acht Tage nach meiner Geburt steht die Beschneidung an, aber ich warte vergebens. Stattdessen werde ich zwangsgetauft. Vor der Kirche liegt Schnee. Drinnen frieren der Pfarrer, Kurt, Melitta und die Ordensschwester Doris, die mich auf dem Arm trägt. Doris versteckt ihr Haar unter einem schwarzen Schleier. Die katholische Gemeindeschwester hat Melitta beigebracht, wie sie mich füttern und wickeln muss. Zum Dank darf sie mich über das Taufbecken halten, während der Pfarrer mit Wasser spritzt. Ich schreie und strampele nach Kräften, aber Doris hält mich eisern fest.

Seit Jahrhunderten werden die männlichen Nachkommen unserer Familie beschnitten. Warum nicht auch ich? Kurt sieht in der Taufe weniger eine religiöse Zeremonie als einen Verwaltungsakt, der mich vor der »arischen« Mehrheit schützt. »Ich habe dich taufen lassen«, erklärt er mir, als ich ihn zwei Jahrzehnte später frage, warum ich kein Jude sein durfte, »weil ich es für besser hielt, dich in Deutschland nicht als Juden aufzuwachsen zu lassen.«

Fritz starrt leeren Blicks vor sich hin, während ihn Rosa Emma füttert. In der Stube riecht es streng, er kann nichts mehr bei sich halten. Kurt bittet den Arzt, dem Sterbenden keine Spritzen mehr zu geben, die den Kreislauf stabilisieren. Zwei Tage lang hören wir seinen Atem leiser werden, dann bleibt das Herz stehen.

Rosa Emma überträgt Kurt das Haus und den Laden. Zwei Jahre später sind ihre Ersparnisse aufgebraucht. Da sie weder eine Krankenversicherung hat noch eine Rente bezieht, beantragt sie eine »Zuwendung aus dem Härtefonds« des Landes Hessen. Wieder setzt ihr der Staat die Pistole auf die Brust: »Der Herr Minister des Innern gewährt nur dann einen Härteausgleich, wenn die Entschädigungsansprüche abschließend bearbeitet sind.« Rosa Emma möge einen Schlussstrich unter die noch offenen Forderungen ziehen. Wieder bohrt die Behörde in der alten Wunde. Was geschah wirklich mit den Möbeln von Johanna und Emil? Wurden sie nicht doch noch vor der Deportation verkauft?

Die Demütigungen treffen Rosa Emma mit Wucht. Die Entschädigung für den zwangsverkauften Adler wird abgelehnt, die Kosten der Auswanderung mit früheren Zahlungen verrechnet. Der Notverkauf der Lebensversicherung bringt 392 Mark und 20 Pfennig. Im Oktober 1964 bittet sie den Staat noch einmal um eine Rente aus dem Härtefonds. Kurt zahle ihr monatlich 350 Mark, wovon sie 78 Mark für die private Krankenversicherung abzweige, schreibt sie dem Regierungspräsidenten. Doch der will über eine Rente erst entscheiden, wenn Kurt darauf verzichte, den Vater posthum als Beamten im gehobenen Dienst einzustufen. Nachdem sie »auf weitere Rechtsmittel« verzichtet, erhält sie eine einmalige Zahlung von 400 Mark. Die Rente aber wird mit der Begründung abgelehnt, es sei Kurt »zuzumuten«, die Mutter zu unterhalten, »soweit ihre eigenen Einkünfte nicht ausreichen«. Rosa Emma bleibt hinter der Registrierkasse unseres Ladens sitzen, bis sie 74 Jahre alt ist.

Der 31. Dezember 1977 ist für uns ein historisches Datum, denn an diesem Tag endet der Boykott, der im April 1933 begonnen hat. »Als mein Nachfolger das Geschäft übernommen hat, kamen schon am ersten Tag alteingesessene Familien zu ihm, die seit 1933 keinen Fuß mehr in unseren Laden gesetzt hatten«, sagt Kurt. Die Geschäftsaufgabe des Juden Beckhardt erleben die Menschen wie eine Befreiung, da es in Sonnenberg zuletzt nur noch ein Lebensmittelgeschäft gegeben hat. Wer nicht »beim Juden« kaufen wollte, musste weite Wege gehen.

Rosa Emma hingegen leidet, der Platz an der Kasse war ihr Tor zur Welt. Das Gehen falle ihr schwer, schreibt sie an Sue, die Tochter in London. Das Haus verlässt sie kaum noch. Beim Spaziergang im Kurpark sieht man sie selten. Zweimal noch fährt sie mit dem Reisebus nach Österreich. Dann geschieht ein Wunder. Der Staat gewährt ihr eine monatliche Rente von 203 Mark – für die letzten eineinhalb Jahre.

Im November 1982 stirbt Rosa Emma an einem Herzinfarkt. Sie liegt tot vor dem Bett, als Kurt sie morgens findet. Im Regierungspräsidium macht der Sachbearbeiter einen Haken an Rosa Emmas Akte. »Weglegen (Archiv)« steht da – genauso wie bei ihren Eltern.

Wenn Grete und Ignaz Finger in Marl-Hüls zu Besuch weilen, hängen dichte Rauchschwaden über Ediths Kaffeetafel. Grete ist Ediths Cousine. Ihr pausenlos Zigarre rauchender Gatte Ignaz wird von den Anwesenden »Albert« genannt, seit er mit seiner Mutter durch halb Europa geirrt ist, bis er von der Gestapo geschnappt und in einen Transport nach Auschwitz gesteckt wurde. Als der Viehwaggon auf offener Strecke hielt, sprang Ignaz heraus und entkam, während die Mutter auf der Flucht erschossen wurde. Fortan nannte sich Ignaz »Albert« und versteckte sich in Frankreich. Die Tarnung war so perfekt, dass die Jerusalemer Holocaust-Gedenkstätte Yad Va Schem Ignaz Finger als Opfer der Schoa führte. Erst als ich 2013 die Kopie seines bundesdeutschen Personalausweises nach Jerusalem schicke, wird der Fehler korrigiert.

Albert ist Hosenschneider. Nach dem Krieg kehrt er nach Deutschland zurück und baut das Geschäft des Vaters wieder auf. »Hosen Finger« ist in Essen ein Begriff, und auch ich trage die Hosen von »Onkel Albert«. Sein Bass flößt mir Respekt ein. Er ist laut, streng, witzig und sehr selbstsicher. Nachts aber schreit er sich die angsterfüllte Seele aus dem Leib, und an den Augen seines Sohnes Leon, der mir nach Alberts Tod davon erzählt, sehe ich, dass er die Schreie des Vaters gehört hat.

Die Fingers sind ein fester Bestandteil des Besucherprogramms in Ediths antifaschistischem Wohnzimmer. Brav beantworte ich die Fragen nach meinem schulischen Werdegang. Bis Onkel Albert mit einer Frage mein Leben aus der Spur wirft.

1979 werde ich volljährig und beschließe, »aus Gewissensgründen« den Kriegsdienst zu verweigern. Das ist gelogen. In Wahrheit entziehe ich mich aus politischen Gründen dem Dienst in einer Armee der NATO, während mir der Einsatz von Waffengewalt im Auftrag der Weltrevolution durchaus plausibel erscheint. Zudem – das weiß ich heute – war die Weigerung, in der Bundeswehr das Schießen zu erlernen, ohnehin eine Dummheit. Jeder Jude sollte mit Waffen umgehen können.

»Ich werde nach dem Abi Zivildienst leisten«, erkläre ich.

Onkel Albert zieht die Brauen hoch: »Warum willst du damit deine Lebenszeit verplempern?«

»Weil das jeder muss, der den Kriegsdienst verweigert«, antworte ich.

»Das mag sein, aber du doch nicht«, behauptet Albert.

Ich begreife nicht, worauf er hinaus will. Albert sieht meine Irritation. »Mein Sohn Leon musste nicht zur Bundeswehr gehen«, sagt er. »Es gibt ein Gesetz, wonach Kinder von Naziverfolgten nicht in der Armee dienen müssen.«

»Was soll das heißen?«, stammele ich, »Kinder von Naziverfolgten? Bin ICH ein Kind von Naziverfolgten?« Hilfe suchend schaue ich Edith an.

»Sprich mit deinem Vater!«, sagt sie.

VII

Du bist doch Jude!

Ich bin noch ein Kind, als ich Günther zum ersten Mal sehe. Ein kleiner Mann mit O-Beinen, einer gebogenen Nase, tief liegenden braunen Augen. Eine Locke fällt ihm in die Stirn. Wer ist der Mann? Woher kommt er? Wenn er Ediths Bruder ist, warum lebt er nicht hier bei uns? Edith spricht nicht gern über ihn. Irgendetwas stimmt zwischen den beiden nicht.

Edith hat dem Bruder geschrieben: »Lorenz möchte Israel kennenlernen. Er ist politisch sehr interessiert.« Günther ist begeistert: »Schick uns den Jungen! Wir freuen uns.« Es sind die letzten Sommerferien vor dem Abitur. Seit zwei Jahren kämpfe ich mit der Schreibmaschine an der Seite der vom Imperialismus unterdrückten Völker Nicaraguas, El Salvadors, Chiles und Südafrikas. Und dann sind da noch die Palästinenser und ihre Unterdrücker.

Meine Ankunft am Ben-Gurion-Airport hat etwas von einem Staatsbesuch. Als ich nach der Passkontrolle die Empfangshalle betrete, ruft ein mehrstimmiger Chor meinen Namen. 20 Menschen winken mir zu. Ich erkenne Günther, Ruth und Bernd, ihre Töchter und Söhne, die uns bereits in Deutschland besucht haben.

»Welcome to Israel. How was the flight?« Niemand lässt sich anmerken, was er wirklich über mich denkt. »Mein Gott, wen haben sie uns denn da geschickt«, sei sein erster Gedanke gewesen, als er mich mit schulterlangen hennaroten Locken, ein Palästinensertuch um den Hals, durch die Empfangshalle schlendern sah, gesteht mir Jahre später Ruths Sohn Gideon.

»Ani lo medaber iwrit, rak germanit – Ich spreche kein Hebräisch, nur Deutsch«, lautet mein erster hebräischer Satz. »Kein Problem, reden wir Deutsch!« So beginnt fast immer die Konversation, wenn ich einem der Freunde von Günther und

Hilde begegne. Alle sprechen Deutsch, alle scheinen hocherfreut, mich kennenzulernen. Meine Genossen zu Hause haben mich gewarnt. Deutsche seien in Israel nicht sonderlich willkommen. Günthers Freunde zitieren mit stolzgeschwellter Brust Verse aus mir unbekannten deutschen Theaterstücken; sie schwärmen von deutschen Landschaften, die ich nie gesehen habe, und stellen mir Fragen über den deutschen Alltag, die ich nicht beantworten kann. »Hat das Kranzler noch die wunderbaren Sahnetorten?« – »Fahren noch Schaufelraddampfer auf dem Rhein?« – »Was kostet ein Mercedes?«

Nur eine Begegnung verläuft nicht so glatt. Ich spaziere mit Günther durch Herzlia, eine Kleinstadt im Norden von Tel Aviv, die den spröden Charme der modernen Siedlungen im Zentrum des Landes versprüht. Wohngebiete mit weißen quadratischen Einfamilienhäusern wechseln sich mit Wohngebieten mit weißen quadratischen Mehrfamilienwohnblocks ab. Auf den Flachdächern stehen Blechtonnen, in denen die sengende Sonne das Wasser erhitzt. Geschäfte, Cafés oder Restaurants gibt es nur in der Sokolovstraße, der Hauptgeschäftsstraße der Stadt.

Vor einem Zeitungsladen bleiben wir stehen. Er gehört einer Bekannten von Günther, die aus Hamburg stammt. »Guten Morgen, Rivka. Ich habe Besuch mitgebracht«, ruft Günther, als wir den Laden betreten. Rivka stapelt Zigarettenschachteln in ein Regal hinter der Theke. Eine schöne Frau! Schwarze Augen unter langen Wimpern, eine feine Nase und elegante Wangen. Die Lippen tragen die gleiche Farbe wie das dunkelrote Haar, das sie zu einem Knoten hochgesteckt hat. Zu meinem großen Erstaunen spricht sie kein Deutsch, sondern plaudert mit Günther auf Hebräisch, wobei sie mir freundliche Blicke schenkt.

»Das ist der Enkel meiner Schwester«, sagt Günther. »Er ist zu Besuch gekommen – aus Deutschland.« Rivka zieht die schon ausgestreckte Hand abrupt zurück. Sie wendete ihren Blick von mir ab und starrt Günther an. Ich begreife nicht, warum ich plötzlich Luft für sie bin. Günther kauft eine Zeitung. In der Geldbörse sucht er das passende Kleingeld. Die Luft in dem engen Raum ist stickig.

»Was ist mit mir nicht in Ordnung?«, frage ich, als wir draußen ein paar schnelle Schritte gegangen sind. Günther bleibt stehen. »Rivka war in Auschwitz. Ihre Eltern und zwei Brüder sind dort umgebracht worden. Es tut mir leid. Ich habe nicht geahnt, dass sie so reagieren würde.«

»Aber du hast ihr doch gesagt, dass ich DEIN Verwandter bin«, sage ich empört. »Ich habe es selbst gehört.«

Günther zuckt mit den Achseln. »Mach dir nichts draus! So was kommt vor. Das hat nichts mit dir zu tun.«

Natürlich hat es mit mir zu tun. Ich habe mich zu schnell daran gewöhnt, dass ich von Günthers Freunden nicht zu den Nazikindern gezählt werde, sondern als sein Verwandter auf der gemütlicheren Opferseite Platz nehmen darf. Rivka hat mich wieder zu einem gewöhnlichen Deutschen gemacht. In Israel bin ich sowohl Nachkomme jüdischer Naziopfer als auch Angehöriger des deutschen Tätervolkes.

»Deshalb spricht sie kein Deutsch«, sage ich.

Günther nickt.

Als ich wach werde, klappert Günthers Frau Hilde im Flur mit den Tellern. Ich richte mich auf und schlage das Laken zurück. Mein Domizil ist die gute Stube mit zwei Sesseln, einem Couchtisch, einer Glasvitrine, einem Fernsehgerät auf einer Kommode und dem Sofa, auf dem ich schlafe. An den Wänden hängen Familienfotos und Gemälde, eine Straßenszene aus Jerusalem, ein Porträt von Günther in Öl. Auf der Kommode steht das gleiche Bild von Rudolf und Paula, das bei Edith über dem Telefontisch hängt. Neben der Wohnstube hat das ebenerdige Haus noch ein Schlafzimmer, ein Bad, eine winzige Küche, in der gerade einmal Hilde Platz findet, und einen Flur mit Garderobe und Esstisch. Auf diesen 50 Quadratmetern haben Günther und Hilde drei Töchter großgezogen. Die Mädchen bewohnten ein gemeinsames Zimmer, die Eltern schliefen auf einem Klappbett in der Wohnstube.

Die Siedlung heißt Nof-Yam, zu Deutsch »Landschaft am Meer«. Ein 300 Meter langer Sandweg führt vom Haus zu den Dünen, auf denen eine Moschee steht. Hier begegne ich zum ersten Mal traditionell gekleideten Arabern mit Kefiye und Galabija. Waren sie einst die Besitzer des Landes, auf dem heute Günthers Haus steht?

Zum Meer hin windet sich ein schmaler Pfad die Dünen hinab. An einem Freitagmorgen um zehn Uhr liegt ganz Israel am Strand. Großfamilien bauen Zelte und Sonnenschirme auf, lagern sich auf Klappstühlen neben riesigen Kühltaschen, in denen sie Wasservorräte, Salat aus Gurken und Tomaten, Pitabrot und Hummus, einen blassgelben köstlichen Kichererbsenbrei, verstaut haben.

Gegen Mittag, als die Hitze unerträglich wird, rolle ich mein Handtuch ein und spaziere zum Haus zurück. Hilde serviert eine Linsensuppe. Ich suche einen schattigen Fleck im Garten und lese.

»Heute kommen meine Töchter, Schwiegersöhne und Enkel, um dich zu begrüßen.« Günther stemmt die Hände in die Hüften. Über einer kurzen Khakihose trägt er ein Unterhemd, aus dem ein üppiger weißer Brustbart herausschaut. Seine Haut ist tiefbraun und voller kleiner Fältchen. Er kann es kaum erwarten, mir seine Nachkommenschaft zu präsentieren. Ayal, Inon und Oren gehören zu Yael und Viktor. Efrat, Roi, Maya und Tal zu Edna und Yossi. Meron, Sharon, Gilad und Chadar zu Nava und David. Ich notiere die Namen und verspreche, sie zu lernen. Hilde grillt Berge von Hühnerfleisch und schleppt Salat, Pita und eine Schüssel Hummus herbei. Dann kommen sie.

»Nimm Salat! Das gesund!« Yael, Günthers älteste Tochter, packt mir zum dritten Mal den Teller voll, bis ich buchstäblich platze. Warum behandelt sie mich wie ein Kind? Warum soll ich essen, obwohl ich ihr zweimal gesagt habe, dass ich wie alle anderen längst satt bin? Die nehmen mich nicht für voll. Was besprechen sie in ihrem penetranten Hebräisch? Seit Tagen lasse ich mich von ihrem freundlichen Getue einwickeln. Vor lauter Sonne, Strand und Hummus habe ich fast vergessen, dass ich mir etwas vorgenommen hatte.

»Was ist eigentlich so toll daran, dass deine Kinder beim Militär waren?«, unterbreche ich Günther. »Ich jedenfalls gehe nicht zur Bundeswehr.«

Günther hat mir am Morgen Fotos der Töchter in Uniform gezeigt. Sie sehen sexy aus in den taillierten olivgrünen Jacken und mit den schräg sitzenden Schiffchen.

»Hier gehen alle zur Armee«, antwortet Günther. Er scheint nicht zu begreifen, worauf ich hinauswill.

»Ich gehe nicht zur Bundeswehr, weil ich mich nicht an der Unterdrückung anderer Völker beteilige. Die NATO ist ein imperialistisches Kriegsbündnis gegen die Völker der Dritten Welt. So wie ihr das palästinensische Volk unterdrückt.«

Günther legt die Stirn in Falten und sieht mich über den Brillenrand an. »Wer hat dir denn so etwas beigebracht? Lernt ihr das in der Schule?«

»Quatsch«, sage ich. »In der Schule werden wir genauso indoktriniert wie die Schüler hier vermutlich auch. Es gibt bessere Möglichkeiten, sich zu informieren.«

»Und du hast dich über Israel informiert.« Günther grinst, aber ich lasse mich nicht irritieren.

»Es gibt in Deutschland eine Menge Leute, die der Meinung sind, dass das, was die Nazis den Juden angetan haben, euch nicht das Recht gibt, die Palästinenser schlecht zu behandeln.«

Günther zieht die Augenbrauen hoch. »Soso, wie behandeln wir sie denn?«

»Ihr besetzt ihr Land. Ihr sperrt sie in Lager. Ihr behandelt sie wie Menschen zweiter Klasse, weil ihr sie von hier vertreiben wollt.«

Günthers Blick wird ernst. Er schaut mir in die Augen. »Denkt deine Großmutter auch so?«

Mit der Frage habe ich nicht gerechnet. »Quatsch. Die ist total unpolitisch. Die weiß noch nicht mal, was in Deutschland passiert, geschweige denn in Israel.«

»Gut«, sagt Günther. »Ich weiß nicht, woher du deine Ansichten hast. Aber wir brauchen die Armee, um unseren Staat zu verteidigen. Wir unterdrücken niemand. Wir verteidigen uns. Und weil wir gegenüber den Arabern in der Minderheit sind, gehen alle zur Armee.«

Endlich kommt er auf den Punkt. Ich wähne mich in meinem Element. »Ihr verteidigt euch gegen die Palästinenser?«, frage ich. »Die sind so schwach. Die können euch doch gar nicht bedrohen.«

»Mein Lieber, wir verteidigen den jüdischen Staat, den wir aufgebaut haben. Das hier verteidigen wir.« Günther deutet auf sein Haus. »Wir mussten hierherflüchten, weil wir in Deutschland nicht mehr leben konnten.« Seine Stimme wird lauter. »Weil man uns umbringen wollte wie unsere Eltern. Wäre deine Mutter nicht schon vor dem Krieg geboren, wäre deine Großmutter auch geflohen.« Seine Stimme donnert. »Dann wärst du hier geboren – in Israel. So sieht's aus, mein Lieber.«

Günther will mich umgarnen. Er will mich eingemeinden. Ohne mich! »Ihr habt nichts aus der Geschichte gelernt«, schimpfe ich. »Die Nazis haben euch unterdrückt. Jetzt macht ihr das Gleiche mit den Palästinensern.«

Günther reicht es. Er schlägt die Hände erst vors Gesicht, dann mit beiden Fäusten auf den Tisch und brüllt: »Wie kannst du nur solch einen Schmonzes daherreden. Du bist doch Jude!«

Habe ich richtig gehört? »Du – bist – doch – Jude?« Was bitteschön soll das heißen?

Betretenes Schweigen. Hilde hat sich während des Wortgefechts in die Küche verzogen. Der Rest der Familie starrt uns fragend an. Mir ist flau. Wenn Günther unseren Streit ins Hebräische übersetzt, dann kann ich noch heute meine Koffer packen. Auch Günther sieht die fragenden Gesichter.

»Lo chaschuw«, sagt er. »Nicht wichtig.«

Vermutlich bin ich ihm peinlich.

So richtig witzig wird der Nachmittag nicht mehr. Die Israelis reden nur noch Hebräisch. Ich setze mich in die Hollywoodschaukel und lese. Yael verabschiedet sich als Letzte. Als es im Garten dunkel wird, gehe ich in mein Zimmer, schalte die Stehlampe ein und lese auf dem Sofa weiter. Hilde steckt den Kopf herein. »Magst du noch eine Tasse eisgekühlten Tee?«

»Nein, danke. Ich geh gleich schlafen.«

Dann steht Günther in der Tür: »Gute Nacht. Schlaf gut.«

Ich warte auf den Satz: »Pack deine Sachen und flieg nach Hause!«

Aber es bleibt still.

Juden zu Besuch

Längst sind die Baracken aus der Pionierzeit verschwunden. Auch das Haus von Günter und Hilde ist abgerissen. Yael und die Schwestern haben das Grundstück verkauft. Es ist Teil einer Gartenlandschaft vor einer luxuriösen Villa. Nof-Yam ist ein Viertel der Reichen und Superreichen geworden. Wenn ich heute Israel besuche, wohne ich bei Yael.

Eines Tages schiebt sie einen Stapel vergilbter Blätter über den Küchentisch. »Weißt du, was das ist?«

Ich beuge mich darüber. »Das ist Deutsch. Woher hast du das?«

»Das habe ich nach Vaters Tod in seinem Haus gefunden. Kannst du es lesen?«

Die Blätter sind mit Bleistift beschrieben, die Ränder eingerissen, so dass Teile des Textes fehlen. Ein Blatt zerfällt, als ich es unter die Tischlampe halte, um den Blickwinkel zu finden, bei dem ich die Schrift entziffern kann.

»Wer hat das geschrieben?«, frage ich.

»Es ist Mutters Handschrift«, sagt Yael. »Kannst du es übersetzen?«

»Dazu brauche ich mehr Licht und eine Lupe.«

Es dauert nicht lange, bis ich erkenne, was ich vor mir habe. Es sind Blätter aus einem Notizbuch, in dem Hilde Briefe an die in Deutschland zurückgebliebene Familie vorformuliert hat. Sie schildert die dramatischen Ereignisse bei ihrer Ankunft in Palästina im November 1940. Hilde war eine von 1700 Flüchtlingen auf der »Patria«. Ihre Zeilen beschreiben eines der tragischsten Kapitel des Kampfes zwischen der britischen Armee und der Hagana, den bewaffneten Kräften des Jischuw, der Gemeinschaft der jüdischen Einwanderer.

»Am 3. September 1940 verließen wir den Güterbahnhof Wien, wurden nachts noch eingeschifft und fuhren um 5 Uhr ab. Die Donaufahrt war sehr ruhig und schön … Plötzlich standen wir am Morgen des 1. Novembers vor Haifa. Die Stimmung war gut, doch die Enttäuschung ist zu groß. Ich kann es nicht fassen.«

Die Briten ließen die Flüchtlinge nicht an Land gehen, sondern verfrachteten sie auf den Dampfer »Patria«, der Richtung Mauritius auslaufen sollte. Die Hagana wollte das mit allen Mitteln verhindern.

»Am 25.11.40 lag ich krank zu Bett«, schrieb Hilde. »Plötzlich gab es einen Knall. Ich ging auf Deck. Schrecklich war der Anblick. Leute flogen schon über Bord. Laute Zwischenrufe: ›Frauen auf das Oberdeck!‹ Oben angekommen klammerte ich mich an die Reling, überlegte, springst du ins Wasser oder nicht. Auf einmal legte sich das Schiff. Ich weiß nicht, hängt man am Leben oder nicht, es war plötzlich so leicht. Eine Chawera versuchte mich hochzuziehen. Ich besaß keine Kraft mehr. Zwei Engländer erschienen, zogen mich hoch. Wir rutschten in ein Boot, wurden an Land gebracht. Ich stand auf festem Boden. Es kam eine Chawera meschugge mir in die Arme gerannt. Wir wussten nicht wohin. Die Sorge um die Chawerim. Wir kommen bis zum Abend in eine Halle und dann nach Atlit.«

Die Hagana hatte ein Loch in den Rumpf der »Patria« gesprengt, um sie am Auslaufen zu hindern, doch die Sprengladung war falsch berechnet. Das Schiff sank, und 200 Flüchtlinge ertranken.

Hilde verbrachte die Wochen nach dem Unglück im Internierungslager Atlit südlich von Haifa. Hier erhielt sie im Dezember 1940 Post von der Familie aus Deutschland. Die Antwort skizzierte sie in ihren Notizen: »Bin im November gelandet. Glücklich, gesund. Hoffe gleiches Euch. Meine Zukunft geordnet. Vertrage Klima gut. Arbeite manchmal im Spital. Kleidung in Ordnung. Erwarte Nachricht von Euch. Mutti, Papa, tausend Grüße Hilde.«

Hildes Bruder, der vor ihr in Palästina angekommen war, aß oft bei Günthers Schwester Ruth zu Mittag. So lernten Hilde und Günther sich kennen. Sechs Wochen später heirateten sie und zogen nach Deganya. Noch einmal schrieb Hilde nach Deutschland: »Liebe Eltern und Geschwister. Keine Nachricht seit Juli. Bitte dringendst. Habe geheiratet. Schwiegereltern Boldes, Recklinghausen. Kibbuz-Leben gefällt uns. Gruß, Kuss, Hilde, Günther«

Das schöne Kibbuz-Leben war gelogen. Das junge Paar lebte in einem Zelt, das eines Nachts vom Sturm weggerissen wurde. Als Günther darum bat, für sich und seine Frau ein Zimmer zu bekommen, erklärte ihm die Kibbuz-Leitung, er habe nach einem Jahr noch keinen Anspruch darauf. Am selben Tag verließ er mit Hilde den Kibbuz.

In der Nähe von Tel Aviv fand er Arbeit als Landarbeiter, zog mit Pferd und Pflug über die Äcker, mistete Ställe aus. Hilde arbeitete als Hausangestellte. Zu der Zeit wurde Tel Aviv bombardiert, und Rommels Afrikakorps marschierte Richtung Suezkanal. Die Hagana gründete mit britischer Unterstützung eine Elitetruppe namens Palmach. Die jüdische Gemeinschaft Palästinas bereitete sich darauf vor, gegen die Wehrmacht zu kämpfen.

Nach dem Krieg durfte Günther in der Öffentlichkeit eine Zeit lang kein Deutsch sprechen. Die Nachbarn empörten sich, wenn er mit den eigenen Kindern in seiner Muttersprache sprach. »Fanatiker«, nennt sie Günther.

Erst als Ben-Gurion und Adenauer begannen, über Geld zu sprechen, sagt Günther, sei die Zahl der Fanatiker geschrumpft.

Von den drei Milliarden D-Mark, die Deutschland zahlte, bekam er für die ermordeten Eltern 10 000 israelische Pfund. Das reichte, um die Miete für ein kleines Möbelgeschäft in Herzlia zu zahlen, bis er auf eigenen Füßen stand. In der Knesset, dem Parlament, wäre das Luxemburger Abkommen fast gescheitert. Der Oppositionsführer Menachem Begin sprach von »Blutgeld«.

»Es gab Leute, die kein ›Blutgeld‹ von Deutschland genommen haben«, sagt Günther, »aber ich wollte wenigstens einen kleinen Teil von dem zurück, was man uns genommen hatte. Den Tod der Eltern habe ich den Deutschen nie verziehen.«

Illegal hatte Günther Deutschland verlassen, illegal kehrte er zurück. Die israelischen Pässe galten »Für alle Länder außer Deutschland«. Ohne das deutsche »Blutgeld« hätte sich Günther kein Flugticket leisten können, um die Geschwister wiederzusehen. Als Ersten besuchte er Bubi, den Jüngsten, in Dänemark. 14 Jahre hatten sie sich nicht gesehen. Einen Tag und eine Nacht erzählten sie sich atemlos, was sie durchlebt hatten.

Bubi hatte Theresienstadt überlebt. Zwei Jahre lang war er jeden Morgen mit dem Pferdekarren durch das Lager gefahren und hatte die vor den Häusern liegenden Leichen aufgesammelt. Er brachte sie zum Krematorium. Danach kümmerte er sich um die Aufzucht von Angorakaninchen, deren Fell die Luftwaffe zu Pelzkragen für Bomberjacken verarbeitete. Die Arbeit mit den Tieren rettete Bubi das Leben, denn die Pferde wurden mit Hafer und Rübensirup gefüttert, die Kaninchen mit Karotten. Beides stopfte er in sich hinein, sobald die SS nicht hinsah. Im April 1945 wurde er zusammen mit 450 skandinavischen Juden vom schwedischen Roten Kreuz befreit. Einer der weißen Rot-Kreuz-Busse jener Befreiungsaktion steht heute in Yad Va Schem.

Bubi wollte Günther zu Edith nach Deutschland bringen, doch der Grenzübertritt schlug fehl. »Was wollen Sie in Deutschland? Hier steht doch klipp und klar, dass wir Sie nicht reinlassen dürfen«, habe der Grenzbeamte gesagt. »Ich habe geantwortet, dass ich früher Deutscher war«, sagt Günther, »dass ich meine Schwester besuchen wolle, aber es war nichts zu machen. Wir haben dann erst mal den Herbert besucht.«

Herbert, der Älteste der Boldes-Brüder, lebte noch immer in England. Von dort reisten Günther und Bubi weiter nach Belgien, wo sie einen Busunternehmer auftrieben, der Günther gegen ein »erhöhtes Beförderungsentgelt« über die Grenze nach Aachen brachte.

Günther hatte auch Edith 14 Jahre lang nicht gesehen, aber er konnte sich nicht entspannt an ihren Kaffeetisch setzen. Er musste mit den Eltern sprechen, musste den Vater fragen, warum er in Deutschland geblieben war.

»Wie hast du mit ihnen gesprochen?«, frage ich.

»Ich stand vor dem Haus und habe fest an sie gedacht«, sagt Günther.

»So wie man betet?«, frage ich.

»Ich weiß nicht, wie man betet. Vielleicht ...«

»Was, vielleicht?«

»Vielleicht war es so«, sagt Günther.

Ich sehe ihn dort stehen, wo auch ich oft gestanden habe, vor dem Doppelhaus mit den geschwungenen Giebeln, das den Krieg unversehrt überstanden hat. Die hohen Fenster in der ersten Etage, darüber zwei weitere Stockwerke, Platz für neun Menschen aus drei Generationen. Unten befindet sich heute ein Eiscafé.

»Von dem Wort ›Polsterware‹ konnte man noch Buchstaben lesen, die unter dem neuen Anstrich durchschimmerten«, erinnert Günther. »Unsere alten Gardinen waren auch noch da. Ich hatte den Eindruck, da sieht mich jemand von oben an.«

Passanten erkannten ihn, da er dem Vater ähnlich sah; sie sprachen ihn an. Günther schildert mir, wie sie die Betroffenen mimten und berichteten, wie schlecht es auch ihnen im Krieg ergangen sei. Wiesbaden, Marl, Fritz, Rosa Emma, Kurt, Edith, Günther – es ist immer die gleiche Leier. Ich stelle meine Ohren auf Durchzug. Das jüdische Gejammer kann ich nicht mehr ertragen. Aber Günthers Geschichte klingt anders.

Die Leute hätten ihn gefragt, wie es den Eltern gehe. »Was fragt ihr?«, antwortete Günther. »Die habt ihr doch umgebracht«.

Welch ein herrlicher Satz! Aber war Günther so kämpferisch? Hat er den Satz wirklich gesagt, oder lege ich ihn ihm in den Mund, weil ich genau diesen Satz von seiner älteren Schwester zeitlebens ersehnt habe? Als Israeli mit Rückflugticket hätte er wagen können, was Edith vermieden hat – Risches mit den »Ariern«.

Günther war blank. Sein Erspartes war für die Reise draufgegangen. Edith lud die Zeitung ein. Der Bruder sollte gegen Bares Interviews geben. »Ein Hülser kehrt als Israeli zurück«, lese ich. Günther berichtete von der Wüste, die Ben-Gurion zum Blühen bringen wolle; von Rudolf und Paula kein Wort. »Wenn der Hitler nicht gekommen wäre, wäre ich Millionär geworden«, soll Günther den Journalisten gesagt haben. Ein Satz, den »Arier« von einem Juden erwarten.

»Habt ihr hier in der Gegend Araber vertrieben?«

Günther grinst mich an. »Dass ausgerechnet du das fragst.«

»Wie meinst du das?«, frage ich irritiert.

»Als du das erste Mal hier warst, warst du noch sehr überzeugt davon, dass wir die Araber aus dem Land treiben würden.«

»Tut mir leid, Günther«, sage ich, »damals war ich noch anders drauf.«

»Ziemlich anders«, lacht Günther und gibt mir einen Klaps auf den Arm.

»Und?«, frage ich.

»Was und?«

»Habt ihr hier Araber vertrieben?«

»Hier, wo das Haus steht, war Sand«, sagt Günther. »Hier hat niemand gelebt.«

»Aber du hast davon gehört, dass während des Unabhängigkeitskrieges Araber aus ihren Dörfern vertrieben wurden?«

»Ja«, sagt Günther, »doch hier wurde niemand vertrieben. Wenn ich von der Arbeit kam, saßen die Araber unter den Eukalyptusbäumen und rauchten. 1948, als der Krieg ausbrach, sind sie abgehauen, obwohl wir ihnen gesagt haben: ›Bleibt! Euch wird nichts passieren.‹«

»Wo haben sie gewohnt?«, frage ich.

»Bei der Moschee.« Er zeigt Richtung Strand, wo ich vor Jahren die ersten Araber gesehen habe. »Die Häuser haben wir abgerissen, die waren nicht mehr zu gebrauchen. Ein paar von ihnen sind geblieben. Die haben uns nachts die Wäsche von der Leine gestohlen und einmal auch eine Ziege.«

In unserem letzten Gespräch, kurz vor seinem Tod, frage ich ihn, wann er die Eltern zuletzt gesehen habe. »Das war im Februar 1939, als ich auf Hachschara fuhr«, sagt Günther.

»Wusstest du, dass es das letzte Mal sein würde?«, frage ich.

»Ich wusste, dass ich ausreisen würde, aber ich hoffte, dass die Eltern nachkämen. Mein Vater sagte immer: ›Uns schickt man nicht weg.‹ Er machte uns sogar Vorwürfe, dass wir sie allein zurückließen.«

»Mal ehrlich, Günther«, will ich wissen, »glaubst du wirklich, deine Eltern hätten Deutschland jemals verlassen?«

»Sie haben sich sehr an die Edith geklammert«, sagt er. »Weil die durch die Ehe mit dem Willi geschützt war, haben sie geglaubt, sie wären auch geschützt. Außerdem haben sie an deiner Mutter gehangen. Wenn deine Mutter nicht geboren und deine Großmutter nicht geblieben wäre …« – er hat den Satz nie zu Ende gesprochen –, »… dann hätten unsere Eltern überlebt.«

Hebräisch für Aufsteiger

Eine kleine, aber stetige Zahl französischer Juden wandert Jahr für Jahr nach Israel ein. Sie machen »Aliya« und werden dadurch zu »Olim«, zu »Aufsteigern«; ein Jude, der auswandert, wird »Absteiger« genannt. Die Kleinstadt Ra'anana im Norden Tel Avivs ist die Hochburg der Franzosen, die bereits kurz nach ihrer Ankunft im Land schicke Einfamilienhäuser beziehen, während die meisten Einwanderer anderer Nationen längere Zeit in Wohnheimen hausen. Auch der örtliche Ulpan, die Sprachschule für Einwanderer, ist fest in französischer Hand. Der Akzent der Sekretärin ist unüberhörbar.

»›Hebräisch für Ausländer‹ gibt es hier nicht«, klärt sie mich auf. »Willst du einwandern, musst du Jude sein. Bist du Jude, bist du kein Ausländer, sondern Aufsteiger. Bist du kein Jude, kannst du nicht einwandern.«

Meine Entgegnung, dass ich mich weder als Auf- noch als Absteiger sehe und einfach nur Hebräisch lernen will, verwirrt sie. Einen wie mich scheint es in diesem Ulpan noch nicht gegeben zu haben. »Du bist aus Deutschland, und du bist jüdisch, richtig? Du willst nicht Aliya machen, richtig? Aber du willst Hebräisch lernen?«

»Bidiuk! – Genau!«, antworte ich; ein paar Worte kann ich schon.

Die junge Frau trägt einen knielangen Rock, blickdichte Strumpfhosen, Rollkragenpulli und Wollmütze. Es ist Winter, aber sie wird so ähnlich auch im Sommer rumlaufen. Mit dem Aschenputtel-Look zeigt sie, dass sie religiös ist. Ra'anana ist nicht nur ein Zentrum der Franzosen, sondern auch ein Hort der Frömmigkeit. Bald werde ich jeden Morgen auf dem Weg zum Ulpan im Stau stehen, weil zugeknöpfte Mütter und Kippa tragende Männer ihren Nachwuchs in umzäunten und bewachten Kindergärten abliefern; immer zu zweit im Auto, Mama vorn, das Kind auf der Rückbank.

Die Sekretärin kommt aus dem Büro der Direktorin und entscheidet: »Okay, dann bist du also Tourist.«

Beleidigt wehre ich ab: »Nein, ich bin kein Tourist. Ich besuche meine Familie. Ich bin oft im Land. Ich will Hebräisch lernen und ein paar Tage unter Juden sein.«

»Egal, wenn du nicht Aliya machst, bist du Tourist«, sagt sie, »und Touristen zahlen 400 Schekel.« Ich beende die Debatte, denn ich will nicht, dass sie denkt, ich könne die Summe nicht aufbringen.

Die Franzosen praktizieren eine effektive Gruppenbildung und führen im Unterricht das Wort. Sie wissen, wie man in der neuen Heimat an Geld und Jobs kommt und behaupten selbstsicher, der französische Antisemitismus sei nach dem arabischen der bedrohlichste. Wobei in ihren Dramen auch die französischen Antisemiten meistens wütende Araber sind, die es wagen, außerhalb der Ghettos französischer Vorstädte Peugeots und Renaults abzufackeln. Konsequenterweise bewundern meine französischen Mitschüler die israelische Armee, die anders als die verweichlichte französische Polizei wisse, wie man die Araber anzupacken habe.

Jüdisches Leben außerhalb Israels? Das ist wie eine Grippe, sie geht vorüber. So lautet die einhellige Meinung am Ulpan. Ich allerdings bin weder Auf- noch Absteiger, sondern eine noch bedauernswertere Spezies: ein »Diasporajude«, der sich weigert, seiner Bestimmung gemäß »ba Arez« (»im Land«), also in Israel, zu leben. Dass man das ausgerechnet einem deutschen Juden erklären muss, macht meine französischen Mitschüler aggressiv, doch die meisten belassen es bei freundlichem Zuspruch, der mir die Zuversicht geben soll, auch für einen wie mich werde ein Platz in der wahren Heimat der Juden frei bleiben.

Nach zwei Monaten verkündet Zipi, die kettenrauchende Lehrerin, dass uns nach der Mittagspause ein ausgedienter General der Zahal, der »nationalen Verteidigungsstreitkräfte«, besuchen werde. »Eure Sprachkenntnisse sind jetzt gut genug«, sagt sie, »um einen Bericht aus erster Hand über die großen Kriege Israels zu empfangen.«

Warum eigentlich nicht, denke ich. Fritz konnte mir den Granathagel an der Somme nicht mehr schildern. Höre ich mir stattdessen die Erstürmung der Golanhöhen an. Krieg ist Krieg.

Mein Blick wandert über die israelische Staatsflagge, die an der Wand hängt, über das Bild des lächelnden Staatspräsidenten Moshe Katsav, gegen den wegen sexueller Nötigung ermittelt wird, über eine Karte von »Erez Israel« mit allen Gebieten, die seit 1967 erobert wurden. Eine Grenze zur Westbank fehlt; niemand nimmt daran Anstoß. Die Vision eines »Groß-Israel« mag den Patriotismus der »Aufsteiger« befeuern, mich lässt sie kalt.

Der Staat Israel mag annektieren, so viel er will, mich kann er nicht locken. Das Land, das flächenmäßig kleiner ist als meine hessische Heimat, aber von doppelt so viel Menschen bevölkert, wird mir immer zu eng bleiben, zumal hier nach zionistischer Lesart neben den sechs Millionen israelischen Juden noch Platz für Millionen Diasporajuden sein soll. Ich denke an Günthers Worte im Hachschara-Lager Havelberg, als er sich im Angesicht des »arischen« Terrors geweigert hat, die zionistischen Phrasen zu dreschen. »Wir gehen nach Palästina, um unser Leben zu retten, nicht weil wir Zionisten sind.« Billiger werde auch ich nicht zu haben sein.

Während der alte General beim Yom-Kippur-Krieg angekommen ist, wandern meine Gedanken zu Fritz. Wie hat er wohl über die Franzosen gedacht, mit denen er in Marseille zusammengearbeitet hat, bevor er andere im Krieg erschoss? Ich mag die Franzosen, und die Juden mag ich auch. Aber französische Juden, die Aliya machen, zerrütten meine Nerven.

Drei Monate lerne ich am Ulpan als »Tourist« unter ein paar hundert Aufsteigern aus aller Welt, für die mit dem Erlernen des Hebräischen der Weg in ein neues Leben beginnt. Es sind interessante Typen darunter.

Joey aus Kalifornien, der mich anstarrt, als wäre ich der Letzte einer aussterbenden Art, weil er dachte, es gebe keine Juden mehr in Deutschland, und der mir ausführlich darlegt, dass er Aliya macht, um den Fortbestand des jüdischen Volkes zu sichern, denn die Juden in den USA seien durch Assimilation und Mischehen vom Aussterben bedroht.

Die 78-jährige Clara aus Buenos Aires, die den Kindern und Enkeln nach Israel gefolgt ist, weil sie nicht allein in Argentinien zurückbleiben wollte, und die seit zwei Jahren entspannt im Sprachkurs sitzt, weil sie als einzige Schülerin keine Arbeit sucht.

Vlado aus Kasachstan, der schon viel zu lange mit dem Hebräischen kämpft, weil der Glückliche einen Job als Koch im Ausgehviertel Herzlia Pituach ergattert hat und arbeitsbedingt jeden dritten Tag fehlt.

Natürlich die schöne Isabella, Tanzlehrerin aus Santiago de Chile, von deren erotischen Kurven ich kaum den Blick wenden kann, bis sich mein Starrkrampf löst, weil sie einen Job als Sportlehrerin in einer Grundschule bekommt.

Schließlich Simon aus Peru, der nie Hebräisch sprechen wird, weil ihm das Gen für Sprachen fehlt, der aber weiß, warum er hier ist: »Peru, Avoda, eiyn Kessef; Israel, Avoda, Kessef.« (Peru, Arbeit, kein Geld; Israel, Arbeit, Geld.)

Am Ende des Sprachkurses hat sich mir die Magie der Aliya offenbart. Die Amerikaner kommen der Bibel wegen, die Russen und Lateinamerikaner wegen der Kohle. Und die Franzosen wegen der Araber.

An meinem vorletzten Tag kommt Zipi in der Pause zu mir. »Kannst du morgen auch einen Vortrag halten? 20 Minuten, nicht länger, das Thema kannst du dir aussuchen.« Ich habe schon einige Vorträge der Mitschüler gehört, belanglose und spannende. Mein Abgang von der Bühne des Ulpan wird Spuren hinterlassen.

Am Morgen sitze ich mit schweißnassen Händen in der Klasse. Immer wieder lese ich mir die Vokabeln durch, die ich mir in der Nacht rausgeschrieben habe. Was heißt auf Hebräisch »fremdgehen«, was »Konzentrationslager« oder »Rassenschande«? Als ich nach vorn gehe, habe ich weiche Knie. Ich schreibe den Titel der Geschichte an die Tafel: »Ha Ach chadasch – Der neue Bruder«.

Aus 20 Minuten werden zwei Stunden. Ab und zu muss ich auf Englisch ausweichen. Ich erzähle von dem Anruf, den Kurt im April 2004 bekam, wie er Werner kennenlernte. Dann springe ich zurück zu Fritz, dem Kriegshelden, zum Boykott vom April 1933, der Flucht aus Sonnenberg und der Verhaftung im Oktober 1937. Ich erzähle von Buchenwald und vom Kindertransport, von der Rückkehr nach Deutschland und den 70 Jahren, in denen Kurt nicht wusste, warum der Vater verhaftet worden war.

Zipi und die anderen kleben an meinen Lippen. Unser Drama hat sie gepackt. Als ich Werner auf die Bühne schicke und versuche, den Begriff der »Rassenschande« zu erklären, wird aus meinem Vortrag eine historische Fragestunde.

Die meisten Israelis wissen nicht viel über die Nazis. Die Schoa beginnt für sie mit dem Pogrom des 9. November 1938. Sie haben Auschwitz besucht, aber weder den Nationalsozialismus noch den Antisemitismus begriffen. Welche historische Situation brachte die Nazis an die Macht? Wie wurde aus Ausgrenzung Ausmerzung? Sie wissen, wer Hitler war, wer Eichmann, mehr nicht.

Den »Sabres«, den in Israel Geborenen, sehe ich das nach. Mehr als ein halbes Jahrhundert ist vergangen, seit Emil und Hannchen in Theresienstadt und Treblinka, Rudolf und Paula in Riga ermordet wurden. Ich bin ihr Urenkel. Ich bin nach Jerusalem gefahren und habe in der Holocaust-Gedenkstätte Yad Va Schem Gedenkblätter für sie ausgefüllt. Fünf ihrer Enkel sind Sabres. Yad Va Schem liegt eine Autostunde von Herzlia entfernt. Doch Yael, Edna, Nava, Gidi und Ruven kamen nie auf die Idee, die Großeltern in die »Hall of Names« der Schoa-Opfer aufnehmen zu lassen. Sie wissen weder wie sie gelebt haben, noch wie und wo sie ermordet wurden. Das ist Deutschland, und Deutschland ist die Vergangenheit.

Yael, Edna, Nava, Gidi und Ruven haben zahlreiche Kinder und Enkel. Das ist ihre Antwort auf Hitler. Israel ist ihnen allen Gegenwart und Zukunft – doch weil niemand weiß, ob es eine gute Zukunft sein wird, haben Ayal, Inon, Oren, Efrat, Roi, Maya, Tal, Meron, Sharon, Gilad, Chadar, Amid, Oded, Ofer,

Chagid, Chadar und Benny – die israelischen Urenkel von Rudolf und Paula – einen deutschen Pass.

Von europäischen Juden allerdings, die Aliya machen, weil, wie sie sagen, der Antisemitismus in der alten Heimat unerträglich geworden sei, habe ich erwartet, dass sie die Historie kennen. Fehlanzeige. Am Ende des Vortrags klopfen mir zwei Dutzend Aufsteiger auf die Schulter. »Was für eine Geschichte, Mann! Dein Platz ist hier. Du musst Aliya machen!«

Dabei habe ich ihnen von Fritz erzählt.

Zwei Tage später sitze ich im Flugzeug nach Köln. Unter mir kräuseln sich die Wellen am Strand von Tel Aviv. Gestern hat mich Nava, Günthers jüngste Tochter, zu einem Country Club in Hod Hascharon mitgenommen. Ich hatte einen Golfplatz, ein Pferdegestüt und Barbecue am offenen Feuer erwartet, aber es war nur ein Schwimmbad mit Whirlpool und Sauna. Die Bilder dieses letzten Tages flimmern durch meinen Kopf.

»Hat dir der Ulpan gefallen?«, fragt Nava. Wir liegen auf Liegestühlen hinter großen Glasscheiben und lassen uns von der Wintersonne wärmen. Sie hat Kekse und heiße Schokolade besorgt.

»Ja«, sage ich. »Ich habe sogar einen Vortrag auf Hebräisch gehalten.«

»Über was?«, fragt sie.

»Über die Familie, meinen Vater und Großvater.« In der Regel sind unsere Gespräche an dieser Stelle beendet. Ich habe mich daran gewöhnt, dass die meisten Israelis Geschichten aus Deutschland nur spannend finden, wenn sie mit prominenter Besetzung in SS-Uniformen im Kino laufen. Aber Nava will von mir unterhalten werden: »Wie hat dein Vater eigentlich überlebt?«

»Willst du das wirklich wissen?«, frage ich.

»Ja. Los, erzähl mal!«

Ich raffe die Geschichte, die ich im Ulpan erzählt habe, zusammen: Naziterror, KZ, Deportation, Kindertransport, Flucht und Rückkehr. Nava hakt an jener Stelle ein, an der alle einhaken, an der ich selbst jahrzehntelang festgehangen habe: »Warum ist dein Großvater zurückgekommen?«

Es folgt der Rücksprung in den Ersten Weltkrieg und der Fortgang der Geschichte im Stakkato: liberales deutsches Judentum, Aufklärung, Assimilation, Heldentum und Heimatliebe. »Er war ein deutscher Jude. Wie sagt man Patriot auf Hebräisch?«, frage ich Nava.

»Zioni«, antwortet sie.

Die drei einsamen Schwimmer im Pool drehen erschrocken ihre Köpfe zu uns. Fürchten sie, dass mein donnerndes Lachen die Schwimmhalle zum Einsturz bringt? Nava lacht mit mir. Warum mich ihre Antwort belustigt, interessiert sie nicht. Nava lacht viel und gern. Großartig! Besser kann man es nicht ausdrücken: Fritz war Zionist, sein Zion war Deutschland.

In der Männer-Umkleidekabine des Country Clubs von Hod Hascharon versuche ich die Tafel mit den Saunaregeln zu entziffern. Legen die Israelis in der Sauna die Kleidung ab, wie ich es von zu Hause kenne? Ich finde keinen Hinweis, und da die Holzkabine leer ist, wage ich nicht hineinzugehen. Ich will nicht, dass sie mich nackt sehen und bemerken, dass ich nicht beschnitten bin. Daher bin ich froh, beim Umkleiden allein zu sein. Als ein Mann hereinkommt, sich nackt auszieht und die Sauna betritt, denke ich: »Glück gehabt.«

Das Flugzeug schaukelt heftig im Wind. Ich umklammere schweißnass die Armlehnen. Fritz hätte sich über meine Flugangst amüsiert. Die Skyline von Tel Aviv verschwindet im Dunst über dem Mittelmeer.

Wie lautete das Versprechen, das Fritz Emil gab, als er Deutschland verlassen musste? »Hitler wird den Krieg verlieren, … auch nach diesen ›tausend Jahren‹ wird es noch Juden am Rhein geben.«

Wenn ich zu Hause bin, lasse ich mich beschneiden.

VII

Die »Arier« sterben aus

Der Schulhof eines Gymnasiums im Rheinland. Kurt schreibt Autogramme. Er ist umringt von einer Traube von Kindern im gleichen Alter wie der pausbäckige Knabe mit den großen Ohren, der vor 70 Jahren vom Oberdeck der »Europa« aus die Küste Englands erblickte. Kurt taucht ein in das Kindergewimmel. Er muss trotz seiner Schwerhörigkeit kaum den Kopf beugen, um die Fragen zu verstehen. »Wie schnell hast du Englisch gelernt?« »Hast du wirklich echte Nazis gesehen?« »Hast du dir mal gewünscht, kein Jude zu sein?«

Später im Klassenzimmer, als die Kinder und Lehrer stehend applaudieren, nachdem Kurt seine Lebensgeschichte beendet hat, kämpfe ich mit den Freudentränen. So habe ich ihn nie gesehen. Strahlende Augen, rot glühende Wangen, mit den Händen gestikulierend, sitzt er vor den Kindern auf einem Schülerstühlchen. »Die Evolution fordert ihre Opfer«, sage ich leise. »Die ›Arier‹ sterben aus.«

Anhang

Glossar

Aliya (hebr.) – Aufstieg. Bezeichnung für die Rückkehr bzw. die Einwanderung von Juden ins Land Israel. In der Neuzeit wurde die Aliya zum Grundpfeiler des Zionismus. Einwanderer werden Olim (Aufsteiger) genannt, Auswanderer Yordim (Absteiger).

Bar Mizwa (hebr.) – Sohn des (göttlichen) Gebots. Am Schabbat nach seinem 13. Geburtstag wird ein jüdischer Junge in der Synagoge aufgerufen, aus der Thora zu lesen. Von nun an hat er Gottes Gebote zu befolgen und wird ein vollwertiges Mitglied seiner Gemeinde. In modernen Gemeinden feiern die Mädchen mit 12 Jahren ihre Bat Mizwa (Tochter des Gebots).

Broche (jiddisch, hebr.: Bracha) – Segen. Segenssprüche, in denen Gott gepriesen und gedankt wird, begleiten jeden frommen Juden durch den Tag. Vor dem Essen und Trinken muss er eine Broche sprechen. Der Schabbat beginnt am Freitagabend mit einer Broche beim Anzünden der Kerzen, beim Händewaschen vor dem Essen, auch über Wein und Brot wird eine Broche gesprochen.

Chaluzim (hebr.) – Pioniere.

Chawer (hebr., weibl. Chawera) – Kamerad, Freund, Partner; als Anrede in der zionistischen Arbeiterpartei im Sinne von »Genosse« gebraucht.

Ha Tikva (hebr.) – Hoffnung. Titel eines alten zionistischen Liedes, das die Hoffnung der Juden auf die Rückkehr nach das Land Zion und Jerusalem ausdrückt, seit 1897 Hymne der zionistischen Bewegung und nach Gründung des Staates Israel dessen Nationalhymne.

Haavara (hebr.) – Transfer. Das zwischen der Jewish Agency, der Zionistischen Vereinigung für Deutschland und dem deutschen Reichsministerium für Wirtschaft geschlossene Haavara-Abkommen regelte den Transfer von jüdischem Vermögen durch Verrechnung deutscher Warenexporte nach Palästina. Das Abkommen sollte zugleich dem damals befürchteten internationalen Handelsboykott entgegenwirken. Bis zum April 1936 zahlte die

Reichsbank das Vorzeigegeld (1000 palästinensische Pfund, etwa 15 000 Reichsmark) in Devisen aus, dann wurden auch diese Summen über eine Treuhandgesellschaft bereitgestellt. Das im Rahmen des Abkommens transferierte Kapital hat die wirtschaftliche Entwicklung Palästinas gefördert und kam etwa 50 000 deutschen Juden zugute.

Hachschara (hebr.) – Vorbereitung, Tauglichmachung. Bezeichnung für die berufliche Ausbildung und Umschulung zur Vorbereitung auf das Leben in den Kibbuzim (Kollektivsiedlungen) Palästinas. Die zionistische Jugendbewegung veranstaltete im frühen 20. Jahrhundert in vielen Ländern Hachschara-Kurse, in denen hauswirtschaftliche, handwerkliche und landwirtschaftliche Kenntnisse vermittelt sowie modernes Hebräisch gelehrt wurden. In Deutschland existierten nach 1933 über 30 Hachschara-Zentren, die 1941 von den Nazis aufgelöst oder in Arbeitslager umgewandelt wurden.

Hagada (hebr.) – Erzählung. Bezeichnung für erbauliche Texte der rabbinischen Literatur (Predigten, Gleichnisse, Legenden) im Unterschied zur Halacha, die Religionsgesetze des Talmud umfasst. Das Buch Hagada erzählt die Geschichte von der Befreiung des Volkes Israel aus der Sklaverei und dem Auszug aus Ägypten.

Kaddisch (aramäisch, hebräisch: kiddusch) – Heilig. Das Aramäische war in biblischer Zeit die Umgangssprache der Juden. Das Kaddisch ist eine Lobpreisung Gottes und gehört zu den ältesten synagogalen jüdischen Gebeten. Im Laufe der Jahrhunderte haben sich der Wortlaut und die Stationen seiner Rezitation im Rahmen der Liturgie verändert. Bis heute ist es Brauch, das Kaddisch zu sprechen, wenn ein Minjan zusammenkommt. (Zehn religionsmündige – bei Orthodoxen ausschließlich männliche – Erwachsene sind die Mindestzahl für eine jüdische Gemeinde.) Da es während der Bestattung, in der Trauerzeit oder am ersten Todestag des Verstorbenen von einem Angehörigen gesprochen wird, betrachtet man das Kaddisch oft als »jüdisches Totengebet«. Teile des Kaddischs findet man auch im christlichen Vaterunser.

Mezzie (jiddisch) – Abgeleitet von dem hebräischen Wort Mezia (Fund): günstige Gelegenheit, vorteilhaftes Geschäft, Schnäppchen.

Pessach (hebr.) – Durchschreitung. Das Pessachfest war eines der drei alten jüdischen Wallfahrtsfeste. Es ist der Erinnerung an das Durchschreiten des Roten Meeres durch die vor den Truppen des Pharaos fliehenden Israeliten gewidmet. An allen Pessach-Tagen ist der Verzehr von Ungesäuertem verboten.

Risches (jiddisch, hebr. Rish'ut) – Bosheit, Gottlosigkeit, familiensprachlich Antisemitismus. Bekannt sind die Redewendungen »er hat Risches« (er ist antisemitisch), »Risches machen« (Antisemitismus hervorrufen), »keinen Risches machen« (keinen Anstoß erregen).
Roges (hebr.) – Zorn, Ärger. Daher kommt die Redewendung »einen Rochus auf jemanden haben«.

Schmonzes (jiddisch) – Blödsinn, Unsinn, Geschwätz.
Seder (hebr.) – Ordnung. Der Sederabend, der erste Abend des Pessachfestes, ist das wichtigste jüdische Familienfest des Jahres. Man sitzt um einen Tisch, die Hagada wird gelesen, man betet, singt und isst rituell vorgeschriebene Speisen, bevorzugt auch Lammfleisch. Im Christentum bekannt wurde der Sederabend des jungen Rabbiners Jehoschua aus Nazareth als das »letzte Abendmahl«.
Sepharden oder Sephardim (hebr.) – Spanier. Ableitung von S'farad (Land im Westen). Seit dem 8. Jahrhundert wird die iberische Halbinsel Sepharad genannt, die von dort stammenden Juden, die sich nach der Vertreibung von 1492 über Europa, Nordafrika und im Orient ausbreiteten, ihre Nachfahren sowie alle orientalischen Juden werden als Sepharden bezeichnet. Sie sprechen das Judenspanisch, eine Sonderform des Spanischen. Die aus Mittel- und Osteuropa stammenden Juden werden Aschkenasen genannt. Ihre Sprache ist das Jiddische, das auf dem Mittelhochdeutschen basiert. Beide Gruppen bewahrten unterschiedliche Sitten, Gebräuche und religiöse Riten.

Ulpan (hebr.) – Studio. Bezeichnung für Einwandererschulen in Israel, in denen Hebräisch gelehrt und Kenntnisse der isaelischen Kultur, Politik und Geschichter vermittelt werden.

Literatur

Aly, Götz: »Endlösung«. Völkerverschiebung und der Mord an den europäischen Juden. Frankfurt am Main 1995.
Ders.: Hitlers Volksstaat. Raub, Rassenkrieg und nationaler Sozialismus. Frankfurt am Main 2005.
Ders.: Warum die Deutschen? Warum die Juden? Gleichheit, Neid und Rassenhass. Frankfurt am Main 2011.

Apitz, Bruno: Nackt unter Wölfen. Roman. Berlin 2012.

Arendt, Hannah: The Aftermath of Nazi Rule, Report from Germany (Besuch in Deutschland, Die Nachwirkungen des Naziregimes. Aus dem Amerikanischen von Eike Geisel. Mit einem Vorwort von Henryk M. Broder und einem Porträt von Ingeborg Nordmann. Berlin 1993).

Dies.: Eichmann in Jerusalem. Ein Bericht von der Banalität des Bösen. München 1964

Bajohr, Frank / Pohl, Dieter: Der Holocaust als offenes Geheimnis. Die Deutschen, die NS-Führung und die Alliierten. München 2006.

Barkai, Avraham: »Wehr Dich!«. Der Centralverein deutscher Staatsbürger jüdischen Glaubens (C.V.) 1893–1938. München 2002.

Bauer, Kurt: Nationalsozialismus. Ursprünge, Anfänge, Aufstieg und Fall. Köln 2008.

Bembenek, Lothar / Lottmann-Kaeseler, Dorothee u. a.: »... den Verlust bewußt machen«. Über das Leben der Jüdischen Gemeinde in Wiesbaden und vom Bau der Synagoge auf dem Michelsberg. Wiesbaden 1988.

Bembenek, Lothar / Ulrich, Axel: Widerstand und Verfolgung in Wiesbaden 1933–1945. Eine Dokumentation. Gießen 1990.

Bembenek, Lothar: »Ich bin kein deutscher Patriot mehr, jetzt bin ich Jude«. Die Vertreibung jüdischer Bürger aus Wiesbaden (1933–1947). Wiesbaden 1991.

Bembenek, Lothar / Lottmann-Kaeseler, Dorothee u. a.: Rundgänge in Wiesbaden. Spurensuche II. Aktives Museum Spiegelgasse für Deutsch-Jüdische Geschichte in Wiesbaden. Wiesbaden 2003.

Berger, Michael: Eisernes Kreuz und Davidstern. Die Geschichte jüdischer Soldaten in Deutschen Armeen. Berlin 2006.

Biermann, Werner: Sommer 39. Berlin 2009.

Brack, Ulrich (Hg.): Herrschaft und Verfolgung. Marl im Nationalsozialismus. Essen 1986.

Brenner, Michael: Kleine jüdische Geschichte. München 2008.

Brenner, Michael (Hg.): Geschichte der Juden in Deutschland von 1945 bis zur Gegenwart. Politik, Kultur und Gesellschaft. München 2012.

Brodersen, Inge / Dammann, Rüdiger: Zerrissene Herzen. Die Geschichte der Juden in Deutschland. Frankfurt am Main 2006.

Donin, Rabbiner Chaim Halevy: Jüdisches Leben. Eine Einführung zum jüdischen Wandel in der modernen Welt. Übersetzt von Fanny S. Breuer. Jerusalem 1987.

Elon, Amos: Zu einer anderen Zeit. Porträt der jüdisch-deutschen Epoche 1743–1933. München / Wien 2003.

Fest, Joachim: Hitler. Eine Biographie. Berlin 1973.
Friedländer, Saul: Das Dritte Reich und die Juden. Sonderausgabe. München 2007.

Göpfert, Rebekka: Der jüdische Kindertransport von Deutschland nach England 1938/39. Geschichte und Erinnerung. Frankfurt am Main 1999.
Goschler, Constantin: Schuld und Schulden. Die Politik der Wiedergutmachung für NS-Verfolgte seit 1945. Göttingen 2005.
Gray, Peter / Thetford, Owen: German Aircraft of the First World War. London 1962.

Haber, Peter / Petry, Erik / Wildmann, Daniel: Jüdische Identität und Nation. Fallbeispiele aus Mitteleuropa. Wien / Köln 2006.
Herrmann, Klaus J.: Das Dritte Reich und die deutsch-jüdischen Organisationen 1933–1934. Köln 1969.
Herzl, Theodor: Der Judenstaat. Versuch einer modernen Lösung der Judenfrage. Zürich 1988.
Hoffmann, Dieter: »... wir sind doch Deutsche«. Zu Geschichte und Schicksal der Landjuden in Rheinhessen. Alzey 1992.

Klähn, Friedrich: Geschichte des Reserve-Infanterie-Regiments Nr. 86 im Weltkriege. Mit 24 Gefechtsskizzen. Oldenburg 1925.
Klemperer, Viktor: Ich will Zeugnis ablegen bis zum letzten. Tagebücher 1933–1945. Bd. 1 u. 2. Berlin 1995.
Krämer, Gudrun: Geschichte Palästinas. Von der osmanischen Eroberung bis zur Gründung des Staates Israel. München 2002.

Lau, Yisra'el Me'ir: Wie Juden leben. Glaube, Alltag, Feste. Gütersloh 1988.
Lillteicher, Jürgen: Raub, Recht und Restitution. Die Rückerstattung jüdischen Eigentums in der frühen Bundesrepublik. Göttingen 2007.
Löwenthal, Ernst Gottfried/Oppenheimer, Hans (Hg.): Philo-Atlas. Handbuch für die jüdische Auswanderung. Berlin 1938.
London, Louise: Whitehall and the Jews 1933–1948. British immigration policies, Jewish refugees and the Holocaust. London 2000.
Lottmann-Kaeseler, Dorothee (Hg.): Osteuropäisches Judentum in Wiesbaden. Aktives Museum deutsch-jüdischer Geschichte in Wiesbaden. Wiesbaden 1991.

Lühe, Irmela von der / Schildt, Axel / Schüler-Springorum, Stefanie: »Auch in Deutschland waren wir nicht wirklich zu Hause«. Jüdische Remigration nach 1945. Göttingen 2008.

Maul, Bärbel/Ulrich, Axel: Das KZ-Außenkommando »Unter den Eichen«. Stadtarchiv Wiesbaden 2005.
Milgram, Avraham: Portugal, the Consuls and the Jewish refugees 1938–1941. In: Yad Vashem Studies Vol. XXVII, Jerusalem 1999, S. 123–155.
Mitscherlich, Alexander und Margarete: Die Unfähigkeit zu trauern. Grundlagen kollektiven Verhaltens. München 1967.
Münch, Ingo von / Brodersen, Uwe: Gesetze des NS-Staates. Dokumente eines Unrechtssystems. 2. Aufl., Paderborn 1982.

Offenberg, Ulrike: »Seid vorsichtig gegen die Machthaber«. Die jüdischen Gemeinden in der SBZ und der DDR 1945–1990. Berlin 1998.

Pross, Christian: Wiedergutmachung, Der Kleinkrieg gegen die Opfer. Frankfurt am Main 1988.

Remarque, Erich Maria: Die Nacht von Lissabon. Roman. Köln 1962.
Rosten, Leo: Jiddisch. Eine kleine Enzyklopädie. Übersetzt von Lutz-Werner Wolff. München 2002.

Schoeps, Julius H.: Theodor Herzl 1860–1904. Wenn Ihr wollt, ist es kein Märchen. Eine Text-Bild-Monographie. Neu-Isenburg 2004.
Schweitzer, Eva: Amerika und der Holocaust. Die verschwiegene Geschichte. München 2004.
Segev, Tom: Die siebte Million. Der Holocaust und Israels Politik der Erinnerung. Reinbek bei Hamburg 1995.
Ders.: Es war einmal ein Palästina. Juden und Araber vor der Staatsgründung Israels. München 1999.
Süß, Dietmar / Süß, Winfried: Das »Dritte Reich«. Eine Einführung. München 2008.

Theilhaber, Felix Aaron: Jüdische Flieger im Weltkrieg. Berlin 1924.
Trepp, Leo: Geschichte der deutschen Juden. Stuttgart 1996.

Ulrich, Axel / Rübsam, Hajo: Konrad Arndt. Ein Wiesbadener Gewerkschafter und Sozialdemokrat im Kampf gegen den Faschismus. Wiesbaden 2001.

Wolffsohn, Michael: Die ungeliebten Juden. – Israel: Legenden und Geschichte. München 1998.

Zimmermann, Moshe: Deutsche gegen Deutsche. Das Schicksal der Juden 1938–1945. Berlin 2008.

Bildnachweis

S. 82: Bundesarchiv, Bildarchiv Bild 146-1975-031-01A
S. 84: Neal W. O'Connor: Aviaton Awards of Imperial Germany in World War I and the Men who earned them. Atglen, Pennsylvania 2002, S. 236.
S. 87: Felix A. Theilhaber: Jüdische Flieger im Weltkrieg. Berlin 1924, S. 49.

Alles anderen Abbildungen: privat.

Trotz intensiver Recherchen ist es uns nicht in allen Fällen gelungen, die Rechteinhaber ausfindig zu machen. Berechtigte Ansprüche bitten wir an den Verlag zu richten.

Dank

Für ihre Unterstützung danke ich Kurt, Melitta und Ulrike Beckhardt (Bonn), Mathias Haentjes (Köln), Michael Couchman (Margate, U.K.), Berthold Boldes s.A. (Vejle, Dänemark), Yael Zvi und Günther Boldes s.A. (Herzlia, Israel), Helga Schmitt (Köln), Dorothee Lottmann-Kaeseler, Inge Naumann-Götting und Lothar Bembenek (Aktives Museum Spiegelgasse für Deutsch-Jüdische Geschichte in Wiesbaden), Anna Zahn (Wallertheim), Anneliese Bach (Wiesbaden), Brigitte Marx (Wiesbaden), Sr. Johanna »Ruth« Eichmann (St. Ursula, Dorsten), Rolf Abrahamsohn (Marl), Axel Ulrich und Gerhard Klaiber (Stadtarchiv Wiesbaden), Michael Berger (Bund jüdischer Soldaten [RjF] e.V., Militärgeschichtliches Forschungsamt der Bundeswehr, Potsdam), Volker Eichler (Hessisches Hauptstaatsarchiv Wiesbaden), Friedhelm Boll (Bonn), James Frohwein (Jerusalem, Israel), Adin Theilhaber-Talbar s.A. (Jerusalem, Israel), Inacio Steinhardt (Ganei Tikva, Israel), Hannes Taeger (Dresden), Thorsten Pietsch (Hamburg), Daniel Krause (Potsdam), Henry Slucki (Santa Monica, CA, USA), Reiner Brückner (Köln), Michael Autengruber (Konstanz), Heinz Gauggel (Sigmaringen), Robert Majchrzyk (Wallertheim), Beate Schlanstein (Köln), Eric Kahn (Swampscott, MA, USA), Hessische Landesbibliothek Wiesbaden, Germania Judaica Köln.

Inhalt

Brit Mila 7

I

Die Rückkehr 11
Ein fortgesetzter Boykott 20
Hände an die Hosennaht 32
Juden an die Front! 57

II

Da geht noch was 89
Lina 137
Wer hat Angst vorm braunen Mann? 160
Jüdische Nazis 175

III

Untertauchen im Häusermeer 187
»Männer, auf die wir stolz sind« 202
Der Juddebembes singt ein Hitlerjugendlied 212
Der Sinn von Pessach 222
Oliver Twist 242
The Sheffield Blitz 253

IV

Buchenwald 263
Weglegen Eins 286

Friendly Enemy Aliens 308
Weglegen Zwei 328
Zu den »Gunners« 340

V

»In Wiesbaden sehr bekannter Fall« 348
Die SA trägt wieder Zivil 369
Wiederjudmachung 386

VI

Liebe 417
Das Wohnzimmer der Antifaschisten 440
Weglegen Drei 446

VII

Du bist doch Jude!............................ 451
Juden zu Besuch 457
Hebräisch für Aufsteiger 463

VII

Die »Arier« sterben aus 471

Anhang

Glossar..................................... 472
Literatur 474
Bildnachweis 478
Dank 478